BERTHA
VON SUTTNER

DIE WAFFEN NIEDER!

HIRNKOST

Originalausgabe

prverlag@hirnkost.de; http://www.hirnkost.de/

1. Auflage Mai 2023

Die Erstauflage des Romans *Die Waffen nieder!* erschien 1889 im Verlag Edgar Pierson, Dresden; *Si vis pacem* in: Gesamtausgabe 1906, Erstveröffentlichung unbekannt.

Vertrieb für den Buchhandel:

Runge Verlagsauslieferung; *msr@rungeva.de*

Privatkunden und Mailorder:

https://shop.hirnkost.de/

Lektorat: Klaus Farin

Korrektorat: Christian Winkelmann-Maggio

Layout: *benSwerk*

E-Book: *Hardy Kettlitz*

ISBN:

PRINT: 978-3-949452-43-7

PDF: 978-3-949452-45-1

EPUB: 978-3-949452-44-4

Hirnkost versteht sich als engagierter Verlag für engagierte Literatur.

Mehr Infos: https://www.hirnkost.de/der-engagierte-verlag/

FSC www.fsc.org MIX Papier | Fördert gute Waldnutzung FSC® C014138

BERTHA VON SUTTNER

DIE WAFFEN NIEDER!

HIRNKOST

Nein,
humanisieren lässt sich
der Krieg nicht mehr.
Vergebens ist es, ihn den Gesetzen
der steigenden Kultur
und der erwachenden Menschlichkeit
anpassen zu wollen.

Nur zweierlei ist möglich:
dass die Zivilisation den Krieg vernichtet
oder dass im Zukunftskrieg
die Zivilisation zugrunde geht.

Bertha von Suttner, in:
Neues Frauenleben, Dezember 1911

BERTHA SOPHIA FELICITA FREIFRAU VON SUTTNER · 1843 – 1914

war eine österreichische Schriftstellerin, Pazifistin und politische Aktivistin der Friedensbewegung. Als gebürtige Gräfin aus einer böhmischen Adelsfamilie wuchs sie im militärisch geprägten aristokratischen Umfeld der österreichisch-ungarischen Monarchie auf.

Von 1876 bis 1885 lebte sie mit ihrem Mann in Georgien. Mit Beginn des Russisch-Türkischen Krieges 1877 begannen beide eine journalistische Tätigkeit mit Berichten über den Krieg sowie über Land und Leute in deutschen und österreichischen Zeitungen. 1889 veröffentlichte Bertha von Suttner den pazifistischen Roman *Die Waffen nieder!*, der in mehr als 15 Sprachen übersetzt wurde und als das wichtigste Werk der Antikriegsliteratur galt, bis 1929 *Im Westen nichts Neues* von Erich Maria Remarque herauskam. 1891 wurde sie beim Weltfriedenskongress in Rom zur Vizepräsidentin des Internationalen Friedensbüros gewählt und 1892 gründete sie die Deutsche Friedensgesellschaft.

1898 wandte sich Bertha von Suttner mit ihrer Schrift *Schach der Qual* gegen Tierversuche. 1899 war sie an den Vorbereitungen zur Ersten Haager Friedenskonferenz beteiligt, 1904 hielt sie einen Vortrag auf der »Internationalen Frauenkonferenz« des Internationalen Frauenrates in Berlin. Im selben Jahr reiste sie anlässlich des Weltfriedenskongresses in Boston durch die USA und hielt täglich bis zu drei Vorträge. In Washington wurde sie von Präsident Theodore Roosevelt ins Weiße Haus eingeladen. 1905 erhielt Bertha von Suttner als erste Frau den Friedensnobelpreis – ein Jahr vor Theodore Roosevelt.

Am 21. Juni 1914, wenige Wochen vor dem Beginn des Ersten Weltkriegs, erlag Bertha von Suttner einem Krebsleiden.

In Deutschland sind 167 Straßen und Plätze und mehrere Dutzend Schulen nach Bertha von Suttner benannt.

BENSWERK

geboren 1970, lebt in Berlin. Studierte Werbegrafik und freie Kunst. Wenn sie nicht für Hirnkost layoutet, porträtiert sie das kleine Volk und andere Wesenheiten der Anderswelt, ersinnt Orakelkarten oder gestaltet andere Bücher – mit Vorliebe in den Bereichen WeirdFiction oder Phantastik. *www.benswerk.com*

KLAUS FARIN

geboren 1958 in Gelsenkirchen, lebt seit 1980 – Punk sei Dank – in Berlin-Neukölln. Nach Tätigkeiten als Konzertveranstalter und -Security, Buchhändler und Journalist nun freier Autor und Lektor, Aktivist und Vortragsreisender. Bis heute hat Farin 29 Bücher verfasst und weitere herausgegeben, zuletzt gemeinsam mit Rafik Schami: *Flucht aus Syrien – neue Heimat Deutschland?* und mit Eberhard Seidel: *Wendejugend*. Er ist Vorsitzender der Stiftung *Respekt!* und ehrenamtlich Geschäftsführer des Hirnkost Verlags. Weitere Infos: *https://klausfarin.de/ueber-klaus-farin/biographie.*

EVA QUISTORP

wurde im August 1945 in ein Pfarrhaus der Bekennenden Kirche geboren und wuchs am Niederrhein auf. 1965 nahm sie an ihrem ersten Ostermarsch teil, mit ihrem Bruder, der wie ihr Vater Kriegsdienstverweigerer war, und als Studentin der Theologie, Germanistik, Politologie in Westberlin an den Demonstrationen und Teach-ins und Sit-ins gegen den Vietnamkrieg. Sie wurde

Lehrerin, um die Demokratie nach dem Zweiten Weltkrieg von unten wieder aufzubauen und lebendig zu halten.

Sie organisierte u. a. mit den Wyhl- und Gorleben-Frauen und ihrer Weggefährtin Petra Kelly selbst große Demonstrationen gegen Atomwaffen und Atomanlagen, wurde 1979 zur Mitgründerin der Grünen, organisierte mit der feministischen Zeitschrift *Courage* den ersten Kongress von Frauen gegen Atom und Militär in Köln und wurde in die Geschäftsführung des Koordinierungsausschusses der Friedensbewegung gewählt. Inspiriert von den skandinavischen Frauen für den Frieden wurde sie zur Sprecherin der Frauen für Frieden in Deutschland und im europäischen Netzwerk und half, die Frauen für Frieden in der DDR mitzugründen. Sie organisierte Frauenfriedensmärsche durch Europa und wurde 1989 in das Europa-Parlament gewählt und nutzte ihre Rolle als Abgeordnete, sich dem zweiten Golfkrieg 1991 zu widersetzen, Friedensreisen nach Algerien, Marokko, Israel und Jordanien zu unternehmen, internationale Solidarität gegen die Massenvergewaltigungen in Bosnien Herzegowina zu organisieren und schließlich militärisches Eingreifen zu fordern, um das Massaker von Sebrenica zu verhindern.

Seitdem ist sie im Rahmen der EU und der UNO-Frauen- und Klimakonferenzen in internationalen Frauen-Friedens und -Umweltnetzwerken aktiv. Zurzeit ist sie Mitglied der Ukrainelobby im Europaparlament und Beraterin des Weltzukunftsrates.

CHRISTIAN WINKELMANN

geboren 1963, studierte Geschichte, Publizistik und Skandinavistik, bereiste zwischendurch und anschließend die halbe Welt, wirkte 20 Jahre als Privatlehrer und ist heute in Berlin im Verlagswesen tätig. Er schrieb u. a. Bücher über Erfindungen und Kultur der deutschsprachigen Länder sowie Brasilien.

INHALT

VORWORT

Eva Quistorp
Die Waffen nieder! Die Waffen nieder?

Wie kann das berühmte Buch von Bertha von Suttner gegen Kriegstreiberei in Europa, Militarismus, Chauvinismus, falsche Männerehre und unemanzipiertes Frauenleben heute gelesen werden – nach zwei Weltkriegen und vielen neuen Kriegen, mitten im Angriffskrieg Putins gegen die Ukraine?

1. Dieses Buch wurde gedruckt in einer Zeit, in der die Medien voll von schrecklichen Nachrichten aus dem Krieg gegen die Ukraine sind, in der Kinder in Bunkern geboren werden, sie und ihre Mütter im Krankenhaus bombardiert werden, Schülerinnen in der Schule frieren oder in der U-Bahn-Station in Kiew lernen müssen. Einige von ihnen singen oder spielen Geige für die Alten, die schon den Zweiten Weltkrieg mit Hitler und Stalin oder den Holodomor überlebt haben.

Können wir in so einer Zeit einfach das nachmachen, was Bertha von Suttner geschrieben und getan hat? Können wir uns nach 100 Jahren in ihre Welt und Sprache einfühlen, in unserer globalen Internetwelt? Heute sind Frauen auch Soldatinnen und Kriegsdienstverweigerung ist in ganz Europa per Gesetz möglich. Deutschland hat eine Parlamentsarmee und Soldat:innen als Bürger:innen in Uniform. Es gibt öffentliche Debatten über Rassismus oder Rechtsextreme in Militär und Polizei und auch zum nötigen Respekt gegenüber der Staatsgewalt. Wir haben heute Kriegsdienstverweigerer als Abgeordnete im Bundestag und Europaparlament. Es werden seit der Zeit von Willy Brandt Friedensforschungsinstitute gefördert und seit der ersten rot-grünen Koalition 1998 der zivile Friedensdienst. Das Grundgesetz von 1949 und die Zusammenarbeit in der EU haben viel Fortschritt ermöglicht.

Warum also so ein altes Buch gegen den Krieg lesen, in dem es um falsche Männer- und Frauenehre geht, wie sie im damaligen Militär gesucht wurde? Sollten wir nicht Bücher über Frauen und Männer lesen, die jetzt in der UNO im Sicherheitsrat oder bei den Friedensverhandlungen in Äthiopien und den Auslandseinsätzen in Mali oder Kosovo gearbeitet haben, von denen, die in Afghanistan im Einsatz waren und eigentlich die Wiederkehr der Taliban-Gewalt gegen Frauen verhindern wollten?

Sollten wir nicht aktuelle Bücher lesen, die zeigen, wie die Rüstungs- und Finanzindustrien, die Ölkonzerne und die Öl- und Gasländer heute in Kriegstreiberei verwickelt sind? Bücher sind wichtige Mittel der Aufklärung gegen Atomwaffen in China, Russland, USA, England, Frankreich, Pakistan und die, die bei uns stationiert sind. Brauchen wir nicht Antworten auf die Frage, ob nun Panzer von Rheinmetall oder KraussMaffei Wegmann nach Saudi-Arabien oder Katar oder in die Türkei oder besser in die Ukraine geliefert werden? Oder besser gar keine?

Das Buch von Bertha von Suttner war ein Bestseller vor dem Ersten Weltkrieg, der Europa zu großen Teilen verwüstete, was Bertha von

Suttner nicht mehr erleben musste. Das Buch heute zu lesen gibt uns die Chance, über die Geschichte seitdem nachzudenken: Was ist gleichgeblieben, was ist vollkommen anders, was wiederholt sich nur in anderer Gestalt – was können wir aus so einem alten Buch noch lernen, aus dem Scheitern der Friedenskonferenzen, Frauenfriedensversammlungen und Pamphlete? Wissen wir heute besser, wie Kriege rechtzeitig zu verhindern sind?

Bertha von Suttner hat anders gelebt als viele Frauen heute. Doch ihre Liebesbeziehung mit einem jüngeren Mann war schon sehr modern, und er war es wohl auch. Auch die Freundschaft mit Alfred Nobel ist interessant, und der Widerspruch, dass der Friedensnobelpreis von einem stammt, der sein Geld mit Sprengstoff, also auch mit Waffen, verdient hat. Die beiden hatten wohl eine Freundschaft, die gewisse Widersprüche ertragen hat.

Es gibt, wenn wir bereit sind, in diese Zeit vor dem Ersten Weltkrieg einzutauchen, diese Friedenskämpferin zur Zeit der Balkankriege zu verstehen, eine Menge zu diskutieren. Wir werden Textpassagen entdecken, die noch heute gültig sind. Konflikte in Familie, Beruf, Karriere, Neid zwischen Frauen, Konkurrenz zwischen Männern, die Frage nach der Ehre haben ihre Form seitdem geändert, doch sie bleiben aktuell.

2. Wie müssen wir Bertha von Suttner im heutigen multikulturellen Deutschland lesen, wo viele hier lebende Menschen das historische Erbe aus ihren Herkunftsländern, deren eigene Kriegs- oder Völkermordgeschichte, eigene Vorstellungen von Ehe, Heirat, Familie, Ehre und der Gleichberechtigung der Frauen mitbringen? Aber auch für die hierzulande geborenen Jungen sind der Zweite

Weltkrieg, der folgende sogenannte Kalte Krieg und der Eiserne Vorhang in Europa und selbst die Mauer in Berlin weit weg.

Was bedeutet das Buch von Bertha für unser Land, das am Ersten Weltkrieg beteiligt war, den Zweiten Weltkrieg mit Naziterror über Europa gebracht hat und das Massenverbrechen des Holocaust organisierte, den Widerstand dagegen lange nicht ehrte?

Viele Kriegstraumata und der Mangel an Entschädigung der Opfer und der Unschuldigen belastete auch die Zeiten des Wiederaufbaus, und der Frieden war oft nicht stabil und nicht jeder Friedensvertrag gerecht. Die Student:innenbewegung in den 1960er Jahren hat nicht nur gegen den Vietnamkrieg der USA protestiert, sondern auch, weil zu viele Karrieristen des Nazisystems wieder Juristen oder Professoren waren, dicke Renten bezogen, während die jüdischen und andere Opfer des Hitler-Regimes jahrelang um Entschädigung und Anerkennung ihres Leidens, ihrer Demütigungen kämpfen mussten. Reste der Naziideologie in BRD und DDR überlebten in rechtsextremen Zirkeln in Europa, auch in den USA, im Stalin-Terror und in den roten Diktaturen wie Kambodscha und China.

Es lohnt sich, unsere Familiengeschichte zu befragen – wissen wir eigentlich, wollen wir wissen, was unsere Großväter gemacht haben? Die meisten heute lebenden Europäer:innen kennen zum Glück keine zerstörten Städte, wie ich es noch erlebt habe als Kind, wo der Kölner Dom zwischen Ruinen stand und wir Kinder aufpassen mussten, dass wir nicht in einem Bombentrichter im Wald spielten. Wir durften nicht laut fragen, warum der Mann denn nur ein Bein hatte. Ich hatte Onkel, die Nazigegner waren, aber Soldaten werden mussten; zwei fielen früh 1940, und Onkel Fritz, den

Überlebenden, habe ich nie gewagt, nach der russischen Kriegsgefangenschaft zu fragen, denn es war ihm anzumerken, dass er viel Grauenhaftes gesehen hatte. Ich habe mit meiner Mutter, die geholfen hat, in ihrer Arztpraxis Juden zu verstecken, im Luftschutzkeller gesessen. Daher habe ich vor Böllerei zu Silvester und bei großem Lärm immer noch Angst und erschrecke mich wie die empfindlichen Tiere, für die Bertha von Suttner sich ja auch eingesetzt hat.

3. Was heißt es heute, Pazifistin zu sein, wo der imperiale Angriffskrieg Putins gegen die Ukraine Elend und Horror über alte europäische Städte und die Zivilbevölkerung in der Ukraine bringt?

Es ist ja schon schwer, sich nicht an die TV- und Internet-Bilder von den Kriegsverbrechen zu gewöhnen und abzustumpfen. Bedeutet Frieden schaffen heute nicht, Waffen an die Ukraine zu ihrer Selbstverteidigung nach UNO-Völkerrecht zu schicken? „Zeitenwende" hieß im Bundestag 2022 auch Waffenlieferungen und Aufrüstung der Bundeswehr. Polen forderte sofort Flugabwehr und Panzer für die Ukraine neben Hilfstransporten und Flüchtlingsaufnahme. Wir haben heute eine engere europäische Debatte als zu Zeiten von Bertha von Suttner. Auch eine Debatte über die Fehleinschätzungen der imperialen Kriegspläne des korrupten Regimes Putins, der schon 1995 und 1999 in Tschetschenien und 2008 in Georgien und 2011 in Syrien Krieg führte und den Ukraine-Krieg bereits 2014 mit der Invasion in die Ostukraine und die Krim begann. Am 10. Dezember 2022 ging der Friedensnobelpreis, den Bertha von Suttner als erste Frau 1905 erhielt, an den Menschenrechtler Ales Bjaljazki aus Belarus, der im Gefängnis sitzt, Irina Scherbakova von der Menschenrechtsorganisation Memorial aus

Moskau und die Frauen der ukrainischen Menschenrechtsorganisation Center for Civil Liberties, die in Kiew Kriegsverbrechen des Putin-Regimes dokumentieren und diese vor den Menschenrechtsgerichthof bringen wollen. Sie sind die Nachfolgerinnen von Bertha von Suttner, so wie der Journalist Dmitri Muratow von *Novaja Gaseta* aus Moskau und die Journalistin Maria Ressa von den Philippinen, die den Friedensnobelpreis im Jahr 2021 erhielten, so wie Michael Gorbatschow, der wie Willy Brandt und Nelson Mandela den Friedensnobelpreis wirklich verdient hatte.

Nach Bertha von Suttner hat 70 Jahre lang nur eine einzige Frau – 1931 Jane Addams, die Präsidentin der Women's International League for Peace and Freedom – den Friedensnobelpreis erhalten; lange waren in Schulen und Universitäten und Medien die Friedensbewegungen und gerade die Frauenfriedensbewegungen vor und während des Ersten und Zweiten Weltkrieges und danach unbekannt. Erst als wir, angeregt durch die *Frauen für den Frieden* in Skandinavien, am 27. Februar 1980, dem Tag des Widerstandes der Frauen in der Rosenstraße[1], den Aufruf zur „Anstiftung der

1) Am 27. Februar 1943 begannen die Berliner SS und Gestapo, die noch in der Stadt verbliebenen Juden zu verhaften. Unter den mehr als 8.000 Verhafteten befanden sich etwa 2.000 Männer aus sog. „deutschblütig"-jüdischen „Mischehen". Diese wurden im Haus der Jüdischen Gemeinde in der Rosenstraße 2 – 4 in Berlin-Mitte inhaftiert. Bereits am gleichen Abend bildete sich vor dem Gebäude eine Menschenmenge, die sich vorwiegend aus den Ehefrauen der Inhaftierten zusammensetzte und deren Freilassung forderte. Auch in den nächsten Tagen blieb diese Menschenansammlung aus mehreren hundert ständig wechselnden Teilnehmerinnen bestehen. Die Polizei forderte die Frauen mehrfach auf, die Straße zu verlassen. Doch wichen diese nur in Seitenstraßen aus, um kurz danach zurückzukommen. Ab dem 2. März wurden die in der Rosenstraße versammelten Juden nacheinander freigelassen. Der sog. Rosenstraßen-Protest war die größte spontane Protestdemonstration im Deutschen Reich während der Nazi-Herrschaft.

Frauen zum Frieden“ gegen die Atomkriegsgefahr und Militarismus verfassten und dann 40.000 Unterschriften per Fax und Post dafür sammelten – Jahrzehnte vor Internet und Handy, sonst hätten wie wohl eine Million Unterschriften erhalten –, erfuhr ich von Bertha von Suttner. So machten wir dann zum Internationalen Frauentag am 8. März 1981 in Westberlin eine Aktion an der Kaiser-Wilhelm-Gedächtniskirche, bei der wir uns als Engel verkleideten, eine Leiter an den Kirchturm stellten und dann unser Transparent „Bertha von Suttner Kirche“ an daran aufhängten. Wir fanden das toll kreativ, weil der Kaiser ja für den Ersten Weltkrieg mit verantwortlich war. Wir wollten mehr Straßennamen von Friedensfrauen statt von Generälen kolonialer Armeen haben. Doch der Pfarrer sah das anders und rief die Polizei. Auch einige Feministinnen kritisierten uns, weil doch Bertha nicht so wichtig für die Kriegsverhinderung gewesen sei wie Rosa Luxemburg; sie sei doch eine Vertreterin der bürgerlichen und nicht der proletarischen Frauenbewegung gewesen. Einig waren wir uns aber alle darin, dass wir die Geschichte nicht nur aus der Sicht von Kriegern und Kaisern und Herrschaften erzählen wollten. Wir wollten von anderen Frauen in der Geschichte lernen, die wie Bertha oder die Hamburger Frauenrechtlerin Lida Heymann, Jane Addams oder die Suffragetten uns damals oft unbekannt waren.

Wir haben seitdem weltweite Frauenfriedensnetzwerke geschaffen, wie die „1000 Frauen für den Frieden“ oder die „Frauen in Schwarz“, waren mit den „Frauen für den Frieden“ in der DDR solidarisch gegen die Stasi und den KGB, für den Putin in Dresden gearbeitet hat. Wir haben Frauenfriedensmärsche für ein atomwaffenfreies

Europa gemacht und sind mit dem Zug von Helsinki nach Moskau und Peking gefahren als Friedensbotschafterinnen, haben 1990 die erste „KSZE der Frauen“ im wieder offenen Berlin organisiert, die die Konferenz über Sicherheit und Zusammenarbeit in Europa in Paris ergänzen sollte. Doch gegenüber den technologischen Fortschritten, die für Waffensysteme genutzt werden bis zur Weltraumbewaffnung, oder den Schusswaffen, die in den USA immer mehr Schüler:innen und Lehrer:innen umbringen, oder den Kalaschnikows, die sich über ganz Afrika ausgebreitet haben, sind wir nicht stark genug; auch nicht, um die Rüstungsausgaben aller Länder mindestens um die Hälfte zu reduzieren, den Bau der Atombombe durch das Regime im Iran zu stoppen und die Menschenrechte dort und anderswo durchzusetzen.

4. Bertha von Suttner soll ja vorhergesehen haben, dass sie die Waffenwissenschaft und Waffentechnologien schlimm weiterentwickeln würden zu den Massenvernichtungswaffen, wie sie mit dem Giftgas während des Ersten Weltkrieges z. B. entwickelt wurden von ehrgeizigen Wissenschaftlern oder dann im Zweiten Weltkrieg die Atombombe, die eigentlich Hitler treffen sollte. Clara Immerwahr, die Frau eines Wissenschaftlers, der glaubte, mit dem Giftgas sein Land zu verteidigen, beging wegen der grauenhaften Wirkungen des Giftgases im Ersten Weltkrieg Selbstmord. So gab es auch einige, die früh vor den Folgen der Atomwaffen warnten – Albert Einstein gehörte leider nicht zu ihnen. Doch die *women strike for peace* in den USA und viele Frauen auf den Pazifikinseln haben in den 1950er Jahren zusammen mit Kirchen und Gewerkschaften vor den Folgen der Atomtests gewarnt, dagegen gestreikt und so

Kennedy überzeugt, das erste Atomwaffentestabkommen der UNO zu unterzeichnen. So haben später Friedensgruppen wie die *Wissenschaftlerinnen zur Verhütung des Atomkrieges* mit der IPPNW und meine Freundin Helen Caldicott aus Australien und Bella Abzug aus den USA dazu beigetragen, dass der Nichtverbreitungsvertrag zu Atomwaffen entstand und verlängert wurde. Den 24. Mai haben Frauen aus ganz Europa zum internationalen Aktionstag der Frauen für Frieden und Abrüstung gemacht. Als neben den furchtbaren Kriegen im Irak, Syrien, Jemen, Libyen, Mali und Afghanistan auch noch die Pandemie mit dem Wuhan-Virus dazu kam, haben wir zum 24 Mai 2020 zusammen mit eintausend Parlamentarierinnen und Künstlerinnen und vielen Aktivistinnen wieder zur Abschaffung der Atomwaffen aufgerufen und gefordert, dass das Geld für Atomwaffen in eine soziale Gesundheitsversorgung weltweit und in den Klimaschutz gesteckt wird.[2]

Ein Zeichen im Sinne von Bertha von Suttner und den vielen Friedenskämpferinnen nach ihr hat Wanghari Maathai[3] gesetzt. Mit ihr habe ich schon 1985 bei der Weltfrauenkonferenz der UNO in Nairobi Bäume gepflanzt, gemeinsam mit vielen Schülerinnen und Frauen, die damit gegen die Verwüstung und Erhitzung der Erde angearbeitet haben. Zur Erinnerung an Wanghari, die 2005 den Friedensnobelpreis erhielt, wächst ein Apfelbaum in Berlin gegenüber der Botschaft der Ukraine. Den und andere Bäume zu gießen

---

2) Siehe https://www.pnnd.org/

3) Wangari Muta Maathai (1940 – 2011) war eine kenianische Wissenschaftlerin und Umweltaktivistin, ab 2002 stellvertretende Ministerin für Umweltschutz. 2004 erhielt sie als erste afrikanische Frau den Friedensnobelpreis.

wirkt vielleicht wenig angesichts der großen Kriege und Krisen der Welt. Doch wie Martin Luther schon gesagt haben soll: „Wenn ich wüsste, dass morgen die Welt unterginge, würde ich heute noch ein Apfelbäumchen pflanzen." Also pflanzt Bäume und gießt sie in den Städten und verzichtet aufs Fliegen und Autofahren, wenn ihr könnt, und seid in Städtepartnerschaften fürs Klima und für sozialen Frieden aktiv!

5. 100 Jahre nach der ersten Frauenfriedenskonferenz in Den Haag trafen sich Frauen aus der ganzen Welt wieder in Den Haag, um an die Geschichte der Friedensbewegungen zu erinnern. Die Internationale Frauenliga für Frieden und Freiheit hatte schon während des Ersten Weltkriegs einen Brief an den Präsidenten der USA geschrieben mit der Idee, eine internationale Organisation zu gründen, die für eine gerechtere Weltwirtschaft und für bessere Bildung aller sorgt. Sie sollte die Zusammenarbeit der Nationen statt den Krieg fördern. Aus dieser Idee entstanden erst der Völkerbund und dann die Vereinten Nationen (UNO).

6. Hitlers Krieg konnte nicht durch Frauenfriedenskonferenzen und Bücher wie *Die Waffen nieder!* aufgehalten werden. Von der Naziherrschaft ist Europa nur durch den militärischen Kampf der Alliierten befreit worden. Das hat mir mein Vater, unter Hitler Kriegsdienstverweigerer, beigebracht. Das wussten auch die Christ:innen, Sozial-, Christ- und Freidemokrat:innen, Kommunist:innen, Edelweißpirat:innen u. a., die sich rechtzeitig gegen das Hitler-Regime gewehrt haben und verhaftet und in KZs ermordet wurden oder 1945 aus dem Exil zurückkehrten. *Die Waffen nieder!*

ist eine Aufforderung, die sich gegen den Militarismus, Chauvinisten und extreme Nationalisten und Diktatoren wendet und gegen Terror gegen Unschuldige und Demokratien.

Die Waffen nieder? muss ich daher heute fragen, wo Putins Regime, das sich an der Bombardierung syrischer Krankenhäuser beteiligte, die Kultur und Zivilisation der Ukraine zu vernichten versucht und damit ganz Europa und das Völkerrecht bedroht. „Die Waffen nieder!" kann Selensky jetzt nicht sagen, sondern die Ukraine braucht Waffenlieferungen, damit sie sich verteidigen kann nach UNO-Völkerrecht gegen die Zerstörung ihrer Städte. Dazu gehörte in der Osterzeit 2022 auch Mariupol, dessen Geschichte bis in die griechische Zeit vor tausend Jahren zurückgeht, dessen Theater und Oper, Schulen, Krankenhäuser, Universität und alten Plätze ebenso wie die Promenaden am Schwarzen Meer in Odessa zerstört wurden, weil ihnen die Flugabwehr fehlte. Es sind Städte, in denen viele verschiedene Völker zusammengelebt haben, in Odessa, Kiew oder Chernovitz in der Bukovina auch jüdische Minderheiten, die schon durch Stalin, dann durch Hitlers Truppen grausam verfolgt wurden, deren Nachfahren heute vor Putins Bomben und Drohnen fliehen müssen.

Eine alte Lehrerin in Kiew hat zum Internationalen Frauentag in Kiew am 8 März 2022 eine Rede an die Mütter in Russland gerichtet, sie mögen ihre Jungs und Männer nicht zum Militär in den Krieg gegen die Ukraine schicken; viele Russen im Exil rufen Bekannte in Russland an, um sie über die Realität des Krieges, der keine „Spezialoperation" ist, aufzuklären und zum Nachdenken zu bringen. Doch schon dafür, dass eine junge Frau auf dem Roten Platz in

Moskau nur ein weißes Blatt Papier hochhielt, wurde sie verhaftet. Viele Kriegsgegner in Russland hatten den Mut, sich verhaften zu lassen, viele sind nach Georgien oder Deutschland geflohen. Für sie ist der Ruf „Die Waffen nieder!" von Bertha von Suttner ganz lebensnah. Sie fordern „Die Waffen nieder!" von den russischen Generälen, die über Leichen gehen und der seit Jahren schon laufenden Hetzpropaganda im russischen Staatsfernsehen gegen die Ukraine und den Westen folgen.

7. Die Waffen nieder!", das rufen viele in der ganzen Welt heute, die von islamistischem Terror bedroht sind wie in Nigeria oder Burkina Faso oder in Paris und Berlin, die Frauen in Afghanistan, die von den Taliban bedroht werden, die Menschen im Jemen oder in Syrien, wo der Krieg 2011 begonnen hat, oder die aus dem zerrütteten Irak fliehen, gegen den die USA 2003 einen völkerrechtswidrigen Krieg führten, um den Diktator Hussein loszuwerden. Damals, zwischen 2002 und 2003, sind Hunderttausende von Menschen in Berlin, New York, Athen, London, Paris, in Australien und Indien auf die Straßen gegangen, um den Krieg gegen den Irak zu stoppen, der mit einer Lüge, der Irak habe Atombomben, gerechtfertigt wurde.

Diese großen weltweiten Demonstrationen gegen die Golfkriege und den Irakkrieg würden Bertha von Suttner erfreut haben. Auch die großen Friedensdemonstrationen gegen Atomwaffen und Militarismus in Bonn 1981, 1982, 1983 mit bis zu einer Million Menschen, die ich mit organisiert habe wie die in Den Haag, Rom, Berlin und Stuttgart und die gewaltfreien Blockaden der Zugangsstraßen zu Atomwaffenlagern bei Mutlangen. Ohne diese Friedensdemonstrationen wäre die Umwelt- und Klimaschutzbewegung nicht so stark geworden und die Grünen wären in Europa nicht in die Parlamente gekommen. Die große Menschenkette gegen Atomwaffen mit 250.000 Menschen, deren Idee ich von den Greenham Common Frauen in England geschenkt bekam, hat später die Menschenkette in den baltischen Staaten angeregt, die für ihre Freiheit von der UDSSR kämpften und nun zur EU gehören. Diese Erfolge der Friedensbewegungen mit ihren unterschiedlichen Gruppen und Ideen, die Frauenfriedensmärsche durch Europa sollten wie das Buch von Bertha von Suttner oder die Reden von Martin Luther King nicht vergessen werden. Sie waren eine Art Wiederbelebung und haben ganz unterschiedliche Menschen in Europa zusammengebracht aus unterschiedlichen Berufen und sozialen Milieus. Es waren nicht alles Pazifist:innen, aber alle respektierten die Pazifist:innen dabei. Der gewaltfreie Protest hat auch Spaß gemacht. Im Unterschied zu Bertha von Suttner und der alten Frauenfriedensbewegung zwischen den beiden Weltkriegen hatten und haben wir viel mehr Bürger:innenrechte, wozu ja nicht nur das Wählen gehört. Wir müssen aber lernen, unsere Demokratien zu verteidigen und unsere Bürger:innenrechte auch aktiv und leidenschaftlich wahrzunehmen, nicht nur im Internet Shitstorms auszulösen oder zu erleiden, sondern am Umbau zu einer friedlichen, solidarischen Gesellschaft aktiv beizutragen.

8. Ich kann mir vorstellen, dass Lesenden heute der Kopf platzt, wenn sie einerseits diesen Roman von vor hundert Jahren verstehen wollen, der eine Kampfschrift gegen den Militarismus ist, eingepackt in Liebes- und Gesellschaftsgeschichten der damaligen Zeit, dann aber in die Gegenwart schauen und so viel Gewalt entdecken, dass es einem schlecht werden kann.

Ich hoffe vor allem für die Jungen, die Schülerinnen und Schüler heute, dass sie gute Vorbilder entdecken, so wie Sophie Scholl, so wie Martin Luther King, so wie Rosa Parks, nach der eine Grundschule in Berlin benannt ist, oder wie Nelson Mandela. Dazu gehört auch meine Freundin Wangari Maathai, so wie Shirin Ebadi, die sich als Rechtsanwältin im Iran für Frauen einsetzt, die das Kopftuch nicht tragen wollen und im Gefängnis leiden. Sie erhielt 2003 den Friedensnobelpreis. So wie Jody Adams, die sich jahrelang gegen Landminen einsetzte, deren Verbot durch die UNO erreichte und nun mit ansehen muss, wie in der Ukraine wieder Landminen das Land verseuchen und Kindern und Bauern die Beine nehmen.

Gerade die Arbeit von den vielen stillen Heldinnen und Helden ist wichtig für den Kampf gegen Gewalt, Dummheit, Militarismus und Chauvinismus. Sie säen trotz der Rückschläge eine friedlichere Zukunft. Wie am Wirken von Bertha von Suttner gesehen werden kann, sind die Erfolge von Friedensbewegungen und Politik wieder von Rückschlägen bedroht; es braucht immer wieder die, die ohne Interesse, berühmt zu werden, Zivilcourage haben, die Korruption anklagen und sinnlose Aufrüstung oder Gewaltverherrlichung in all ihren Formen kritisch beobachten, gesellschaftliche Debatten dazu möglich machen und Reformen erkämpfen. Ein Beispiel dafür ist die Gründung von Medica mondiale, einer Hilfsorganisation für Frauen, die während des Krieges in Bosnien von Soldaten des Milošević-Regimes Gewalt erlitten, als wieder die Vergewaltigung von Frauen als Kriegswaffe eingesetzt wurde. Im Namen vieler Frauenzentren gegen Gewalt gegen Frauen habe ich das im Europaparlament 1992 angeklagt und als „Kriegsverbrechen" in das Statut des Internationalen Strafgerichtshofes 1997 eingebracht.

9. Die vielen Geflüchteten aus Kriegen, die jetzt bei uns wohnen und Arbeit oder ihr Glück suchen, geben uns die Chance, mit ihnen über die Ursachen der Gewalt in ihren Ländern nachzudenken, darüber, wie die Kriege in ihren Ländern beendet werden können.

Um Kriege zu verhindern, brauchen wir gute Geschichtskenntnisse zu allen unseren Nachbarn zumindest und zu den Großmächten, die die Welt zu ihrem Spielball zu machen versuchen. Daher sind nach dem Zweiten Weltkrieg Städte- und Schulpartnerschaften in Europa so wichtig gewesen und sind es heute wieder, solche, an der nicht nur die Bessergestellten teilnehmen, sondern die Vielfalt einer Bürger:innengesellschaft, jung und alt, sich widerspiegelt. Es geht um Begegnungen, nicht nur digitale, um sich gegenseitig und Geschichte besser kennenzulernen, gemeinsam aus der Geschichte zu lernen. Wie von der von Serhij Zhadan, der mit Rockmusik und Gedichten gegen den Krieg in seiner Stadt Charkiw ansingt, Alten und Ausgebombten mit Nahrung und Wärme hilft und keine Verschärfung des Gesetzes gegen Kriegsdienstverweigerer in der Ukraine will.

10. Es geht darum, unsere Fantasie zu entwickeln für Schwerter zu Pflugscharen, für *give peace a chance*, für die viele Formen von Friedensengagement und Friedenspolitik. Dazu regt das Buch von Bertha von Suttner uns heute noch an, auch wenn es in einer scheinbar fernen und fremden Welt des österreichischen Adels und bürgerlicher Honoratioren spielt. Das Männer- und Frauenbild hat sich zum Glück geändert, ist aber auch immer wieder von Rückfällen bedroht wie unter Trump, Erdogan, Bolsonaro, Putin und anderen Egomanen an der Macht, die alte Machobilder wieder hoffähig und modisch machen. Berlusconis und Murdochs Medienmacht wie die von Musk u. a. globalen Konzernen hätte Bertha sich noch nicht vorstellen können. Die Kritik an den Massenmedien hat zu Berthas Warnung vor der Kriegsbegeisterung gehört wie auch in der Anti-Kriegsbewegung in den Achtundsechzigern mit Bob Dylan und Janis Joplin, John Lennon und Jimi Hendrix. Auch wir haben gegen die Werbung von Reagan mit Star-Wars-Filmen demonstriert.

Das Buch von Bertha von Suttner kann uns anregen, andere Bücher zu suchen, Filme, die weder Sexismus noch Rassismus, Antisemitismus oder Terror und Krieg offen oder versteckt propagieren, Bücher und Filme, die das Leben von Frauenrechtlerinnen und Friedenskämpfer:innen beschreiben, wie solche zu Martin Luther King und Nelson Mandela oder Sophie Scholl und Dietrich Bonhoeffer, und nicht zu vergessen Georg Elser, der schon 1939 mit einem Attentat gegen Hitler in München versuchte, den Zweiten Weltkrieg zu verhindern. Es gab immer rechtzeitige Mahner:innen und Menschen, die barmherzig waren. So wie es heute auch in Russland und China und der Türkei und im Iran und in Hongkong mutige Kämpfer:innen gegen die Korruption der Regimes gibt. So wie Joshua Wong, der als junger Student die umbrella Revolution anstieß und jetzt im Gefängnis sitzt. Oder die Musikerin Maria Kolosnikowa, die 2020 in Belarus von dem Diktator Lukaschenko verhaftet wurde wie viele unabhängige Journalist:innen und Menschenrechtler:innen. Ihr Kampf sollte nicht sinnlos und vergessen sein. Das gehört auch zum Erhalt des Friedens in Europa, dass wir ihre und unsere Geschichte kennen, auch die Kriegsschrecken, die Bertha von Suttner zum Glück nicht mehr erleben musste, wie die Sozialdemokratin Adele Schreiber in ihrem Nachwort schreibt. Ich bewundere die mutigen Politikerinnen dieser Zeit, die auch mir den Weg geebnet haben, so wie ich es für die Jüngeren heute vielleicht getan habe.

Das Foto eines Kriegsreporters von dem Mädchen in Vietnam, das nackt vor den Napalmbomben der USA flieht, hat mich so erschüttert, dass ich zur Friedensaktivistin wurde. Das Mädchen hat zum Glück überlebt nach vielen Operationen und wurde zur Friedensbotschafterin. Sie hat vor kurzem in der Dresdener Frauenkirche, die am 13. Februar1943 von britischen Bombern zerstört und nach 1989 in alter Schönheit wieder aufgebaut wurde, an einer Friedensandacht in der Kapelle der Versöhnung teilgenommen.

Ich wünsche mir sehr, dass Buch und Leben der Bertha von Suttner das Interesse für die Friedensarbeit weckt, neugierig macht auch auf die Geschichte der Friedensbewegungen und auf die Geschichten der heute Engagierten, wie die Frauen in Afghanistan, im Sudan und Nigeria, wie jene der mutigen jungen Russinnen, die sich mit einem weißen Blatt auf den Roten Platz gestellt haben, weil sie das Wort „Krieg" nicht aussprechen durften, oder von *Pussy Riot* oder der alten Frau in St. Petersburg, die die Leningrad-Blockade der Nazis überlebt hat und jetzt mit 82 Jahren ihre eigenen Plakate gegen den Krieg malt. Sie setzte sich wie Greta Thunberg in Schweden vor das Parlament in St. Petersburg mitten in Eis und Schnee und ließ sich beschimpfen oder belächeln; aber einige brachten ihr auch warmen Tee. Sie hat sich einen klaren Kopf bewahrt gegen die Putinsche Staatspropaganda, mit der die neue Elite reich und zynisch geworden ist. Die alte Frau hat den menschlichen Blick auf den Krieg bewahrt, den Bertha von Suttner uns allen nahebringen will.

ERSTES BUCH

1859

1

Mit siebzehn Jahren war ich ein recht überspanntes Ding. Das könnte ich wohl heute nicht mehr wissen, wenn die aufbewahrten Tagebuchblätter nicht wären. Aber darin haben die längst verflüchtigten Schwärmereien, die niemals wieder gedachten Gedanken, die nie wieder gefühlten Gefühle sich verewigt, und so kann ich jetzt beurteilen, was für exaltierte Ideen in dem dummen, hübschen Kopfe steckten. Auch dieses Hübschsein, von dem mein Spiegel nicht mehr viel zu erzählen weiß, wird mir durch alte Porträts verbürgt. Ich kann mir denken, welch beneidetes Geschöpf die jugendliche, als schön gepriesene, von allem Luxus umgebene Komtess Martha Althaus gewesen sein mochte. Die sonderbaren – in rotem Umschlag gehefteten – Tagebuchblätter jedoch deuten mehr auf Melancholie als auf Freude am Leben. Die Frage ist nun die: War ich wirklich so töricht, die Vorteile meiner Lage nicht zu erkennen, oder nur so schwärmerisch zu glauben, dass allein melancholische Empfindungen erhaben und wert seien, in poetischer Prosa ausgedrückt und als solche in die roten Hefte eingetragen zu werden? Mein Los schien mich nicht zu befriedigen, denn da steht's geschrieben:

»Oh, Jeanne d'Arc – du himmelsbegnadete Heldenjungfrau, könnt ich sein wie du! Die Kriegsflamme schwingen, meinen König krönen und dann sterben – für das Vaterland, das teure.«

Zur Verwirklichung dieser bescheidenen Lebensansprüche bot sich mir keine Gelegenheit. Auch im Zirkus von einem Löwen als christliche Märtyrerin zerrissen zu werden – ein anderer (laut

Eintragung vom 19. September 1853) von mir beneideter Beruf – war mir nicht zugänglich, und so hatte ich offenbar unter dem Bewusstsein zu leiden, dass die großen Taten, nach welchen meine Seele dürstete, ewig ungeschehen bleiben müssten, dass mein Leben – im Grunde genommen – ein verfehltes war. Ach, warum war ich nicht als Knabe zur Welt gekommen! (Auch ein in dem roten Heft gegen das Schicksal oft vorgebrachter fruchtloser Vorwurf) – Da hätte ich doch Erhabenes erstreben und leisten können. Vom weiblichen Heldentum bietet die Geschichte nur wenig Beispiele. Wie selten kommen wir dazu, die Gracchen zu Söhnen zu haben oder unsere Männer zu den Weinsberger Toren hinauszutragen oder uns von säbelschwingenden Magyaren zuschreien zu lassen:

»Es lebe Maria Theresia, unser König!«

Aber wenn man ein Mann ist, da braucht man ja nur das Schwert umzugürten und hinauszustürzen, um Ruhm und Lorbeer zu erringen – sich einen Thron zu erobern wie Cromwell, ein Weltreich wie Bonaparte! Ich erinnere mich, dass der höchste Begriff menschlicher Größe mir in kriegerischem Heldentum verkörpert schien. Für Gelehrte, Dichter, Länderentdecker hatte ich wohl einige Hochachtung, aber eigentliche Bewunderung flößten mir nur die Schlachtengewinner ein. Das waren die vorzüglichen Träger der Geschichte, die Lenker der Länderschicksale; die waren doch an Wichtigkeit, an Erhabenheit – an Göttlichkeit beinahe – über alles andere Volk so erhaben wie Alpen- und Himalayagipfel über Gräser und Blümlein des Tales.

Aus alledem brauche ich nicht zu schließen, dass ich eine Heldennatur besaß. Die Sache lag einfach so: Ich war begeisterungsfähig und leidenschaftlich; da habe ich mich natürlich für dasjenige leidenschaftlich begeistert, was mir von meinen Lehrbüchern und von meiner Umgebung am höchsten angepriesen wurde.

Mein Vater war General in der österreichischen Armee und hatte unter »Vater Radetzky«, den er abgöttisch verehrte, in Custozza gefochten. Was musste ich da immer für Feldzuganekdoten hören! Der gute Papa war so stolz auf seine Kriegserlebnisse und sprach mit solcher Genugtuung von den mitgemachten »Kampagnen«, dass es mir unwillkürlich um jeden Mann leidtat, der keine ähnlichen Erinnerungen besitzt. Welch eine Zurücksetzung doch für das weibliche Geschlecht, dass es von dieser großartigsten Betätigung des menschlichen Ehr- und Pflichtgefühls ausgeschlossen ist! ... Wenn mir je etwas von den Bestrebungen der Frauen nach Gleichberechtigung zu Ohren kam – doch davon hörte man in meiner Jugend nur wenig und gewöhnlich in verspottendem und verdammendem Tone –, so begriff ich die Emanzipationswünsche nur nach einer Richtung: Die Frauen sollten auch das Recht haben, bewaffnet in den Krieg zu ziehen. Ach, wie schön las sich's in der Geschichte von einer Semiramis oder Katharina II.: »Sie führte mit diesem oder jenem Nachbarstaate Krieg – sie eroberte dieses oder jenes Land ...«

Überhaupt, die Geschichte! Die ist, so wie sie der Jugend gelehrt wird, die Hauptquelle der Kriegsbewunderung. Da prägt sich schon dem Kindersinne ein, dass der Herr der Heerscharen unaufhörlich Schlachten anordnet; dass diese sozusagen das Vehikel sind, auf welchem die Völkergeschicke durch die Zeiten fortrollen; dass sie die Erfüllung eines unausweichlichen Naturgesetzes sind und von Zeit zu Zeit immer kommen müssen wie Meeresstürme und

Erdbeben; dass wohl Schrecken und Gräuel damit verbunden sind, Letztere aber voll aufgewogen werden: für die Gesamtheit durch die Wichtigkeit der Resultate, für den Einzelnen durch den dabei zu erreichenden Ruhmesglanz oder doch durch das Bewusstsein der erhabensten Pflichterfüllung. Gibt es denn einen schöneren Tod als den auf dem Felde der Ehre – eine edlere Unsterblichkeit als die des Helden? Das geht klar und einhellig aus allen Lehr- und Lesebüchern »für den Schulgebrauch« hervor, wo nebst der eigentlichen Geschichte, die nur als eine lange Kette von Kriegsereignissen dargestellt wird, auch die verschiedenen Erzählungen und Gedichte immer nur von heldenmütigen Waffentaten zu berichten wissen. Das gehört so zum patriotischen Erziehungssystem. Da aus jedem Schüler ein Vaterlandsverteidiger herangebildet werden soll, so muss doch schon des Kindes Begeisterung für diese seine erste Bürgerpflicht geweckt werden; man muss seinen Geist abhärten gegen den natürlichen Abscheu, den die Schrecken des Krieges hervorrufen könnten, indem man von den furchtbarsten Blutbädern und Metzeleien wie von etwas ganz Gewöhnlichem, Notwendigem, so unbefangen als möglich erzählt, dabei nur allein Nachdruck auf die ideale Seite dieses alten Völkerbrauches legend – und auf diese Art gelingt es, ein kampfmutiges und kriegslustiges Geschlecht zu bilden.

Die Mädchen – welche zwar nicht ins Feld ziehen sollen – werden aus denselben Büchern unterrichtet, die auf die Soldatenzüchtung der Knaben angelegt sind, und so entsteht bei der weiblichen Jugend dieselbe Auffassung, die sich in Neid, nicht mittun zu dürfen, und in Bewunderung für den Militärstand auflöst. Was uns zarten

Jungfräulein, die wir doch in allem Übrigen zu Sanftmut und Milde ermahnt werden, für Schauderbilder aus allen Schlachten der Erde, von den biblischen und makedonischen und punischen bis zu den dreißigjährigen und napoleonischen Kriegen vorgeführt werden, wie wir da die Städte brennen und die Einwohner »über die Klinge springen« und die Besiegten schinden sehen – das ist ein wahres Vergnügen ...

Natürlich wird durch diese Aufhäufung und Wiederholung der Gräuel das Verständnis, dass es Gräuel sind, abgestumpft; alles, was in die Rubrik Krieg gehört, wird nicht mehr vom Standpunkt der Menschlichkeit betrachtet – und erhält eine ganz besondere, mystisch-historisch-politische Weihe. Es *muss* sein – es ist die Quelle der höchsten Würden und Ehren –, das sehen die Mädchen ganz gut ein: haben sie doch die kriegsverherrlichenden Gedichte und Tiraden auch auswendig lernen müssen. Und so entstehen die spartanischen Mütter und die »Fahnenmütter« und die zahlreichen, dem Offizierskorps gespendeten Kotillon[4]-Orden während der »Damenwahl«.

Ich bin nicht, wie so viele meiner Standesgenossinnen, im Kloster, sondern unter der Leitung von Gouvernanten und Lehrern im Vaterhaus erzogen worden. Meine Mutter verlor ich früh. Mutterstelle an uns Kindern – ich hatte noch drei jüngere Geschwister – vertrat unsere Tante, eine alte Stiftsdame. Wir verbrachten die Wintermonate in Wien, den Sommer auf einem Familiengut in Niederösterreich.

---

4) Gesellschaftstanz, der im 18. Jahrhundert in Europa und Amerika beliebt war.

Meinen Erzieherinnen und Lehrern habe ich viel Freude gemacht, dessen erinnere ich mich –, denn ich war eine fleißige, mit gutem Gedächtnis begabte und ehrgeizige Schülerin. Da ich meinen Ehrgeiz wie schon bemerkt nicht damit befriedigen konnte, als Heldenjungfrau Schlachten zu gewinnen, so begnügte ich mich damit, in den Lektionen gute Zensuren davonzutragen und durch meinen Lerneifer der Umgebung Bewunderung abzuzwingen. In der französischen und englischen Sprache brachte ich es nahezu zur Vollkommenheit; von Erd- und Himmelskunde, von Naturgeschichte und Physik machte ich mir so viel zu eigen, wie mir in dem Programm einer Mädchenerziehung überhaupt zugänglich war; aber von dem Gegenstand »Geschichte« lernte ich noch mehr, als von mir gefordert wurde. Aus der Bibliothek meines Vaters holte ich mir dickbändige Historienwerke hervor, in welchen ich in meinen Mußestunden studierte. Ich glaubte mich jedes Mal um ein Stück gescheiter geworden, wenn ich ein Ereignis, einen Namen, ein Datum aus vergangenen Zeiten meinem Gedächtnis neu einverleibt hatte.

Gegen Klavierspielerei – welche doch auch im Erziehungsplan aufgezeichnet stand – habe ich mich standhaft zur Wehr gesetzt. Ich besaß weder Talent noch Lust zur Musik und fühlte, dass mir darin keine Ehrgeizbefriedigung winkte. Ich bat so lange und inständig, mir die kostbare Zeit, die ich für meine anderen Studien verwenden wollte, nicht für das aussichtslose Geklimper zu kürzen, dass mich mein guter Vater von der musikalischen Fronarbeit freisprach. Zum großen Leidwesen der Tante, welche meinte, ohne Klavierspiel gäbe es keine eigentliche Bildung mehr.

Am 10. März 1857 feierte ich meinen siebzehnten Geburtstag. »Schon siebzehn« lautet unter jenem Datum die Eintragung ins Tagebuch. Dieses »schon« ist ein Poem. Es steht kein Kommentar daneben, aber vermutlich wollte ich damit sagen: »und noch nichts für die Unsterblichkeit getan«. Diese roten Hefte leisten mir heute, da ich meine Lebenserinnerungen aufzeichnen will, gar gute Dienste. Sie ermöglichen mir, die vergangenen Ereignisse, welche nur als verschwommene Umrissbilder im Gedächtnis haften geblieben sind, bis in die kleinsten Einzelheiten zu schildern und ganze, längst vergessene Gedankenfolgen oder längst verklungene Gespräche wörtlich wiederzugeben.

Im nächstfolgenden Fasching sollte ich in die Gesellschaft eingeführt werden. Diese Aussicht entzückte mich aber nicht so außerordentlich, wie dies gewöhnlich bei jungen Mädchen der Fall ist. Mein Sinn strebte nach Höherem als nach Ballsaaltriumphen. Wonach ich strebte? Diese Frage hätte ich mir wohl selber nicht beantworten können. Vermutlich nach Liebe ... doch das wusste ich nicht. All diese glühenden Sehnsuchts- und Ehrgeizträume, welche im Jünglings- und Jungfrauenalter die Menschenherzen schwellen und welche unter allerlei Formen – Wissensdurst, Reiselust, Tatendrang – sich verwirklichen wollen, sind doch zumeist nur die unbewussten Bestrebungen des erwachenden verliebten Triebes.

In diesem Sommer wurde meiner Tante ein Kurgebrauch in Marienbad verordnet. Sie befand es für gut, mich mitzunehmen. Obgleich meine offizielle Einführung in die sogenannte Welt erst in der kommenden Winterzeit stattfinden sollte, so wurde mir doch gestattet, einige kleine Kurhausbälle mitzumachen; gleichsam als Vorübung in Tanzen und Konversation, damit ich in meiner ersten

Faschingssaison nicht gar zu schüchtern und ungelenk auftreten möge.

Doch was geschah auf der ersten »Reunion«, die ich besuchte? Ein großes, sterbliches Verlieben. Natürlich war's ein Husarenleutnant. Die im Saale anwesenden Zivilisten schienen mir neben den Militärs wie Maikäfer neben Schmetterlingen. Und unter den anwesenden Uniformträgern waren die Husaren jedenfalls die Glänzendsten; unter den Husaren schließlich war Graf Arno Dotzky der Blendendste. Über sechs Fuß groß, schwarzes Kraushaar, aufgezwirbeltes Schnurrbärtchen, weiß glitzernde Zähne, dunkle Augen, welche so durchdringend und zärtlich schauen konnten – kurz, auf seine Frage »Haben Sie den Kotillon noch frei, Gräfin?« fühlte ich, dass es noch andere, ebenso erhebende Triumphe geben kann wie das Bannerschwingen der Jungfrau von Orléans oder das Zepterschwingen der großen Katharina. Und er, der Zweiundzwanzigjährige, hat wohl Ähnliches empfunden, als er mit dem hübschesten Mädchen des Balles (nach dreißig Jahren kann man schon so etwas konstatieren) im Walzertakt durch den Saal flog; da dachte er wohl auch: Dich besitzen, du süßes Ding, das wöge alle Marschallstäbe auf.

»Aber Martha – aber Martha!«, brummte die Tante, als ich atemlos auf meinen Sessel an ihrer Seite zurückfiel, ihr mit den schwingenden Tüllwolken meines Kleides um den Kopf wirbelnd.

»O pardon, pardon, Tanti!«, bat ich und setzte mich zurecht. »Ich kann nichts dafür ...«

»Davon ist auch nicht die Rede – mein Vorwurf galt deinem Benehmen mit diesem Husaren. Du darfst dich beim Tanzen nicht so anschmiegen ... Und schaut man denn einem Herrn so in die Augen?«

Ich errötete tief. Hatte ich etwas Unmädchenhaftes verbrochen? Mochte der Unvergleichliche etwa eine schlechte Meinung von mir gefasst haben?

Von diesen bangen Zweifeln wurde ich noch im Verlauf des Balles befreit, denn während des Souperwalzers flüsterte der Unvergleichliche mir zu:

»Hören Sie mich an – ich kann nicht anders. Sie müssen es erfahren – heute noch: Ich liebe Sie.«

Das klang ein bisschen anders angenehm als Johannas famose »Stimmen« ... Aber so im Weitertanzen konnte ich doch nichts antworten. Das mochte er einsehen, denn jetzt hielt er inne. Wir standen in einer leeren Ecke des Saales und konnten die Unterhaltung unbelauscht fortführen:

»Sprechen Sie, Gräfin, was habe ich zu hoffen?«

»Ich verstehe Sie nicht«, log ich.

»Glauben Sie vielleicht nicht an ›Liebe auf den ersten Blick‹? Bis jetzt hielt ich es selber für eine Fabel, aber heute habe ich die Wahrheit davon erprobt.«

Wie mir das Herz klopfte! Aber ich schwieg.

»Ich stürze mich kopfüber in mein Schicksal«, fuhr er fort. »Sie oder keine! Entscheiden Sie über mein Glück oder über meinen Tod ... Denn ohne Sie kann und will ich nicht leben! Wollen Sie die Meine werden?«

Auf eine so direkte Frage musste ich doch etwas erwidern. Ich suchte nach einer recht diplomatischen Phrase, die – ohne jegliche Hoffnung abzuschneiden – meiner Würde nichts vergäbe, brachte aber weiter nichts hervor als ein zitternd gehauchtes

»Ja«.

»So darf ich morgen bei Ihrer Tante um Ihre Hand anhalten und dem Grafen Althaus schreiben?«

Wieder »ja« – diesmal schon etwas fester.

»Oh, ich Glücklicher! Also auch auf den ersten Blick? Du liebst mich?«

Jetzt antwortete ich nur mit den Augen – doch diese, glaube ich, sprachen das allerdeutlichste »Ja«.

2

An meinem achtzehnten Geburtstage wurde ich getraut, nachdem ich zuvor in die »Welt« eingeführt und der Kaiserin als »Braut« vorgestellt worden war. Nach unserer Hochzeit unternahmen wir eine Italienreise. Zu diesem Zweck hatte Arno einen längeren Urlaub genommen. Von einem Austritt aus dem Militärdienst war niemals die Rede gewesen. Zwar besaßen wir beide ziemlich ansehnliches Vermögen – aber mein Mann liebte seinen Stand und ich mit ihm. Ich war stolz auf meinen schmucken Husarenoffizier und sah mit Befriedigung der Zeit entgegen, da er zum Rittmeister und einst zum Generalgouverneur vorrücken würde ... Wer weiß, vielleicht sollte er als großer Feldherr in der vaterländischen Ruhmesgeschichte glänzen ...

Dass die roten Hefte gerade in der seligen Brautzeit und während der Flitterwochen eine Lücke aufweisen, tut mir jetzt sehr leid. Verflogen, verweht, in nichts verflattert wären die Wonnen jener Tage freilich ebenso, wenn ich sie auch eingetragen hätte, aber wenigstens wäre ein Abglanz davon zwischen den Blättern festgebannt. Aber nein: Für meinen Gram und meine Schmerzen fand ich nicht genug Klagen, Gedankenstriche und Ausrufungszeichen; die jammervollen Dinge mussten der Mit- und Nachwelt sorgfältig vorgeheult werden, aber die schönen Stunden, die habe ich schweigend genossen. Ich war nicht stolz auf mein Glücklichsein und gab es daher niemandem – nicht einmal mir selber im Tagebuch – kund und zu wissen! Nur das Leiden und Sehnen empfand ich als eine Art Verdienst, daher das viele Großtun damit. Wie doch diese roten

Hefte alle meine traurigen Lagen getreulich spiegeln, während zu frohen Zeiten die Blätter ganz unbeschrieben blieben. Zu dumm! Das ist, als sammelte einer während eines Spazierganges – um Andenken daran nach Hause zu bringen – von den Dingen, die er auf dem Wege findet, nur das Hässliche; als füllte er seine Botanisierbüchse nur mit Dornen, Disteln, Würmern, Kröten und ließe alle Blumen und Falter weg.

Dennoch, ich erinnere mich: Es war eine herrliche Zeit. Eine Art Feenmärchentraum. Ich hatte ja alles, was ein junges Frauenherz nur begehren kann: Liebe, Reichtum, Rang, Vermögen – und das Meiste so neu, so überraschend, so staunenerregend! Wir liebten uns wahnsinnig, mein Arno und ich, mit dem ganzen Feuer unserer lebensstrotzenden, schönheitssicheren Jugend. Und zufällig war mein glänzender Husar nebenbei ein braver, herzensguter, edel denkender Junge mit weltmännischer Bildung und heiterem Humor (er hätte ja ebenso gut ein böser und roher Mensch sein können), und zufällig war auch ich ein leidlich gescheites und gemütliches Ding (er hätte auf dem Ball sich ebenso gut in ein launenhaftes hübsches Gänschen verlieben können); so kam es denn, dass wir vollkommen glücklich waren und infolgedessen das rot gebundene Lamento-Hauptbuch lange Zeit leer blieb.

Halt: Hier finde ich eine fröhliche Eintragung – Verzückungen über die neue Mutterwürde. Am ersten Januar 1859 (War das ein Neujahrsgeschenk!) ward uns ein Söhnchen geboren. Natürlich erweckte dieses Ereignis so sehr unser Staunen und unseren Stolz, als wären wir das erste Paar, dem so was passierte. Daher wohl auch die Wiederaufnahme des Tagebuchs. Von dieser Merkwürdigkeit, von dieser meiner Wichtigkeit musste die Nachwelt doch unterrichtet werden. Ferner ist das Thema »junge Mutter« so vorzüglich kunst- und literaturfähig. Dasselbe gehört zu den bestbesungenen und fleißig bemalten Vorwürfen; dabei lässt sich so gut mystisch und heilig gerührt und pathetisch, naiv und lieblich – kurz: ungeheuer poetisch gestimmt sein. Zur Pflege dieser Stimmung tragen ja (so wie die Schulbücher zur Pflege der Kriegsbewunderung) alle möglichen Gedichtsammlungen, illustrierte Journale, Gemäldegalerien und landläufige Entzückungsphrasen unter der Rubrik »Mutterliebe«, »Mutterglück«, »Mutterstolz« nach Kräften bei. Natürlich blieb hierin auch ich nicht zurück. Mein kleiner herziger Ruru war mir das wichtigste Weltwunder. Ach, mein Sohn – mein erwachsener herrlicher Rudolf –, was ich für dich empfinde, dagegen verblasst jene kindische Babybestaunung – dagegen ist jene blinde, affenmäßige, jungmütterliche Fressliebe so nichtig, wie ein Wickelkind ja selber gegen einen entfalteten Menschen nichtig ist ...

Auch der junge Vater war nicht wenig stolz auf seinen Nachfolger und baute die schönsten Zukunftspläne auf ihn.

»Was wird er werden?«

Diese eben noch nicht sehr dringende Frage wurde des Öfteren über Rurus Wiege vorgelegt – und immer einstimmig entschieden: Soldat. Manchmal erwachte ein schwacher Protest von Seiten der Mutter:

»Wie aber, wenn er im Kriege verunglückt?«

»Ach was«, ward dieser Einwurf weggeräumt. »Es stirbt ja doch jeder nur dort und dann, wie es ihm bestimmt ist.«

Ruru würde ja auch nicht der Einzige bleiben; von den folgenden Söhnen mochte in Gottes Namen einer zum Diplomaten, ein anderer zum Landwirt, ein Dritter zum Geistlichen erzogen werden;

aber der Älteste, der musste seines Vaters und Großvaters Beruf – den schönsten Beruf von allen – erwählen, der musste Soldat werden.

Und dabei ist's geblieben. Ruru wurde schon mit zwei Monaten von uns zum Gefreiten befördert. Werden doch alle Kronprinzen gleich nach der Geburt zu Regimentsinhabern ernannt, warum sollten wir unseren Kleinen nicht auch mit einem imaginären Rang schmücken? Das war uns ein Hauptspaß, dieses Soldatenspielen mit einem Baby. Arno salutierte, sooft sein Bub auf den Armen der Amme ins Zimmer gebracht wurde. Letztere nannten wir die Marketenderin, und was bei dieser das Fouragemagazin[5] hieß, lasse ich erraten; Rurus Geschrei ward Alarmsignal geheißen, und was »Ruru sitzt auf dem Exerzierplatz« bedeutete, lasse ich abermals erraten sein.

Am 1. April, als am dritten Monatstage seiner Geburt (nur die Jahrestage zu feiern hätte gar zu selten zu Festen Anlass gegeben), rückte Ruru vom Gefreiten zum Korporal vor. An jenem Tage geschah aber auch etwas Düsteres; etwas, das mir das Herz schwer machte und mich veranlasste, es in den roten Heften auszuschütten.

Schon längere Zeit war am politischen Horizont der gewisse »schwarze Punkt« sichtbar, über dessen mögliches Anwachsen von allen Zeitungen und allen Salongesprächen die lebhaftesten Kommentare geliefert wurden. Ich hatte bis jetzt nicht darauf geachtet. Wenn mein Mann und mein Vater und deren militärische Freunde auch öfters vor mir gesagt hatten: »Mit Italien setzt es nächstens

5) Fourage = Verpflegung der Truppe

etwas ab«, so war das an meinem Verständnis abgeprallt. Mich um Politik zu kümmern, hatte ich gerade Zeit und Lust! Da mochte um mich herum noch so eifrig über das Verhältnis Sardiniens zu Österreich oder über das Verhalten Napoleons III. debattiert werden, dessen Hilfe Cavour durch die Teilnahme am Krimkriege sich zugesichert hatte; da mochte man von der Spannung reden, welche zwischen uns und den italienischen Nachbarn durch diese Allianz hervorgerufen worden war – das beachtete ich nicht. Aber an jenem 1. April sagte mir mein Mann allen Ernstes:

»Weißt du, Schatz – es wird bald losgehen.«

»Was wird losgehen, mein Liebling?«

»Der Krieg mit Sardinien.«

Ich erschrak.

»Um Gottes willen – das wäre furchtbar! Und musst du mit?«

»Hoffentlich.«

»Wie kannst du so etwas sagen? *Hoffentlich* fort von Weib und Kind?«

»Wenn die Pflicht ruft ...«

»Dann kann man sich fügen. Aber hoffen – das heißt also wünschen, dass einem solch bittere Pflicht erwachse …«

»Bitter? So ein frischer, fröhlicher Krieg muss ja was Herrliches sein. Du bist eine Soldatenfrau – vergiss das nicht.«

Ich fiel ihm um den Hals ...

»Oh, du mein lieber Mann, sei ruhig: Ich kann auch tapfer sein ... Wie oft habe ich's den Helden und Heldinnen der Geschichte nachempfunden, welch erhebendes Gefühl es sein muss, in den Kampf zu ziehen. Dürfte ich nur mit – an deiner Seite fechten, fallen oder siegen!«

»Brav gesprochen, mein Weibchen! – Aber Unsinn. Dein Platz ist hier an der Wiege des Kleinen, in dem auch ein Vaterlandsverteidiger großgezogen werden soll. Dein Platz ist an unserem häuslichen Herd. Um diesen zu schützen und vor feindlichem Überfall zu wahren, um unserem Heim und unseren Frauen den Frieden zu erhalten, ziehen wir Männer ja in den Krieg.«

Ich weiß nicht, warum mir diese Worte, welche ich in ähnlicher Fassung doch schon oft zustimmend gehört und gelesen hatte, diesmal einigermaßen als »Phrase« klangen ... Es war ja kein bedrohter Herd da, keine Barbarenhorden standen vor den Toren – einfach politische Spannung zwischen zwei Kabinetten ... Wenn also mein Mann begeistert in den Krieg ziehen wollte, so war es doch nicht so sehr das dringende Bedürfnis, Weib und Kind und Vaterland zu schützen, als vielmehr die Lust an dem abenteuerlichen, Abwechslung bietenden Hinausmarschieren – der Drang nach Auszeichnung, Beförderung ... Nun ja, Ehrgeiz ist es, schloss ich diesen Gedankengang – schöner berechtigter Ehrgeiz, Lust an tapferer Pflichterfüllung!

Es war schön von ihm, dass er sich freute, wenn er zu Felde ziehen musste; aber noch war ja nichts entschieden. Vielleicht würde der Krieg gar nicht ausbrechen, und selbst für den Fall, dass man sich schlage – wer weiß, ob gerade Arno wegkommandiert würde; es geht ja doch nicht immer die ganze Armee vor den Feind. Nein, dieses so herrliche, abgerundete Glück, welches mir das Schicksal zurechtgezimmert hatte, konnte doch dieses selbe Schicksal nicht so roh zertrümmern. – O Arno, mein vielgeliebter Mann, dich in Gefahr zu wissen, es wäre entsetzlich! – Solche und ähnliche Ergüsse füllen die in jenen Tagen beschriebenen Tagebuchblätter.

Von da ab sind die roten Hefte eine Zeitlang voll Kannegießerei: Louis Napoleon ist ein Intrigant ... Österreich kann nicht lange zuschauen ... Es kommt zum Kriege ... Sardinien wird sich vor der Übermacht fürchten und nachgeben ... Der Friede bleibt erhalten ... Meine Wünsche – trotz aller theoretischen Bewunderung vergangener Schlachten – waren natürlich inbrünstig auf den Erhalt des Friedens gerichtet, doch der Wunsch meines Gatten rief offenbar die andere Alternative herbei. Er sagte es nicht gradheraus, aber Nachrichten über die Vergrößerung des »schwarzen Punktes« teilte er immer leuchtenden Auges mit; die leider immer spärlicher werdenden Friedensaussichten hingegen konstatierte er stets mit einer gewissen Niedergeschlagenheit.

Mein Vater war auch ganz Feuer und Flamme für den Krieg. Die Besiegung der Piemontesen würde ja nur ein Kinderspiel sein, und zur Bekräftigung dieser Behauptung regneten wieder die Radetzky-Anekdoten. Ich hörte von dem drohenden Feldzug immer nur vom strategischen Standpunkt sprechen, nämlich ein Hin- und Herwägen der Chancen, wie und wo der Feind geschlagen würde, und die Vorteile, welche »uns« daraus erwachsen mussten. Der menschliche Standpunkt – nämlich dass, ob verloren oder gewonnen, jede Schlacht unzählige Blut- und Tränenopfer fordert – kam gar nicht in Betracht. Die hier in Frage stehenden Interessen wurden als so sehr über alle Einzelschicksale erhaben dargestellt, dass ich mich der Kleinlichkeit meiner Auffassung schämte, wenn mir bisweilen der Gedanke aufstieg: Ach, was nützt den armen Toten, was den armen Verkrüppelten, was den armen Witwen der Sieg?

Doch bald stellten sich als Antwort auf diese verzagten Fragen wieder die alten Schulbuchdithyramben ein: Ersatz für alles bietet der *Ruhm*. Doch was, wenn der Feind siegt? Diese Frage ließ ich einmal im Kreise meiner militärischen Freunde laut werden – wurde aber schmählich niedergezischt. Das bloße Erwähnen der Möglichkeit eines Schattens eines Zweifels ist schon antipatriotisch. Im Voraus der eigenen Unüberwindlichkeit sicher zu sein, gehört mit zu den Soldatenpflichten. Also gewissermaßen auch zu den Pflichten einer loyalen Leutnantsfrau.

Das Regiment meines Mannes lag in Wien. Von unserer Wohnung hatte man die Aussicht auf den Prater, und wenn man da ans Fenster trat, wehte es sommerlich verheißend herein. Es war ein wundervoller Frühling. Die Luft war lau und veilchenduftend, und zeitiger als in anderen Jahren spross das junge Laub hervor. Auf die im kommenden Monat bevorstehenden großen Praterfahrten freute ich mich unbändig. Wir hatten uns zu diesem Zweck ein kokettes »Zeugel« angeschafft, nämlich einen Kutschierwagen mit einem Viererzug von ungarischen Juden. Schon jetzt, in diesen herrlichen Apriltagen, fuhren wir beinahe täglich in den Praterealleen spazieren, aber das war nur ein Vorkosten des eigentlichen Maigenusses. Ach, wenn nur bis dahin nicht etwa der Krieg ausbräche!

»Na, Gott sei Dank – jetzt hat die Unentschiedenheit ein Ende!«, rief mein Mann, als er am Morgen des 19. April vom Exerzieren nach Hause kam. »Das Ultimatum ist gestellt.«

Ich erschrak.

»Wie – was – was heißt das?«

»Das heißt, das letzte Wort der diplomatischen Verhandlungen, welches der Kriegserklärung vorausgeht, ist gesprochen. Unser Ultimatum an Sardinien fordert, dass Sardinien entwaffne – was dieses natürlich bleiben lässt, und wir marschieren über die Grenze.«

»Großer Gott! – Vielleicht aber entwaffnen sie?«

»Nun, dann wäre der Streit auch beigelegt und es bleibt Frieden.«

Ich fiel auf die Knie – ich konnte nicht anders. Lautlos und dennoch heftig wie ein Schrei schwang sich aus meiner Seele die Bitte zum Himmel:

»Frieden, Frieden!«

Arno hob mich auf.

»Du närrisches Kind!«

Ich schlang meine Arme um seinen Hals und fing zu weinen an. Es war kein Schmerzensausbruch, denn noch war ja das Unglück nicht entschieden – aber die Nachricht hatte mich so erschüttert, dass meine Nerven zitterten und diesen Tränensturz verursachten.

»Martha, Martha, du wirst mich böse machen«, schalt Arno. »Vergisst du, dass du Generalstochter, Oberleutnantsfrau und« – schloss er lächelnd – »Korporalsmutter bist?«

»Nein, nein, mein Arno ... Ich begreife mich selber nicht ... Das war nur so ein Anfall. Ich bin ja doch selber für militärischen Ruhm begeistert. Aber ich weiß nicht ... Vorhin, als du sagtest, alles hänge von *einem* Worte ab, das jetzt gesprochen werden soll – ein Ja oder Nein auf das sogenannte Ultimatum –, und dieses Ja oder Nein solle entscheiden, ob Tausende bluten und sterben sollen – sterben in diesen sonnigen, seligen Frühlingstagen –, da war mir, als *müsste* das Friedenswort fallen, und ich konnte nicht anders als betend niederknien ...«

»Um dem lieben Gott die Sachlage mitzuteilen, du Herzensnärrchen?«

Die Hausglocke ertönte. Schnell trocknete ich meine Tränen. Wer konnte das sein – so früh?

Es war mein Vater. Er kam heftig hereingestürzt.

»Nun, Kinder«, rief er atemlos, indem er sich in einen Lehnsessel warf. »Wisst ihr schon die große Nachricht – das Ultimatum ...«

»Soeben habe ich's meiner Frau erzählt ...«

»Sag, Papa, was meinst du?«, fragte ich bange. »Wird der Krieg dadurch abgewendet?«

»Ich wüsste nicht, dass ein Ultimatum jemals einen Krieg abgewendet hätte. Vernünftig wäre es wohl von diesem italienischen Jammerpack, wenn es nachgeben würde und sich keinem neuen Novara aussetzte ... Ach, wäre der gute Vater Radetzky nicht voriges Jahr gestorben, ich glaube, er hätte, trotz seiner neunzig Jahre, sich noch einmal an die Spitze seines Heeres gestellt, und ich wäre, bei Gott, auch wieder mitmarschiert ... Wir zwei haben's ja schon gezeigt, wie man mit dem welschen Gesindel fertigwird. Sie haben aber noch nicht genug, die Katzelmacher – sie wollen eine zweite Lektion haben! Auch recht: Unser lombardisch-venezianisches Königreich wird sich durch das piemontesische Gebiet ganz schön vergrößern lassen. Ich sehe schon den Einzug unserer Truppen in Turin.«

»Aber Papa, du sprichst ja, als wäre der Krieg schon erklärt und als wärst du darüber froh. Doch was, wenn Arno mitgehen muss?«

Es standen mir schon wieder die Tränen in den Augen.

»Das wird er auch – der beneidenswerte Junge.«

»Aber die Gefahr ...«

»Ach was, Gefahr! Man kommt vom Kriege auch nach Hause, wie Figura[6] zeigt. Ich habe mehr als eine Kampagne mitgemacht. Gott sei Dank bin ich auch mehr als einmal verwundet worden – und bin doch am Leben, weil es mir eben bestimmt war, am Leben zu bleiben.«

Die alte fatalistische Redensart! Dieselbe, welche für Rurus künftige Berufswahl hatte herhalten müssen und die mir auch jetzt wieder als ein Stück Weisheit einleuchtete.

»Wenn etwa mein Regiment nicht beordert werden sollte …«, begann Arno.

»Ach ja«, unterbrach ich freudig, »das ist auch noch eine Hoffnung.«

»… Dann lasse ich mich versetzen, wenn möglich …«

»Es wird schon möglich sein«, versicherte mein Vater. »Heß bekommt den Oberbefehl und der ist mein guter Freund.«

Das Herz zitterte mir, aber dennoch konnte ich nicht anders als diese beiden Männer bewundern. Mit welch fröhlichem Gleichmut sie von einem kommenden Feldzug sprachen, als handelte es sich um einen geplanten Spaziergang. Mein tapferer Arno wollte sogar – auch wenn ihn die Pflicht nicht riefe – freiwillig vor den Feind ziehen, und mein großdenkender Vater fand das ganz einfach und natürlich. Ich raffte mich auf. Fort mit meinem kindischen, weibischen Bangen! Jetzt galt es, mich dieser meiner Lieben würdig zu zeigen, das Herz über alle egoistischen Befürchtungen zu erheben und nur dem schönen Bewusstsein Raum zu geben: Mein Gatte ist mein Held.

Ich sprang auf und hielt ihm die Hände hin:

---

6) Erzählung des russischen Schriftstellers Nikolai Leskow von 1889

»Arno, ich bin stolz auf dich!«

Er zog meine Hände an seine Lippen; dann, an den Vater gewendet, mit freudestrahlender Miene: »Das Mädel hast du gut erzogen, Schwiegervater!«

3

Abgelehnt! Das Ultimatum abgelehnt! So geschehen in Turin am 26. April. Die Würfel gefallen – der Krieg »ausgebrochen«! Seit einer Woche war ich auf die Katastrophe gefasst, dennoch versetzte mir deren Eintreffen einen derben Schlag. Schluchzend warf ich mich auf das Sofa, den Kopf in die Kissen verbergend, als mir Arno diese Nachricht brachte.

Er setzte sich an meine Seite und tröstete mich sanft.

»Mein Liebling, Mut – Fassung! Es ist ja nicht so schlimm ... In kurzer Zeit kehren wir als Sieger heim. Dann werden wir zwei doppelt glücklich sein. Weine nicht so, es zerreißt mir das Herz. Fast bereue ich, dass ich mich engagiert habe, auf jeden Fall mitzugehen. – Doch nein, bedenke: Wenn meine Kameraden hinausmüssen, mit welchem Recht dürfte ich da zu Hause bleiben? Du selber müsstest dich meiner schämen. Einmal muss ich ja die Feuertaufe erhalten – ehe das geschehen ist, fühle ich mich gar nicht recht als Mann und als Soldat. Denk nur, wie schön – wenn ich zurückkomme mit einem dritten Stern am Kragen, vielleicht mit einem Kreuz auf der Brust.«

Ich lehnte meinen Kopf an seine Achsel und weinte da weiter. Wie klein ich doch wieder dachte: Sterne und Kreuze erschienen mir in diesem Augenblick als so schaler Flitter. Nicht zehn Großkreuze auf dieser teuren Brust konnten einen Ersatz bieten für die grausame Möglichkeit, dass eine Kugel sie zerschmetterte ...

Arno küsste mir die Stirn, schob mich sanft beiseite und stand auf.

»Ich muss jetzt fortgehen, liebes Kind, zu meinem Oberst. Weine dich aus. Wenn ich wiederkomme, hoffe ich, dich standhaft und heiter vorzufinden. Ich brauche das, um nicht von trüben Ahnungen beschlichen zu werden. Jetzt, in so entscheidender Zeit, wird doch meine eigene kleine Frau nichts tun, mir den Mut zu nehmen und meine Tatenlust zu dämpfen? Adieu, mein Schatz.«

Und er ging.

Ich raffte mich auf. Seine letzten Worte klangen mir noch im Ohre nach. Ja, offenbar: Meine Pflicht war nun die, seinen Mut und seine Tatenlust nicht nur nicht zu dämpfen, sondern nach Möglichkeit zu heben. Das ist ja die einzige Art, wie wir Frauen unseren Patriotismus betätigen können, wie wir des Ruhmes teilhaftig werden dürfen, den unsere Männer auf den Schlachtfeldern sich holen ... »Schlachtfelder« – sonderbar, wie dieses Wort jetzt plötzlich in zwei grundverschiedenen Bedeutungen mir vor den Sinn trat. Halb in der altgewohnten historischen, pathetischen, höchste Bewunderung erregenden Bedeutung, halb in dem Ekelschauer der blutigen brutalen Silbe »Schlacht« ... Ja, *geschlachtet* würden sie auf dem Felde daliegen, die armen hinausgetriebenen Menschen – mit offenen, roten Wunden –, und unter ihnen vielleicht ... Mit einem laut ausgestoßenen Schrei dachte ich diesen Gedanken aus.

Meine Jungfer, Betti, kam erschrocken hereingerannt. Sie hatte mich schreien gehört.

»Um Gottes willen, Frau Gräfin, was ist geschehen?«, fragte sie zitternd.

Ich blickte das Mädchen an: Auch sie hatte rot geweinte Augen. Ich erriet, sie wusste schon die Nachricht, und ihr Geliebter war

Soldat. Mir war's, als müsste ich die Unglücksschwester an mein Herz drücken.

»Es ist nichts, mein Kind«, sagte ich weich. »Die fortziehen, kommen ja wieder zurück.«

»Ach, gräfliche Gnaden, nicht alle«, antwortete sie, von Neuem in Tränen ausbrechend.

Jetzt trat meine Tante bei mir ein und Betti entfernte sich.

»Ich bin gekommen, dir Trost zuzusprechen, Martha«, sagte die alte Frau, mich umarmend, »und dir in dieser Prüfung Ergebung zu predigen.«

»Also weißt du? …«

»Die ganze Stadt weiß es. Es herrscht großer Jubel, dieser Krieg ist sehr populär.«

»Jubel, Tante Marie?«

»Nun ja, bei solchen, die kein geliebtes Familienglied mitziehen sehen. Dass du traurig sein wirst, konnte ich mir denken, und darum bin ich hierhergeeilt. Dein Papa wird auch gleich kommen; aber nicht um zu trösten, sondern zu gratulieren: Er ist ganz außer sich vor Freude, dass es losgeht, und betrachtet es als eine herrliche Chance für Arno, dass er mittun kann. Im Grunde hat er ja auch recht ... Für einen Soldaten gibt's nichts Besseres als den Krieg. So musst auch du die Sache betrachten, liebes Kind – Berufserfüllung geht doch allem voran. Was sein *muss* …«

»Ja, du hast recht, Tante, was sein *muss* – das Unabänderliche …«

»Das von Gott gewollte«, warf Tante Marie bekräftigend ein.

»… muss man mit Fassung und Ergebung ertragen.«

»Brav, Martha. Es kommt ja doch alles so, wie es von der weisen und allgütigen Vorsehung in unabänderlichem Ratschluss vorherbestimmt ist. Die Sterbestunde eines jeden, die steht schon von der Stunde seiner Geburt an geschrieben. Und wir wollen für unsere lieben Sieger so viel und inbrünstig beten ...«

Ich hielt mich nicht dabei auf, den Widerspruch, der in diesen beiden Annahmen liegt, dass der Tod zugleich *bestimmt* und durch Gebete abzuwenden sein könne, näher zu erörtern. Ich war mir selbst nicht klar darüber und hatte von meiner ganzen Erziehung her das vage Bewusstsein, dass man an so heilige Dinge nicht mit Vernunftfragen herantreten dürfe. Hätte ich gar der Tante gegenüber solche Skrupel laut werden lassen, so würde sie das arg verletzt haben. Nichts konnte sie mehr beleidigen, als wenn man über gewisse Dinge rationelle Zweifel anstellte. »Nicht darüber nachdenken« ist allen Mysterien gegenüber ein Anstandsgebot. Wie es die Hofsitte verbietet, an einen König Fragen zu richten, so ist es auch eine Art lästerlichen Etikettenbruchs, wenn man an einem Dogma herumforschen und -prüfen will. Ich fing daher mit der Tante keinen Streit an, sondern klammerte mich im Gegenteil an den Trost, der in dem Hinweis auf das Beten lag. Ja, während der ganzen Abwesenheit meines Gatten wollte ich so inbrünstig um des Himmels Schutz flehen, dass dieser alle Kugeln im Fluge von Arno abwenden würde ... Abwenden? Wohin? Auf die Brust eines anderen, für den doch wahrscheinlich auch gebetet wird?

»Ja, Tante«, sagte ich laut, um diese in meinem Geist sich kreuzenden Widersprüche abzubrechen, »ja, wir wollen fleißig beten und Gott wird uns erhören. Arno bleibt unversehrt.«

»Siehst du, Kind, wie in schweren Stunden die Seele doch zu der Religion flüchtet ... Vielleicht schickt dir der liebe Gott die Prüfung, damit du deine sonstige Lauheit ablegst.«

Das wollte mir wieder nicht recht einleuchten, dass die ganze, noch aus dem Krimkrieg stammende Verstimmung zwischen Österreich und Sardinien, die ganzen Verhandlungen, die Aufstellung des Ultimatums und die Ablehnung desselben nur von Gott veranstaltet worden seien, um meinen lauen Sinn zu erwärmen.

Aber auch diesen Zweifel auszudrücken wäre unanständig gewesen. Sobald jemand den »lieben Gott« in den Mund genommen hat, gibt das dem daran geknüpften Ausspruch eine salbungsvolle Immunität.

Was die vorgeworfene Lauheit anbelangt, so hatte dieser Vorwurf einige Begründung. Tante Marias Religiosität kam aus tiefstem Herzen, während ich mehr äußerlich fromm war. Mein Vater war in dieser Beziehung völlig indifferent, ebenso mein Gatte, also hatte ich weder von dem einen noch dem anderen Anregung zu besonderem Glaubenseifer erhalten. Mich in die kirchlichen Lehren mit Begeisterung zu vertiefen, hatte ich auch niemals vermocht, da ich dieselben überhaupt nur mit Anwendung des »Nichtdarübernachdenken«-Prinzips unangefochten lassen konnte. Ich ging wohl allsonntäglich zur Messe und alljährlich zur Beichte; auch war ich bei diesen Zeremonien voll Ehrfurcht und Andacht; aber das Ganze war doch mehr oder minder eine Art standesmäßiger Etikettenbeobachtung; ich erfüllte die religiösen Anstandspflichten mit derselben Korrektheit, wie ich auf dem Kammerball die Figuren der Lanciers ausführte und die Hofreverenz machte, wenn die Kaiserin den Saal betrat. Unser Schlosskaplan in Niederösterreich und der Nuntius in Wien konnten mir nichts vorwerfen, aber die von der Tante vorgebrachte Beschuldigung war wohl berechtigt.

»Ja, mein Kind«, fuhr sie fort, »im Glück und im Wohlsein vergessen die Leute leicht ihren Heiland – wenn aber Krankheit oder

Todesgefahr über uns und, mehr noch, über unsere Lieben hereinbricht, wenn wir niedergeschlagen und in Kümmernis sind …«

In diesem Tone wäre es noch lange fortgegangen, aber da wurde die Türe aufgerissen und mein Vater stürzte herein:

»Hurra, jetzt geht's los!«, lautete seine Begrüßung. »Sie wollen Prügel haben, die Katzelmacher? So sollen sie Prügel haben – sollen sie haben!«

Das war nun eine aufgeregte Zeit. Der Krieg ist ausgebrochen. Man vergisst, dass es zwei Haufen Menschen sind, die miteinander raufen gehen, und fasst das Ereignis so auf, als wäre es ein erhabenes, waltendes Drittes, dessen »Ausbruch« die beiden Haufen zum Raufen zwingt. Die ganze Verantwortung fällt auf diese außerhalb des Einzelwillens liegende Macht, welche ihrerseits nur die Erfüllung der bestimmten Völkerschicksale herbeigeführt hat. Das ist so die dunkle und ehrfürchtige Auffassung, welche die meisten Menschen vom Kriege haben und welche auch die meine war. Von einer Revolte meines Gefühls gegen das Kriegführen überhaupt war keine Rede; nur darunter litt ich, dass mein geliebter Mann hinauszuziehen hätte in die Gefahr und ich in Einsamkeit und Bangen zurückzubleiben. Ich kramte alle meine alten Eindrücke aus der Zeit der Geschichtsstudien hervor, um mich an dem Bewusstsein zu stärken und zu begeistern, dass die höchste Menschenpflicht es war, die meinen Teuren abberief, und dass ihm hierdurch die Möglichkeit geboten würde, sich mit Ruhm und Ehren zu bedecken. Jetzt lebte ich ja mittendrin in einer Geschichtsepoche: Das war auch ein eigentümlich erhebender Gedanke. Weil von Herodot und Tacitus an bis zu den modernen Historikern herab die Kriege stets als die wichtigsten und folgenschwersten Ereignisse dargestellt worden, so meinte ich, dass auch gegenwärtig ein solches, künftigen Geschichtsschreibern als Abschnittsüberschrift dienendes Weltereignis im Gange war.

Diese gehobene, wichtigkeitsüberströmende Stimmung war übrigens die allgemein herrschende. Man sprach von nichts anderem in den Salons und auf den Gassen, las von nichts anderem in den Zeitungen, betete für nichts anderes in den Kirchen: Wo man hinkam, überall dieselben aufgeregten Gesichter und die gleichen lebhaften Besprechungen der Kriegseventualitäten. Alles Übrige, was sonst das Interesse der Leute wachhält: Theater, Geschäfte, Kunst – das wurde jetzt als ganz nebensächlich betrachtet. Es war einem zu Mute, als hätte man gar kein Recht, an etwas anderes zu denken, während dieser große Weltschicksalsauftritt sich abspielte. Und die verschiedenen Armeebefehle mit den bekannten siegesbewussten und Ruhm verheißenden Phrasen, die unter klingendem Spiel und wehenden Standarten abmarschierenden Truppen, die in loyalstem und patriotisch glühendstem Tone gehauenen Leitartikel und öffentlichen Reden, dieser ewige Appell an Tugend, Ehre, Pflicht, Mut, Aufopferung, diese sich gegenseitig gemachten Versicherungen, dass man die unüberwindlichste, tapferste, zu hoher Machtausdehnung bestimmte, beste und edelste Nation sei! Alles dies verbreitete eine heroische Atmosphäre, welche die ganze Bevölkerung mit Stolz erfüllte und in jedem Einzelnen die Meinung hervorrief, er sei ein großer Bürger einer großen Zeit.

Schlechte Eigenschaften – als da sind: Eroberungsgier, Rauflust, Hass, Grausamkeit, Tücke – werden wohl auch als vorhanden und als im Kriege sich offenbarend zugegeben, aber allemal nur beim

»Feind«. Dessen Schlechtigkeit liegt zutage. Ganz abgesehen von der politischen Unvermeidlichkeit des eben unternommenen Feldzuges, sowie abgesehen von den daraus unzweifelhaft erwachsenden patriotischen Vorteilen, ist die Besiegung des Gegners ein moralisches Werk, eine vom Genius der Kultur ausgeführte Züchtigung ... Diese Italiener – welches faule, falsche, sinnliche, leichtsinnige, eitle Volk! Und dieser Louis Napoleon – welcher Ausbund von Ehrsucht und Intrigengeist! Als am 29. April sein Kriegsmanifest erschien mit dem Motto »Freies Italien bis zum Adriatischen Meer«, rief das einen Sturm der Entrüstung bei uns hervor! Ich erlaubte mir eine schwache Bemerkung, dass dies eigentlich eine uneigennützige und schöne Idee sei, welche für italienische Patrioten begeisternd wirken müsse; aber ich ward schnell zum Schweigen gebracht. An dem Dogma »Louis Napoleon ist ein Bösewicht« durfte, solange er »der Feind« war, nicht gerüttelt werden; alles, was von ihm ausging, war von vornherein »bösewichterisch«. Nur ein leiser Zweifel stieg in mir auf. In allen geschichtlichen Kriegsberichten hatte ich die Sympathie und die Bewunderung der Erzähler immer für diejenige Partei ausgedrückt gefunden, welche einem fremden Joch sich entringen wollte und für die Freiheit kämpfte. Zwar wusste ich mir weder über den Begriff »Joch« noch über den so überschwänglich besungenen Begriff »Freiheit« einen rechten Bescheid zu geben, aber so viel schien mir doch klar: Die Jochabschüttelungs- und Freiheitsbestrebung lag diesmal nicht auf österreichischer, sondern auf italienischer Seite. Aber auch für diese schüchtern gedachten und noch schüchterner ausgedrückten Skrupel wurde ich niedergedonnert. Da hatte ich Unselige wieder an einem sakrosankten Grundsatz gerührt, nämlich dass unsere Regierung – d. h. diejenige, unter welcher man zufällig geboren worden ist – niemals ein Joch, sondern nur einen Segen abgeben könne; dass die von »uns« sich losreißen Wollenden nicht Freiheitskämpfer, sondern einfach Rebellen sind, und dass überhaupt und unter allen Umständen »wir« allemal und überall in unserem vollen Rechte sind.

In den ersten Maitagen – es waren kalte, regnerische Tage zum Glück; sonniges, lenzfrohes Wetter hätte einen noch schmerzlicheren Kontrast bewirkt – marschierte das Regiment ab, welchem Arno sich hatte zuteilen lassen. Um sieben Uhr früh ... ach, die vorhergehende Nacht – war das eine fürchterliche Nacht! Wäre der Teure auch nur auf eine gefahrlose Geschäftsreise gegangen, die Trennung hätte mich unsäglich traurig gemacht – Scheiden tut ja so weh –, aber in den Krieg! Dem Feuerregen der feindlichen Geschütze entgegen!

Warum konnte ich in jener Nacht bei dem Worte Krieg durchaus nicht mehr dessen erhabene, historische Bedeutung erfassen, sondern nur sein toddrohendes Grausen?

Arno war eingeschlafen. Ruhig atmend, mit heiterem Gesichtsausdruck lag er da. Ich hatte eine frische Kerze angezündet und hinter einen Schirm gestellt: Ich konnte heute nicht im Finstern bleiben. Vom Schlafen war ja für mich ohnehin keine Rede – in dieser *letzten* Nacht. Da musste ich ihm wenigstens die ganze Zeit ins liebe Gesicht schauen. In einen Schlafrock gehüllt lag ich auf unserem Bette; den Ellbogen auf das Kissen, das Kinn in die Handfläche gestützt, blickte ich auf den Schlummernden herab und weinte still ... Wie lieb, wie lieb ich dich habe, mein Einziger – und du gehst fort von mir ... Warum ist das Schicksal so grausam? Wie werde ich leben ohne dich? Dass du mir nur bald wiederkehrst! O Gott, mein guter Gott, mein barmherziger Vater dort oben – lass ihn bald zurückkommen – ihn und alle ... Lass es bald Frieden sein! ... Warum kann denn nicht immer Frieden sein? Wir waren so glücklich ... zu glücklich wohl ... Es darf ja auf Erden kein vollkommenes Glück geben ... O Seligkeit – wenn er unversehrt heimkehrt und dann wieder so an meiner Seite liegt und für den kommenden Morgen kein Abschied droht ... Wie er ruhig schläft – o du mein tapferer Schatz! Aber wie wirst du dort schlafen? Da gibt es kein weiches Bett für dich; da musst du auf harter, nasser Erde liegen ... vielleicht in einem Graben – hilflos – verwundet ... Bei diesem Gedanken konnte ich nicht anders als mir eine klaffende Säbelhiebwunde auf seiner Stirn vorstellen, von der das Blut herabsickert, oder ein Kugelloch in seiner Brust ... und ein heißer Mitleidsschmerz ergriff mich. Wie gerne hätte ich meine Arme um ihn geschlungen und ihn geküsst, aber ich durfte ihn nicht wecken; er brauchte diesen stärkenden Schlaf. Nur noch sechs Stunden ... ticktack, ticktack: Unbarmherzig schnell und sicher geht die Zeit jedem Ziel entgegen. Dieses gleichgültige Ticktack tat mir weh. Auch das Licht brannte ebenso gleichgültig hinter seinem Schirm, wie diese Uhr mit ihrem blöden regungslosen Bronze-Amor tickte ... Begriffen denn all diese Dinge nicht, dass dies die *letzte* Nacht war? Die tränenden Lider fielen mir zu, das Bewusstsein schwand allmählich, und den Kopf auf das Kissen sinken lassend, schlief ich dennoch selber ein. Aber immer nur auf kurze Zeit. Kaum verlor sich mein Sinn in die Nebel eines formlosen Traumes, so krampfte mein Herz sich plötzlich zusammen und ich erwachte durch einen heftigen Schlag desselben mit dem gleichen Angstgefühl, wie wenn man durch Hilferuf oder Feuerlärm geweckt wird ... Abschied, Abschied!, hieß der Alarm. Als ich zum zehnten oder zwölften Mal so aus dem Schlummer auffuhr, war es Tag und die Kerze flackerte noch. Man klopfte an der Tür.

»Sechs Uhr, Herr Oberleutnant«, meldete die Ordonnanz, welche Befehl erhalten hatte, rechtzeitig zu wecken.

Arno richtete sich auf ... Jetzt also war die Stunde gekommen – jetzt würde es gesprochen werden, dieses jammervolle Wort »Lebewohl«.

Es war ausgemacht worden, dass ich ihn nicht zur Bahn begleiten würde. Die eine Viertelstunde mehr oder weniger des Beisammenseins, auf die kam es nicht mehr an. Und das Leid des letzten Losreißens, das wollte ich nicht vor fremden Leuten bloßlegen; ich wollte allein in meinem Zimmer sein, wenn der Abschiedskuss getauscht worden war, um mich auf den Boden werfen, um schreien, laut schreien zu können.

Arno kleidete sich rasch an. Dabei sprach er allerlei Tröstliches auf mich ein:

»Wacker, Martha! In längstens zwei Monaten ist die Geschichte vorbei und ich bin wieder da. Zum Kuckuck – von tausend Kugeln trifft nur eine, und die muss nicht gerade mich treffen ... Es sind andere auch schon aus dem Krieg zurückgekommen – sieh deinen Papa. Einmal muss es doch sein. Du hast doch keinen Husarenoffizier in der Idee geheiratet, sein Handwerk sei Hyazinthenzucht? Ich werde dir oft schreiben, so oft wie möglich, und dir berichten, wie frisch und fröhlich die ganze Kampagne vor sich geht. Wenn mir was Schlimmes bestimmt wäre, so könnte ich mich nicht so wohlgemut fühlen ... Einen Orden geh ich mir holen, weiter nichts ... Gib nur hier recht gut acht auf dich selber und auf unseren Ruru, der, wenn ich avanciere, auch wieder um einen Grad vorrücken darf. Grüß ihn von mir ... Ich will den Abschied von gestern Abend nicht noch wiederholen. Dem wird's einmal ein Vergnügen sein, wenn ihm sein Vater erzählt, dass er im Jahre 59 bei den großen italienischen Siegen dabei gewesen ...«

Ich hörte ihm gierig zu. Dieses zuversichtliche Geplauder tat mir wohl. Er ging ja gern und lustig fort – mein Schmerz war also ein egoistischer, daher ein unberechtigter. Dieser Gedanke würde mir die Kraft geben, ihn zu überwinden.

Wieder klopfte es an der Tür.

»Es ist schon Zeit, Herr Oberleutnant.«

»Bin schon fertig – komme gleich.«

Er breitete die Arme aus.

»Also jetzt, Martha, mein Weib, mein Lieb ...«

Schon lag ich an seiner Brust. Reden konnte ich nicht. Das Wort Lebewohl wollte nicht über die Lippen. Ich fühlte, dass ich bei Äußerung dieses Wortes zusammenbrechen musste, und die Ruhe, den Frohmut seiner Abfahrt durfte ich ja nicht vergällen. Den Ausbruch meines Schmerzes sparte ich mir – wie eine Art Belohnung – für das Alleinsein auf.

Nunmehr aber sprach er es, das herzzerreißende Wort:

»Leb wohl, mein Alles, leb wohl!«, und drückte innig seinen Mund auf den meinen.

Wir konnten uns aus dieser Umarmung gar nicht losreißen – war es doch die letzte!

Da plötzlich fühlte ich, wie seine Lippen bebten, seine Brust sich krampfhaft hob ... und, mich freilassend, bedeckte er sein Gesicht mit beiden Händen und schluchzte laut auf.

Das war zu viel für mich. Ich glaubte wahnsinnig zu werden.

»Arno, Arno«, rief ich ihn umklammernd. »Bleib, Bleib!«

Ich wusste, dass ich Unmögliches verlangte, doch rief ich hartnäckig:

»Bleib, bleib!«

»Herr Oberleutnant«, kam es von draußen, »schon höchste Zeit.«

Noch einen Kuss – den allerletzten –, und er stürzte hinaus.

4

Scharpie[7] zupfen, Zeitungsberichte lesen, auf einer Landkarte Stecknadelfähnchen aufstecken, um den Bewegungen der beiden Heere zu folgen, und daraus Schachaufgaben – in der Fassung von »Österreich zieht an und setzt mit dem vierten Zuge matt« – zu lösen trachten; in der Kirche fleißig um Schutz für seine Lieben und um den Sieg der vaterländischen Waffen beten; von nichts anderem reden als von den vom Kriegsschauplatz eingetroffenen Nachrichten – das war es, was meine und die Existenz meiner Verwandten- und Bekanntenkreise nunmehr ausfüllte. Das Leben mit allen seinen übrigen Interessen schien für die Dauer des Feldzuges sozusagen in der Schwebe; alles bis auf die Frage »Wie und wann wird der Krieg enden?« war der Wichtigkeit, ja, beinahe der Wirklichkeit beraubt. Man aß, man trank, man las, man besorgte seine Geschäfte; aber das alles »galt« eigentlich nicht – nur eins war von gewichtiger Gültigkeit: die Telegramme aus Italien.

Meine größten Lichtblicke waren selbstverständlich die Nachrichten, welche ich von Arno selber erhielt. Diese waren sehr kurz gefasst – das Briefschreiben ist niemals seine starke Seite gewesen –, aber sie brachten mir doch das beglückendste Zeugnis: noch am Leben – unverwundet.

Sehr regelmäßig konnten diese Briefe und Depeschen freilich nicht eintreffen, denn oft waren die Verbindungen abgebrochen oder – wenn es irgendwo zur Aktion kam – der Feldpostdienst aufgehoben.

7) Wundverbandsmaterial aus zerzupftem Leinen oder Baumwollstoff

Wenn so einige Tage vergangen waren, ohne dass ich von Arno gehört hatte, und es wurde eine Verlustliste veröffentlicht – mit welchem Bangen las ich da die Namen durch! Es ist so spannend wie für den Losbesitzer das Durchsehen der Gewinnnummern einer Ziehungsliste, aber in umgekehrtem Sinne: Was man da sucht, ist der Haupttreffer des Unglücks ...

Das erste Mal, als ich die Namen der Gefallenen durchlas – ich war seit vier Tagen ohne Nachricht – und sah, dass der Name »Arno Dotzky« nicht darunter war, da faltete ich die Hände und sprach mit lauter Stimme:

»Mein Gott, ich danke dir!«

Kaum aber waren die Worte geäußert, so klang es wie ein schriller Misston nach. Ich nahm das Blatt wieder zur Hand und betrachtete zum zweiten Mal die Namenreihe. Also weil Adolf Schmidt und Karl Müller und viele andere – aber nicht Arno Dotzky – gefallen waren, hatte ich Gott gedankt? Derselbe Dank wäre dann berechtigterweise vom Herzen derer zum Himmel aufgestiegen, welche für Schmidt und Müller zittern, wenn sie statt dieser den Namen »Dotzky« gelesen hätten! Und warum sollte gerade mein Dank dem Himmel genehmer sein als jener? Ja, das war der schrille Misston meines Stoßgebetes gewesen: die *Anmaßung* und die *Selbstsucht*, die darin lag, zu glauben, Dotzky sei mir zuliebe verschont geblieben, und Gott zu danken, dass nicht ich, sondern nur Schmidts Mutter und Müllers Braut und fünfzig andere über dieser Liste weinend zusammenbrechen ...

Am selben Tag erhielt ich wieder von Arno einen Brief:

Gestern gab's einen tüchtigen Kampf. Leider – leider eine Niederlage. Aber tröste dich, meine geliebte Martha, die nächste Schlacht bringt uns den Sieg. Es war dies meine erste große Affäre. Ich stand mitten in dichtem Kugelregen – ein eigenartiges Gefühl ... Das erzähle ich mündlich. Es ist doch furchtbar: die armen Kerle, die da um einen herum fallen und die man liegen lassen muss, trotz ihres kläglichen Wimmerns – »C'est la guerre!«

Auf baldiges Wiedersehen, mein Herz. Wenn wir einmal in Turin die Friedensbedingungen diktieren, dann kommst du mir nachgereist. Tante Marie wird indessen so gut sein, über unseren kleinen Korporal zu wachen.

Wenn der Empfang solcher Briefe die Sonnenblicke meines Daseins abgab – die schwärzesten Schatten desselben waren meine Nächte. Wenn ich da aus selig vergessendem Traume erwachte und mir die entsetzliche Wirklichkeit mit ihrer entsetzlichen Möglichkeit vor das Bewusstsein trat, so erfasste mich schier unerträgliches Leid und ich konnte stundenlang nicht wieder einschlafen. Die Idee war nicht loszuwerden, dass Arno vielleicht in diesem Augenblick stöhnend und sterbend in einem Graben lag – nach einem Tropfen Wasser lechzend, sehnsüchtig nach mir rufend ... Nur damit konnte ich mich allmählich beruhigen, dass ich mir mit aller Gewalt die Szene seiner Rückkehr vor die Einbildung rief. Die war ja ebenso wahrscheinlich – sogar viel wahrscheinlicher als das verlassene Sterben –, und da malte ich mir dann aus, wie er ins Zimmer hereinstürmte und ich an sein Herz flöge, wie ich ihn dann zu Rurus Wiege führte und wie glücklich und froh wir dann wieder sein könnten ...

Mein Vater war sehr niedergeschlagen. Es kam eine schlimme Nachricht nach der anderen. Zuerst Montebello, dann Magenta. Nicht er allein – ganz Wien war niedergeschlagen. Man hatte zu

Anfang so zuversichtlich gehofft, dass ununterbrochene Siegesbotschaften Anlass zu Häuserbeflaggung und Te-Deum-Absingen geben würden; stattdessen wehten die Fahnen und sangen die Priester in Turin ... Dort hieß es jetzt:

»Herrgott, wir loben dich, dass du uns geholfen hast, die bösen Tedeschi zu schlagen.«

»Meinst du nicht, Papa, dass, wenn noch eine Niederlage für uns käme, dann Frieden geschlossen würde? In diesem Falle könnte ich wünschen, dass ...«

»Schämst du dich nicht, so etwas zu sagen? Lieber soll es ein siebenjähriger ... soll es ein dreißigjähriger Krieg werden, nur sollen schließlich unsere Waffen siegen und wir die Friedensbedingungen diktieren. Wozu geht man in den Krieg, doch nicht dazu, dass er baldmöglichst aus sei – sonst könnte man von vornherein zu Hause bleiben.«

»Das wäre wohl das Beste«, seufzte ich.

»Was ihr Weibervolk doch feige seid! Selbst du – die du so gute Grundsätze von Vaterlandsliebe und Ehrgefühl erhalten hast – bist jetzt ganz verzagt und schätzt deine persönliche Ruhe höher als die Wohlfahrt und den Ruhm des Landes.«

»Ja – wenn ich meinen Arno nicht gar so liebhätte!«

»Gattenliebe, Familienliebe – das ist alles recht schön ... Aber es soll erst in zweiter Linie kommen.«

»Soll es?«

5

Die Verlustliste hatte schon mehrere Namen von Offizieren gebracht, die ich persönlich gekannt hatte. Unter anderen den des einzigen Sohnes einer alten Dame, für die ich eine große Verehrung empfand.

An jenem Tage wollte ich die Ärmste aufsuchen. Es war mir ein peinlicher, schwerer Gang. Trösten konnte ich sie doch nicht – höchstens mitweinen. Aber es war eine Liebespflicht – und so machte ich mich denn auf den Weg.

Vor der Wohnung der Frau v. Ullsmann angelangt, zögerte ich lange, ehe ich die Glocke zog. Das letzte Mal, dass ich hierhergekommen war, war es zu einer lustigen kleinen Tanzunterhaltung gewesen. Die liebenswürdige alte Hausfrau war damals selber voller Lustigkeit.

»Martha«, hatte sie mir im Laufe des Abends gesagt, »wir sind die beiden beneidenswertesten Frauen Wiens: Du hast den hübschesten Mann und ich den trefflichsten Sohn.«

Und heute? Da besaß ich wohl noch meinen Mann ... Wer weiß? Die Bomben und Granaten flogen ja dort unablässig; die letzte Minute konnte mich zur Witwe gemacht haben ... Und ich fing vor der Tür zu weinen an. Das war die richtige Verfassung für solch traurigen Besuch. Ich klingelte, niemand kam. Ich klingelte ein zweites Mal. Wieder nichts.

Da streckte jemand aus einer anderen Flurtür den Kopf heraus.

»Sie läuten umsonst, Fräulein – die Wohnung ist leer.«

»Wie? Ist Frau v. Ullsmann fortgezogen?«

»Vor drei Tagen in die Irrenanstalt überführt worden.«

Und der Kopf war hinter der zufallenden Tür wieder verschwunden.

Ein paar Minuten blieb ich regungslos auf demselben Fleck stehen. Vor meinem inneren Auge spielten sich die Szenen ab, die hier stattgefunden haben mochten. Bis zu welchem Grade musste die arme Frau gelitten haben, bis dass ihr Schmerz in Wahnsinn ausbrach!

Und da wollte mein Vater, dass der Krieg dreißig Jahre währte – für das Wohl des Landes ... Wie viele solcher Mütter mussten da noch im Lande verzweifeln?

Aufs Tiefste erschüttert ging ich die Treppe hinab. Ich beschloss, noch einen anderen Besuch einer befreundeten jungen Frau abzustatten, deren Gatte auf dem Kriegsschauplatz war.

Mein Weg führte mich durch die Herrengasse an dem Gebäude – dem sogenannten Landhaus – vorbei, wo der »Patriotische Hilfsverein« seine Büros untergebracht hatte. Damals gab es noch keine Genfer Konvention, kein Rotes Kreuz, und als Vorbote jener humanen Institutionen hatte sich dieser Hilfsverein gebildet, dessen Aufgabe es war, Spenden in Geld, Wäsche, Verbandszeug usw. für die armen Verwundeten in Empfang zu nehmen und zum Kriegsschauplatz zu befördern. Von allen Seiten kamen die Gaben reichlich geflossen; ganze Magazine mussten zur Aufnahme derselben dienen; und kaum waren die verschiedenen Vorräte verpackt und fortgeschickt, da türmten sich wieder neue auf.

Ich trat ein; es drängte mich, die Summe, die ich in meiner Geldbörse trug, dem Komitee zu überreichen. Vielleicht konnte dieselbe einem leidenden Soldaten Hilfe und Rettung bringen – und dessen Mutter vor Wahnsinn bewahren.

Ich kannte den Präsidenten.

»Der Herr Baron ist oben.«

Der Portier zeigte mir den Weg zu dem Lokal, wo die Geldspenden abgegeben wurden. Ich musste durch mehrere Säle gehen, wo auf langen Tischen die Pakete aneinandergereiht lagen. Stöße von Wäschestücken, Zigarren, Tabak – und Berge von Scharpie ... Mir schauderte. Wie viele Wunden mussten da bluten, um mit so viel gezupfter Leinwand bedeckt zu werden?

Der Baron nahm meine Gabe dankend in Empfang und erteilte mir auf meine verschiedenen Fragen über die Wirksamkeit des Vereins bereitwillig Auskunft. Es war erfreulich und tröstlich zu hören, wie viel des Guten da geschah. Soeben kam der Postbote mit eingelaufenen Briefen herein und meldete, dass zwei Schubkarren voll Sendungen aus den Provinzen abzugeben seien. Ich setzte mich auf ein im Hintergrund des Zimmers stehendes Sofa, um das Hereintragen der Pakete abzuwarten. Dieselben wurden jedoch in einem anderen Raume abgegeben.

Jetzt trat ein sehr alter Herr herein, dem man an der Haltung den einstigen Militär ansah.

»Erlauben Sie, Herr Baron«, sagte er, indem er seine Brieftasche hervorzog und sich auf einen neben dem Tisch stehenden Sessel niederließ, »dass auch ich mein kleines Scherflein zu Ihrem schönen Werk beitrage.«

Er reichte eine Hundert-Gulden-Note hin.

»Ich betrachte Sie alle, die Sie das organisiert haben, als wahre Engel ... Sehen Sie, ich bin selber ein alter Soldat und kann es beurteilen, was für eine enorme Wohltat den armen Kerlen geschieht, die sich dort schlagen. Ich habe die Feldzüge von anno 9 und 13 mitgemacht – da hat's noch keine patriotischen Hilfsvereine gegeben; da hat man den Verwundeten keine Kisten voll Verbandszeug und Scharpie nachgeschickt. Wie viele mussten da jämmerlich verbluten, die durch eine Sendung wie diese hier hätten gerettet werden können! Das ist eine segensreiche Arbeit – die eure, ihr guten edlen Menschen – ihr wisst gar nicht, wie viel Gutes ihr da tut!«

Und dem alten Manne fielen zwei große Tränen auf den weißen Schnurrbart herab.

Draußen erhob sich ein Lärm von Schritten und Stimmen. Beide Flügel der Eingangstür wurden aufgerissen und ein Gardist meldete:

»Ihre Majestät die Kaiserin.«

Der Baron eilte zur Tür hinaus, um die hohe Besucherin geziemend am Fuße der Treppe zu empfangen, doch sie war schon im Nebensaal angelangt.

Ich schaute von meinem verborgenen Plätzchen mit Bewunderung nach der jugendlichen Monarchin, die mir im einfachen Straßenkleid beinahe noch lieblicher erschien als in den Prunkroben der Hoffeste.

»Ich bin gekommen, weil ich heute früh einen Brief des Kaisers vom Kriegsschauplatz erhalten habe, worin er mir schreibt, wie nützlich und willkommen die Gaben des Patriotischen Hilfsvereins sich erweisen – und da wollte ich selbst Einsicht nehmen und das Komitee von der Anerkennung des Kaisers in Kenntnis setzen.«

Hierauf ließ sie sich von allen Einzelheiten der Vereinstätigkeit unterrichten und betrachtete eingehend die verschiedenen aufgestapelten Gegenstände.

»Sehen Sie nur, Gräfin«, sagte sie zu der sie begleitenden Oberhofmeisterin, indem sie ein Wäschestück zur Hand nahm, »wie gut diese Leinwand ist – und wie hübsch genäht.«

Dann bat sie den Baron, sie noch in die anderen Räume zu geleiten, und verließ an seiner Seite den Saal. Sie sprach mit sichtlicher Zufriedenheit zu ihm, und ich hörte sie noch sagen:

»Es ist ein schönes, patriotisches Unternehmen, welches den armen Soldaten …«

Den Rest verstand ich nicht mehr. »Arme Soldaten«, das Wort klang mir noch lange nach, sie hatte es so mitleidsvoll betont. Jawohl, arm, und je mehr man tat, ihnen Trost und Hilfe zu senden, desto besser. Aber was wäre – flog es mir durch den Kopf –, wenn man sie gar nicht hinschicken würde in all den Jammer, die armen Leute: Wäre das nicht noch viel besser?

Ich verscheuchte diesen Gedanken. Es muss ja sein … es muss ja sein. Andere Entschuldigung gibt es für die Gräuel des Kriegführens keine als diejenige, welche das Wörtlein »muss« enthält.

Nun ging ich wieder meiner Wege. Die Freundin, die ich besuchen wollte, wohnte ganz nahe dem Landhaus auf dem Kohlmarkt. Im Vorübergehen trat ich in eine Buch- und Kunsthandlung, um eine neue Karte Oberitaliens zu kaufen; die unsere war von den fähnchengekrönten Stecknadeln schon ganz durchlöchert. Außer mir waren noch mehrere Kunden anwesend. Alle verlangten nach Karten, Schematismen und dergleichen. Nun kam die Reihe an mich.

»Auch ein Kriegsschauplatz gefällig?«, fragte der Buchhändler.

»Sie haben es erraten.«

»Das ist nicht schwer. Es wird ja beinahe nichts anderes gekauft.«

Er holte das Gewünschte herbei, und während er die Rolle für mich in ein Papier schlug, sagte er zu einem neben mir stehenden Herrn:

»Sehen Sie, Herr Professor, jetzt geht es jenen schlecht, welche belletristische oder wissenschaftliche Werke schreiben oder verlegen – es fragt kein Mensch danach. Solange der Krieg währt, interessiert sich niemand für das geistige Leben. Das ist für Schriftsteller und Buchhändler eine schlimme Zeit.«

»Und eine schlimme Zeit für die Nation«, entgegnete der Professor, »bei welcher solche Interesselosigkeit natürlich geistigen Niedergang zur Folge hat.«

»So gehen Ihre Geschäfte schlecht?«, mischte ich mich jetzt in die Unterhaltung.

»Nur meine? Alle, fast alle, meine Gnädige«, antwortete der Buchhändler. »Mit Ausnahme der Armeelieferanten gibt es keinen Geschäftsmann, dem der Krieg nicht unberechenbaren Schaden brächte. Alles stockt: die Arbeit in den Fabriken, die Arbeit auf den Feldern; unzählige Menschen werden verdienst- und brotlos. Die Papiere fallen, das Agio steigt, alle Unternehmungslust versiegt, zahlreiche Firmen müssen Bankrott erklären – kurz: Es ist ein Elend!«

Und da wollte mein Vater …, wiederholte ich im Stillen, während ich den Laden verließ.

6

Meine Freundin fand ich zu Hause.

Gräfin Lori Griesbach war in mehr als einer Hinsicht meine Schicksalsgenossin: Generalstochter wie ich, kurze Zeit an einen Offizier verheiratet wie ich und – wie ich – Strohwitwe. In einem übertrumpfte sie mich: Sie hatte nicht nur ihren Mann, sondern auch noch zwei Brüder im Krieg. Aber Lori war keine ängstliche Natur; sie war vollkommen überzeugt, dass ihre Lieben unter dem besonderen Schutze eines von ihr sehr verehrten Heiligen standen, und sie rechnete zuversichtlich auf deren Wiederkehr.

Sie empfing mich mit offenen Armen.

»Ach, grüß dich Gott, Martha; das ist wunderhübsch von dir, dass du mich aufsuchst. Aber du siehst gar so bleich und gedrückt aus ... doch keine schlimme Nachricht vom Kriegsschauplatz?«

»Nein, Gott sei Dank. Aber das Ganze ist doch so traurig …«

»Ach so – du meinst die Niederlage? Da musst du dir nichts daraus machen, die nächsten Berichte können einen Sieg vermelden.«

»Siegen oder besiegt werden – der Krieg an und für sich ist schon schrecklich. Wäre es nicht besser, wenn es gar keinen solchen gäbe?«

»Wozu wäre denn dann das Militär da?«

»Ja, wozu?«

Ich sann nach.

»Dann gäbe es keins.«

»Was du für Unsinn sprichst! Das wäre eine schöne Existenz – lauter Zivilisten –, mir schaudert! Das ist zum Glück unmöglich.«

»Unmöglich? Du musst recht haben. Ich *will* es glauben – sonst könnte ich nicht fassen, dass es nicht schon längst geschehen ist.«

»Was geschehen?«

»Die Abschaffung des Krieges. Doch ebenso gut könnte ich sagen, man solle das Erdbeben abschaffen ...«

»Ich weiß nicht, was du meinst. Was mich anbelangt, so bin ich froh, dass dieser Krieg ausgebrochen ist, weil ich hoffe, dass sich mein Ludwig auszeichnen wird. Auch für meine Brüder ist es eine gute Sache. Das Avancement ging so langsam vonstatten, jetzt haben sie doch eine Chance.«

»Hast du kürzlich Nachricht erhalten?«, unterbrach ich. »Sind die Deinen alle heil?«

»Eigentlich schon ziemlich lange nicht. Aber du weißt, dass der Postverkehr oft unterbrochen ist, und wenn man von einem heißen Marsch- oder Schlachttag so recht müde geworden ist, hat man auch nicht viel Lust zum Schreiben. Ich bin ganz ruhig. Sowohl Ludwig als auch meine Brüder tragen geweihte Amulette – Mama hat sie ihnen selber umgehängt.«

»Wie stellst du dir denn einen Krieg vor, Lori, wo in beiden Heeren jeder Mann ein Amulett trüge? Wenn da die Kugeln hin und her fliegen, werden sie sich harmlos in die Wolken zurückziehen?«

»Ich versteh dich nicht. Du bist so lau im Glauben. Das klagt mir öfters deine Tante Marie.«

»Warum beantwortest du meine Frage nicht?«

»Weil in ihr ein Spott auf eine Sache liegt, die mir heilig ist.«

»Spott? Nicht doch. Einfach eine vernünftige Erwägung.«

»Du weißt doch, dass es Sünde ist, der eigenen Vernunft die Kraft zuzutrauen, in Dingen urteilen zu wollen, die über sie erhaben sind.«

»Ich schweige schon, Lori. Du kannst recht haben: Das Nachdenken und Grübeln taugt nicht ... Seit einiger Zeit steigen mir so allerlei Zweifel an meinen ältesten Überzeugungen auf, und ich empfinde dabei nur Qual. Wenn ich die Überzeugung verlöre, dass es unbedingt notwendig und gut war, diesen Krieg zu beginnen, so könnte ich jenen nicht verzeihen, welche …«

»Du meinst Louis Napoleon? Das ist freilich ein Intrigant.«

»Ob dieser oder andere – ich wollte unerschüttert glauben, dass es überhaupt keine Menschen waren, die den Krieg veranlasst haben, sondern dass er von selber ›ausgebrochen‹ ist; ausgebrochen wie das Nervenfieber, wie das Vesuvfeuer …«

»Wie exaltiert du bist, mein Schatz. Lass uns doch vernünftig reden. Also hör mich an. Bald wird die Kampagne ein Ende haben und unsere beiden Männer kommen als Rittmeister zurück ... Ich werde den meinen dann zu bewegen trachten, dass er einen vier- oder sechswöchigen Urlaub nimmt, um mit mir ins Bad zu reisen. Es wird ihm guttun nach seinen ausgestandenen Strapazen und auch mir nach der ausgestandenen Hitze, Langeweile und Bangigkeit. Denn du musst nicht glauben, dass ich gar keine Angst habe. Es könnte doch Gottes Wille sein, dass einer meiner Lieben den Soldatentod finde – und wenn es auch ein schöner, beneidenswerter Tod ist auf dem Felde der Ehre ... für Kaiser und Vaterland … Es wäre doch schrecklich – die arme Mama –, wenn Gustav oder Karl etwas zustoßen würde ... Reden wir nicht davon! Also, um uns von all dem Schreck zu erholen, gilt es, eine amüsante Badesaison durchzumachen. Am liebsten in Karlsbad. Dort bin ich einmal als Mädchen gewesen und habe mich göttlich unterhalten.«

»Und ich war in Marienbad. Dort habe ich Arno kennengelernt ... Aber warum sitzen wir so müßig da? Hast du nicht etwas Leinwand zur Hand, dass wir Scharpie zupfen? Ich war heute im Patriotischen Hilfsverein, und da kam – rate, wer?«

Hier wurden wir unterbrochen. Ein Diener brachte einen Brief herein.

»Von Gustav!«, rief Lori freudig, indem sie das Siegel brach.

Nachdem sie ein paar Zeilen gelesen hatte, stieß sie einen Schrei aus; das Blatt entfiel ihren Händen und sie warf sich an meinen Hals.

»Lori, mein armes Herz, was ist's?«, fragte ich tief ergriffen. »Dein Mann?«

»O Gott, o Gott«, stöhnte sie. »Lies selber ...«

Ich hob das Blatt vom Boden auf und begann zu lesen. Ich kann den Wortlaut genau wiedergeben, denn in der Folge habe ich den Brief von Lori mir erbeten, um dessen Inhalt in mein Tagebuch zu übertragen.

»Lies laut«, bat sie. »Ich habe nicht zu Ende lesen können.«

Ich tat nach ihrem Wunsche.

Liebste Schwester!

Gestern hatten wir eine heiße Schlacht – das wird eine große Verlustliste geben. Damit du – damit unsere arme Mutter nicht aus dieser das Unglück erfährt und du sie langsam vorbereiten könntest (sag, er sei schwer verwundet), schreibe ich dir lieber gleich, dass zu den für das Vaterland gefallenen Kriegern auch unser tapferer Bruder Karl zählt.

Ich unterbrach, um die Freundin zu umarmen.

»Bis dahin war ich gekommen«, sagte sie leise.

Mit tränenerstickter Stimme las ich weiter.

Dein Mann ist unversehrt, und so auch ich. Hätte die feindliche Kugel doch lieber mich getroffen: Ich beneide Karl um seinen Heldentod. Er fiel zu Anfang der Schlacht und weiß nicht, dass diese wieder verloren ist. Das ist gar zu bitter. Ich habe ihn fallen gesehen, denn wir ritten nebeneinander. Ich sprang gleich ab, um ihn aufzuheben – nur noch einen Blick, und er war tot. Die Kugel muss ihm durch Herz oder Lungen gedrungen sein! Es war ein schnelles, schmerzloses Ende. Wie viele andere mussten stundenlang leiden und mitten im Toben der Schlacht hilflos daliegen, bis sie der Tod erlöste. Das war ein mörderischer Tag – mehr als tausend Leichen, Freund und Feind, bedeckten die Walstatt. Ich habe unter den Toten so manches liebe, bekannte Gesicht erkannt – das ist unter anderen auch der arme Arno Dotzky.

Ich fiel ohnmächtig zu Boden.

7

Jetzt ist alles aus, Martha: Solferino hat entschieden: Wir sind geschlagen.«

Mit diesen Worten kam mein Vater eines Morgens auf das Gartenplätzchen geeilt, wo ich unter den Schatten einer Lindengruppe saß.

Ich war mit meinem kleinen Rudolf in mein Mädchenheim zurückgekehrt. Acht Tage nach dem großen Schlage, der mich getroffen hatte, übersiedelte meine Familie nach Grumitz, unserem Landsitz in Niederösterreich, und ich mit ihr. Allein hätte ich verzweifeln müssen. Jetzt waren sie wieder alle um mich wie vor meiner Verheiratung: mein Vater, Tante Marie, mein kleiner Bruder und meine zwei aufblühenden Schwestern. Sie alle taten, was sie nur konnten, meinen Kummer zu lindern, und behandelten mich mit einer Art Hochachtung, die mir wohltat. In meinem traurigen Schicksal lag für sie offenbar eine gewisse Weihe, etwas, das mich über meine Umgebung erhob – ein gewisses Verdienst. Neben dem Blute, das die Soldaten auf dem Altar des Vaterlandes vergießen, bilden ja die am selben Altar vergossenen Tränen der beraubten Soldatenmütter, Frauen und Bräute das nächste heilige Trankopfer. So war es auch ein leises Stolzgefühl – ein Bewusstsein, dass es sozusagen eine militärische Würde darstellt, einen geliebten Mann auf dem Felde der Ehre verloren zu haben, welches mir meinen Schmerz am besten tragen half. Und ich war ja nicht die Einzige. Wie viele im ganzen Land trauerten jetzt um ihre in italienischer Erde ruhenden Lieben ...

Nähere Einzelheiten über Arnos Ende sind mir damals nicht bekannt geworden; man hatte ihn tot aufgefunden, identifiziert, begraben, das war alles, was ich wusste. Sein letzter Gedanke war gewiss zu mir und zu unserem kleinen Liebling geflogen, und sein Trost im letzten Augenblick muss das Bewusstsein gewesen sein: Ich habe meine Pflicht – *mehr* als meine Pflicht getan.

»Wir sind geschlagen«, wiederholte mein Vater düster, indem er sich neben mich auf die Gartenbank setzte.

»Also wurden die Geopferten umsonst geopfert«, seufzte ich.

»Die Geopferten sind zu beneiden, weil sie von der Schmach nichts wissen, die uns getroffen hat. Aber wir werden uns schon noch aufraffen, wenn auch jetzt Friede geschlossen werden soll.«

»Ah, Gott geb's!«, unterbrach ich. »Für mich Arme freilich zu spät ... Aber so werden doch tausend andere verschont.«

»Du denkst immer nur an dich und an die einzelnen Menschen. Aber in dieser Frage handelt es sich um Österreich.«

»Und besteht dieses nicht aus lauter einzelnen Menschen?«

»Mein Kind, ein Reich, ein Staat lebt ein längeres und wichtigeres Leben als die Individuen. Diese schwinden Generation um Generation, und das Reich entfaltet sich weiter; wächst zu Ruhm, Größe und Macht oder sinkt und schrumpft zusammen und verschwindet, wenn es sich von anderen Reichen besiegen lässt. Darum ist das Wichtigste und Höchste, was jeder Einzelne erstreben muss und wofür er jederzeit gern sterben soll, die Existenz, die Größe, die Wohlfahrt des Reiches.«

Diese Worte prägte ich mir ein, um sie am selben Tag in den roten Heften zu notieren. Sie schienen mir so kräftig und bündig dasjenige auszudrücken, was ich in meiner Lernzeit aus den

Geschichtsbüchern herausgefühlt hatte und was mir in der letzten Zeit – seit Arnos Abmarsch – durch Angst und Mitleid aus dem Bewusstsein verdrängt worden war. Daran wollte ich mich wieder so fest wie möglich klammern, um in der Idee Trost und Erhebung zu finden, dass mein Liebster um einer großen Sache willen gefallen, dass mein Unglück selber ein Bestandteil dieser großen Sache war.

Tante Marie hatte wieder andere Trostgründe zur Hand.

»Weine nicht, liebes Kind«, pflegte sie zu sagen, wenn sie mich in Trauer versunken fand. »Sei nicht so selbstsüchtig, denjenigen zu beklagen, dem es jetzt so wohl geht. Er ist unter den Seligen und sieht segnend auf dich herab. Noch ein paar schnell verflossene Erdenjahre und du findest ihn wieder in seiner vollen Glorie. Für die, welche auf dem Schlachtfeld bleiben, bereitet der Himmel seine schönsten Wohnungen. Glücklich solche, die in dem Augenblick abberufen werden, wo sie eine heilige Pflicht erfüllen. Dem sterbenden Märtyrer steht der sterbende Soldat an Verdienst am nächsten.«

»Ich soll mich also freuen, dass Arno …«

»Freuen: Nein – das wäre zu viel verlangt. Aber dein Schicksal mit demütiger Ergebung tragen. Es ist eine Prüfung, die dir der Himmel schickt und aus der du geläutert und im Glauben gestärkt hervorgehen wirst.«

»Also damit ich geprüft und geläutert werde, musste Arno …«

»Nicht deshalb. Doch wer kann, wer darf die verschlungenen Wege der Vorsehung ergründen wollen? Ich sicher nicht.«

Obwohl mir gegen Tante Mariens Tröstungen immer derlei Einwendungen entschlüpften, so gab ich mich im Grund der Seele doch gern der mystischen Auffassung hin, dass mein Verklärter jetzt im Himmel den Lohn seines Opfertodes genießt und dass sein

Andenken unter den Menschen mit der unvergänglichen Glorie der Heldenhaftigkeit geschmückt ist.

Wie erhebend – wenngleich schmerzlich – hatte die große Trauerzeremonie auf mich gewirkt, welcher ich am Tage vor unserer Abreise im Stephansdom beigewohnt hatte. Es war ein *De Profundis* für unsere auf fremder Erde gefallenen und dort begrabenen Krieger. In der Mitte der Kirche war ein hoher Katafalk aufgestellt, von Hunderten brennender Wachslichter umgeben und mit militärischen Emblemen – Fahnen, Waffen – geschmückt. Vom Chor herab klang das rührend gesungene Requiem, und die Anwesenden – meist schwarzgekleidete Frauen – weinten fast alle laut. Und jede weinte nicht nur um den einen, den sie verloren hatte, sondern um alle anderen, die denselben Tod fanden: Sie hatten ja alle zusammen, die armen, tapferen Waffenbrüder, für uns alle, das heißt für ihr Land, für die Ehre der Nation ihr junges Leben hingegeben. Und die lebenden Soldaten, die dieser Feier beiwohnten – sämtliche in Wien zurückgebliebenen Generäle und Offiziere waren da, und mehrere Kompanien Mannschaft füllten den Hintergrund –, diese alle waren bereit, ihren gefallenen Kameraden zu folgen ohne Zaudern, ohne Murren, ohne Furcht ... Ja, mit den Weihrauchwolken, mit dem Geläute und den Orgeltönen, mit den in einem gemeinsamen Schmerz vergossenen Tränen stieg da sicherlich ein wohlgefälliges Opfer zum Himmel auf und der Herr der Heerscharen musste seinen Segen träufeln auf jene, denen dieser Katafalk errichtet war ...

So dachte ich damals. Wenigstens sind dies die Worte, mit welchen die roten Hefte die Trauerfeier beschreiben.

Ungefähr vierzehn Tage später als die Nachricht von der Niederlage bei Solferino kam die Nachricht von der Unterzeichnung der Friedenspräliminarien in Villafranca. Mein Vater gab sich alle mögliche Mühe, mir zu erklären, dass es aus politischen Gründen zwingend notwendig war, diesen Frieden zu schließen; worauf ich versicherte, dass es mir auf jeden Fall erfreulich schien, wenn das böse Kämpfen und Sterben ein Ende fand; aber der gute Papa ließ es sich nicht nehmen, mir entschuldigende Auseinandersetzungen zu unterbreiten:

»Du musst nicht glauben, dass wir Angst haben ... Wenn es auch den Anschein hat, als machten wir Konzessionen, wir vergeben unserer Würde nichts und wissen schon, was wir tun. Wenn es sich um uns allein handelte, so hätten wir wegen dieses kleinen Schachs in Solferino die Partie nicht aufgegeben. O nein, noch lange nicht. Wir brauchten nur noch ein Armeekorps hinunterzuschicken, und der Feind müsste Mailand schnell wieder räumen ... Aber weißt du, Martha, es handelt sich um andere allgemeine Interessen und Prinzipien. Wir verzichten jetzt darauf, uns weiterhin zu schlagen, um die anderen bedrohten italienischen Fürstentümer zu bewahren, welche der sardinische Räuberhauptmann samt seinem französischen Henkersbeistand auch gern überfallen wollte. Gegen Modena, Toskana – wo, wie du weißt, mit unserem Kaiserhaus verwandte Dynastien regieren –, ja sogar gegen Rom, gegen den Papst wollen sie ziehen – die Vandalen. Wenn wir nun vorläufig die Lombardei hergeben, so erhalten wir uns damit Venezien und können den süditalienischen Staaten und dem Heiligen Stuhl unsere Stütze gewähren. Du siehst also ein, dass wir aus rein politischen Gründen und im Interesse des europäischen Gleichgewichts ...«

»Ja, Vater«, unterbrach ich, »ich sehe es ein. Ach, hätten diese Gründe doch schon früher gewaltet!«, fügte ich bitter hinzu.

Dann, um abzulenken, zeigte ich auf ein Bücherpaket, das heute aus Wien eingetroffen war.

»Schau her, der Buchhändler schickt uns verschiedene Sachen zur Ansicht. Darunter ein eben erschienenes Werk eines englischen Naturforschers, eines gewissen Darwin: *The Origin of Species* – und er macht uns aufmerksam, dass dies besonders interessant sei und geeignet, epochemachend zu wirken.«

»Er soll mich auslassen, der gute Mann. Wer soll sich in einer so wichtigen Zeit wie der gegenwärtigen für derlei Lappalien interessieren? Was kann denn in einem Buch über Tier- und Pflanzenarten Epochemachendes für uns Menschen enthalten sein? Ja, die Konföderation der italienischen Staaten, die Hegemonie Österreichs im Deutschen Bunde – das sind weittragende Dinge; die werden noch lange in der Geschichte bestehen, wenn von diesem englischen Buch kein Mensch mehr etwas wissen wird. Merk dir das.«

Ich habe es mir gemerkt.

ZWEITES BUCH

FRIEDENSZEIT

1

Vier Jahre später. Meine beiden – nunmehr siebzehn- und achtzehnjährigen Schwestern – sollten bei Hofe vorgestellt werden. Aus diesem Anlass entschloss auch ich mich, wieder »in die Welt« zu gehen.

Die verstrichene Zeit hatte ihr Werk getan und meinen Schmerz allmählich gelindert. Die Verzweiflung wandelte sich in Trauer, die Trauer in Wehmut, die Wehmut in Gleichgültigkeit und diese endlich in erneute Lebensfreude. Ich erwachte eines schönen Morgens zum Bewusstsein, dass ich eigentlich in einer beneidenswerten, Glück verheißenden Lage mich befand: dreiundzwanzig Jahre alt, schön, reich, hochgestellt, frei, Mutter eines allerliebsten Knaben, Glied einer liebenden Familie – waren das nicht Bedingungen genug, um des Lebens froh zu werden?

Das kurze Jahr meines Ehelebens lag hinter mir wie ein Traum. Ja – ich war in meinen schönen Husaren sterblich verliebt gewesen; ja – mein zärtlicher Mann hatte mich sehr glücklich gemacht! Ja – die Trennung hatte mir großen Kummer, sein Verlust wilden Schmerz bereitet – aber das war vorbei, vorbei. Wir hatten uns angebetet wie ein Paar feuriger Verliebter; aber Herz in Herz, Geist in Geist aufgegangen, in gegenseitiger Hochachtung und Freundschaft fest verbunden, wie dies manche Eheleute nach langen Jahren geteilter Leiden und Freuden sind – das waren wir beide noch nicht gewesen. Auch ich war ja sein Höchstes, sein Unentbehrlichstes nicht; wäre er sonst so frohgemut und ohne zwingende Pflicht – *sein* Regiment hat niemals ausrücken müssen – fort von mir? Zudem war ich in den vier Jahren allmählich eine andere geworden; mein geistiger Gesichtskreis hatte sich in vielem erweitert; ich war in den Besitz von Kenntnissen und Anschauungen gelangt, von welchen ich zur Zeit meiner Verheiratung keine Ahnung gehabt und von welchen auch Arno – das wusste ich jetzt zu beurteilen – sich keinen Begriff gemacht hatte, und so hätte er meinem jetzigen Seelenleben – wäre er auferstanden – in mancher Richtung fremd gegenübergestanden.

Wieso diese Wandlung mit mir geschehen war? Das ist so gekommen:

Ein Jahr meiner Witwenschaft war verstrichen, die Verzweiflung in Trauer übergegangen. Aber noch in eine sehr tiefe, blutende Trauer. Von einer Wiederanknüpfung geselliger Verbindungen wollte ich durchaus nichts wissen. Ich meinte, fortan müsse mein Leben nur noch mit der Erziehung meines Sohnes Rudolf ausgefüllt sein.

Nie mehr nannte ich das Kind »Ruru« oder »Korporal«; die Babyspielereien des verliebten Elternpaares waren dahin; der Kleine war mein ›Sohn Rudolf‹ geworden, meines ganzen Strebens, Hoffens, Liebens geheiligter Mittelpunkt. Um ihm einst eine gute Lehrerin zu sein oder doch seinen Studien folgen und ihm eine Geisteskameradin werden zu können, wollte ich selber so viel Wissen wie möglich mir aneignen; zudem war Lesen die einzige Zerstreuung, die ich mir erlaubte. So vertiefte ich mich denn von Neuem in die Schätze unserer Schlossbibliothek. Namentlich drängte es mich, mein einstiges Lieblingsstudium – die Geschichte – wieder aufzunehmen. In der letzten Zeit, als der Krieg von meinen Zeitgenossen und von mir selber so viele Opfer gefordert hatte, war mein früherer Enthusiasmus stark abgekühlt worden, und ich wünschte denselben durch entsprechende Lektüre wieder anzufachen. Und in der Tat, es gewährte mir manchmal einen gewissen Trost, wenn ich ein paar Seiten Schlachtenberichte mit den daran geknüpften Heldenverherrlichungen gelesen hatte, zu denken, dass der Tod meines armen Mannes und mein eigenes Witwenleid als Parzellen in einem ähnlichen großen, geschichtlichen Vorgang enthalten waren. Ich sage »manchmal« – nicht immer. So ganz und gar konnte ich mich doch nicht mehr in jene Stimmungen meiner Mädchenzeit zurückversetzen, wo ich es der Jungfrau von Orléans hätte gleichtun mögen. Vieles in den überschwänglichen Ruhmestiraden, welche die Schlachtenberichte begleiteten, klang mir falsch und hohl, wenn ich mir zugleich die Schrecken der Schlacht vergegenwärtigte – so falsch und hohl wie eine als Preis für eine echte Perle erhaltene Blechmünze. Die Perle Leben – ist die wohl ehrlich bezahlt mit den Blechphrasen der geschichtlichen Nachrufe?

Bald hatte ich den Vorrat der in unserer Bücherei vorhandenen historischen Werke erschöpft. Ich bat unseren Buchhändler, er möge mir ein neues Geschichtswerk zur Ansicht schicken. Er schickte Thomas Buckles *History of Civilisation*.

»Das Werk ist nicht vollendet«, schrieb der Buchhändler, »aber die beifolgenden zwei, als Einleitung dienenden Bände bilden an und für sich ein abgeschlossenes Ganzes, und ihr Erscheinen hat sowohl in England als in der übrigen gebildeten Welt großes Aufsehen erregt; der Verfasser, so sagt man, habe damit den Grundstein zu einer neuen Auffassung der Geschichte gelegt.«

In der Tat ja: ganz neu. Mir war, nachdem ich diese zwei Bände gelesen und wieder gelesen hatte, wie jemandem zumute, der zeitlebens in einem engen Talkessel gewohnt hatte und zum ersten Mal auf eine der ihn umgebenden Bergspitzen hinaufgeführt worden war, von wo ein ausgestrecktes Stück Land zu sehen ist, mit Bauten und Gärten bedeckt, von endlosem Meere begrenzt. Ich will nicht behaupten, dass ich – die Zwanzigjährige, welcher die bekannte oberflächliche Höhere-Töchter-Erziehung zuteilgeworden war – das Buch in seiner ganzen Tragweite verstand oder – um obiges Bild beizubehalten – dass ich die Erhabenheit der Monumentalbauten und die Größe des Ozeans erfasste, die vor meinen überraschten Blicken lagen; aber ich war geblendet, war überwältigt; ich sah, dass es jenseits meines engen Heimattales eine weite, weite Welt gab, von der ich bisher niemals Kunde erhalten hatte. Erst als ich das Buch nach fünfzehn oder zwanzig Jahren wieder las, und nachdem ich andere im selben Geist verfasste Werke studiert hatte, konnte ich mir vielleicht anmaßen, zu sagen, dass ich es verstehe. Doch eins wurde mir auch schon damals klar: Die Geschichte der Menschheit wird nicht – wie dies die alte Auffassung war – durch die Könige und Staatsmänner, durch die Kriege und Traktate bestimmt, welche der Ehrgeiz der einen und die Schlauheit der anderen ins Leben rufen, sondern durch die allmähliche Entwicklung der Intelligenz. Die Hof- und Schlachtenchroniken, welche in den Historienbüchern aneinandergereiht sind, stellen einzelne Erscheinungen der jeweiligen Kulturzustände dar, nicht aber deren bewegende Ursachen. Von der althergebrachten Bewunderung, mit welcher andere Geschichtsschreiber die Lebensläufe gewaltiger Eroberer und Länderverwüster zu erzählen pflegen, konnte ich im Buckle gar nichts finden. Im Gegenteil, er führt den Nachweis, dass das Ansehen des Kriegerstandes im umgekehrten Verhältnis zu der

Kulturhöhe eines Volkes steht – je tiefer in der barbarischen Vergangenheit zurück, desto häufiger die gegenseitige Bekriegung und desto enger die Grenzen des Friedens: Provinz gegen Provinz, Stadt gegen Stadt, Familie gegen Familie. Er betont, dass im Fortschritt der Gesellschaft die Liebe zum Kriege im Schwinden begriffen sei. Das war mir aus der Seele gesprochen. Sogar in meinem kurzen Innenleben war diese Verminderung vor sich gegangen; und wenn ich oft diese Regung als etwas Feiges, Unwürdiges unterdrückt hatte, glaubend, dass ich allein mich solchen Frevels schuldig mache, so erkannte ich jetzt, dass dies bei mir nur der schwache Widerhall des Zeitgeistes war; dass Gelehrte und Denker, wie dieser englische Geschichtsschreiber, dass unzählige Menschen mit ihm die einstige Kriegsvergötterung verloren hatten, welche, wie sie eine Phase meiner Kindheit gewesen war, in diesem Buche auch als eine Phase aus der Kindheit der Gesellschaft dargestellt war. Somit hatte ich in Buckles Geschichtswerk eigentlich das Gegenteil von dem gefunden, was ich gesucht hatte. Dennoch empfand ich diesen Fund als einen Gewinn – ich fühlte mich dadurch gehoben, geklärt, beruhigt.

Einmal versuchte ich mit meinem Vater über diese neugewonnenen Gesichtspunkte zu reden – aber vergebens. Auf den Berg hinauf wollte er mir nicht folgen – das heißt, er wollte das Buch nicht lesen –, also war es aussichtslos, mit ihm von Dingen zu reden, die man nur von dort oben aus wahrnehmen konnte.

Nun folgte das Jahr – zweite Phase –, da die Trauer in Melancholie übergegangen war. Jetzt las und studierte ich noch fleißiger. Das erste Werk Buckles hatte mir Geschmack am Nachdenken gegeben und mich die Freuden eines erweiterten Weltausblicks kosten lassen. Davon wollte ich nun noch immer mehr und mehr genießen, und so ließ ich diesem Buche noch viele andere, im gleichen Geist verfasste, folgen. Und das Interesse und die Genüsse, welche ich in diesen Studien fand, trugen dazu bei, in die dritte Phase einzutreten – nämlich die Melancholie schwinden zu lassen. Als aber die letzte Wandlung mit mir vorging, als die Lebenslust von Neuem erwachte, da wollten mir auf einmal die Bücher nicht mehr genügen; da sah ich ein, dass Ethnografie und Anthropologie und vergleichende Mythologie und sonstige -logien und -grafien unmöglich meine Sehnsucht stillen konnten; dass für eine junge Frau in meiner Lage das Leben noch ganz andere Glücksblüten bereithielt, nach welchen ich nur die Hand auszustrecken brauchte ...

Und so kam es, dass ich im Winter 1863 mich anbot, meine jüngeren Schwestern selber in die Welt einzuführen, und meine Salons der Wiener Gesellschaft öffnete.

Martha Gräfin Dotzky, eine reiche junge Witwe. Unter diesem vielversprechenden Namen stand ich auf dem Personenverzeichnis der »große Welt«-Komödie. Und ich muss sagen, die Rolle sagte mir zu. Es ist kein geringes Vergnügen, von allen Seiten Huldigungen zu empfangen, von der ganzen Gesellschaft gefeiert, verwöhnt, mit Auszeichnungen überschüttet zu werden. Es ist kein geringer Genuss, nach beinahe vierjähriger Weltabgeschiedenheit plötzlich in einen Strudel von allerlei Vergnügungen zu gelangen; interessante, bedeutende Menschen kennenzulernen, an fast jedem Tage ein glänzendes Fest mitzumachen – und dabei sich selber als den Mittelpunkt allgemeiner Aufmerksamkeit zu fühlen.

Wir drei Schwestern hatten den Spitznamen »die Göttinnen vom Berge Iba« bekommen, und die Erisäpfel lassen sich nicht zählen, welche die verschiedenen jungen Parisse unter uns verteilten; ich natürlich – in meiner oben erwähnten Theaterzettelwürde »reiche junge Witwe« – war gewöhnlich die Bevorzugte. Es galt übrigens in meiner Familie – und auch ein klein wenig in meinem eigenen Bewusstsein – als ausgemachte Sache, dass ich mich wieder vermählen würde. Tante Marie pflegte in ihren Homilien nicht mehr auf den Verklärten anzuspielen, der »dort oben meiner harrte«, denn wenn ich in den kurzen Erdenjahren, die mich vom Grabe trennten, mir einen zweiten Gatten angeeignet hätte – eine von Tante Marie selber gewünschte Eventualität –, so war dadurch die Gemütlichkeit des himmlischen Wiedersehens mit dem ersten stark beeinträchtigt.

Alle um mich herum schienen Arnos Existenz vergessen zu haben – nur ich nicht. Obwohl die Zeit meinen Schmerz um ihn geheilt hatte – sein Bild hatte sie nicht verlöscht. Man kann aufhören, um seine Toten zu trauern – die Trauer hängt auch nicht vom Willen ab –, aber vergessen soll man sie nicht. Ich betrachtete dieses von meiner Umgebung geübte Totschweigen eines Verstorbenen als eine zweite nachträgliche Tötung und vermied es, den Armen auch totzudenken. Ich hatte es mir zur Aufgabe gemacht, täglich zum kleinen Rudolf von seinem Vater zu sprechen, und in seinem Abendgebet musste das Kind stets sagen:

»Gott, lass mich gut und brav sein, meinem geliebten Vater Arno zuliebe!«

Meine Schwestern und ich »amüsierten« uns köstlich – ich gewiss nicht minder als sie. Es war ja sozusagen auch mein Debüt in der Welt. Das erste Mal war ich als Braut und Neuvermählte eingeführt worden; da hatten sich selbstverständlich alle Courmacher[8] von mir ferngehalten, und was ist des »Welt«-Lebens höchster Reiz, wenn nicht die Courmacher? Aber sonderbar! Sosehr es mir behagte, von einer Schar von Anbetern umgeben zu sein, keiner von ihnen machte einen tieferen Eindruck auf mich. Es lag eine Schranke zwischen ihnen und mir, die schier unübersteigbar war. Und diese Schranke hatte sich durch die drei Jahre meines einsamen Studierens und Denkens aufgerichtet. All diese glänzenden jungen Herren, deren Lebensinteressen in Sport, Spiel, Ballett, Hofklatsch und, wenn es hoch ging, in Berufsehrgeiz (die meisten waren Militärs) gipfelten, die hatten von den Dingen, die ich in meinen

8) Frauenhelden

Büchern erschaut und an denen mein Geist sich gelabt hatte, auch nicht die entfernteste Idee. Jene Sprache, von der ich freilich auch nur Anfangsgründe kennengelernt hatte, von der ich aber wusste, dass in ihr durch die Männer der Wissenschaft die höchsten Fragen beraten und einst gelöst werden; jene Sprache war ihnen nicht nur »spanisch«, sondern – patagonisch.

Unter dieser Kategorie junger Leute würde ich mir keinen Gatten wählen – das stand fest. Überhaupt hatte ich keine Eile, meine Freiheit, die mir so gut gefiel, wieder aufzugeben. Ich wusste meine Freier so in Entfernung zu halten, dass keiner einen Antrag wagte und auch niemand in der Gesellschaft das kompromittierende Wort von mir sagen konnte: »Sie lässt sich den Hof machen.« Mein Sohn Rudolf sollte einst auf seine Mutter stolz sein dürfen – keinen Hauch des Verdachts auf dem blanken Spiegel ihres guten Rufes vorfinden. Wenn jedoch der Fall einträte, dass mein Herz von Neuem in Liebe erglühte – es konnte nur für einen Würdigen sein –, dann war ich ja geneigt, das Anrecht, welches meine Jugend noch auf irdisches Glück besaß, geltend zu machen und eine zweite Ehe einzugehen.

Unterdessen – von Liebe und Glück abgesehen – war ich recht guter Dinge. Der Tanz, das Theater, der Putz: An alledem fand ich ein lebhaftes Vergnügen. Dabei vernachlässigte ich weder meinen kleinen Rudolf noch meine eigene Ausbildung. Nicht dass ich mich in gründliche Fachstudien vertiefte; aber über die Bewegung der Geister hielt ich mich stets auf dem Laufenden, indem ich mir die hervorragendsten neuen Erscheinungen der Weltliteratur anschaffte und regelmäßig sämtliche Artikel, auch die wissenschaftlichen, der *Revue des deux Mondes* und ähnlicher Zeitschriften aufmerksam las. Diese Beschäftigung hatte freilich zur Folge, dass die Schranke, welche mein Seelenleben von der mich umgebenden Junge-Herren-Welt abschloss, immer höher wurde – aber das war schon recht so. Gern hätte ich in meinen Salon einige Persönlichkeiten aus der Literaten- und Gelehrtenwelt gezogen; aber dies war in der Gesellschaft, in der ich mich bewegte, nicht ratsam. Bürgerliche Elemente werden der österreichischen sogenannten »Sozietät« nicht beigemischt. Vor allem damals; seither hat sich dieser ausschließliche Geist etwas geändert und es ist Mode geworden, einzelnen Vertretern der Kunst und Wissenschaft seine Salons zu öffnen. Zu der Zeit, von der ich spreche, war dies jedoch nicht der Fall; was nicht hoffähig war – das heißt, was nicht sechzehn Ahnen aufzuweisen hatte –, war von vornherein ausgeschlossen. Unsere gewohnte Gesellschaft wäre ganz unangenehm überrascht gewesen, bei mir unadelige Leute anzutreffen, und hätte nicht den rechten Ton gefunden, mit solchen zu verkehren. Und diese selber hätten meinen mit »Komtessen« und Sportsmen, mit alten Generälen und alten Stiftsdamen gefüllten Salon unerträglich langweilig gefunden. Welchen Anteil konnten Männer von Geist und Wissen, Schriftsteller und Künstler, an den ewig gleichen Erörterungen nehmen, bei wem gestern getanzt worden war und bei wem morgen getanzt werden wird – ob bei Schwarzenberg, bei Pallavicini oder bei Hof –, welche Passionen Baronin Pacher einflößt, welche Partie Komtess Palffy ausgeschlagen hat, wie viele Herrschaften Fürst Croy besitzt, was die junge Almasy für eine »Geborene« sei, ob eine Festetics oder eine Wenkheim, und ob *die* Wenkheim, deren Mutter eine Khevenmüller gewesen ist usw. usw.? Das war nämlich so der Stoff der meisten um mich herum geführten Unterhaltungen. Auch die geistvollen und unterrichteten Leute, von welchen so manche in unseren Kreisen sich fanden – Staatsmänner und dergleichen –, glaubten sich verpflichtet, wenn sie mit uns tanzender Jugend verkehrten, denselben frivolen und inhaltslosen Ton anzuschlagen. Wie gerne hätte ich oft nach einem Diner mich in die Ecke begeben, wo ein paar unserer vielgereisten Diplomaten, beredten Reichsräte oder sonstige bedeutende Männer über bedeutende Fragen ihre Meinung austauschten – aber das war nicht schicklich; ich musste schon bei den anderen jungen Frauen bleiben und die Aufmachung besprechen, die wir für den nächsten großen Ball vorbereiteten. Und hätte ich mich dennoch in jene Gruppe gedrängt, würden die soeben geführten Gespräche über Nationalökonomie, über Byrons Poesie, über Theorien von Strauß und Renan sogleich verstummt sein und es würde geheißen haben:

»Ach, Gräfin Dotzky! Gestern auf dem Damen-Picknick haben Sie bezaubernd ausgesehen ... und Sie gehen doch morgen zum Empfang bei der russischen Botschaft?«

3

»Erlaube, liebe Martha«, sagte mein Vetter Konrad Althaus, »dass ich dir Oberstleutnant Baron Tilling vorstelle.«

Ich neigte den Kopf. Der Vorstellende entfernte sich und der Vorgestellte blieb stumm. Ich fasste dies als eine Aufforderung zum Tanze auf und erhob mich von meinem Sitz – mit gerundet aufgehobenem linken Arm, bereit, ihn auf Baron Tillings Schulter zu lehnen.

»Verzeihen Sie, Gräfin«, sagte jener mit einem flüchtigen Lächeln, das blitzend weiße Zähne aufdeckte, »ich kann nicht tanzen.«

»Ah so – desto besser«, antwortete ich, mich wieder setzend. »Ich hatte mich ohnehin hierher zurückgezogen, um ein wenig auszuruhen.«

»Und ich hatte mir die Ehre erbeten, Ihnen vorgestellt zu werden, gnädige Gräfin, um Ihnen eine Mitteilung zu machen.«

Ich blickte erstaunt auf. Der Baron machte ein sehr ernstes Gesicht. Er war überhaupt ein ernsthaft aussehender Mann – nicht mehr jung, etwa vierzig, mit einigen Silberfäden an den Schläfen –, im Ganzen eine vornehme, sympathische Erscheinung. Ich hatte mir angewöhnt, jeden neu Vorgestellten auf die Frage hin prüfend anzusehen: Bist du ein Freier? Würde ich dich nehmen? Beide Fragen beantwortete ich mir in diesem Falle mit einem schnellen »Nein«. Es fehlte dem Betreffenden durchaus der verbindlich-anbetende Ausdruck, welchen all jene anzunehmen pflegen, die sich den Frauen mit sogenannten »Absichten« nahen; und die andere Frage fand schon durch seine Uniform verneinende Erledigung. Ein zweites Mal würde ich keinem Soldaten die Hand reichen – das hatte ich mir fest vorgenommen. Nicht nur um kein zweites Mal der schrecklichen Angst ausgesetzt zu werden, den Gatten ins Feld ziehen zu sehen, sondern weil ich seither über den Krieg im Allgemeinen zu Ansichten gelangt war, in welchen ich unmöglich mit einem Krieger hätte übereinstimmen können.

Oberstleutnant von Tilling machte von meiner Aufforderung, sich neben mich zu setzen, keinen Gebrauch.

»Ich will Sie nicht lange belästigen, Gräfin. Was ich Ihnen mitzuteilen habe, passt nicht in ein Ballfest. Ich wollte mir nur die Erlaubnis erbitten, mich in Ihrem Hause einzufinden; können Sie mir gnädigst einen Tag und eine Stunde bestimmen, wann ich Sie sprechen darf?«

»Ich empfange an Sonnabenden zwischen zwei und vier.«

»Dann gleicht an Sonnabenden zwischen zwei und vier Ihr Haus vermutlich einem Bienenstock, wo die Honigträger aus- und einfliegen …«

»Und ich als Königin in der Zelle sitze, meinen Sie – das ist ein recht hübsches Kompliment.«

»Komplimente mache ich nie – ebenso wenig wie Honig, und so behagt mir die sonnabendliche Schwarmstunde durchaus nicht; ich muss Sie allein sprechen.«

»Sie reizen meine Neugier. Sagen wir also morgen, Dienstag, um die gleiche Stunde; ich werde für Sie und sonst niemanden zu Hause sein.«

Er dankte mit einer Verbeugung und ging.

Eine Weile später kam mein Vetter Althaus vorbei. Ich rief ihn zu mir, ließ ihn an meiner Seite Platz nehmen und verlangte Auskunft über Baron Tilling.

»Gefällt er dir? Hat er dir solch tiefen Eindruck gemacht, dass du dich gar so angelegentlich erkundigst? Er ist zu haben – das heißt, er ist noch ledig. Darum soll er aber doch nicht frei sein ... Man munkelt, dass eine sehr hohe Dame (Althaus nannte eine Prinzessin aus regierendem Hause) ihn durch zarte Bande an sich fesselt – deshalb heirate er nicht. Sein Regiment ist erst seit kurzer Zeit hierher versetzt worden, daher hat man ihn noch nicht viel in der Gesellschaft gesehen; auch ist er, glaube ich, ein Feind von Bällen und dergleichen. Ich habe ihn im adeligen Kasino kennengelernt, wo er täglich ein paar Stunden verbringt, aber gewöhnlich im Lesezimmer in die Zeitungen oder mit unseren besten Schachspielern in eine Partie vertieft. Ich war erstaunt, ihn hier zu treffen – da jedoch die Hausfrau seine Cousine ist, so erklärt sich sein kurzes Erscheinen auf dem Ball. Er ist auch schon wieder weg. Nachdem er sich von dir empfohlen hatte, sah ich ihn fortgehen.«

»Hast du ihn noch mehreren anderen Damen vorgestellt?«

»Nein, nur dir. Aber darum musst du dir nicht einbilden, dass du es ihm von Weitem angetan hast und er deshalb verlangte, dich kennenzulernen. ›Können Sie mir nicht sagen‹, fragte er mich, ›ob eine gewisse Gräfin Dotzky, geborene Althaus – vermutlich mit Ihnen verwandt –, hier anwesend ist? Ich muss mit derselben sprechen.‹ – ›Ja‹, antwortete ich, auf dich zeigend, ›dort in jener Ecke auf dem Sofa im blauen Kleide.‹ – ›Ah, die? Seien Sie so gut, stellen Sie mich vor.‹ – Was ich dann bereitwilligst tat, ohne zu ahnen, dass ich dich dadurch um deine Ruhe bringen würde.«

»So sprich doch keinen Unsinn, Konrad – meine Ruhe ist nicht so leicht zu untergraben. Tilling? Was ist das für eine Familie? Ich höre den Namen zum ersten Mal.«

»Aha, du gibst nicht nach. Ist das ein Glücksmensch! Ich habe mich durch volle drei Monate, mit Aufwand aller meiner Bezauberungskräfte, in deine Gunst einzuschleichen versucht – vergebens. Und dieser kalte Oberstleutnant – denn er ist kalt und gefühllos, lass dir das gesagt sein – kam, sah und siegte. – Was Tilling für eine Familie sei, fragst du? Ich glaube, preußischen Ursprungs – doch war schon sein Vater in österreichische Dienste getreten –, seine Mutter ist auch Preußin; du musst seinen norddeutschen Akzent bemerkt haben.«

»Ja, er spricht ein wunderschönes Deutsch.«

»Natürlich – alles ist wunderschön an ihm.«

Althaus stand auf.

»Jetzt habe ich gerade genug. Erlaube, dass ich dich deinen Träumen überlasse; ich will versuchen, mich mit Damen zu unterhalten, welche …«

»… dich wunderschön finden. Solche gibt es wohl genug.«

Ich verließ den Ball zu früher Stunde. Meine Schwestern konnten unter dem Schutze Tante Maries noch bleiben und mich hielt nichts zurück. Die Lust am Tanzen war mir vergangen, ich fühlte mich ermüdet und sehnte mich nach Einsamkeit. Um Mitternacht bereicherte ich noch die roten Hefte mit Eintragung der oben angeführten Gespräche und Betrachtungen dazu wie folgt:

Ein interessanter Mensch, dieser Tilling – die hohe Frau, die ihn liebt, denkt jetzt wahrscheinlich an ihn ... Oder vielleicht kniet er in diesem Augenblick zu ihren Füßen und sie ist nicht so allein – wie ich. Ach, jemanden so recht innig lieben zu können ... Es müsste nicht eben Tilling sein – ich kenne ihn ja nicht ... Nicht um Tilling beneide ich die Prinzessin, aber um ihr Verliebtsein. Und je leidenschaftlicher, je wärmer sie ihm zugetan ist, desto mehr beneide ich sie.

Mein erster Gedanke beim Erwachen war wieder – Tilling. Richtig: Er hatte sich für diesen Tag behufs wichtiger Mitteilungen bei mir angesagt. So gespannt wie auf diesen Besuch hatte ich mich schon lange nicht gefühlt.

Um die bestimmte Stunde gab ich Befehl, dass mit Ausnahme des Erwarteten niemand vorgelassen werde. Meine Schwestern waren nicht zu Hause, Tante Marie hatte sie auf den Eislaufplatz begleitet.

Ich setzte mich in meinen kleinen Salon – mit einem hübschen Hauskleid von violettem Samt angetan (Violett steht Blondinen bekanntlich vorteilhaft) –, nahm ein Buch zur Hand und wartete. Lang habe ich nicht warten müssen: Zehn Minuten nach zwei trat Freiherr von Tilling bei mir ein.

»Wie Sie sehen, Gräfin, habe ich von Ihrer Erlaubnis pünktlich Gebrauch gemacht«, sagte er, mir die Hand küssend.

»Glücklicherweise«, antwortete ich lächelnd, indem ich ihm einen Platz anwies; »ich hätte sonst vor Ungeduld vergehen müssen, denn Sie haben mich wahrhaftig in große Spannung versetzt.«

»Dann will ich gleich ohne lange Einleitung sagen, was ich zu sagen habe. Dass ich es nicht schon gestern getan habe, geschah, um Ihre fröhliche Stimmung nicht zu trüben.«

»Sie erschrecken mich.«

»Mit einem Wort: Ich habe die Schlacht von Magenta mitgemacht.«

»Und Sie haben Arno sterben sehen!«, schrie ich auf.

»So ist es. Ich bin in der Lage, Ihnen über seine letzten Augenblicke Bescheid zu geben.«

»Sprechen Sie«, sagte ich bebend.

»Zittern Sie nicht, Gräfin. Wenn diese letzten Augenblicke so schrecklich gewesen wären wie bei so manchen anderen Kameraden, so würde ich Ihnen sicher nicht davon erzählt haben. Es gibt nichts Traurigeres als von einem teuren Toten zu erfahren, dass er qualvoll gestorben ist – das ist aber hier nicht der Fall.«

»Sie nehmen mir einen Stein vom Herzen. Erzählen Sie.«

»Ich werde Ihnen nicht die leere Phrase wiederholen, mit welcher man Soldatenhinterbliebene zu trösten pflegt: ›Er starb als Held‹, denn ich weiß nicht recht, was man damit sagen will. Den wirklichen Trost kann ich Ihnen aber bieten: Er starb, ohne an den Tod zu denken. Er war von allem Anfang überzeugt, dass ihm nichts geschehen werde. Wir waren viel zusammen, und er erzählte mir oft von seinem Familienglück, zeigte mir das Bild seines schönen jungen Weibchens und das seines Kindes; er lud mich ein, wenn nur einmal die Kampagne aus sei, ihn in seiner Häuslichkeit zu besuchen. In dem Gemetzel von Magenta befand ich mich zufällig an seiner Seite. Ich erspare Ihnen die Schilderung der vorhergehenden Szenen – so etwas erzählt sich nicht. Männer, die kriegerischen Geistes sind, werden mitten im Pulverdampf und Kugelregen von so einem Taumel erfasst, dass sie eigentlich nicht wissen, was um sie vorgeht. Dotzky war ein solcher Mann. Seine Augen sprühten, er zielte mit fester Hand; er war in vollem Kriegsrausch, das konnte ich – Nüchterner – sehen. Da kam ein Hohlgeschoss geflogen und fiel auf ein paar Schritte Entfernung vor uns nieder. Als das Ungetüm platzte, stürzten zehn Mann zusammen – darunter Dotzky. Es erhob sich ein Jammergeschrei unter den Unglücklichen – aber Dotzky schrie nicht: Er war tot. Ich und noch ein paar Kameraden bückten uns zu den Getroffenen hinab, um ihnen, wenn möglich, Hilfe zu bringen. Es war aber nicht möglich. Sie rangen alle mit dem Tode, auf das Gräulichste zerrissen und zerfleischt, die Beute schrecklichster Schmerzen ... Nur Dotzky, zu dem ich mich zuerst auf den Boden gekniet hatte, atmete nicht mehr; sein Herz stand still und aus der aufgerissenen Seite quoll das Blut in solchen Strömen, dass – wenn sein Zustand auch nur Ohnmacht und nicht der Tod gewesen wäre – nicht zu befürchten stand, dass er wieder zu sich komme …«

»Zu befürchten?«, unterbrach ich weinend.

»Ja – denn wir mussten sie hilflos da liegen lassen: Vor uns erklang wieder das Mord gebietende ›Hurra!‹ und hinter uns stürmten berittene Scharen heran, welche über diese Sterbenden hinwegsetzen würden – glücklich der Bewusstlose! Sein Gesicht hatte einen ganz ruhigen, schmerzlosen Ausdruck – und als wir, nachdem der Kampf vorüber war, unsere Toten und Verwundeten auflasen, fand ich ihn auf derselben Stelle in gleicher Lage und mit dem gleichen friedlichen Ausdruck. Das habe ich Ihnen sagen wollen, Gräfin. Freilich hätte ich das schon vor Jahren tun und, da ich nicht mit Ihnen zusammentraf, an Sie schreiben können – aber die Idee kam mir erst gestern, als mir meine Cousine sagte, sie erwarte unter ihren Gästen die schöne Witwe Arno Dotzkys. Verzeihen Sie, wenn ich schmerzliche Erinnerungen wachgerufen habe; ich glaube doch eine Pflicht erfüllt und Sie von peinlichen Zweifeln befreit zu haben.«

Er stand auf. Ich reichte ihm die Hand.

»Ich danke, Baron Tilling«, sagte ich, meine Tränen trocknend. »Sie haben mir in der Tat ein wertvolles Geschenk gemacht: die Beruhigung, dass das Ende meines teuren Mannes frei von Schmerz und Qual war. Aber bleiben Sie noch ein wenig, ich bitte Sie ...

Vorhin, in Ihrer Ausdrucksweise, haben Sie einen Ton angeschlagen, der in meinem Gemüte eine gewisse Saite vibrieren ließ – ohne Umschweife: Sie verabscheuen den Krieg?«

Tillings Gesicht verfinsterte sich:

»Verzeihen Sie, Gräfin«, sagte er, »wenn ich Ihnen über diesen Gegenstand nicht Rede und Antwort stehe. Auch bedauere ich, mich nicht länger aufhalten zu können – ich werde erwartet.«

Jetzt nahm mein Gesicht einen kalten Ausdruck an: Vermutlich erwartete ihn die Prinzessin – und der Gedanke war mir unangenehm.

»Da will ich Sie nicht zurückhalten, Herr Oberstleutnant«, entgegnete ich kalt.

Ohne die Erlaubnis zu erbitten, wiederkommen zu dürfen, verbeugte er sich und ging.

4

Fasching war zu Ende. Rosa und Lilli, meine Schwestern, hatten sich »ungeheuer amüsiert«. Jede verzeichnete ein halbes Dutzend Eroberungen; dennoch befand sich keine wünschenswerte Partie darunter und der »Rechte« war für keine erschienen. Desto besser: Sie wollten gern noch ein paar Mädchenjahre genießen, ehe sie ins Ehejoch traten.

Und ich? In den roten Heften stehen meine Faschingseindrücke folgendermaßen notiert:

Ich bin froh, dass die Tanzerei vorüber ist. Es fing schon an, eintönig zu werden. Immer dieselben Touren und immer dieselben Gespräche und immer ein und derselbe Tänzer – denn ob es nun der Husarenleutnant X oder der Dragonerleutnant Y oder der Ulanenrittmeister Z ist, es sind doch die gleichen Verbeugungen, die gleichen Bemerkungen, die gleichen Seufzer und Blicke. Nicht ein interessanter Mensch darunter, nicht einer. Und der Einzige, der allenfalls ... Reden wir nichts von dem, der gehört ja seiner Prinzessin. Sie ist eine hübsche Frau – zugestanden, aber ich finde sie unsympathisch.

Obgleich der Fasching mit seinen großen Ballfesten zu Ende war, so hatten die geselligen Vergnügungen darum nicht aufgehört. Soireen, Diners, Konzerte – der Wirbel dauerte fort. Auch eine große Liebhabertheatervorstellung ward in Aussicht genommen, doch erst nach Ostern. Für die Fastenzeit war doch eine Mäßigung in Vergnügen geboten – nach Tante Mariens Ansicht mäßigten wir uns lange nicht genug. Dass ich die Fastenpredigten nicht regelmäßig besuchte, konnte sie mir nicht recht verzeihen, und sie entschädigte sich für meine Lauheit, indem sie Rosa und Lilli zu allen berühmten Kanzelrednern schleppte. Die Mädchen ließen sich das gern gefallen; einmal trafen sie in den Kirchen mit ihrer ganzen gewohnten Sippschaft zusammen – Pater Klinkowström war ebenso sehr Mode bei den Jesuiten wie die Murska[9] in der Oper, und in zweiter Linie waren sie auch leidlich fromm.

Aber nicht nur von den Predigten, auch von den Soireen hielt ich mich während jener Fastenzeit fern. Ich hatte plötzlich an geselligen Zusammenkünften den Geschmack verloren und liebte es, allein zu Hause zu bleiben, mit meinem Sohn zu spielen und, wenn der Kleine zu Bett gebracht war, mich mit einem guten Buch an das Kaminfeuer zu setzen und zu lesen. Zuweilen besuchte mich dann mein Vater und verplauderte ein bis zwei Stunden bei mir. Natürlich kamen die Feldzugerinnerungen dabei unablässig zum Vorschein. Ich hatte ihm Tillings Bericht über Arnos Ende mitgeteilt; er nahm die Geschichte jedoch ziemlich kühl auf. Ob einer mit Schmerzen oder ohne Schmerzen geendet hatte, schien ihm eine ganz nebensächliche Frage. »Geblieben« sein – wie der Tod auf dem Schlachtfelde heißt – war seiner Anschauung nach eine so rühmliche Sache, dass die Details der dabei ausgestandenen körperlichen Leiden gar nicht von Bedeutung waren. In seinem Munde klang das »Geblieben« stets wie die neidende Konstatierung einer besonderen Auszeichnung, und die dem »Bleiben« nächstfolgende Annehmlichkeit war nach seiner Auffassung offenbar das »Blessiertwerden«. Die Art und Weise, wie er von sich mit Stolz und von den anderen mit Respekt erzählte, dass sie bei diesem oder jenem Gefecht verwundet

9) Ilma de Murska (1834 -1889) war eine kroatische Opernsängerin (Sopran) und Gesangspädagogin.

worden waren, ließ einen ganz vergessen, dass das Ding eigentlich weh tun könnte. Welch ein Unterschied zu der kurzen Erzählung Tillings: In der Schilderung der zehn Unglücklichen, welche, von dem platzenden Geschoss zerschmettert, in lauten Jammer ausbrachen – was lag da für ein anderer Ton erschütternden Mitleids darin! Ich habe Tillings Worte meinem Vater nicht wiederholt, denn ich empfand instinktiv, dass ihm dieselben unsoldatenmäßig erschienen wären und seine Achtung vor dem Sprecher beeinträchtigt hätten; und das hätte mich verdrossen; denn gerade der vielleicht unsoldatische, aber sicherlich menschliche Abscheu, mit welchem er das schreckliche Ende seiner Kampfgenossen geschaut und erzählt hatte, war mir ins Herz gedrungen.

Wie gern hätte ich mit Tilling über dieses Thema noch weitergesprochen – aber er schien meine Bekanntschaft nicht pflegen zu wollen. Seit seinem Besuche waren vierzehn Tage vergangen, und weder hatte er den Besuch wiederholt noch war ich ihm in der Gesellschaft begegnet. Nur zwei- oder dreimal auf der Ringstraße und einmal im Burgtheater war ich seiner ansichtig geworden. Er grüßte ehrerbietig, ich dankte freundlich – weiter nichts. Weiter nichts? Warum klopfte mir bei diesen Gelegenheiten das Herz, warum konnte ich dann stundenlang die Gebärde seines Grußes nicht aus dem Sinn bringen?

»Liebes Kind, ich habe eine Bitte an dich.«

Mit diesen Worten trat eines Vormittags mein Vater bei mir ein. Er hielt ein papierumwickeltes Paket in der Hand.

»Hier bringe ich dir etwas mit«, fügte er hinzu, das Ding auf einen Tisch legend.

»Eine Bitte und ein Geschenk zugleich?«, lachte ich. »Das ist ja Bestechung.«

»So höre mein Anliegen, ehe du mein Geschenk auspackst und von dessen Macht geblendet wirst. Ich habe heute ein langweiliges Diner …«

»Ja, ich weiß; drei alte Generäle mit ihren Frauen.«

»Und zwei Minister mit den ihrigen; kurz, eine feierliche, steife, einschläfernde Geschichte.«

»Du mutest mir doch nicht zu, dass ich …«

»Ja, ich mute es dir zu, denn da mich Damen mit ihrer Gegenwart beehren wollen, muss ich doch eine Dame zum Honneurs machen haben.«

»Dieses Amt hat ja Tante Marie übernommen.«

»Die ist heute wieder von ihrem Kopfschmerz befallen; es bleibt mir also nichts anderes übrig …«

»… als deine Tochter hinzuopfern, wie dies schon andere Väter im Altertum – z. B. Agamemnon mit Iphigenie – getan haben? Ich füge mich.«

»Übrigens sind unter den Gästen auch ein paar jüngere Elemente: Doktor Bresser, der mich in meiner letzten Krankheit so ausgezeichnet behandelt hat und dem ich die Artigkeit einer Einladung erweisen wollte; ferner Oberstleutnant Tilling – du wirst ja ganz feuerrot –, was ist dir?«

»Ich? Es ist die Neugier: Jetzt muss ich doch schauen, was du mir gebracht hast.«

Und ich begann, das Paket aus seiner Papierhülle zu lösen.

»Es ist nichts für dich – erwarte nicht etwa ein Perlenhalsband. Das gehört dem Rudi.«

»Ja, ich sehe, eine Spielereischachtel – ah, Bleisoldaten! Aber Vater, das vierjährige Kind soll doch nicht …«

»Ich habe schon mit drei Jahren Soldaten gespielt – man kann nicht früh genug damit anfangen ... Meine allerersten Eindrücke waren Trommeln, Säbel, Exerzieren, Kommandieren – auf die Art erwachte die Liebe zum Metier.«

»Mein Sohn Rudolf wird nicht unter die Soldaten gehen«, unterbrach ich.

»Martha! Ich weiß doch, dass seines Vaters Wunsch …«

»Der arme Arno ist nicht mehr. Rudolf ist mein alleiniges Eigentum und ich will nicht …«

»Dass er den schönsten und ehrenvollsten Beruf einschlage?«

»Das Leben meines einzigen Kindes soll nicht im Krieg auf das Spiel gesetzt werden.«

»Ich war auch ein einziger Sohn und bin Soldat geworden. Arno hat keine Geschwister, und dein Bruder Otto ist gleichfalls einziger Sohn, und ich habe ihn doch in die Militärakademie gegeben. Die Tradition unserer Familie fordert es, dass der Spross eines Dotzky und einer Althaus seine Dienste dem Vaterlande weihe.«

»Das Vaterland wird ihn weniger brauchen als ich.«

»Wenn alle Mütter so dächten!«

»Dann gäbe es keine Paraden und Revuen und keine Männerwälle zum Niederschießen – kein ›Kanonenfutter‹, wie der bezeichnende Ausdruck heißt. Das wäre auch kein Unglück.«

Mein Vater machte ein sehr böses Gesicht. Dann aber zuckte er die Achseln.

»Ach, ihr Weiber«, sagte er verächtlich. »Zum Glück wird der Junge nicht um deine Erlaubnis fragen; das Soldatenblut fließt ihm in den Adern. Na, und dein einziger Sohn wird er ja nicht bleiben. Du musst wieder heiraten, Martha. In deinem Alter ist's nicht gut, allein zu sein. Erzähl mir: Gibt es keinen unter deinen Bewerbern, der vor deinen Augen Gnade findet? Da ist zum Beispiel der Rittmeister Olensky, der sterblich in dich verliebt ist – er hat mir neulich wieder vorgeseufzt. Der gefiele mir recht gut als Schwiegersohn.«

»Mir aber nicht als Gatte.«

»Da wäre noch der Major Millersdorf …«

»Und wenn du mir den ganzen Militärschematismus hersagst – es ist vergebens. Um wie viel Uhr findet dein Diner statt, wann soll ich kommen?«, fragte ich, um abzubrechen.

»Um fünf. Aber komm um eine halbe Stunde früher. Und jetzt adieu – ich muss fort. Grüß mir den Rudi – zukünftigen Oberbefehlshaber der k. k. Armee.«

5

Eine feierliche, steife, einschläfernde Geschichte – so hatte mein Vater sein bevorstehendes Diner genannt, und so würde ich die Zeremonie auch aufgefasst haben, wäre nicht der eine Gast gewesen, dessen Nähe mich eigentümlich bewegte ...

Baron Tilling war knapp vor dem Speisen gekommen; ich hatte daher, als er mich im Salon begrüßte, nur zu einem ganz kurzen Wortaustausch Zeit gefunden, und bei Tisch, wo ich zwischen zwei eisgrauen Generälen saß, war der Baron so weit von mir entfernt, dass ich ihn unmöglich in die an unserem Tischende geführte Unterhaltung ziehen konnte. Ich freute mich auf die Rückkehr in den Salon; dort wollte ich Tilling an meine Seite rufen und ihn noch weiter ausforschen über jene Schlachtszene; ich sehnte mich danach, noch einmal jenen Ton zu hören, der mich das erste Mal so sympathisch berührt hatte.

Doch zur Ausführung dieses Vorhabens bot sich mir anfänglich keine Gelegenheit; die beiden Eisgrauen blieben mir auch nach dem Essen treu und nahmen an meiner Seite Platz, als ich im Salon mich anschickte, den schwarzen Kaffee einzugießen. Dazu gesellten sich noch, im Halbkreis, mein Vater, der Minister, Doktor Bresser – und auch Tilling, aber die sich entspinnende Unterhaltung war eine allgemeine. Die übrigen Gäste, darunter sämtliche Damen, ließen sich in einer anderen Ecke des Salons nieder, wo nicht geraucht wurde; während in unserer Ecke – auch ich hatte mir eine Zigarette angezündet – das Rauchen gestattet war.

»Ob es denn nicht bald wieder losgehen wird?«, warf einer der Generäle hin.

»Hm«, meinte der andere, »den nächsten Krieg werden wir mit Russland haben, denk ich.«

»Muss es denn immer einen nächsten Krieg geben?«, warf ich dazwischen, aber niemand achtete darauf.

»Eher mit Italien«, versicherte mein Vater. »Wir müssen doch unsere Lombardei zurückbekommen. So einen Einmarsch in Mailand, wie im Jahre 49 mit Vater Radetzky an der Spitze – das wollte ich doch noch erleben. Es war an einem sonnigen Vormittag ...«

»Ach, die Geschichte vom Einmarsch in Mailand kennen wir alle«, unterbrach ich.

»Auch die vom braven Hupfauf?«

»Ich schon – und ich finde dieselbe sogar höchst widerwärtig.«

»Was verstehst du davon?«

»Lassen Sie hören, Althaus – wir kennen die Geschichte nicht.«

Das ließ sich mein Vater nicht zweimal sagen.

»Der Hupfauf also, vom Regiment Tiroler Jäger, selber ein Tiroler, hat ein famoses Stück aufgeführt. Er war der beste Schütze, den man sich denken kann; bei allen Scheibenschießen war er immer König – er traf fast jedes Mal ins Ziel. Was hat der Mann getan, als die Mailänder revoltierten? Er erbat sich die Erlaubnis, mit vier Kameraden auf das Dach des Domes zu steigen und von dort auf die Rebellen herabzuschießen. Man hat's ihm erlaubt, und er hat's auch ausgeführt. Die vier anderen, von welchen jeder einen Stutzen trug, taten weiter nichts als ohne Unterlass ihre Waffen zu laden und sie dem Hupfauf zu reichen, damit dieser keine Zeit verliere. Und so hat er hintereinander neunzig Italiener totgeschossen.«

»Abscheulich!«, rief ich. »Jeder dieser totgeschossenen Italiener, auf die er eben aus sicherer Höhe zielte, hatte eine Mutter und eine Geliebte zu Haus und hing wohl selber an seinem Leben.«

»Jeder war ein Feind, Kind; das ändert den ganzen Standpunkt.«

»Sehr richtig«, sagte Doktor Bresser. »Solange der Begriff Feindschaft unter den Menschen sanktioniert wird, so lange können die Gebote der Menschlichkeit keine allgemeine Geltung erlangen.«

»Was sagen Sie, Baron Tilling?«, fragte ich.

»Ich hätte dem Manne einen Orden gewünscht, der ihm die tapfere Brust geschmückt – und eine Kugel, die ihm das harte Herz durchschossen hätte. Beides wäre verdient gewesen.«

Ich warf dem Sprecher einen warmen, dankbaren Blick zu; die anderen aber, mit Ausnahme des Doktors, schienen von den eben gehörten Worten unangenehm berührt. Es entstand eine kleine Pause.

»Haben Sie schon von dem Buche eines englischen Naturforschers namens Darwin gehört, Exzellenz?«, wandte sich jetzt der Doktor an meinen Vater.

»Nein, nichts.«

»Doch, Papa, erinnere dich nur: Schon vor vier Jahren, als es grad erschienen war, hat uns unser Buchhändler das Buch geschickt, und du sagtest damals, er werde bald von aller Welt vergessen sein.«

»Was mich betrifft, so hab ich's auch vergessen.«

»Alle Welt hingegen wird dadurch ziemlich in Aufregung versetzt«, sagte der Doktor. »Es wird allerorten für und gegen die neue Abstammungslehre gestritten.«

»Ach, Sie meinen wohl die Affentheorie?«, fragte der General zu meiner Rechten. »Davon war gestern im Kasino die Rede.

Die Herren Gelehrten kommen oft auf sonderbare Einfälle – der Mensch soll ursprünglich ein Orang-Utan gewesen sein!«

»Allerdings«, nickte der Minister, »die Sache klingt etwas komisch; doch kann dieselbe nicht als Scherz aufgefasst werden. Es ist eine nicht ohne Talent und mit dem Apparat fleißig gesammelter Tatsachen aufgestellte wissenschaftliche Theorie, welche allerdings von den Männern vom Fach schon genügend widerlegt worden ist, welche aber wie alle abenteuerlichen Ideen – so abgeschmackt dieselben auch seien – einen gewissen Effekt hervorgebracht hat und ihre Verteidiger findet. Über Darwin zu disputieren ist Mode geworden. Es ist ein Fehler, dass die Leute in Bekämpfung dieses englischen Sonderlings sich so erhitzen; dadurch wird seiner Lehre eine Wichtigkeit beigelegt, die ihr nicht zukommt. Namentlich ist es die Geistlichkeit, welche sich gegen die allerdings herabwürdigende Zumutung zur Wehr setzt, dass der nach dem Ebenbilde Gottes geschaffene Mensch jetzt plötzlich als dem Tierreich entstammend gedacht werden soll, eine vom religiösen Standpunkte aus allerdings höchst anstößige Annahme. Jedoch ist bekanntermaßen die kirchliche Verdammung einer unter dem Gewand der Wissenschaftlichkeit auftretenden Lehre nicht imstande, der Verbreitung derselben Einhalt zu tun. Dieselbe wird erst dann unschädlich, wenn sie von den Vertretern der Wissenschaft ad absurdum geführt worden ist, was gegenüber der darwinschen allerdings …«

»Aber der Unsinn!«, unterbrach mein Vater, welcher fürchten mochte, dass noch eine lange Kette von »allerdings« seine Gäste ermüden konnte. »Vom Affen der Mensch! Da genügt doch wohl der sogenannte gesunde Menschenverstand, um solch tolle Einfälle abzuweisen – da braucht man doch nicht erst gelehrte Widerlegungen.«

»Nun, für gar so apodiktisch sicher möchte ich diese Widerlegungen doch nicht halten«, nahm nun der Doktor das Wort. »Es haben sich zwar Zweifel erhoben, aber die Theorie hat doch manches Wahrscheinliche für sich, und es wird noch eine Zeit brauchen, bis die Gelehrten einig werden.«

»Ich glaub, *die* Herren werden *nie* einig«, bemerkte der General zu meiner Linken, welcher in barschem Ton und im Wiener Dialekt zu sprechen pflegte. »Die leben ja vom Disputieren. Ich hab von der Affeng'schicht auch schon was g'hört. War mir aber zu dumm, um aufzupassen. Wenn man sich immer um alles Geschwätz kümmern sollt, mit dem uns die Sterngucker und Graspflücker und Froschhaxel-Untersucher ein X für ein U vormachen wollen – da müsst einem ja Hören und Sehen vergehen. Übrigens habe ich neulich in einer illustrierten Zeitung dem Darwin sein G'sicht g'sehen, und das ist selber so affenmäßig, dass ich fast glauben möcht, sein Großvater is ä Schimpans g'wesen.«

Diesem letzten, den Sprecher sehr befriedigenden Witz ließ derselbe ein schallendes Gelächter folgen, in welches mein Vater aus hausherrlicher Zuvorkommenheit einstimmte.

»Gelächter ist allerdings auch eine Waffe«, sprach der Minister ernst, »beweist aber nichts. Dem Darwinismus – ich benütze schon das neue Wort – kann man doch auch ernsthafte, auf wissenschaftlicher Basis ruhende Argumente siegreich entgegenstellen. Wenn man gegen einen Schriftsteller ohne Autorität Namen wie Linné, Cuvier, Agassiz, Quatrefages anführen kann, so muss dessen System zusammenstürzen. Andererseits lässt sich allerdings nicht leugnen, dass zwischen Mensch und Affe eine große Stammesähnlichkeit besteht und dass …«

»Trotz dieser Ähnlichkeit ist die Kluft doch eine meilenweite«, unterbrach der sanfte General. »Lässt sich ein Affe denken, der den Telegrafen erfinden könnte? Die Sprache allein erhebt den Menschen so weit über das Tier …«

»Entschuldigen Sie, Exzellenz«, sagte Doktor Bresser, »Sprache und technische Erfindungen waren dem Menschen nicht ursprünglich angeboren – ein Wilder wird auch heute noch keinen Telegrafenapparat konstruieren; das alles sind Früchte langsamer Vervollkommnung und Entwicklung.«

»Jaja, lieber Doktor«, versetzte der General, »ich weiß: Entwicklung ist das Schlagwort der neuen Theorie – aber aus einem Känguru entwickelt sich kein Kamel ... Und warum sieht man heutzutage keinen Affen Mensch werden?«

Jetzt wandte ich mich an Baron Tilling.

»Und was sagen Sie? Haben Sie von Darwin gehört und zählen Sie sich zu seinen Anhängern oder Gegnern?«

»Gehört habe ich über diesen Gegenstand schon vieles, Gräfin; aber ich kann kein Urteil abgeben, denn das betreffende Werk *The origin of species* habe ich nicht gelesen.«

»Ich muss gestehen«, sagte der Doktor, »ich auch nicht.«

»*Gelesen* habe ich es allerdings auch nicht«, gestand der Minister.

»Ich auch nicht« – »ich auch nicht« – »ich auch nicht«, kam es nun von den anderen.

»Aber«, fuhr der Minister fort, »das Thema wird so vielfach besprochen, die Schlagwörter des Systems sind in aller Munde; ›Kampf ums Dasein‹ – ›natürliche Zuchtwahl‹ – ›Evolution‹ und so weiter, sodass man sich doch einen klaren Begriff vom Ganzen machen und sich resolut auf die Seite der Anhänger oder der

Gegner stellen kann, zu welch erster Kategorie allerdings nur umsturzliebende und effekthaschende Heißsporne gehören, während die kaltblütigen, nach positiven Beweisen verlangenden, streng kritischen Leute unmöglich einen anderen als den von so bedeutenden Fachgelehrten geteilten Standpunkt der Gegnerschaft einnehmen können; ein Standpunkt, der allerdings …«

»… nicht mit Sicherheit zu behaupten ist, wenn man denjenigen der Anhängerschaft nicht kennt«, ergänzte Tilling. »Um zu wissen, was die Gegenargumente wert sind, welche man, sooft eine neue Idee auftaucht, um sich herum im Chor vorgebracht hört, muss man in diese neue Idee auch selber eingedrungen sein. Gewöhnlich sind es die schlechtesten und seichtesten Gründe, die mit solcher Einstimmigkeit von den Waffen wiederholt werden – und auf diese hin fällt mir nicht ein, ein Urteil zu stützen. Als die Lehre des Kopernikus auftauchte, konnten nur diejenigen, die sich der Mühe unterzogen, die kopernikanischen Berechnungen nachzurechnen, einsehen, dass dieselben richtig waren; die anderen, die ihr Urteil nach den Bannflüchen richteten, welche von Rom aus gegen das neue System geschleudert wurden …«

»In unserem Jahrhundert werden, wie ich schon früher bemerkte«, unterbrach der Minister, »wissenschaftliche Hypothesen, wenn sie irrig sind, nicht mehr vom Standpunkte der Orthodoxie, sondern von demjenigen der Wissenschaft abgefertigt.«

»Nicht nur wenn sie irrig sind«, versetzte Tilling, »auch wenn sie sich später bewahrheiten sollen, werden neue Hypothesen anfänglich immer von einer Zopfpartei unter den Gelehrten bestritten. Diese lässt auch heute nicht gern an ihren althergebrachten Anschauungen und Dogmen rütteln; gerade so wie damals nicht nur die Kirchenväter, sondern ebenso die Astronomen gegen Kopernikus geeifert haben.«

»Wollen S' damit behaupten«, fiel der barsche General ein, »dass dem verrückten Engländer seine Affenidee so richtig ist wie dass die Erd' um die Sonn' herumlauft?«

»Ich will gar nichts behaupten, weil ich, wie gesagt, das Buch nicht kenne. Doch nehme ich mir vor, dasselbe zu lesen; vielleicht – aber auch nur vielleicht, denn meine einschlägigen Kenntnisse sind nur gering – werde ich mir dann ein Urteil bilden können. Bis dahin muss ich mich darauf beschränken, meine Meinung auf den Umstand zu stützen, dass die Theorie auf verbreiteten und leidenschaftlichen Widerspruch stößt, ein Umstand, welcher allerdings eher für als gegen deren Richtigkeit zeugt.«

»Du tapferer, gerader, heller Geist«, apostrophierte ich in Gedanken den Sprecher.

6

Gegen acht Uhr brachen sämtliche Gäste auf. Mein Vater wollte sie noch alle zurückhalten, und auch ich murmelte verbindlich ein paar gastliche Phrasen wie »Doch wenigstens noch eine Tasse Tee?«, aber vergebens. Jeder brachte eine Entschuldigung vor: Der eine wurde im Kasino, der andere in einer Soiree erwartet; eine der Damen hatte ihren Logentag in der Oper und wollte den vierten Akt der Hugenotten hören; die zweite erwartete noch Gäste bei sich; kurz, man musste sie ziehen lassen.

Tilling und Doktor Bresser, die sich gleichzeitig mit den anderen erhoben hatten, empfahlen sich zuletzt.

»Und was haben Sie beide noch Wichtiges vor?«, fragte mein Vater.

»Ich eigentlich nichts«, antwortete Tilling lächelnd. »Da aber sämtliche Gäste sich entfernen, wäre es unbescheiden …«

»Dasselbe gilt von mir«, fiel der Doktor ein.

»Nun, dann lasse ich keinen von beiden fort.«

Ein paar Minuten später hatten mein Vater und der Doktor am Spieltisch Platz genommen und vertieften sich in eine Partie Piquet, während Baron Tilling sich an meine Seite zum Kamin setzte.

»Eigentlich sollte ich Ihnen Vorwürfe machen, Baron Tilling, warum haben Sie nach Ihrem ersten Besuch den Weg in mein Haus vergessen?«

»Sie hatten mich nicht aufgefordert, wiederzukommen.«

»Ich teilte Ihnen doch mit, dass an Sonnabenden …«

»Jaja, zwischen zwei und vier ... Das dürfen Sie mir nicht zumuten, Gräfin. Aufrichtig: Ich kenne nichts Schrecklicheres als diese offiziellen Empfangstage. In einen mit fremden Leuten angefüllten Salon eintreten, sich vor der Hausfrau verbeugen, am äußersten Ende eines Halbkreises Platz nehmen, Bemerkungen über das Wetter austauschen hören und, wenn man zufällig neben einem Bekannten zu sitzen kam, eine eigene Bemerkung hinzufügen; von der Hausfrau über alle Hindernisse weg mit einer Frage ausgezeichnet zu werden, die man eifrigst beantwortet, hoffend, dass sich nun mit derjenigen, die man besuchen wollte, ein Gespräch entspinnen werde – vergebens: Soeben tritt wieder ein anderer Gast ein, der begrüßt werden muss und der sich hierauf auf das nächste leere Plätzchen des Halbkreises niederlässt und – in der Meinung, das Thema sei noch nicht berührt worden – eine neue Bemerkung über das Wetter in Umlauf bringt; dann nach zehn Minuten – wenn abermals Besuchsverstärkung kommt, womöglich eine Mama mit vier heiratsfähigen Töchtern, für die nicht genug Sessel mehr frei wären – im Verein mit einigen anderen aufstehen, von der Hausfrau sich empfehlen und gehen ... Nein, Gräfin, so etwas übersteigt meine ohnehin nur schwachen geselligen Fähigkeiten.«

»Sie scheinen überhaupt der Gesellschaft sich fernzuhalten – man sieht Sie nirgends. Sie sind ein Menschenfeind? – Doch nein, diese Frage nehme ich zurück. Aus manchem, was Sie sagten, habe ich herausgehört, dass Sie alle Menschen lieben.«

»Die Menschheit liebe ich, aber alle Menschen? Nein. Es gibt zu viele Nichtswürdige, Bornierte, Selbstsüchtige, kaltblütig Grausame darunter – die kann ich nicht lieben, wenngleich ich sie bedaure, dass ihnen Erziehung und Umstände nicht gestattet haben, liebenswert zu sein.«

»Umstände und Erziehung? Der Charakter hängt doch hauptsächlich von den angeborenen Anlagen ab – meinen Sie nicht?«

»Was Sie angeborene Anlagen nennen, sind doch weiter nichts als auch Umstände, ererbte Umstände.«

»Dann sind Sie der Ansicht, dass ein schlechter Mensch an seiner Schlechtigkeit unschuldig und darum nicht zu verabscheuen sei?«

»Der Nachsatz ist durch den Vordersatz nicht bedingt: unschuldig wohl – aber dennoch zu verabscheuen. Sie sind an Ihrer Schönheit auch unschuldig und darum doch bewunderungswürdig.«

»Baron Tilling! Wir haben angefangen, als zwei vernünftige Leute ernste Dinge zu sprechen – verdiene ich da, plötzlich als komplimentensüchtige Salondame behandelt zu werden?«

»Verzeihen Sie mir, so war es nicht gemeint. Ich habe nur das mir nächstliegende Argument gebraucht.«

Es entstand eine kleine Pause. Tillings Blick hing mit einem bewundernden, fast zärtlichen Ausdruck an meinen Augen, die ich nicht senkte. Ich weiß wohl, dass ich hätte wegschauen sollen – aber ich tat es nicht. Ich fühlte meine Wangen erglühen und wusste, dass, wenn er mich hübsch fand, ich in diesem Augenblick noch hübscher erscheinen musste ... Es war ein angenehmes, verworrenes Gefühl und dauerte eine halbe Minute. Länger durfte es nicht dauern; ich hob den Fächer vors Gesicht und veränderte meine Stellung. Dann in gleichgültigem Tone:

»Sie haben vorhin dem Minister eine vortreffliche Antwort gegeben.«

Tilling schüttelte den Kopf, als ob er sich aus einem Traume risse.

»Ich? Vorhin? Ich erinnere mich nicht. Im Gegenteil: Mir scheint, dass ich Ärgernis gegeben habe mit meiner Bemerkung über den Springauf – Hopsauf – oder wie der brave Schütze hieß.«

»Hupfauf.«

»Sie waren die Einzige, die mir dafür dankte. Die Exzellenzherren hingegen habe ich mit meiner für einen k. k. Oberstleutnant höchst unpassenden Äußerung natürlich verletzt ... ›Hartes Herz‹ von einem, der so braves Zielschießen auf den Feind leistet: Lästerung! Soldaten sind doch bekanntlich, je kaltblütiger sie töten, desto gutmütigere Kumpane; es gibt keine sentimentalere Rührfigur im melodramatischen Repertoire als den schlachtenergrauten, weichherzigen Krieger: Keiner Fliege könnte der stelzfüßige Veteran etwas zuleide tun.«

»Warum sind Sie Soldat geworden?«

»Mit dieser so gestellten Frage beweisen Sie, dass Sie mir ins Herz geschaut haben. Nicht ich – nicht der neununddreißigjährige Tilling, der drei Feldzüge gesehen hat – habe den Beruf gewählt, sondern der zehn- oder zwölfjährige kleine Fritzl, der unter hölzernen Streitrossen und bleiernen Regimentern aufgewachsen ist und den sein Vater, der ordensgeschmückte General, und sein Onkel, der Mädchen erobernde Leutnant, aufmunternd fragten:

»Junge, was willst du werden? Was sonst als wirklicher Soldat, mit einem wirklichen Säbel und einem lebendigen Pferd?«

»Für meinen Sohn Rudolf wurde mir heute auch eine Schachtel Bleisoldaten gebracht – ich werde sie ihm nicht geben. Doch warum – als der Fritzl zum Friedrich sich entwickelt hatte, warum haben Sie da nicht einen Stand verlassen, der Ihnen verhasst geworden war?«

»Verhasst? Das ist zu viel gesagt. Ich hasse den Zustand der Dinge, der uns Menschen so grausige Pflichten auferlegt wie das Kriegführen; da dieser Zustand nun aber einmal da ist – unvermeidlich da ist –, so kann ich die Leute nicht hassen, welche die daraus erwachsenden Pflichten auf sich nehmen und gewissenhaft, mit Aufwand ihrer besten Kräfte, erfüllen. Wenn ich den Militärdienst verließe, würde darum weniger Krieg geführt? Gewiss nicht. Es würde nur an meiner Stelle ein anderer sein Leben einsetzen – das kann ich schon auch selber tun.«

»Könnten Sie Ihren Mitmenschen nicht in einem anderen Stande mehr Nutzen bringen?«

»Ich wüsste nicht. Ich habe nichts anderes gründlich gelernt als die Soldaterei. Man kann um sich herum immer Gutes und Nützliches wirken; ich habe Gelegenheit genug, den Leuten, die unter mir dienen, das Leben zu erleichtern. Und was mich selber betrifft – ich bin sozusagen auch ein Mitmensch –, so genieße ich den Respekt, welchen die Welt meinem Stande entgegenbringt; ich habe eine leidlich gute Karriere gemacht, bin bei den Kameraden beliebt und freue mich dieser Erfolge. Vermögen besitze ich keins, als Privatmann hatte ich weder die Mittel, anderen noch mir zu nützen – aus welchem Grunde hätte ich da meine Laufbahn aufgeben sollen?«

»Weil Ihnen das Totschlagen widerstrebt.«

»Wenn es gilt, das eigene Leben gegen einen anderen Totschläger zu verteidigen, so hört die persönliche Tötungsverantwortung auf. Der Krieg ist oft und ganz zutreffend ein Massenmord benannt worden, aber der Einzelne fühlt sich nicht als Mörder. Dass mir jedoch der Kampf widerstrebt, dass mir die Jammerauftritte des

Schlachtfeldes Schmerz und Ekel einflößen, das ist wahr. Ich leide dabei, leide intensiv ... Aber so muss auch mancher Seemann während des Sturmes an der Seekrankheit leiden, und dennoch, wenn er ein halbwegs braver Kerl ist, hält er aus auf Deck und wagt sich, wenn es sein muss, immer wieder hinaus ins Meer.«

»Ja, wenn es sein muss. Muss der Krieg denn sein?«

»Das ist eine andere Frage. Aber mitziehen muss der Einzelne – und das gibt ihm, wenn auch nicht Lust, so doch Kraft zu seiner Amtserfüllung.«

So sprachen wir noch eine Zeitlang fort – in leisem Ton, um die Piquetspieler nicht zu stören, und wohl auch, um von ihnen nicht gehört zu werden; denn unsere getauschten Ansichten – Tilling schilderte noch einige Schlachtenepisoden und seinen dabei empfundenen Abscheu, ich teilte ihm die von Buckle aufgestellten Betrachtungen über den mit steigender Zivilisation abnehmenden Kriegsgeist mit –, diese Reden passten nicht für die Ohren des Generals Althaus. Ich empfand, dass es ein Zeichen großen Vertrauens vonseiten Tillings war, mir über dieses Thema so rückhaltlos sein Inneres aufzudecken – es war da ein Strom von Sympathie von einer Seele zur anderen übergegangen ...

»Ihr seid ja dort in sehr eifriges Geflüster vertieft!«, rief einmal beim Kartenmischen mein Vater zu uns herüber. »Was heckt ihr denn da aus?«

»Ich erzähle der Gräfin Feldzugsgeschichten ...«

»So? Das ist sie schon von Kindheit an gewohnt. Ich erzähle dergleichen auch zuweilen. Sechs Blatt, Herr Doktor, und eine *quart major* ...«

Wir nahmen unser Geflüster wieder auf.

Plötzlich, während Tilling sprach – er hatte seinen Blick wieder in den meinen gesenkt, und aus seiner Stimme klang so inniges Vertrauen –, fiel mir die Prinzessin ein.

Es gab mir einen Stich und ich wandte den Kopf ab.

Tilling unterbrach sich mitten in seinem Satz:

»Was machen Sie so ein böses Gesicht, Gräfin?«, fragte er erschrocken. »Hab ich etwas gesagt, das Ihnen missfallen hat?«

»Nein, nein ... Es war nur ein peinlicher Gedanke. Fahren Sie fort.«

»Ich weiß nicht mehr, wovon ich sprach. Vertrauen Sie mir lieber Ihren peinlichen Gedanken an. Ich habe Ihnen die ganze Zeit über so offen mein Herz ausgeschüttet – vergelten Sie mir das.«

»Es ist mir ganz unmöglich, Ihnen das mitzuteilen, woran ich vorhin dachte.«

»Unmöglich? Darf ich raten? Betraf es Sie?«

»Nein.«

»Mich?«

Ich nickte.

»Etwas Peinliches über mich, das Sie mir nicht sagen können? Ist es ...«

»Zerbrechen Sie sich nicht den Kopf; ich verweigere jede weitere Auskunft!«

Dabei stand ich auf und blickte nach der Uhr.

»Schon halb zehn ... Ich werde dir jetzt Adieu sagen, Papa.«

Mein Vater schaute von seinen Karten auf.

»Gehst du noch in eine Soiree?«

»Nein, nach Hause – ich bin gestern sehr spät zu Bett gegangen.«

»Und da bist du schläfrig? Tilling, das ist kein Kompliment für Sie.«

»Nein, nein«, protestierte ich lächelnd. »Den Baron trifft keine Schuld ... Wir haben uns sehr lebhaft unterhalten.«

Ich verabschiedete mich von meinem Vater und dem Doktor; Tilling bat sich die Erlaubnis aus, mich bis zu meinem Wagen zu geleiten. Er war's, der mir im Vorzimmer den Mantel umhängte und mir über die Treppe hinab den Arm reichte. Beim Hinuntergehen blieb er einen Moment stehen und fragte mich ernsthaft:

»Nochmals, Gräfin, habe ich Sie etwa erzürnt?«

»Nein – auf Ehre.«

»Dann bin ich beruhigt.«

Indem er mich in den Wagen hob, drückte er fest meine Hand und führte sie an die Lippen.

»Wann darf ich Ihnen meine Aufwartung machen?«

»An Sonnabenden bin ich ...«

Er verneigte sich und trat zurück.

Ich wollte ihm noch etwas zurufen, aber der Bediente schloss den Wagenschlag.

Ich warf mich in die Ecke zurück und hätte am liebsten geweint – Tränen des Trotzes, wie ein erbostes Kind. Ich war auf mich selber wütend. Wie konnte ich nur so kalt, so unhöflich, so beinahe grob mit einem Menschen sein, der mir so warme Sympathie einflößte ... Daran war diese Prinzessin schuld – wie ich die hasste! Was war das? Eifersucht? Jetzt blitzte mir das Verständnis dessen auf, was mich bewegte: Ich war in Tilling verliebt ...

»Verliebt, liebt, liebt«, rasselten die Räder auf dem Pflaster; »du liebst ihn«, leuchteten mir die vorüberfliegenden Straßenlaternen zu; »du liebst ihn«, duftete es mir aus dem Handschuh, den ich an meine Lippen führte – an der Stelle, die er geküsst hatte.

7

Tags darauf trug ich in die roten Hefte folgende Zeilen ein:

Was mir gestern die Wagenräder und die Straßenlaternen sagten, ist nicht wahr, oder doch zum Mindesten sehr übertrieben. Ein sympathischer Zug zu einem edlen und gescheiten Menschen – ja; aber Leidenschaft? – nein. Ich werde doch mein Herz nicht so hinschleudern an jemanden, der einer anderen gehört. Auch er empfindet Sympathie für mich – wir verstehen uns in vielen Dingen; vielleicht bin ich die Einzige, der er seine Gedanken über den Krieg mitteilt. Aber darum ist er noch lange nicht verliebt in mich – und ebenso wenig darf ich es in ihn sein. Dass ich ihn nicht aufforderte, mich an einem anderen Tage als an den ihm so verhassten Empfangstagen zu besuchen, mochte wohl nach dem vorausgegangenen vertrauensvollen Gedankenaustausch etwas unfreundlich geschienen haben ... Aber es ist vielleicht besser so. Wenn nur erst ein paar Wochen über die geistigen Eindrücke, die mich so tief erschüttert haben, verstrichen sind, dann werde ich Tilling wieder ganz ruhig begegnen können, mit der Idee vertraut, dass er eine andere liebt, und mich harmlos an seinem freundschaftlichen und geistanregenden Umgang erlaben. Denn es ist wahrhaft ein Vergnügen, mit ihm zu verkehren – er ist so anders, so ganz anders als alle anderen. Ich bin wirklich froh, dass ich das heute so gelassen konstatieren kann – gestern musste ich einen Augenblick schon fürchten, dass es um meine Ruhe geschehen sei und dass ich die Beute quälender Eifersucht würde ... Heute ist diese Furcht verflogen.

Am selben Tage besuchte ich meine Freundin Lori Griesbach – dieselbe, bei der ich den Tod meines armen Arno erfahren habe.

Sie war unter den jungen Frauen meiner Bekanntschaft diejenige, mit welcher ich am meisten und am intimsten verkehrte. Nicht dass wir in vielen Hinsichten übereinstimmten oder dass wir uns gegenseitig vollkommen verstanden – wie dies doch die Grundlage echter Freundschaft sein soll; aber wir waren als Kinder Gespielinnen, als jung verheiratete Frauen Stellungsgenossinnen gewesen; hatten damals fast täglich verkehrt, und so war eine gewisse Gewohnheitsvertraulichkeit zwischen uns entstanden, welche trotz so mancher Grundverschiedenheit unserer Wesen unseren gegenseitigen Umgang zu einem recht angenehmen und gemütlichen gestaltete. Aber es war ein eng begrenztes Gebiet, auf dem wir uns begegneten, ganze Seiten meines Seelenlebens blieben ihr verschlossen. Von den An- und Einsichten, zu welchen ich in meiner stillen Studierzeit gelangt war, hatte ich ihr nie ein Wort mitgeteilt und fühlte auch kein Bedürfnis dazu. Wie selten kann man sich einem Menschen ganz geben! Das habe ich recht oft im Leben erfahren, dass ich dem einen nur diese, dem anderen nur jene Seite meiner geistigen Persönlichkeit erschließen konnte; dass, sooft ich mit diesem oder jenem verkehrte, sozusagen ein gewisses Register sich aufzog, die ganze übrige Klaviatur aber stumm blieb.

Zwischen Lori und mir gab es der Gegenstände genug, die uns zu stundenlangem Plaudern Stoff boten: unsere Kindheitserinnerungen, unsere Kleinen, die Ereignisse und Vorkommnisse unseres Gesellschaftskreises, Kleidung, englische Romane und dergleichen mehr. Loris Knabe, Xaver, war im Alter meines Sohnes Rudolf und dessen liebster Spielkamerad; und Loris Töchterchen Beatrix, damals zehn Monate alt, wurde scherzweise von uns dazu bestimmt, einst Gräfin Rudolf Dotzky zu werden.

»Sieht man dich endlich wieder!«, empfing mich Lori. »Du bist ja in letzter Zeit ganz Einsiedlerin geworden. Auch meinen künftigen Schwiegersohn habe ich schon lange nicht die Ehre gehabt, bei mir zu sehen – Beatrix wird das sehr übelnehmen ... Jetzt erzähle, Kind, was treibst du? Und wie geht es Rosa und Lilli? Für Lilli habe ich übrigens eine interessante Nachricht, die mir mein Mann gestern aus dem Kaffeehaus mitgebracht hat: Es ist einer sehr verliebt in sie, einer, von dem ich glaubte, er machte dir den Hof ... Doch das erzähle ich später. Was du da für ein hübsches Kleid hast – von der Francine, nicht wahr? Das habe ich gleich erkannt – sie hat doch ein eigentümliches Gepräge ... Und der Hut von Eindreau? Steht dir allerliebst ... Er macht jetzt auch Kostüme, nicht nur Hüte ... auch mit ungeheurem Geschmack. Gestern Abend bei Dietrichstein – warum bist du nicht gekommen? – hatte die Nini Chotek ein Eindreau'sches Kleid an und sah beinahe hübsch aus ...«

So ging es eine Zeitlang weiter und ich antwortete im selben Tone. Nachdem ich das Gespräch geschickt auf die in der »Welt« kursierenden Klatschereien gelenkt hatte, stellte ich in möglichst unbefangener Weise die Frage:

»Hast du auch gehört, dass die Prinzessin ein Verhältnis mit einem gewissen Baron Tilling haben soll?«

»Ich habe so etwas gehört – aber jedenfalls ist das de l'histoire ancienne. Heute ist es eine allbekannte Sache, dass die Prinzessin für einen Burgschauspieler schwärmt. Interessierst du dich etwa für diesen Baron Tilling? Du wirst rot? Da hilft kein verneinendes Kopfschütteln – beichte lieber! Es ist ohnedies unerhört, dass du so lang kalt und gefühllos bleibst ... Es wäre mir eine wahre Genugtuung, dich einmal verliebt zu wissen ... Freilich, eine Partie für dich wäre Tilling nicht – da hast du glänzendere Bewerber –, er soll gar nichts haben. Nun, du bist selber reich genug, aber er ist auch zu alt für dich. Wie alt wäre jetzt der arme Arno? Das war doch gar zu traurig damals ... Den Augenblick werde ich nie vergessen, da du mir meines Bruders Brief vorgelesen hast ... Ja, es ist doch eine schlimme Einrichtung, der Krieg ... Für manche – für andere ist er eine wunderschöne Einrichtung. Mein Mann wünscht sich nichts sehnlicher, als dass es bald wieder zu etwas käme; er möchte sich so gern auszeichnen. Ich begreife dies – wenn ich ein Soldat wäre, würde ich mir auch wünschen, eine Großtat vollbringen zu können oder doch in der Karriere vorwärtszukommen.«

»Oder verkrüppelt oder totgeschossen zu werden?«

»Daran dächt' ich nie. Daran soll man nicht denken – und es trifft ja doch nur die, denen es bestimmt ist. So war es deine Bestimmung, Herz, eine junge Witwe zu werden.«

»Darum musste der Krieg mit Italien ausbrechen?«

»Und wenn es meine Bestimmung ist, die Frau eines verhältnismäßig jungen Generals zu sein ...«

»So muss es nächstens zu einem Völkerkonflikt kommen, damit Griesbach schnell avancieren kann? Du zeichnest der Weltordnung einen sehr einfachen Lauf vor. – Was wolltest du mir mit Bezug auf Lilli erzählen?«

»Dass euer Vetter Konrad für sie schwärmt. Ich vermute, er wird nächstens um sie anhalten.«

»Das bezweifle ich. Konrad Althaus ist ein viel zu flatterhafter und wilder Bursche, um ans Heiraten zu denken.«

»Ach, wild und flatterhaft sind sie ja alle und heiraten doch, wenn sie sich vernarren ... Glaubst du, dass er der Lilli gefällt?«

»Ich habe nichts bemerkt.«

»Es wäre eine sehr gute Partie. Wenn sein Onkel Drontheim stirbt, so erbt er die Herrschaft Selavetz. Apropos Drontheim – weißt du, dass der Ferdi Drontheim, derselbe, der sein Vermögen mit der Tänzerin Grill durchgebracht hat, jetzt eine reiche Bankierstochter heiraten soll? Nun – empfangen wird sie doch niemand ... Kommst du heute Abend zur englischen Botschaft? Wieder nicht? Eigentlich hast du recht – bei diesen Gesandtschaftsempfängen fühlt man sich doch nicht so ganz unter sich. Es sind so viele fremdartige Leute dabei, von denen man nicht sicher weiß, ob sie comme il faut sind; jeder durchreisende Engländer, der sich bei seinem Gesandten vorstellen lässt, wird da eingeladen – wenn es auch ein bürgerlicher Gutsbesitzer oder gar Industrieller oder so etwas ist. Ich habe die Engländer nur in der Tauchnitz-Edition gern ... Hast du *Jane Eyre* schon ausgelesen? Nicht wahr, wunderhübsch? Wenn Beatrix zu sprechen anfängt, werde ich ihr eine englische Bonne[10] nehmen ... Mit der Französin des Xaver bin ich gar nicht zufrieden. Neulich bin ich ihr auf der Straße begegnet, wie sie den Kleinen ausführte, und ein junger Mann – anscheinend ein Kommiss[11] – ging nebenher, in angelegentlichstem Gespräch mit ihr. Plötzlich stand ich vor ihnen – die Verlegenheit hättest du sehen sollen! Überhaupt, mit den Leuten hat man sein Kreuz! Da ist meine Jungfer, die hat mir gekündigt, weil sie heiratet – jetzt, wo ich sie gewohnt war –, es ist nichts unausstehlicher als neue Gesichter zum Bedienen ... Was? Du willst schon fort?«

»Ja, liebes Herz – ich muss noch einige unaufschiebbare Besuche machen ...«

---

10) Erzieherin

11) Kriegsdienstleistender

Und ich ließ mich nicht bewegen, auch »nur noch fünf Minuten« zu bleiben, obwohl die unaufschiebbaren Besuche erlogen waren. Sonst hatte ich es doch stundenlang ausgehalten, solch inhaltsloses Geplapper anzuhören und mitzuplappern – aber an diesem Tage widerte es mich an. Eine Sehnsucht ergriff mich: Ach, nur wieder so ein Gespräch wie gestern Abend – ach, Tilling, Friedrich Tilling ... Die Wagenräder hatten also doch recht mit ihrem Refrain! Es war eine Wandlung mit mir geschehen – ich war in eine andere Gefühlswelt hinaufgehoben; diese kleinlichen Interessen, in welche meine Freundin so ganz vertieft war – Kleider, Bonnen, Heirats- und Erbschaftsgeschichten aus der Gesellschaft –, das war doch gar zu nichtig, zu erbärmlich, zu erstickend ... Hinaus, hinaus in eine andere Lebensluft! Und Tilling war ja frei: Die Prinzessin »schwärmt für einen Burgschauspieler« ... Die hat er wohl nie geliebt ... ein vorübergehendes, ein vorübergegangenes Abenteuer, weiter nichts.

Es verstrichen mehrere Tage, ohne dass ich Tilling wiedersah. Jeden Abend ging ich ins Theater und von da in eine Soiree in der hoffenden Erwartung, ihm zu begegnen, aber vergebens.

Mein Empfangstag brachte mir viele Besuche, aber natürlich nicht den seinen. Den hatte ich auch nicht erwartet. Es sah ihm nicht ähnlich, nach seinem bestimmten »Gräfin, das dürfen Sie mir nicht zumuten« und seinem am Wagenschlag gesagten »Ich verstehe – also gar nicht« sich dennoch an einem solchen Tage bei mir einzufinden.

Ich hatte ihn an jenem Abend gekränkt, das war gewiss; und er vermied es, mit mir zusammenzukommen, das war offenbar. Aber was konnte ich tun? Ich brannte danach, ihn wiederzusehen, meine damalige Unfreundlichkeit wieder gutzumachen und eine neue solche Plauderstunde zu erleben wie jene in meines Vaters Haus; eine Plauderstunde, deren Reiz mir jetzt noch hundertfach erhöht worden wäre, durch das mir nunmehr klar gewordene Bewusstsein meiner Liebe.

In Ermangelung Tillings brachte mir der nächstfolgende Sonnabend doch wenigstens Tillings Cousine – dieselbe, auf deren Ball ich ihn kennengelernt hatte. Als sie eintrat, fing mir das Herz zu pochen an; jetzt konnte ich doch wenigstens etwas von demjenigen erfahren, der meine Gedanken so beschäftigte. Ich brachte es jedoch nicht über mich, eine diesbezügliche Frage zu stellen; ich fühlte, dass ich nicht imstande wäre, den gewissen Namen auszusprechen, ohne verräterisch zu erglühen, und so unterhielt ich meine Besucherin mit hundert verschiedenen Dingen – unter anderen auch dem Wetter –, aber nur nicht mit dem, was ich auf dem Herzen hatte.

»Ah, Martha«, sagte jene unvermittelt, »ich habe eine Nachricht an Sie zu bestellen: Mein Vetter Friedrich lässt Sie grüßen – er ist vorgestern abgereist.«

Ich fühlte, dass mir das Blut aus den Wangen wich.

»Abgereist? Wohin? Wurde sein Regiment versetzt?«

»Nein, er hat nur einen kurzen Urlaub genommen, um nach Berlin zu eilen, wo seine Mutter auf dem Sterbebette liegt. Der Arme, er dauert mich; denn ich weiß, wie er seine Mutter vergöttert.«

Nach zwei Tagen erhielt ich einen Brief von unbekannter Hand mit dem Poststempel Berlin. Noch ehe ich nach der Unterschrift geschaut hatte, wusste ich, dass das Schreiben von Tilling kam. Es lautete:

Berlin, Friedrichstr. 8, 30. März 1863. 1 Uhr nachts.

Teure Gräfin! Ich muss jemandem klagen … Warum gerade Ihnen? Habe ich ein Recht dazu? Nein – aber den unwiderstehlichen Drang. Sie werden mir nachfühlen – ich weiß es.

Hätten Sie die Sterbende gekannt. Sie würden sie geliebt haben. Dieses weiche Herz, dieser helle Verstand, diese heitere Laune, diese Hoheit und Würde – und das alles soll jetzt ins Grab – keine Hoffnung!

Ich habe den ganzen Tag an ihrem Lager verbracht und werde auch die Nacht über hierbleiben – ihre letzte Nacht …

Sie hat viel gelitten, die Arme. Jetzt ist sie ruhig – die Kräfte schwinden, der Pulsschlag hat beinah schon aufgehört … Außer mir wachen noch ihre Schwester und ein Arzt im Krankenzimmer.

Ach, diese schreckliche Zerreißung: der Tod! Man weiß doch, dass er alle fällen muss, und doch kann man's nie recht fassen, dass er auch unsere Lieben hinraffen darf. Was mir diese Mutter war, das vermag ich nicht zu sagen.

Sie weiß, dass sie stirbt. Als ich ankam, heute Morgen, empfing sie mich mit einem Freudenschrei:

– Also doch, sehe ich dich noch einmal, mein Fritz! Ich fürchtete so, du kämst zu spät.

– Du wirst ja wieder gesund werden, Mutter, rief ich.

– Nein, nein. Davon ist keine Rede, mein alter Bub. Nimm diesem unserem letzten Beisammensein nicht die Weihe durch die üblichen Krankenbettvertröstungen. Sagen wir uns Lebewohl.

Ich fiel schluchzend an der Bettseite in die Knie.

– Du weinst, Fritz? Schau, ich sage dir auch nicht das üble »Weine nicht«. Es ist mir lieb, dass dir der Abschied von deiner besten alten Freundin leidtut. Das bürgt mir, dass ich lange unvergessen bleibe.

– Solang ich lebe, Mutter!

– Erinnere dich dabei, dass ich viel Freude an dir gehabt habe. Außer der Sorge, die mir deine Kinderkrankheiten bereitet haben, und dem Bangen, während du im Kriege warst, hast du nur glückliche Gefühle verursacht und hast mir alles tragen helfen, was das Schicksal mir Trübes auferlegt hat. Ich segne dich dafür, mein Kind.

Jetzt kam wieder ein Anfall ihrer Schmerzen über sie. Wie sie jammerte und stöhnte, wie ihre Züge sich verzerrten – es war herzzerreißend. Ja, es ist ein fürchterlicher, grimmer Feind, der Tod … Und der Anblick dieser Agonie rief mir alle Agonien ins Gedächtnis, welche ich auf den Schlachtfeldern und in den Lazaretten gesehen habe … Wenn ich denke, dass wir Menschen bisweilen willkürlich, frohgemut einander dem Tod entgegenhetzen, dass wir der vollkräftigen Jugend zumuten, diesem Feind sich willig zu ergeben, gegen den das müde und gebrechliche Alter sogar noch verzweifelt ringt, es ist – niederträchtig!

Diese Nacht ist schaurig lang … Wenn die arme Kranke nur schliefe – aber sie liegt mit offenen Augen da. Ich verbringe immer halbe Stunden lang regungslos an ihrem Lager, dann schleiche ich mich zu diesem Briefbogen, um ein paar Worte zu schreiben – dann wieder zurück zu ihr. So ist es schon vier Uhr geworden. Ich habe eben die vier Schläge von allen Glockentürmen hallen gehört. Es mutet einem so kalt, so teilnahmslos an, dass die Zeit stetig unbeirrt durch alle Ewigkeit fortschreitet, während eben für ein heißgeliebtes Wesen die Zeit aufhören soll – für alle Ewigkeit. Aber je kälter, je teilnahmsloser das All sich zu unserem Schmerz verhält, desto sehnsüchtiger flüchten wir an ein anderes Menschenherz, von dem wir glauben, dass es mitfühlend schlägt. Darum hat mich das weiße Papierblatt, das der Arzt beim Rezeptschreiben auf dem Tische liegen ließ, herangelockt – und darum schicke ich das Blatt an Sie …

7 Uhr. Es ist vorbei.

– Lebe wohl, mein alter Bub.

Das waren ihre letzten Worte. Darauf schloss sie die Augen und schlief ein.

– Schlaf wohl, meine alte Mutter!

Weinend küsst Ihre lieben Hände Ihr zu Tode betrübter

Friedrich Tilling

Diesen Brief besitze ich noch. Wie zerknittert und verblasst sieht das Blatt aus! Nicht nur die verflossenen fünfundzwanzig Jahre haben diese Verwitterung verursacht, sondern auch die Tränen und Küsse, mit welchen ich damals die lieben Schriftzüge bedeckte. »Zu Tode betrübt« – ja –, aber auch »himmelhochjauchzend« war mir zu Mute, nachdem ich gelesen hatte. Deutlicher – obwohl kein Wort von Liebe darin stand – konnte kein Brief den Beweis erbringen, dass der Schreiber die Empfängerin – und keine andere – liebte. Dass er in solcher Stunde, am Sterbelager der Mutter, sein Leid nicht am Herzen der Prinzessin auszuweinen sich sehnte, sondern an dem meinen – das musste doch jeden eifersüchtigen Zweifel ersticken.

Ich schickte am selben Tage einen Totenkranz aus hundert großen weißen Kamelien mit einer halb erblühten roten Rose drin. Ob er wohl verstehen würde, dass die blassen, duftlosen Blumen der Dahingeschiedenen galten, als Symbole der Trauer, und das glutfarbige Röschen ihm?

8

Drei Wochen waren vergangen.

Konrad Althaus hatte um meine Schwester Lilli angehalten und einen Korb bekommen. Er nahm jedoch die Sache nicht tragisch und blieb wie zuvor ein eifriger Besucher unseres Hauses und umschwärmte uns in den Salons der Gesellschaft.

Ich drückte ihm einmal meine Verwunderung über seine unerschütterte Vasallentreue aus:

»Es freut mich sehr«, sagte ich, »dass du nicht zürnst; aber es beweist mir, dass dein Gefühl für Lilli doch kein so heftiges war, wie du vorgibst, denn verschmähte Liebe pflegt boshaft und nachträglich zu sein.«

»Du irrst, verehrteste Frau Cousine – ich habe die Lilli rasend gern. Zuerst glaubte ich, mein Herz gehöre dir; du hast dich aber so zurückhaltend kalt erwiesen, dass ich noch rechtzeitig die keimende Leidenschaft erstickte; dann hab ich mich eine Zeitlang für Rosa interessiert; schließlich aber hat sich meine Neigung bei Lilli fixiert – und dieser Neigung werde ich jetzt treu bleiben – bis an mein Lebensende.«

»Sieht dir ganz ähnlich.«

»Lilli oder keine!«

»Da sie dich aber nicht will, mein armer Konrad?«

»Glaubst du, ich wäre der Erste, der einen Korb bekommen hat, sich bei derselben einen zweiten und dritten holt und beim vierten Antrag angenommen wurde? – Schon um der Zudringlichkeit ein Ende zu machen? Lilli hat sich nicht verliebt in mich, eine nicht ganz erklärliche, aber immerhin eine Tatsache. Dass sie der für so viele Mädchen unwiderstehlichen Verlockung, Ehefrau zu werden, widerstanden hat und auf einen vom weltlichen Standpunkt annehmbaren Antrag nicht eingegangen ist, das gefällt mir eigentlich sehr gut von ihr, und ich bin noch verliebter als zuvor. Nach und nach wird meine Anhänglichkeit sie rühren und Gegenliebe erwecken; dann sollst du noch meine Schwägerin werden, liebste Martha. Hoffentlich wirst du mir nicht entgegenwirken?«

»Ich? O nein, im Gegenteil; mir gefällt dein Verharrungssystem. So sollte immer um uns geworben werden – mit Zeit- und Zärtlichkeitsaufwand. Aber minnen und gewinnen – dazu geben sich unsere jungen Herren wahrlich nicht die Mühe. Sie wollen ihr Glück nicht erst erringen, sondern es mühelos pflücken wie eine Blume am Wegesrand!«

Tilling war vor vierzehn Tagen nach Wien zurückgekehrt, so hatte ich erfahren, doch kam er nicht zu mir. In den Salons konnte ich natürlich kaum erwarten, ihm zu begegnen, da ihn seine Trauer von allem gesellschaftlichen Umgang fernhielt. Doch hatte ich gehofft, dass er zu mir kommen oder wenigstens mir schreiben würde; es verging aber ein Tag um den anderen, ohne mir den erwarteten Besuch oder Brief zu bringen.

»Ich begreife nicht, was du hast, Martha«, so sprach mich eines Morgens Tante Marie an. »Du bist seit einiger Zeit so verstimmt, so zerstreut, so … ich weiß nicht, wie ... Du hast sehr, sehr unrecht, dass du keinem deiner Bewerber Gehör schenkst. Dieses Alleinsein – das habe ich zu allem Anfang gesagt – taugt nicht für dich. Die Folge davon ist dieser Spleen, der dich jetzt auszeichnet. – Hast du schon deine österliche Andacht verrichtet? Das würde dir auch guttun.«

»Ich denke, beides – heiraten und beichten – sollte aus Liebe zur Sache getan werden und nicht als Spleenkur. Von meinen Bewerbern gefällt mir keiner, und was das Beichten betrifft …«

»So ist es höchste Zeit: Morgen ist Gründonnerstag. Hast du Billetts zur Fußwaschung?«

»Ja, Papa hat mir welche verschafft. Aber ich weiß wirklich nicht, ob ich gehen werde.«

»Oh, das musst du – es gibt nichts Schöneres und Erhebenderes als diese Zeremonie. Der Triumph der christlichen Demut: Kaiser und Kaiserin auf dem Boden rutschend, um die Füße armer alter Leute zu waschen – symbolisiert das nicht so recht, wie klein und nichtig die irdische Majestät vor der göttlichen ist?«

»Um durch Niederknien Demut sinnbildlich darzustellen, muss man sich eben sehr erhaben fühlen. Es drückt aus: Was Gottes Sohn im Verhältnis zu den Aposteln, das bin ich, Kaiser, zu den Armen. Mir kommt dieses Grundmotiv der Zeremonie nicht gerade demütig vor.«

»Du hast kuriose Ansichten, Martha. In den drei Jahren, die du in ländlicher Einsamkeit und mit Lesen schlechter Bücher zugebracht hast, sind deine Ideen so verschroben worden.«

»*Schlechte* Bücher?«

»Ja, schlecht – ich halte das Wort aufrecht. Neulich, als ich in meiner Unschuld zum Erzbischof von einem Buch sprach, das ich auf deinem Tisch gesehen hatte und das ich dem Titel nach für ein Andachtsbuch hielt: *Das Leben Jesu* von einem gewissen Strauß, da schlug er die Hände über dem Kopf zusammen und rief:

›Barmherziger Himmel, wie kommen Sie zu so einem ruchlosen Werk?‹ Ich wurde ganz feuerrot und versicherte, dass ich das Buch nicht selber gelesen, sondern nur bei einer Verwandten gesehen hatte. ›Dann fordern Sie diese Verwandte bei ihrer Seligkeit auf, diese Schrift ins Feuer zu werfen.‹ Das tue ich hiermit, Martha. Wirst du dies Buch verbrennen?«

»Wären wir um zwei- oder dreihundert Jahre jünger, so könnten wir zusehen, wie nicht nur das Werk, sondern auch der Autor in Flammen aufginge. Das wäre wirksamer – momentan wirksamer – auch nicht für lang ...«

»Du antwortest mir nicht. Wirst du das Buch verbrennen?«

»Nein.«

»So kurzweg nein?«

»Wozu lange Reden? Wir verstehen einander in dieser Richtung doch nicht, mein liebstes Tantchen. Lass dir lieber erzählen, was gestern der kleine Rudolf ...«

Und damit war das Gespräch glücklich auf ein anderes, sehr ergiebiges Thema gelenkt, wo es zu keiner Meinungsverschiedenheit zwischen uns kam; denn über die Tatsache, dass Rudolf Dotzky das herzigste, originellste, für sein Alter fortgeschrittenste Kind der Welt ist – darüber waren wir beide einig.

Am folgenden Tag entschloss ich mich doch, der Fußwaschung beizuwohnen. Etwas nach zehn Uhr, schwarz gekleidet, wie es sich für die Karwoche ziemt, begaben wir uns, meine Schwester Rosa und ich, in den großen Zeremoniensaal der Burg. Daselbst waren auf einer Estrade Plätze für die Mitglieder der Aristokratie und des diplomatischen Korps vorbehalten. Man war da also wieder unter sich und teilte rechts und links Grüße aus. Auch die Galerie war dicht gefüllt: gleichfalls Bevorzugte, welche Eintrittskarten erlangt hatten – kurz, die alte Kastenabsonderung und -bevorrechtung anlässlich dieser Feier der symbolisierten Demut.

Ich weiß nicht, ob den anderen irgendwie religiös-weihevoll zumute war; aber ich erwartete das Kommende mit ganz derselben Empfindung, mit welcher man im Theater einem angekündigten Spektakelstück entgegensieht. Ebenso gespannt, wie man da – nachdem die Grüße von Loge zu Loge getauscht sind – den aufzurollenden Vorhang ansieht, schaute ich in die Richtung, wo die Chöre und Solisten des bevorstehenden Schaugedränges erscheinen sollten. Die Dekoration war schon aufgestellt – nämlich die lange Tafel, an welcher die zwölf Greise und zwölf Greisinnen Platz zu nehmen hatten.

Ich war doch froh, gekommen zu sein; denn ich fühlte mich gespannt, was immerhin eine angenehme Empfindung ist, und eine Empfindung, welche momentan von kummervollen Gedanken befreit. Mein steter Kummer war der: Warum lässt sich Tilling nicht sehen? Jetzt hatte mich diese fixe Idee verlassen; was ich zu sehen erwartete und wünschte, waren die kaiserlichen und pfründnerischen Mitwirkenden der angesetzten Feier. Und gerade in diesem Augenblicke, wo ich an ihn nicht dachte, fielen meine Augen auf Tilling. Soeben nach beendeter Messe waren die Hofwürdenträger in den Saal getreten, gefolgt von der Generalität und dem Offizierkorps; ich ließ meinen Blick gleichgültig über alle diese uniformierten Gestalten schweifen – dieselben waren ja nicht die Träger der Hauptrollen, sondern nur zum Ausfüllen der Bühne bestimmt –, da plötzlich erkannte ich Tilling, der gerade unserer Tribüne gegenüber

Aufstellung genommen hatte. Es durchzuckte mich wie ein elektrischer Schlag. Er sah nicht in unsere Richtung. Seine Miene trug die Spur des in den letzten Wochen durchgemachten Leides: Es lag ein tieftrauriger Ausdruck in seinen Zügen. Wie gern hätte ich durch einen stummen, innigen Händedruck mein Mitgefühl ihm ausgedrückt! Ich ließ meinen Blick hartnäckig auf ihn geheftet, hoffend, dass dies durch eine magnetische Gewalt ihn zwingen würde, auch zu mir aufzuschauen – aber vergebens.

»Sie kommen, sie kommen!«, rief Rosa, mich anstoßend. »So sieh doch hin ... Ach, wie schön! Wie ein Gemälde!«

Es waren die Greise und Greisinnen, angetan in altdeutsche Tracht, welche jetzt hereingeleitet wurden. Die jüngste von den Frauen – so hatten die Zeitungen berichtet – war achtundachtzig, der jüngste von den Männern fünfundachtzig Jahre alt. Runzlig, zahnlos, gebückt – ich konnte Rosas »Ach, wie schön« wahrlich nicht bestätigt finden. Was ihr gefiel, war jedenfalls die Verkleidung. Diese passte eigentlich auch vortrefflich zu der ganzen, von mittelalterlichem Geist durchwehten Zeremonie. Die Anachronismen hier waren wir, in unseren modernen Kleidern und mit unseren modernen Begriffen – wir passten nicht in dies Gemälde.

Nachdem die vierundzwanzig Alten ihre Sitze an der Tafel eingenommen hatten, trat eine Anzahl goldgestickter und ordensgeschmückter, zumeist ältlicher Herren in den Saal – die Geheimräte und Kammerherren; viele bekannte Gesichter, auch Minister »Allerdings« befand sich darunter. Zuletzt folgten die Geistlichen, welche bei der feierlichen Handlung fungieren sollten. Jetzt also war der Einmarsch der Statisten vorüber und die Erwartung des Publikums auf das Höchste gespannt.

Meine Augen waren jedoch nicht so starr wie diejenigen der übrigen Zuschauer in jene Richtung geheftet, wo der Hof erscheinen sollte, sondern kehrten immer zu Tilling zurück. Dieser hatte mich nunmehr gesehen und erkannt. Er grüßte.

Wieder legte sich Rosas Hand auf meinen Arm.

»Martha – ist dir unwohl? Du bist plötzlich blass und rot geworden. Schau! Jetzt! Jetzt!!«

In der Tat: Der Kapell-, will sagen: der Oberzeremonienmeister, holte seinen Stab und gab das Zeichen, dass das Kaiserpaar nahe. Dies versprach nun allerdings einen lohnenden Anblick, denn abgesehen davon, dass es das höchste war, war es sicherlich eins der schönsten Paare im Lande. Mit Kaiser und Kaiserin zugleich waren auch mehrere Erzherzöge und Erzherzoginnen hereingekommen, und jetzt konnte die Feier beginnen. Truchsesse und Edelknaben trugen die gefüllten Schüsseln herbei, und der Monarch und die Monarchin stellten dieselben vor die sitzenden Alten hin. Das war wieder mehr Gemälde als je. Geräte und Speisen und die Art der Pagen, dieselben zu tragen, das erinnerte an verschiedene berühmte Bilder von Festgelagen im Renaissancestil.

Kaum aber waren die Gerichte aufgestellt, so wurde die Tafel wieder abgeräumt, eine Arbeit, welche – gleichfalls als Zeichen der Demut – die Erzherzöge verrichteten. Hiernach ward die Tafel hinausgetragen, die eigentliche Effektszene des Stückes – die Fußwaschung – begann. Freilich nur eine Scheinwaschung, wie das Mahl nur ein Scheinmahl gewesen war. Auf dem Boden kniend strich der Kaiser mit einem Tuch über die Füße der Greise hinweg, nachdem der ihm assistierende Priester aus einer Kanne scheinbar Wasser darübergegossen hatte, und so rutschte er vom ersten bis zum zwölften Pfründner, während die Kaiserin – die man sonst nur so majestätisch hoch aufgerichtet zu sehen bekommt – in derselben demütigen Stellung, in welcher sie ihre gewohnte Anmut übrigens nicht verliert, die gleiche Prozedur an den zwölf Pfründnerinnen vornahm. Die begleitende Musik oder, wenn man will, den erklärenden Chor bildete das gleichzeitig vom Hofburgpfarrer vorgelesene Evangelium des Tages.

Gern hätte ich für einige Augenblicke mitempfinden mögen, was in dem Geiste dieser Alten vorging, während sie so dasaßen in der seltsamen Tracht, von einer glänzenden Menge angegafft, den Landesvater, die Landesmutter – Ihre Majestäten – zu ihren Füßen ... Wahrscheinlich wäre es gar keine klare Empfindung gewesen, die ich danach gefühlt hätte, wenn mir der gewünschte momentane Bewusstseinstausch gewährt worden wäre, sondern ein verwirrter, geblendeter Halbtraum, ein zugleich frohes und peinliches, verlegenes und feierliches Gefühl, ein vollständiges Stillstehen der Gedanken in den ohnehin unwissenden und altersschwachen armen Köpfen. Das einzige Wirkliche und Fassbare an der Sache mochte den guten Alten nur die Aussicht auf das rotseidene Beutelchen mit den dreißig Silberstücken sein, welches jedem von allerhöchster Hand umgehängt ward, und auf den Korb voll Speisen, welchen man ihnen auf die Heimfahrt mitgibt.

Die ganze Zeremonie war schnell zu Ende, und gleich darauf leerte sich der Saal. Zuerst zog sich der Hof zurück; hierauf entfernten sich alle anderen Mitbeteiligten und zugleich auch das Publikum von Estrade und Galerie.

»Schön war's, schon war's!«, flüsterte Rosa mit einem tiefen Atemzug.

Ich antwortete nichts. Eigentlich hatte ich keine Ursache, die Verwirrung und Gedankenarmut der Festgreise zu bemitleiden, war mir doch selber das Verständnis der eben stattgefundenen Feier ein ziemlich verschwommenes und hatte ich nur noch den einen Gedanken im Sinn: Wird er uns am Ausgang erwarten?

Doch wir gelangten nicht so schnell zum Ausgang, wie ich gewollt hätte. Zuerst hieß es doch, mit fast sämtlichen Estradezuschauern, welche gleichzeitig mit uns ihre Plätze verließen, Hände schütteln und ein paar Phrasen tauschen. »Grüß dich, Toni.« – »Bonjour, Martha.« – »Ach, Sie auch da, Gräfin?« – »Bist du für den Ostersonntag schon vergeben?« – »Guten Tag, Durchlaucht, vergessen Sie nicht, dass wir Sie morgen Abend zu einer kleinen Tanzerei erwarten.« – »Warst du gestern bei den Dominikanern in der Predigt?« – »Nein, ich war im Sacré cœur, wo meine Töchter eine Retraite machen.« – »Die nächste Probe zu unserer Wohltätigkeitsvorstellung ist Dienstag um zwölf Uhr, lieber Baron, seien Sie ja pünktlich.« – »Die Kaiserin hat wieder superb ausgesehen.« – »Hast du bemerkt, Lori, wie der Erzherzog Ludwig Viktor immer zu der Götter-Fanny herüberschielte?« – »Madame, j'ai l'honneur de vous présenter mes hommages.« – »Ah, c'est vous, marquis ... charmée.« – »I wish you good morning, Lord Chesterfield.« – »Oh, how are you? Awfully fine woman, your Empress.« – »Haben Sie schon eine Loge gesichert für die Vorstellung der Adelina Patti? Ein ganz wunderbarer aufgehender Stern ...« – »Die Nachricht von der Verlobung des Ferdi Drontheim mit der Bankierstochter soll sich also doch bestätigen – es ist ein Skandal!«

Und so schwirrte es hin und her. Ein unbefangener Horcher hätte diesen Gesprächen wohl kaum angemerkt, dass sie der

Nachstimmung einer eben verrichteten Demutsandacht entsprangen.

Endlich traten wir vor das Tor hinaus, wo unsere Wagen warteten und eine Menge Volk versammelt war. Diese Leute wollten wenigstens diejenigen sehen, welche so glücklich waren, den allerhöchsten Hof gesehen zu haben: Sie konnten dann ihrerseits als diejenigen, welche die Gesehenhabenden gesehen hatten, wieder bei minder Bevorzugten sich sehen lassen.

Kaum waren wir hinausgetreten, so stand Tilling vor mir. Er verneigte sich.

»Ich muss Ihnen noch danken, Gräfin Dotzky, für den herrlichen Kranz.«

Ich reichte ihm die Hand – aber konnte kein Wort sprechen.

Unser Wagen war vorgefahren; wir mussten einsteigen und Rosa drängte auch vorwärts. Tilling führte die Hand an die Mütze und wollte zurücktreten. Da machte ich eine heftige Anstrengung und sagte mit einer Stimme, die mir selber ganz fremd klang:

»Sonntag zwischen zwei und drei werde ich zu Hause sein.«

Er verneigte sich stumm und wir stiegen ein.

»Du musst dich erkältet haben, Martha«, bemerkte meine Schwester, als wir davonfuhren. »Deine Aufforderung klang furchtbar heiser. Und warum hast du mir diesen schwermütigen Stabsoffizier nicht vorgestellt? Ich habe noch selten ein weniger aufheiterndes Gesicht gesehen.«

9

Am bestimmten Tage und zur bestimmten Stunde ließ sich Tilling bei mir anmelden. Vorher hatte ich in die roten Hefte folgende Eintragung gemacht:

Ich ahne, dass der heutige Tag über mein Schicksal entscheiden wird. Mir ist so feierlich und bang, so süß erwartungsvoll zumute. Diese Stimmung muss ich in diesen Blättern fixieren, damit, wenn ich einst nach langen Jahren darin blättere, ich mir recht lebhaft die Stunde ins Gedächtnis zurückrufen könne, welcher ich jetzt so bewegt entgegensehe. Vielleicht kommt es ganz anders, als ich denke – vielleicht auch genau so ... Jedenfalls wird es mich einst interessieren, zu sehen, wie weit Voraussicht und Wirklichkeit sich deckten.

Der Erwartete liebt mich – das bewies mir sein am Sterbelager der Mutter geschriebener Brief; er wird zurückgeliebt – das muss ihm das Röslein im Totenkranz verraten haben ... Und nun kommen wir zusammen – ohne Zeugen, im Innersten bewegt, er trostbedürftig, ich vom Wunsche zu trösten durchdrungen: Ich glaube, es wird gar nicht viele Worte geben ... Tränen in unser beider Augen, zitternd vereinte Hände – und wir werden uns verstanden haben ... Zwei liebende, zwei glückliche Menschen – ernsthaft, weihevoll, leidenschaftlich, andächtig glücklich –, während in der Gesellschaft die Sache gleichgültig und trocken etwa so verkündet wird: »Wissen Sie schon? Die Martha Dotzky hat sich mit Tilling verlobt – eine miserable Partie.«

Es ist zwei Uhr und fünf Minuten – jetzt kann er jeden Augenblick eintreten. – Die Glocke ... dieses Herzklopfen, dieses Zittern, ich fühle, dass –

So weit war ich gekommen. Die letzte Zeile ist mit beinahe unleserlichen Buchstaben gekritzelt, ein Zeichen, dass »dieses Herzklopfen, dieses Zittern« keine bloße rhetorische Figur war. Voraussicht und Wirklichkeit deckten sich nicht. Tilling verhielt sich während seines halbstündigen Besuches ganz zurückhaltend und kalt. Er bat mich um Verzeihung für die Kühnheit, welche er besessen hatte, an mich zu schreiben; ich möge dieses Beiseitesetzen der Etikette der Unzurechnungsfähigkeit zugutehalten, welche einen Menschen in so schmerzlichen Augenblicken befallen kann. Dann erzählte er mir noch einiges von den letzten Tagen und aus dem Leben seiner Mutter; aber von dem, was ich erwartet hatte – kein Wort. Und so wurde auch ich immer zurückhaltender und kälter. Als er sich zum Gehen erhob, machte ich keinen Versuch, ihn zu halten, und forderte ihn auch nicht auf, wiederzukommen.

Und als er draußen war, stürzte ich wieder zu den noch offen liegenden roten Heften hin und schrieb den unterbrochenen Satz weiter:

– alles aus ist ... dass ich mich schmählich getäuscht habe, dass er mich nicht liebt und jetzt auch glauben wird, dass er mir ebenso gleichgültig ist wie ich ihm. Beinahe abstoßend habe ich mich benommen. Ich fühle – er kommt nie wieder. Und doch enthält die Welt keinen zweiten Menschen für mich! So gut, so edel, so geistvoll ist keiner mehr – und so lieb, wie ich dich gehabt hätte, Friedrich, so lieb hat dich keine andere, deine Prinzessin – zu der du zurückgekehrt zu sein scheinst – schon gewiss nicht. Mein Sohn Rudolf, du sollst mein Trost und mein Halt sein. Fortan will ich von Frauenliebe nichts mehr wissen; nur die Mutterliebe soll mir Herz und Leben ausfüllen ... Wenn es mir gelingt, einen solchen Mann aus dir zu bilden, wie jener

einer ist – wenn ich einst von dir so beweint werde, Rudolf, wie jener seine Mutter beweint, so werde ich mein Ziel erreicht haben.

Eigentlich eine törichte Einrichtung, das Tagebuchschreiben. Diese stets wechselnden, zerfließenden und neu erstehenden Wünsche, Vorsätze und Anschauungen, welche den Lauf des Seelenlebens bilden, durch aufgeschriebene Worte verewigen zu wollen, das ist ein verfehltes Beginnen und bringt dem älteren nachlesenden Ich die immerhin beschämende Erkenntnis der eigenen Veränderlichkeit. Hier standen nun auf demselben Blatte und unter demselben Datum zwei so grundverschiedene Stimmungen verzeichnet: zuerst die zuversichtlichste Hoffnung, daneben die vollständigste Entsagung, und die nächsten Blätter sollen doch wieder ganz Neues berichten ...

Der Ostermontag war vom herrlichsten Frühlingswetter begünstigt und die an diesem Tage herkömmlicherweise stattfindende Praterfahrt – eine Art Vorfeier des großen Ersten-Mai-Korso – fiel besonders glänzend aus. Ich weiß noch, wie dieser Glanz, diese Fest- und Lenzwonne, die mich da umgab, mit der Traurigkeit kontrastierte, welche mein Gemüt erfüllte. Und doch – ich hätte meine Traurigkeit nicht hergeben und nicht wieder so heiteren, dabei aber leeren Herzens sein wollen wie vor etwa zwei Monaten, als ich Tilling noch nicht kannte. Denn wenn meine Liebe auch allem Anschein nach eine unglückliche war, so war es doch Liebe – das heißt, eine Steigerung der Lebensintensität: Dieses warme, zärtliche Gefühl, welches mein Herz schwellen ließ, sooft das teure Bild mir vor das innere Auge trat – ich hätte es nimmer missen mögen. Dass ich den Gegenstand meiner Träume hier im Prater, mitten im Gewühl weiblicher Fröhlichkeit zu Gesicht bekommen würde, erwartete ich nicht. Und doch: Als ich einmal zerstreut die Blicke nach der Reitallee schweifen ließ, sah ich von Weitem, die Allee in unserer Richtung herabgaloppierend, einen Offizier, in welchem ich sogleich Tilling erkannte. Als er nun in die Nähe kam und, zu uns herübersalutierend, sich mit unserem Wagen kreuzte, da erwiderte ich seinen Gruß nicht nur mit einem Kopfnicken, sondern mit lebhaftem Winken. Im selben Augenblick war ich gewahr, dass ich da etwas Unpassendes und Ungerechtfertigtes getan hatte.

»Wem hast du solche Zeichen gemacht?«, fragte meine Schwester Lilli. »War es etwa Papa? ... Ah, ich sehe, da spaziert ja der unvermeidliche Konrad – dem galt deine Handverrenkung?«

Dieses rechtzeitige Erscheinen des »unvermeidlichen Konrad« kam mir sehr gelegen. Ich war dem treuen Vetter dankbar dafür und betätigte diese Dankbarkeit sofort.

»Schau, Lilli«, sagte ich, »er ist doch ein lieber Mensch und gewiss nur wieder deinetwegen hier – du solltest dich seiner erbarmen, du solltest ihm gut sein ... Oh, wenn du wüsstest, wie süß es ist, jemanden lieb zu haben, du würdest dein Herz nicht so verschließen. Geh, mach ihn glücklich, den guten Menschen.«

Lilli schaute mich erstaunt an.

»Wenn er mir aber gleichgültig ist, Martha?«

»So liebst du vielleicht einen anderen?«

Sie schüttelte den Kopf.

»Nein, niemanden.«

»O du Arme!«

Wir fuhren noch zwei- oder dreimal die Allee auf und nieder. Aber denjenigen, nach welchem meine Blicke jetzt spähend umhersuchten, sah ich kein zweites Mal. Er hatte den Prater wieder verlassen.

10

Einige Tage später, um die Nachmittagsstunde, trat Tilling bei mir ein. Er traf mich jedoch nicht allein. Mein Vater und Tante Marie waren auf Besuch gekommen, und außerdem befanden sich noch Rosa und Lilli, Konrad Althaus und Minister »Allerdings« in meinem Salon.

Ich hatte Mühe, einen Überraschungsschrei zu unterdrücken – der Besuch kam mir so unerwartet und so freudig erregend zugleich. Aber mit der Freude war es bald vorüber, als Tilling, nachdem er die Anwesenden begrüßt und sich auf meine Einladung mir gegenüber niedergesetzt hatte, in kaltem Tone sagte:

»Ich bin gekommen, Ihnen meine Abschiedsaufwartung zu machen, Gräfin. Ich verlasse in den nächsten Tagen Wien.«

»Für lange?«

»Und wohin?«

»Und warum?«, fragten gleichzeitig und lebhaft die anderen, während ich stumm blieb.

»Vielleicht für immer. Nach Ungarn. – Zu einem anderen Regiment versetzen lassen. – Aus Vorliebe für die Magyaren«, gab Tilling nach den verschiedenen Seiten Bescheid.

Indessen hatte ich mich gefasst.

»Das war ein rascher Entschluss«, sagte ich möglichst ruhig. »Was hat Ihnen denn unser Wien zuleid getan, dass Sie es auf so gewaltsame Weise verlassen?«

»Es ist mir zu lebhaft und zu lustig. Ich bin in einer Stimmung, welche die Sehnsucht nach einsamer Puszta mit sich bringt.«

»Ach was«, meinte Konrad. »Je trüber die Stimmung, desto mehr soll man Zerstreuung suchen. Ein Abend im Karltheater wirkt jedenfalls erfrischender als tagelange beschauliche Einsamkeit.«

»Das Beste, um Sie aufzurütteln, lieber Tilling«, sagte mein Vater, »wäre wohl ein frischer, fröhlicher Krieg – aber leider ist jetzt gar keine Aussicht dazu vorhanden; der Friede droht sich unabsehbar auszudehnen.«

»Was das doch für sonderbare Wortzusammensetzungen sind«, konnte ich mich nicht enthalten zu bemerken. »Krieg und fröhlich, Friede und drohen.«

»Allerdings«, bestätigte der Minister, »der politische Horizont zeigt vor der Hand noch keinen schwarzen Punkt; doch es steigen Wetterwolken mitunter ganz unerwartet rasch auf. Und die Chance ist niemals ausgeschlossen, dass eine – wenn auch geringfügige – Differenz einen Krieg zum Ausbruch bringt. Das sage ich Ihnen zum Trost, Herr Oberstleutnant. Was mich anbelangt, der ich kraft meines Amtes die inneren Angelegenheiten meines Landes zu verwalten habe, so müssen meine Wünsche allerdings nur nach möglichst langer Erhaltung des Friedens gerichtet sein; denn dieser allein ist geeignet, die in meinem Ressort liegenden Interessen zu fördern. Doch hindert dies mich nicht, die berechtigten Wünsche derer anzuerkennen, welche vom militärischen Standpunkt allerdings ...«

»Gestatten Sie mir, Exzellenz«, unterbrach Tilling, »für meine Person gegen die Zumutung mich zu verwahren, dass ich einen Krieg herbeiwünsche. Und auch gegen die Unterstellung zu protestieren, als dürfte der militärische Standpunkt ein anderer sein als der menschliche. Wir sind da, um, wenn der Feind das Land bedroht, dasselbe zu schützen, gerade so, wie die Feuerwehr da ist, um, wenn ein Brand ausbricht, denselben zu löschen. Damit ist weder der Soldat berechtigt, einen Krieg, noch der Feuerwehrmann, einen Brand herbeizuwünschen. Beides bedeutet Unglück, schweres Unglück, und als Mensch darf keiner am Unglück seiner Mitmenschen sich erfreuen.«

»Du guter teurer Mann!«, redete ich im Stillen den Sprecher an.

Dieser fuhr fort:

»Ich weiß wohl, dass die Gelegenheit zu persönlicher Auszeichnung dem einen nur bei Feuersbrünsten, dem anderen nur bei Feldzügen geboten wird; aber wie kleinherzig und enggeistig muss ein Mensch sein, damit sein selbstisches Interesse ihm so riesig erscheine, dass es ihm den Ausblick auf das allgemeine Weh verrammelt. Oder wie hart und grausam, wenn er es dennoch sieht und als solches mitempfindet. Der Friede ist die höchste Wohltat – oder vielmehr die Abwesenheit der höchsten Übeltat –, er ist, wie Sie selber sagten, der einzige Zustand, in welchem die Interessen der Bevölkerung gefördert werden können, und Sie wollten einem Bruchteil dieser Bevölkerung – der Armee – das Recht zuerkennen, den gedeihlichen Zustand wegzuwünschen und den verderblichen zu ersehnen? Diesen ›berechtigten‹ Wunsch großziehen, bis er zur Forderung anwächst, und dann vielleicht sogar erfüllen? Krieg führen, damit die Armee doch beschäftigt und befriedigt werde – Häuser anzünden, damit die Löschmannschaft sich bewähren und Lob ernten könne?«

»Ihr Vergleich hinkt, lieber Oberstleutnant«, entgegnete mein Vater, indem er gegen seine Gewohnheit Tilling mit seinem militärischen Titel ansprach, vielleicht um ihn zu ermahnen, dass seine Gesinnungen mit seiner Charge nicht übereinstimmten. »Feuersbrünste bringen nur Schaden, während Kriege dem Lande Macht und Größe zuführen können. Wie anders haben sich denn die Staaten gebildet und ausgebreitet als durch siegreiche Feldzüge? Der persönliche Ehrgeiz ist wohl nicht das Einzige, was dem Soldaten Freude am Kriege macht; vor allem ist es der nationale, der vaterländische Stolz, der da seine köstliche Nahrung findet – mit einem Wort: der Patriotismus.«

»Nämlich die Liebe zur Heimat!«, fiel Tilling ein. »Ich begreife nicht, warum gerade wir Militärs tun, als hätten wir dieses, den meisten Menschen natürliche Gefühl allein gepachtet. Jeder liebt die Scholle, auf der er aufgewachsen ist; jeder wünscht die Hebung und den Wohlstand der eigenen Landsleute; aber Glück und Ruhm sind durch ganz andere Mittel zu erreichen als durch den Krieg; stolz kann man auf ganz andere Leistungen sein als auf Waffentaten; ich bin zum Beispiel auf unseren Anastasius Grün stolzer als auf diesen oder jenen Generalissimus.«

»Wie kann man einen Dichter mit einem Feldherrn nur vergleichen!«, rief mein Vater.

»Das frage ich auch. Der unblutige Lorbeer ist weitaus der schönere.«

»Aber lieber Baron«, sagte nun meine Tante. »So habe ich noch keinen Soldaten sprechen hören. Wo bleibt da die Kampfbegeisterung, wo das kriegerische Feuer?«

»Das sind mir keine unbekannten Gefühle, meine Gnädige. Von solchen beseelt, bin ich als neunzehnjähriger Junge zum ersten Mal zu Felde gezogen. Als ich aber die Wirklichkeit des Gemetzels gesehen hatte, nachdem ich Zeuge der dabei entfesselten Bestialität gewesen war, da war es mit meinem Enthusiasmus vorbei, und in die nachfolgenden Schlachten ging ich schon nicht mehr mit Lust, sondern mit Ergebung.«

»Hören Sie, Tilling, ich habe mehr Kampagnen mitgemacht als Sie und auch Schauderszenen genug gesehen, aber mich hat der Eifer nicht verlassen. Als ich im Jahre 49 schon als ältlicher Mann mit Radetzky marschierte, war's mit demselben Jubel wie das erste Mal.«

»Entschuldigen Sie, Exzellenz – aber Sie gehören einer älteren Generation an, einer Generation, in welcher der kriegerische Geist noch viel lebendiger war als in der unseren, und in welcher das Weltmitleid, das nach Abschaffung alles Elends begehrt und jetzt in immer größere Kreise dringt, noch sehr unbekannt war.«

»Was hilft's? Elend muss es immer geben – das lässt sich nicht abschaffen, ebenso wenig wie der Krieg.«

»Sehen Sie, Graf Althaus, mit diesen Worten kennzeichnen Sie den einstigen, jetzt schon sehr erschütterten Standpunkt, auf welchem sich die Vergangenheit allen sozialen Übeln gegenüber verhielt, nämlich den Standpunkt der Resignation, mit der man das Unvermeidliche, das Naturnotwendige betrachtet. Wenn aber einmal beim Anblick eines großen Elends die zweifelnde Frage ›Musste es sein?‹ ins Herz gedrungen ist, so kann das Herz nicht mehr kalt bleiben, und es steigt neben dem Mitleid zugleich eine Art Reue auf – keine, persönliche Reue, sondern – wie soll ich sagen? – ein Vorwurf des Zeitgewissens.«

Mein Vater zuckte die Achseln.

»Das ist mir zu hoch«, sagte er. »Ich kann Ihnen nur versichern, dass nicht nur wir Großväter mit Stolz und Freude an die durchgemachten Feldzüge zurückdenken, sondern dass auch die meisten von den Jungen und Jüngsten, wenn befragt, ob sie gern in den Krieg zögen, lebhaft antworten würden: Ja, gern – sehr gern.«

»Die Jüngsten – gewiss. Die haben noch den in der Schule eingepflanzten Enthusiasmus im Herzen. Und von den anderen antworten viele dieses ›Gern!‹, weil es nach allgemeinen Begriffen als männlich und tapfer erscheint, das aufrichtige ›Nicht gern‹ aber gar zu leicht als Furcht gedeutet werden könnte.«

»Ach«, sagte Lilli mit einem kleinen Schauder, »ich würde mich auch fürchten ... Das muss ja entsetzlich sein, wenn so von allen Seiten die Kugeln fliegen, wenn jeden Augenblick der Tod droht ...«

»So etwas klingt aus Ihrem Mädchenmunde ganz natürlich«, entgegnete Tilling. »Aber wir müssen den Selbsterhaltungstrieb verleugnen. Soldaten müssen auch das Mitleid, den Mitschmerz für den auf Freund und Feind hereinbrechenden Riesenjammer verleugnen, denn nächst der Furcht wird uns jede Sentimentalität, jede Rührseligkeit am meisten verübelt.«

»Nur im Krieg, lieber Tilling«, sagte mein, Vater, »nur im Krieg. Im Privatleben haben wir, Gott sei Dank, auch weiche Herzen.«

»Ja, ich weiß: Das ist so eine Art Verzauberung. Nach der Kriegserklärung heißt es plötzlich von allen Schrecknissen: ›Es gilt nicht.‹ Kinder lassen manchmal diese Konvention in ihren Spielen walten. ›Wenn ich dies oder jenes tue, so gilt es nicht‹, hört man sie sagen. Und im Kriegsspiel herrschen auch solche unausgesprochenen Übereinkommen: Totschlag gilt nicht mehr als Totschlag, Raub ist nicht Raub, sondern Requisition, brennende Dörfer stellen keine Brandunglücke, sondern ›genommene Positionen‹ dar. Von allen Satzungen des Gesetzbuchs, des Katechismus, der Sittlichkeit heißt es da – solange die Partie dauert – ›Es gilt nicht‹. Wenn aber manchmal der Spieleifer nachlässt, wenn das verabredete ›Gilt nicht‹ für einen Moment aus dem Bewusstsein schwindet und man die umgebenden Szenen in ihrer Wirklichkeit erfasst und dies abgrundtiefe Unglück, das Massenverbrechen, als geltend begreift, da wollte man nur noch eins, um sich aus dem unerträglichen Weh dieser Einsicht zu retten – tot sein.«

»Eigentlich ist es wahr«, bemerkte Tante Marie nachdenklich, »Sätze wie ›Du sollst nicht töten – sollst nicht stehlen – liebe deinen Nächsten wie dich selbst – verzeihe deinen Feinden‹ …«

»Gilt nicht«, wiederholte Tilling. »Und diejenigen, deren Beruf es wäre, diese Sätze zu lehren, sind die Ersten, welche unsere Waffen segnen und des Himmels Segen auf unsere Schlachtarbeit herabflehen.«

»Und mit Recht«, sagte mein Vater. »Schon der Gott der Bibel war der Gott der Schlachten, der Herr der Heerscharen ... Er ist es, der uns befiehlt, das Schwert zu führen, er ist es …«

»… als dessen Willen die Menschen immer dasjenige dekretieren«, unterbrach Tilling, »was sie getan sehen wollen – und dem sie zumuten, ewige Gesetze der Liebe erlassen zu haben, welche er, wenn die Kinder das große Hassspiel aufführen, durch göttliches ›Gilt nicht‹ aufhebt. Genauso roh, genauso inkonsequent, genauso *kindisch* wie der Mensch ist der jeweilig von ihm dargestellte Gott. Und jetzt, Gräfin«, fügte er hinzu, indem er aufstand, »verzeihen Sie mir, dass ich eine so unerquickliche Diskussion heraufbeschworen habe, und lassen Sie mich Abschied nehmen.«

Stürmische Empfindungen durchbebten mich. Alles, was er eben gesprochen hatte, hatte mir den teuren Mann noch teurer gemacht. Und jetzt sollte ich von ihm scheiden – vielleicht auf Nimmerwiedersehen? So vor anderen Leuten ein kaltes Abschiedswort mit ihm wechseln und damit alles zu Ende sein lassen? Es war nicht möglich: Ich hätte, wenn die Türe sich hinter ihm geschlossen hätte, in Schluchzen ausbrechen müssen. Das durfte nicht sein. Ich stand auf.

»Einen Augenblick, Baron Tilling«, sagte ich. »Ich muss Ihnen doch noch jene Fotografie zeigen, von der wir neulich gesprochen haben.«

Er schaute mich erstaunt an, denn es war zwischen uns niemals von einer Fotografie die Rede gewesen. Dennoch folgte er mir in die andere Ecke des Salons, wo auf einem Tische verschiedene Alben lagen und – wo man sich außer Gehörweite der anderen befand.

Ich schlug ein Album auf und Tilling beugte sich darüber. Indessen sprach ich halblaut und zitternd zu ihm:

»So lasse ich Sie nicht fort. Ich will, ich muss mit Ihnen reden.«

»Wie Sie wünschen, Gräfin – ich höre.«

»Nein, nicht jetzt. Sie müssen wiederkommen. Morgen um diese Stunde!«

Er schien zu zögern.

»Ich befehle es ... bei dem Andenken Ihrer Mutter, um welche ich mit Ihnen geweint habe.«

»O Martha!«

Der so ausgesprochene Name durchzuckte mich wie ein Glücksstrahl.

»Also morgen«, wiederholte ich, ihm in die Augen schauend.

»Um dieselbe Stunde.«

Wir waren einig. Ich kehrte zu den anderen zurück, und Tilling, nachdem er noch meine Hand an seine Lippen geführt und die Übrigen mit einer Verbeugung gegrüßt hatte, ging zur Türe hinaus.

»Ein sonderbarer Mensch«, bemerkte mein Vater kopfschüttelnd. »Was er da alles gesagt hat, würde höheren Ortes kaum Beifall finden.«

11

Als am folgenden Tage die bestimmte Stunde schlug, gab ich wie anlässlich seines ersten Besuches Befehl, niemand anderen als Tilling vorzulassen. Ich sah der kommenden Unterhaltung mit gemischten Gefühlen leidenschaftlichen Bangens, süßer Ungeduld und – einiger Verlegenheit entgegen. Was ich eigentlich ihm sagen wollte, das wusste ich nicht genau – darüber wollte ich gar nicht nachdenken. Wenn Tilling etwa die Frage an mich stellte: »Nun denn, Gräfin, was haben Sie mir mitzuteilen – was wünschen Sie von mir?«, so konnte ich doch nicht die Wahrheit antworten, nämlich: »Ich habe Ihnen mitzuteilen, dass ich Sie liebe; ich wünsche, dass – du bleibst.« – Aber in so trockener Form würde er mich wohl nicht verhören, und wir würden uns schon verstehen ohne solche kategorischen Fragen und Antworten. Die Hauptsache war, ihn noch einmal zu sehen – wenn schon geschieden sein musste, so doch nicht, ohne vorher ein herzliches Wort gesprochen, ein inniges Lebewohl getauscht zu haben. Bei dem bloß gedachten Worte Lebewohl füllten sich meine Augen mit Tränen.

In diesem Augenblick trat der Erwartete ein.

»Ich gehorche Ihrem Befehle, Gräfin und … Was ist Ihnen?«, unterbrach er sich. »Sie haben geweint? Sie weinen noch?«

»Ich? ... Nein ... Es war der Rauch – im Nebenzimmer der Kamin ... Setzen Sie sich, Tilling ... Ich bin froh, dass Sie gekommen sind.«

»Und ich glücklich, dass Sie mir befohlen haben zu kommen – erinnern Sie sich? Im Namen meiner Mutter befohlen … Auf das hin habe ich mir vorgenommen, Ihnen alles zu sagen, was mir auf dem Herzen liegt. Ich …«

»Nun – warum halten Sie inne?«

»Das Sprechen wird mir schwerer noch, als ich glaubte.«

»Sie zeigten mir doch so viel Vertrauen in jener schmerzlichen Nacht, wo Sie an einem Sterbebett wachten. Wie kommt es, dass Sie jetzt so alles Vertrauen wieder verloren haben?«

»In jener feierlichen Stunde war ich aus mir selber herausgetreten – seither hat mich wieder meine gewohnte Schüchternheit erfasst. Ich sehe ein, dass ich damals mein Recht überschritten habe – und um es nicht wieder zu überschreiten, hatte ich Ihre Nähe geflohen.«

»In der Tat ja: Sie scheinen mich zu meiden. Warum?«

»Warum? Weil – weil ich Sie anbete.«

Ich antwortete nichts, und um meine Bewegung zu verbergen, wandte ich den Kopf ab. Auch Tilling war verstummt. Endlich fasste ich mich wieder und brach das Schweigen:

»Und warum wollen Sie Wien verlassen?«

»Aus demselben Grunde.«

»Können Sie Ihren Entschluss nicht mehr rückgängig machen?«

»Ich könnte wohl – noch ist die Versetzung nicht entschieden.«

»Dann bleiben Sie.«

Er fasste meine Hand.

»Martha!«

Es war zum zweiten Mal, dass er mich bei meinem Namen nannte. Diese beiden Silben hatten einen berauschenden Klang für mich ... Darauf musste ich etwas erwidern, das ihm ebenso süß klänge – auch zwei Silben, in welchen alles lag, was mir das Herz schwellen ließ, und meinen Blick zu ihm erhebend sagte ich leise:

»Friedrich!«

In diesem Augenblick öffnete sich die Tür und mein Vater kam herein.

»Ah, da bist du ja! Der Bediente sagte, du seist nicht zu Hause ... Ich aber antwortete, dass ich auf dich warten wollte. Guten Tag, Tilling! Nach Ihrem gestrigen Abschied bin ich sehr überrascht, Sie hier zu finden.«

»Meine Abreise ist wieder aufgehoben, Exzellenz, und da kam ich …«

»Meiner Tochter eine Antrittsvisite machen? Schön. Und jetzt wisse, was mich zu dir führt, Martha. Es ist eine Familienangelegenheit ...«

Tilling stand auf.

»Dann störe ich vielleicht?«

»Meine Mitteilung hat ja keine solche Eile.«

Ich wünschte Papa samt seiner Familienangelegenheit zu den Antipoden. Ungelegener hätte mir keine Unterbrechung kommen können. Tilling blieb jetzt nichts anderes übrig als zu gehen. Aber nach dem, was soeben zwischen uns vorgefallen war, bedeutete Entfernung keine Trennung: Unsere Gedanken, unsere Herzen blieben beieinander.

»Wann sehe ich Sie wieder?«, fragte er leise, als er mir zum Abschied die Hand küsste.

»Morgen um neun Uhr früh im Prater, zu Pferd«, antwortete ich rasch im selben Tone.

Mein Vater grüßte den Fortgehenden ziemlich kalt, und nachdem sich die Tür hinter ihm geschlossen hatte:

»Was soll das bedeuten?«, fragte er mit strenger Miene. »Du lässt dich verleugnen – und ich finde dich *tête-à-tête* mit diesem Herrn?«

Ich wurde rot – halb in Zorn, halb in Verlegenheit.

»Was ist die Familienangelegenheit, welche du …«

»Das ist sie. Ich wollte deinen Courmacher nur entfernen, um dir meine Meinung sagen zu können. Und ich betrachte es als eine für unsere Familie sehr wichtige Angelegenheit, dass du, Gräfin Dotzky, geborene Althaus, deinen Ruf nicht etwa verscherzest.«

»Lieber Vater, der sicherste Wächter meines Rufes und meiner Ehre ist mir in der Person des kleinen Rudolf Dotzky gegeben, und was die väterliche Autorität des Grafen Althaus anbelangt, so lasse mich in aller Ehrerbietung dich erinnern, dass ich in meiner Eigenschaft als selbstständige Witwe derselben entwachsen bin. Ich beabsichtige nicht, mir einen Liebhaber zu nehmen, denn das ist's, was du zu vermuten scheinst; aber wenn ich mich entschließen wollte, wieder zu heiraten, so behalte ich mir vor, ganz frei nach meinem Herzen zu wählen.«

»Den Tilling heiraten? Wo denkst du hin? Das gäbe erst eine rechte Familienkalamität. Da wäre mir beinahe noch lieber ... Nein, das will ich nicht gesagt haben ... Aber ernstlich, du führst doch keine solche Idee im Schilde?«

»Was wäre dagegen einzuwenden? Du hast mir erst neulich einen Oberleutnant, einen Hauptmann und einen Major in Vorschlag gebracht – Tilling ist nun gar schon Oberstleutnant …«

»Das ist das Schlimmste an ihm. Wäre er Zivilist, so könnte man ihm die Ansichten noch verzeihen, die er gestern vorgebracht hat, aber bei einem Militär grenzen dieselben hart an Verrat ... Er möchte wohl gern seinen Abschied nehmen, um ja nicht der Gefahr ausgesetzt zu sein, einen Feldzug mitzumachen, dessen Strapazen und Leiden er offenbar fürchtet. Und da er kein Vermögen besitzt, so ist es eine ganz kluge Idee von ihm, eine reiche Heirat machen zu wollen. Ich hoffe aber zu Gott, dass sich zu diesem Zwecke keine Frau hergeben wird, welche die Tochter eines alten Soldaten ist, der in vier Kriegen gefochten hat und bereit wäre, heute noch mit Begeisterung auszurücken – und die Witwe eines tapferen jungen Kriegers, welcher auf dem Felde der Ehre einen ruhmvollen Tod gefunden hat.«

Mein Vater, welcher während des Sprechens mit großen Schritten im Zimmer auf und nieder ging, war hochgerötet und seine Stimme zitterte vor Erregung. Auch ich war im Innersten erregt. Das Phrasenwerk und das hohle Wortgeklingel, in welche die Angriffe auf den Mann meiner Liebe gekleidet waren, widerten mich an. Aber ich fand keine Entgegnung. Dass meine Verteidigung das bodenlose Unrecht, welches Tilling hier geschah, nicht aufheben konnte, das fühlte ich. Wenn mein Vater die gestern geäußerten Ansichten so falsch beurteilte, so lag das eben an einem gänzlichen Unverständnis. Für die Gesichtspunkte, welche Tilling vertreten hatte, war mein Vater einfach blind. Ich konnte ihn nicht sehend machen. Ich konnte ihn nicht lehren, einen anderen ethischen Maßstab als den soldatischen, der ja in General Althaus' Augen der höchste Maßstab war, an die Gesinnungen zu legen, welche jener als Mensch und Denker hegte. Aber während ich dem eben gehörten Ausfall gegenüber so stumm dastand, dass mein Vater wohl glauben mochte, er habe mich beschämt und meine Absichten im Keime erstickt, fühlte ich mich doppelt sehnsüchtig zu dem verkannten Manne hingezogen und in dem Entschluss bestärkt, die Seine zu werden. Ich war ja zum Glück frei. Des Vaters Missbilligung konnte mich allerdings betrüben, allein mich von dem Zuge meines Herzens zurückhalten, das konnte sie nicht. Und auch zu großer Betrübnis war kein Raum in meiner Seele. Das wunderbare, das mächtige Glück, welches in der letzten Viertelstunde sich mir eröffnet hatte, war zu lebhaft, um daneben den Verdruss aufkommen zu lassen.

12

Am folgenden Morgen erwachte ich mit einem Gefühl, das dem glich, womit ich jedes Mal als Kind am Weihnachtstage und einmal als Braut an meinem Vermählungsmorgen erwachte: dieselbe unaussprechliche Erwartung, dasselbe erregte Bewusstsein, dass heute Frohes, Großes bevorstünde. Einige Missstimmung brachte mir zwar die Erinnerung an die Worte, welche tags vorher mein Vater gesprochen hatte – aber diesen Gedanken hatte ich schnell wieder verscheucht.

Es war noch nicht neun Uhr, als ich am Eingang der Praterallee den Wagen verließ und mein mit dem Reitknecht vorausgeschicktes Pferd bestieg. Das Wetter war frühlingsduftend und mild – zwar sonnenlos, darum aber nur desto milder, und Sonnenschein trug ich ohnehin im Herzen. Es hatte in der Nacht geregnet; die Blätter prangten in frischem Grün und aus dem Boden drang feuchter Erdgeruch herauf.

Ich war kaum hundert Schritte die Allee hinabgeritten, als ich hinter mir den Hufschlag eines in scharfem Trabe heransprengenden Pferdes vernahm.

»Ah, grüß Gott, Martha – das freut mich, dich hier zu treffen.«

Es war Konrad, der Unvermeidliche. Mich freute diese Begegnung gar nicht. Nun freilich, der Prater war nicht mein Privatpark und an so schönen Frühlingsmorgen ist die Reitallee stets gefüllt: Wie konnte ich nur so ungeschickt sein, hier auf ein ungestörtes Stelldichein zu rechnen? Althaus hatte sein Pferd die Gangart des meinen annehmen lassen – und schickte sich offenbar an, der treue Begleiter meines Spazierrittes zu sein. Jetzt erblickte ich von Weitem Friedrich von Tilling, der in unserer Richtung die Allee herabgaloppierte.

»Vetter – nicht wahr, ich bin dir eine gute Verbündete? Du weißt, dass ich mir Mühe gebe, Lilli für dich zu stimmen?«

»Ja, edelste der Cousinen.«

»Erst gestern Abend habe ich ihr wieder deine guten Eigenschaften gepriesen ... Denn du bist wirklich ein prächtiger Junge: gefällig, rücksichtsvoll ...«

»Was willst du nur von mir?«

»Dass du deinem Tiere einen Gertenhieb gibst und weitertrabst ...«

Schon war Tilling ganz nahe. Zuerst schaute Konrad ihn, dann mich an, und ohne ein Wort zu sagen, nickte er mir lächelnd zu und stürmte davon, als wäre er auf der Flucht.

»Wieder dieser Althaus!«, waren Tillings erste Worte, nachdem er kehrtgemacht hatte, um an meiner Seite weiterzureiten. In seinem Ton und seinen Mienen drückte sich deutlich Eifersucht aus. Das freute mich.

»Ist er bei meinem Anblick so ausgerissen oder geht sein Pferd durch?«

»Ich habe ihn weggeschickt.«

»Gräfin Martha – dass ich Sie gerade mit Althaus treffen musste. Wissen Sie, dass die Welt behauptet, er sei in seine Cousine verliebt?«

»Das ist wahr.«

»Und werbe um ihre Gunst.«

»Das ist auch wahr.«

»Und nicht hoffnungslos?«

»Nicht ganz hoffnungslos.«

Tilling schwieg. Ich schaute ihm glücklich lächelnd ins Gesicht.

»Ihr Blick widerspricht Ihren letzten Worten«, sagte er nach einer Pause. »Denn Ihr Blick scheint mir zu sagen: Althaus liebt mich hoffnungslos.«

»Er liebt mich überhaupt nicht. Der Gegenstand seiner Werbung ist meine Schwester Lilli.«

»Sie wälzen mir einen Stein vom Herzen. Dieser Mensch war mit ein Grund, warum ich Wien verlassen wollte. Ich hätte es nicht ertragen können, sehen zu müssen …«

»Und was hatten Sie noch für andere Gründe?«, unterbrach ich.

»Die Angst, dass meine Leidenschaft zunähme, dass ich sie nicht länger würde verhehlen können – dass ich mich lächerlich machte und unglücklich zugleich …«

»Sind Sie unglücklich heute?«

»O Martha! Ich lebe seit gestern in einem solchen Taumel der Gefühle, dass ich fast bewusstlos bin. Aber nicht ohne Angst – wie wenn man gar zu süß träumt –, dass ich plötzlich wieder zu einer schmerzlichen Wirklichkeit erweckt werde. Im Grunde ist ja meine Liebe doch aussichtslos ... Was kann ich Ihnen bieten? Heute lächelt mir Ihre Huld und erhebt mich in den siebenten Himmel ... Morgen – oder etwas später – werden Sie mir die unverdiente Huld wieder entziehen und mich in einen Abgrund der Verzweiflung stürzen ... Ich kenne mich selbst nicht mehr: Wie hyperbolisch ich da rede, der ich sonst ein ruhiger, besonnener Mensch, ein Feind aller Übertreibungen bin ... Aber Ihnen gegenüber kommt mir nichts mehr übertrieben vor: In Ihrer Macht liegt es, mich selig und elend zu machen.«

»Sprechen wir auch von meinen Zweifeln: die Prinzessin …«

»Oh, ist dieser Klatsch Ihnen auch zu Ohren gekommen? Nichts ist daran.«

»Natürlich, Sie leugnen. Das ist Ihre Pflicht.«

»Die betreffende Dame, deren Herz jetzt bekanntermaßen in der Burg gefesselt ist – auf wie lang? Denn dieses Herz verschenkt sich häufig. Die Dame würde auch den diskretesten Menschen nicht zu Grabesverschwiegenheit verpflichten – also können Sie mir doppelt glauben. Und übrigens: Hätte ich Wien verlassen wollen, wenn jenes Gerücht begründet wäre?«

»Eifersucht kennt keine Vernunftschlüsse: Hätte ich Sie hierherbestellt, wenn ich gekommen wäre, um meinen Vetter Althaus zu treffen?«

»Es wird mir schwer, Martha, so ruhig neben Ihnen herzureiten ... Ich wollte Ihnen zu Füßen fallen, wollte wenigstens Ihre geliebte Hand an meine Lippen führen …«

»Lieber Friedrich«, sagte ich zärtlich, »solche Ergüsse sind nicht nötig – auch mit Worten kann man huldigen wie mit einem Kniefall und liebkosen wie …«

»… mit einem Kuss«, ergänzte er.

Nach diesem letzten Worte, das uns beide elektrisch durchzuckte, schauten wir uns eine Zeitlang in die Augen und erfuhren, dass man auch mit Blicken küssen kann ...

Er sprach zuerst:

»Seit wann?«

Ich verstand die unvollendete Frage ganz gut.

»Seit jenem Diner bei meinem Vater«, antwortete ich. »Und Sie?«

»Sie? Dieses Sie ist eine Dissonanz, Martha. Soll ich diese Frage beantworten, so werde sie anders formuliert.«

»Und du?«

»Ich? Wohl auch seit demselben Abend. Aber so recht klar wurde es mir erst am Sterbebett meiner armen Mutter ... Wie sehnsüchtig meine Gedanken zu dir flüchteten!«

»Das habe ich auch so verstanden. Du hingegen hast die Sprache der roten Rose nicht verstanden, die zwischen den weißen Totenblumen eingeflochten war, sonst hättest du bei deiner Ankunft mich nicht so gemieden. Ich begreife noch jetzt den Grund dieses Fernhaltens nicht – und warum du abreisen wolltest.«

»Weil sich mein Gedanke nie bis zu der Hoffnung verstieg, dass ich dich erringen könnte. Erst als du mir bei dem Andenken meiner Mutter befahlst, zu dir zu kommen, und zu bleiben befahlst – da habe ich verstanden, dass du mir gewogen bist, dass ich dir mein Leben weihen dürfte.«

»Also, wenn ich mich nicht selber dir ›an den Hals geworfen‹ hätte – du hättest dich nicht um mich bemüht?«

»Du hast eine große Anzahl Bewerber – unter diesen Haufen würde ich mich nicht gemischt haben.«

»Ach, die zählen ja nicht. Die meisten haben es doch nur darauf abgesehen, die reiche Witwe ...«

»Siehst du – mit diesen Worten ist die Schranke bezeichnet, die mich von der Bewerbung abhielt: eine reiche Witwe und ich – ganz ohne Vermögen. Lieber an unglücklicher Liebe zu Grunde gehen als von der Welt und namentlich von der Frau, die ich anbete, dessen verdächtigt zu werden, wessen du deinen Bewerbertross soeben beschuldigt hast.«

»O du Stolzer, Edler, Teurer! Ich wäre nicht imstande, dir einen niedrigen Gedanken zuzumuten.«

»Woher dieses Vertrauen? Eigentlich kennst du mich ja so wenig.«

Und jetzt forschten wir einander noch weiter aus. Auf die Frage »seit wann« folgten nun die Erörterungen »warum?«. Was mich zuerst angezogen hatte, war die Art gewesen, wie er vom Kriege gesprochen hatte. Was ich im Stillen gedacht und gefühlt hatte – glaubend, es könne kein Soldat ein Gleiches denken und am allerwenigsten äußern –, das hatte er mit größerer Klarheit gedacht als ich, stärker gefühlt – und ganz freimütig ausgesprochen. So sah ich, wie sein Herz die Interessen seines Standes und sein Geist die Ansichten seiner Zeit überragten. Das war's, was sozusagen die Grundlage meiner ihm geweihten Liebe bildete – daneben gab es für das »warum« noch unzählige »weil«. Weil er eine so hübsche, vornehme Erscheinung besaß; weil in seiner Stimme ein so sanfter und fester Ton vibrierte; weil er ein so liebender Sohn gewesen war; weil …

»Und du? Warum liebst du mich?«, unterbrach ich meinen Rechenschaftsbericht.

»Aus tausend Gründen und aus einem.«

»Lass hören. Zuerst die tausend.«

»Das große Herz – der kleine Fuß – die schönen Augen – der glänzende Geist – das sanfte Lächeln – der scharfe Witz – die weiße Hand – die frauenhafte Würde – der wunderbare …«

»Halt ein! Das sollte so bis tausend fortgehen? Da sag mir lieber den einen Grund.«

»Das ist auch einfacher, denn der eine in seiner Kraft und Unwiderstehlichkeit umfasst die anderen alle. Ich liebe dich, Martha, weil ich dich liebe. Darum.«

13

Vom Prater aus fuhr ich geradewegs zu meinem Vater. Die Mitteilung, die ich ihm zu machen hatte, würde zu unangenehmen Erörterungen Anlass geben, das sah ich voraus. Doch ich wollte diese unausbleibliche Unannehmlichkeit so bald wie möglich überstanden haben und ihr lieber noch unter dem ersten Eindruck meines eben erworbenen Glückes die Stirne bieten.

Mein Vater saß noch bei seinem Frühstück über den Morgenblättern, als ich in sein Arbeitszimmer eindrang. Tante Marie war gleichfalls anwesend und gleichfalls mit Zeitunglesen beschäftigt.

Bei meinem etwas ungestümen Eintritt blickte mein Vater überrascht von seiner *Presse* auf, und Tante Marie legte ihr *Fremdenblatt* aus der Hand.

»Martha? So früh? Und im Reitkleid – was bedeutet das?«

Ich umarmte die beiden und sagte dann, mich in einen Lehnsessel werfend:

»Das bedeutet, dass ich von einem Ritt im Prater komme, wo etwas vorgefallen ist, das ich euch ohne Aufschub mitteilen wollte. Ich nahm mir daher nicht einmal die Zeit, nach Hause zu fahren und mich umzukleiden. – Ich habe mich verlobt.«

Tante Marie schlug die Hände über dem Kopf zusammen und mein Vater runzelte die Stirn:

»Ich will doch nicht hoffen …«, begann er.

Aber ich ließ ihn nicht ausreden:

»Verlobt mit einem Manne, den ich von Herzen liebe und hochachte, von dem ich glaube, dass er mich vollständig glücklich machen kann – mit Baron Friedrich von Tilling.«

Mein Vater sprang auf.

»Da haben wir's! Nach allem, was ich dir gestern gesagt …«

Tante Marie schüttelte den Kopf.

»Ich hätte lieber einen anderen Namen gehört«, sagte sie. »Erstens ist Baron Tilling keine Partie, er soll gar nichts haben; zweitens scheinen mir seine Grundsätze und Ansichten ...«

»Seine Grundsätze und Ansichten stimmen mit den meinen überein, und eine sogenannte ›Partie‹ zu suchen, darauf bin ich nicht angewiesen ... Vater, schau nicht so bitter drein – verdirb mir das hohe Glück nicht, welches ich zu dieser Stunde empfinde, mein guter, geliebter alter Papa!«

»Aber Kind«, antwortete er in etwas besänftigtem Tone, denn ein wenig Zärtlichkeit pflegte ihn gleich zu entwaffnen. »Es ist ja eben dein Glück, was ich im Auge habe. Ich könnte mit keinem Soldaten glücklich werden, der nicht mit Leib und Seele Soldat ist.«

»Du brauchst ja Tilling nicht zu heiraten«, bemerkte Tante Marie ganz zutreffend. »Das Soldatentum ist das Geringste«, fügte sie hinzu. »Aber ich könnte mit einem Manne nicht glücklich werden, der von dem Gott der Bibel in so wenig ehrerbietigem Tone redet wie neulich.«

»Erlaube mir, dich aufmerksam zu machen, liebste Tante, dass auch du Friedrich Tilling nicht zu heiraten brauchst.«

»Des Menschen Wille ist sein Himmelreich«, sagte mein Vater mit einem Seufzer, indem er sich wieder niedersetzte. »Natürlich wird Tilling den Dienst quittieren?«

»Darüber haben wir noch nicht gesprochen. Lieber wäre es mir freilich – aber ich fürchte, er wird es nicht tun.«

»Wenn ich denke, dass du einem Fürsten einen Korb gegeben hast«, seufzte Tante Marie, »und jetzt, statt dich zu erheben, wirst du auf der gesellschaftlichen Leiter hinabsteigen!«

»Wie unfreundlich ihr beide seid – und ihr behauptet doch, mich lieb zu haben. Da komme ich zu euch – das erste Mal seit des armen Arno Tode – mit der Nachricht, dass ich mich vollkommen glücklich fühle, und anstatt euch dessen zu freuen, sucht ihr allerlei Gründe hervor, um es mir zu vermiesen – und was für welche: Militarismus, Jehova, soziale Leiter!«

Nach einem halben Stündchen war es mir doch gelungen, die alten Leute einigermaßen umzustimmen. Ich hatte mir – nach der tags zuvor gehaltenen Rede zu schließen – den Widerstand meines Vaters viel heftiger gedacht. Vermutlich würde er auch, falls meinerseits bloße Absicht und Neigung vorgelegen hätte, energisch versucht haben, Absicht und Neigung zu ersticken; aber dem *fait accompli* gegenüber sah er wohl ein, dass Widerstand nichts mehr nützen konnte. Oder war es doch der Einfluss des überströmenden Glücksgefühls, welches in meinen Augen leuchten und in meiner Stimme leben mochte, das seinen Verdruss verscheuchte und woran er unwillkürlich freudigen Anteil nehmen musste? Kurz, als ich zum Gehen aufstand und ihm Adieu sagte, drückte er einen herzhaften Kuss auf meine Wange und versprach, noch am selben Abend zu mir zu kommen, um daselbst seinen künftigen Schwiegersohn als solchen zu begrüßen.

Wie noch weiter jener Tag und der darauffolgende Abend verlief – schade, dass die roten Hefte es nicht verzeichnet haben. Die

Einzelheiten sind nach so langer Zeit meinem Gedächtnis entschwunden – ich weiß nur noch, dass es herrliche Stunden waren.

Zum Tee hatte ich den ganzen Familienkreis um mich versammelt und ich stellte den Meinen Friedrich von Tilling als meinen Verlobten vor.

Rosa und Lilli waren entzückt; Konrad Althaus rief:

»Bravo, Martha! Und du, Lilli, nimm dir ein Beispiel daran!«

Mein Vater hatte seine frühere Antipathie entweder überwunden oder es gelang ihm, dieselbe mir zuliebe zu verbergen; und Tante Marie war weich und gerührt.

»Die Ehen werden im Himmel geschlossen«, sagte sie, »und jedem geschieht nach seiner Bestimmung. Mit Gottes Segen werdet ihr glücklich werden, und den will ich unermüdlich auf euch herabflehen.«

Auch mein Sohn Rudolf wurde dem künftigen »neuen Papa« vorgestellt, und es war mir ein eigenes Wohl- und Weihegefühl, als der geliebte Mann mein geliebtes Kind in seine Arme hob, es innig küsste und sagte:

»Aus dir, kleiner Bursch', werden wir einen ganzen Mann machen.«

Im Laufe des Abends brachte mein Vater seine Idee betreffs des Quittierens zur Sprache:

»Sie werden jetzt vermutlich Ihre Karriere aufgeben, Tilling? Da Sie ohnehin kein Freund des Krieges sind …«

Friedrich warf mit überraschter Miene den Kopf zurück:

»Meine Karriere aufgeben? Ich habe ja keine andere ... Und man braucht doch kein Freund vom Kriege zu sein, um den Militärdienst zu leisten, ebenso wenig wie man …«

»Jaja«, unterbrach mein Vater. »Das sagten Sie schon neulich: ebenso wenig wie ein Feuerwehrmann ein Liebhaber von Feuersbrünsten zu sein braucht.«

»Ich könnte noch mehr Beispiele anführen: ebenso wenig wie ein Arzt den Krebs und den Typhus lieben oder ein Richter ein besonderer Verehrer von Einbruchsdiebstählen sein muss. Aber meine Laufbahn aufgeben? Was hätte ich für eine Veranlassung dazu?«

»Veranlassung wäre«, sagte Tante Marie, »Ihrer Frau das Garnisonsleben zu ersparen – und die Angst zu ersparen, falls ein Krieg ausbricht ... Obgleich diese Angst ein Unsinn ist; denn wenn es einem bestimmt ist, alt zu werden, so lebt man lange trotz aller Gefahren.«

»Die genannten Gründe wären freilich gewichtig. Meiner künftigen Gefährtin die Unannehmlichkeit des Lebens so viel wie möglich fernzuhalten wird ja mein eifrigstes Bestreben sein; aber die Unannehmlichkeit, einen Mann zu haben, der berufs- und beschäftigungslos wäre, müsste doch noch größer sein als diejenige des Garnisonslebens. Und die Gefahr, dass mein Rücktritt von irgendjemand als Faulheit oder Feigheit ausgelegt werden könnte, wäre doch noch schlimmer als die Gefahren eines Feldzuges. Mir ist der Gedanke wirklich keinen Augenblick gekommen ... Hoffentlich auch Ihnen nicht, Martha?«

»Und wenn ich es als Bedingung stellte?«

»Das werden Sie nicht. Denn sonst müsste ich auf das höchste Glück verzichten. Sie sind reich – ich besitze nichts als meine militärische Charge, als die Aussicht auf künftige höhere Rangstufen – und diesen Besitz gebe ich nicht her. Es wäre gegen alle Würde, gegen meine Begriffe von Ehre ...«

»Brav, mein Sohn. Jetzt bin ich ausgesöhnt. Es wäre Sünd' und Schand' um Ihre Laufbahn. Sie haben gar nicht mehr weit zum Obersten und bringen es sicher zum General – können schließlich Festungskommandant, Gouverneur oder Kriegsminister werden. Das gibt auch der Frau eine angenehme Stellung.«

Ich schwieg still. Um die Aussicht, Frau Kommandantin zu werden, war es mir gar nicht zu tun. Am liebsten wäre es mir gewesen, mit dem Manne meiner Wahl das Leben in ländlicher Zurückgezogenheit zu verbringen; dennoch waren mir seine eben geäußerten Entschlüsse lieb. Denn sie bewahrten ihn von dem Makel des Verdachtes, welchen mein Vater gegen ihn gehegt hatte und der ihn sicherlich auch in den Augen der Welt getroffen hätte.

»Ja, ganz ausgesöhnt«, fuhr mein Vater fort. »Denn aufrichtig: Ich glaubte, es sei Ihnen hauptsächlich darum zu tun ... Nun, Sie brauchen nicht so wütend zu schauen … Ich meine: *nebenbei* darum zu tun, sich ins Privatleben zurückzuziehen, und da hätten Sie sehr Unrecht getan. Auch meiner Martha gegenüber – die ist nun schon einmal ein Soldatenkind, eine Soldatenwitwe – und ich glaube kaum, dass sie einen in Zivilkleidern auf die Dauer liebhaben könnte.«

Jetzt musste Tilling lächeln. Er warf mir einen Blick zu, welcher deutlich sagte: Ich kenne dich besser, und antwortete laut:

»Das glaube ich auch: Sie hat sich eigentlich nur in meine Uniform verliebt.«

14

Im September desselben Jahres fand unsere Trauung statt.

Mein Bräutigam hatte sich für die Hochzeitsreise einen zweimonatlichen Urlaub erwirkt. Unsere erste Etappe war Berlin.

Ich hatte den Wunsch geäußert, einen Kranz auf das Grab von Friedrichs Mutter niederzulegen und unsere Reise mit diesem Pilgerzug zu eröffnen.

In der preußischen Hauptstadt hielten wir uns acht Tage auf. Friedrich machte mich mit seinen dort lebenden Verwandten bekannt, und alle erschienen mir als die liebenswürdigsten Leute von der Welt. Freilich – wenn man eben die rosafarbenen Brillen trägt, durch die man während der Honigwochen die Außenwelt zu betrachten pflegt, da findet man alles lieb und schön. Zudem wird neuvermählten Paaren allseitig mit heiterer und freundlicher Zuvorkommenheit begegnet: Alles hält sich für verpflichtet, auf ihre ohnedies so blühenden Pfade immer neue Rosen zu streuen.

Was mir an den Norddeutschen besonders gefiel, war die Sprache. Nicht nur weil sie den Akzent meines Mannes aufwies – eine seiner Eigentümlichkeiten, in welche ich mich zuerst verliebt hatte –, sondern weil sie mir, im Vergleich zu der in Österreich üblichen Redeweise, ein höheres Bildungsniveau zu bekunden schien; oder vielmehr nicht nur schien, sondern in der Tat bekundete. Grammatikalische Verstöße, wie sie die Umgangssprache der besseren Wiener Kreise verunstalten, kommen in der guten Berliner Gesellschaft nicht vor. Die preußische Verwechslung des Dativs und Akkusativs: »Gib mich einen Federhut« bleibt auf die unteren

Klassen beschränkt, während die in Wien üblichen Kasus-Fehler: »Ohne dir« – »Mit die Kinder« häufig genug in den ersten Salons gehört werden. »Gemütlich« mögen wir immerhin unsere Sprache nennen und sie von den Ausländern auch so befunden sein lassen – eine Inferiorität stellt sie jedenfalls dar. Wenn man Menschenwert nach der Bildungsstufe misst – und welchen richtigeren Maßstab gäbe es wohl als diesen? –, so ist der Norddeutsche um ein Stückchen mehr Mensch als der Süddeutsche – ein Ausspruch, der im Munde eines Preußen sehr »arrogant« klänge und aus der Feder einer Österreicherin sehr »unpatriotisch« erscheinen mag; aber wie selten gibt es eine ausgesprochene Wahrheit, die nicht irgendwo irgendwen verletzte ...

Unser erster Besuch in Berlin – nachdem wir auf dem Friedhof gewesen waren – galt der Schwester der Verstorbenen. Aus der Liebenswürdigkeit und geistigen Bedeutung dieser Frau konnte ich schließen, wie liebenswürdig und bedeutend Friedrichs Mutter gewesen sein musste, wenn sie Frau Kornelie von Tessow glich. Diese war die Witwe eines preußischen Generals und besaß einen einzigen Sohn, welcher damals gerade Leutnant geworden war.

Einem schöneren Jüngling wie diesem Gottfried von Tessow bin ich in meinem ganzen Leben nicht begegnet. Rührend anzusehen war es, wie Mutter und Sohn aneinanderhingen; auch darin schien Frau Kornelie Ähnlichkeit mit ihrer verstorbenen Schwester gehabt zu haben. Wenn ich den Stolz sah, den sie augenscheinlich in Gottfried setzte, und die Zärtlichkeit, womit er seine Mutter behandelte, so freute ich mich schon in Gedanken auf die Zeit, wo mein Sohn Rudolf erwachsen sein würde. Nur eines konnte ich nicht begreifen, und ich äußerte dies auch zu meinem Manne:

»Wie kann eine Mutter ihr einziges Kind, ihr Kleinod, einen so gefährlichen Beruf ergreifen lassen wie den militärischen?«

»Es gibt einfach Gedanken, liebes Herz«, antwortete mir Friedrich, »die niemand denkt, naheliegende Erwägungen, die niemand anstellt. Ein solcher Gedanke ist die Gefährlichkeit des Soldatenberufes. Den lässt man nicht aufkommen. Es liegt, so meint man, eine Art Unanständigkeit und Feigheit darin, diese Erwägung anzustellen. Es wird als so selbstverständlich und unvermeidlich angenommen, dass diese Gefahr bestanden werden müsse und eigentlich fast immer glücklich bestanden werde (die Prozente der Gefallenen verteilen sich auf die *anderen*), dass man an die Todeschance gar nicht denkt. Sie ist zwar da – aber das ist sie ja für jeden Geborenen, und keiner denkt an den Tod. In dem Verjagen lästiger Begriffe vermag der Geist Großes zu leisten. Und schließlich: Was kann ein preußischer Edelmann wohl für eine angenehmere und angesehenere Stellung haben als die eines preußischen Kavallerieoffiziers?«

Tante Kornelia schien auch an mir Gefallen zu finden.

»Ach«, seufzte sie einmal, »dass meine arme Schwester die Freude nicht erleben sollte, solch eine Schwiegertochter zu besitzen und ihren Friedrich so glücklich zu sehen, wie er es jetzt an deiner Seite ist. Es war immer ihr sehnlichster Wunsch, ihn verheiratet zu sehen. Aber er stellte so hohe Anforderungen an die Ehe.«

»Es scheint nicht, Tantchen, da er mit mir vorliebgenommen hat ...«

»*Fishing for compliments* nennen das die Engländer. Ich wollte, mein Gottfried könnte auch einst einen solchen Treffer machen. Ich bin jetzt schon ungeduldig, Großmutterfreuden zu erleben. Doch da werde ich wohl noch lange warten können: Mein Sohn ist erst einundzwanzig Jahre alt.«

»Er mag viele Mädchenköpfe verdrehen«, sagte ich, »viele Herzen brechen …«

»Das sieht ihm nicht ähnlich – einen braveren, rechtschaffeneren Jungen gibt's nicht. Er wird einmal eine Frau sehr glücklich machen.«

»So wie Friedrich die seine …«

»Noch kannst du das nicht wissen, liebes Herz; darüber müssen wir nach zehn Jahren wieder reden. In den ersten Wochen sind fast alle Ehen glücklich. Damit will ich jedoch keinen Zweifel an meinem Neffen noch an dir ausgedrückt haben – ich glaube, dass euer Glück ein dauerhaftes sein wird.«

Von Berlin aus begaben wir uns nach den deutschen Bädern. Von meiner kurzen Reise nach Italien mit Arno – von der ich übrigens nur eine ganz traumhafte Erinnerung hatte – abgesehen war ich von Hause nie weggekommen. Dieses Kennenlernen neuer Orte, neuer Menschen und neuen Lebens versetzte mich in gehobenste Stimmung. Die Welt schien mir plötzlich so schön und noch einmal so interessant geworden. Wäre mein kleiner Rudolf nicht gewesen, den ich zurückgelassen hatte, ich würde Friedrich vorgeschlagen haben: Lass uns jahrelang so herumreisen wie jetzt. Besuchen wir ganz Europa und hernach die übrigen Weltteile; genießen wir diese Wanderexistenz, dieses ungebundene Umherstreifen; sammeln wir die Reichtümer neuer Eindrücke und Erfahrungen! Überall, wohin wir kommen – und seien uns Land und Leute noch so fremd –, bringen wir ja durch unser Beisammensein ein genügendes Stück Heimstätte mit. Was hätte mir Friedrich auf solchen Vorschlag geantwortet? Wahrscheinlich dass man es sich nicht zum Beruf machen kann, bis an sein Lebensende »hochzeitzureisen«, dass sein Urlaub nur zwei Monate dauert und dergleichen vernünftige Sachen mehr.

Wir besuchten Baden-Baden, Homburg und Wiesbaden. Überall dasselbe fröhliche, elegante Treiben – überall so viele interessante Menschen aus aller Herren Länder. Im Umgang mit diesen Fremden wurde ich erst gewahr, dass Friedrich die französische und englische Sprache vollkommen beherrschte; dies ließ ihn in meiner Bewunderung noch um einen Grad steigen. Immer wieder entdeckte ich neue Eigenschaften an ihm: Sanftmut, Heiterkeit, lebhafteste Empfänglichkeit für alles Schöne. Eine Rheinfahrt versetzte ihn in Entzücken, und im Theater oder Konzertsaal, wenn die Künstler Hervorragendes leisteten, leuchtete ihm der Genuss aus den Augen. Dadurch erschien mir der Rhein mit seinen Burgen doppelt romantisch, darum bewunderte ich die Vorträge berühmter Virtuosen doppelt.

Diese zwei Monate vergingen leider viel zu schnell. Friedrich ersuchte um Verlängerung seines Urlaubs, wurde aber abschlägig beschieden. Das war mir seit unserer Verheiratung der erste Moment des Ärgers, als dieses offizielle Papier anlangte, welches im trockenen Stile unsere Heimkehr befahl.

»Und das nennen die Menschen Freiheit!«, rief ich, das beleidigende Dokument auf den Tisch schleudernd.

Tilling lächelte.

»Oh, ich bilde mir nicht im Mindesten ein, frei zu sein, meine Herrin«, erwiderte er.

»Wenn ich deine Herrin wäre, könnte ich dir befehlen, dem Militärdienst Adieu zu sagen und nur noch in meinem Dienste zu leben.«

»Über diese Frage waren wir ja einig geworden.«

»Freilich: Ich habe mich fügen müssen, doch das beweist, dass du nicht mein Sklave bist – und das ist mir im Grund recht, mein lieber, stolzer Mann!«

15

Von unserer Reise zurückgekehrt, rückten wir in einer kleinen mährischen Stadt – der Festung Olmütz – ein, wo Friedrichs Regiment in Garnison lag. Von geselligem Verkehr war in dem Nest keine Rede, und so lebten wir beide in völliger Zurückgezogenheit. Außer den Stunden, die wir dem Dienst widmeten – er als Oberstleutnant bei seinen Dragonern, ich als Mutter bei meinem Rudolf –, widmeten wir uns gegenseitig nur einander. Mit den Damen des Regiments waren die nötigen Zeremonienbesuche und Gegenbesuche ausgetauscht worden, aber auf näheren Umgang ließ ich mich nicht ein; es gelüstete mich nicht im Geringsten danach, bei Nachmittagskaffeegesellschaften Dienstbotengeschichten und Stadtklatsch zu hören, und ebenso fern hielt sich Friedrich den Spielpartien der Obersten und Trinkgelagen der Offiziere. Da hatten wir Besseres zu tun. Die Welt, in der wir uns bewegten, wenn wir des Abends beim brodelnden Teekessel saßen, die war von der Welt der Olmützer Geselligkeitskreise sternenweit entfernt. »Sternenweit« mitunter im buchstäblichen Sinne – denn einige unserer liebsten geistigen Ausflüge waren zum Firmament gerichtet. Wir lasen nämlich miteinander wissenschaftliche Werke und unterrichteten uns über die Wunder des Weltalls. Da durchstreiften wir die Tiefen des Erdballs und die Höhen der Himmelsräume; da drangen wir in die Geheimnisse der mikroskopisch unendlichen Kleinheiten und der teleskopisch unendlichen Fernen, und je größer die Welt vor unseren Blicken sich entfaltete, in desto winzigere Dimensionen schrumpfte der Olmützer Interessentenkreis ein.

Unsere Lektüre beschränkte sich nicht auf Naturkunde allein, sondern umfasste noch viele andere Zweige der Forschung und des Gedankens. So nahm ich unter anderem zum dritten Male meinen geliebten Buckle vor, um Friedrich mit diesem Autor bekannt zu machen, den er dann ebenso sehr bewunderte wie ich; dabei vernachlässigten wir auch die Dichter und Romanschriftsteller nicht, und so gestalteten sich unsere gemeinschaftlichen Leseabende zu wahren Festen des Geistes – während unsere übrige Existenz eigentlich ein ununterbrochenes Fest des Herzens war. Täglich gewannen wir uns lieber; was die Leidenschaft an Feuer einbüßte, das gewann die Zuneigung an Innigkeit, die Achtung an Festigkeit. Das Verhältnis zwischen Friedrich und Rudolf war der Gegenstand meines Entzückens. Die beiden waren die besten Kameraden der Welt, und sie miteinander spielen zu sehen war köstlich. Friedrich war dabei von den zweien beinahe der Kindischere. Natürlich mischte ich mich sofort auch in die Partie, und was da für Dummheiten getrieben und geredet wurden, das mögen uns die Weisen und Gelehrten verzeihen, deren Werke wir lasen – wenn Rudolf zu Bett gebracht war. Zwar behauptete Friedrich, dass er von Hause aus kein besonderer Kinderfreund sei; aber einmal war der Kleine seiner Martha Sohn, und zweitens war er wirklich lieb und herzig und schmiegte sich seinem Stiefvater gar so zärtlich an.

Wir machten häufig Pläne für die Zukunft des Knaben. Soldat? Nein. Dazu würde er nicht taugen, denn in unserem Erziehungsplan würde der Drill zur Kriegsruhmliebe keinen Platz finden. Diplomat! Vielleicht. Am wahrscheinlichsten aber Landwirt. Als künftiger Erbe des Dotzky'schen Majorats, welches ihm von dem nunmehr sechsundsechzigjährigen Onkel Arnos einst zufallen musste, würde es ihm Beruf genug sein, seine Besitzungen rationell zu verwalten. Dann sollte er seine kleine Braut Beatrice heimführen und ein glücklicher Mensch werden.

Wir waren selber so glücklich, dass wir gern für die ganze Mitwelt, und für die künftigen Geschlechter obendrein, Schätze von Lebensfreude hätten gesichert sehen wollen ... Dennoch verschloss sich unsere Einsicht dem Elend nicht, unter welchem der größte Teil der Menschheit seufzt und wohl noch durch manche Generation wird seufzen müssen: Armut, Unwissenheit, Unfreiheit – so vielen Gefahren und Übeln ausgesetzt, unter diesen Übeln das fürchterlichste: der Krieg. »Ach, wenn man beitragen könnte, es abzuwälzen!« Dieser seufzende Wunsch entrang sich unseren Herzen, aber die Betrachtung der herrschenden Zustände und Ansichten stellte solchen Wünschen ein entmutigendes »Unmöglich« entgegen. Leider – der schöne Traum, dass es allen »wohlergehe und alle lange leben mögen auf Erden«, lässt sich nicht erfüllen; wenigstens nicht in der Gegenwart. Aber die pessimistische Lehre, dass das Leben ein Übel sei, dass es für alle besser wäre, sie wären nie geboren – die war uns doch durch unser eigenes Dasein gründlich widerlegt.

Zu Weihnachten unternahmen wir einen Abstecher nach Wien, um die Festtage im Kreise meiner Familie zuzubringen. Mein Vater war nunmehr mit Friedrich völlig ausgesöhnt. Die Tatsache, dass dieser den Militärdienst nicht verlassen hatte, hatte die anfänglichen Zweifel und Verdächtigungen verscheucht. Dass ich eine »schlechte Partie« gemacht hatte, das blieb freilich sowohl meines Vaters als auch Tante Mariens Überzeugung; andererseits mussten sie aber auch die Tatsache anerkennen, dass mich mein Mann sehr glücklich machte, und das hielten sie ihm doch zugute.

Der Heilige Abend fiel sehr heiter aus. Es ward ein großer Christbaum angezündet, und von einem zum anderen wurden allerlei Geschenke getauscht. Der König des Festes und der Meistbeschenkte war natürlich mein Sohn Rudolf; aber auch alle Übrigen wurden bedacht. So erhielt Friedrich von mir einen Gegenstand, bei dessen Anblick er einen Freudenschrei nicht unterdrücken konnte. Es war ein silberner Briefbeschwerer in Gestalt eines Storches. Derselbe hielt einen Zettel im Schnabel, auf welchem in meiner Schrift die Worte standen: *Im Sommer 1864 bringe ich etwas.*

Friedrich umarmte mich stürmisch. Wären die anderen nicht dabei gewesen, er hätte sicherlich einen Rundtanz mit mir aufgeführt.

16

Am ersten Feiertag versammelte sich die ganze Familie wieder bei meinem Vater zum Diner. Von Fremden waren nur Exzellenz »Allerdings« und Doktor Bresser anwesend. Als wir da in dem altbekannten Speisezimmer bei Tische saßen, musste ich lebhaft jenes Abends gedenken, da uns beiden unsere Liebe zuerst ins Bewusstsein getreten war. Doktor Bresser hatte denselben Gedanken:

»Erinnern Sie sich noch der Piquetpartie, die ich mit Ihrem Herrn Vater spielte, während Sie am Kamin mit Baron Tilling plauderten?«, fragte er mich. »Ich sah aus, nicht wahr, als wäre ich ganz in mein Spiel vertieft, aber dennoch hatte ich mein Ohr in Ihrer Richtung gespitzt und hörte aus dem Klang der Stimmen – die Worte konnte ich nicht vernehmen – ein gewisses Etwas heraus, welches in mir die Überzeugung weckte: Die zwei werden ein Paar. Und wenn ich Sie jetzt miteinander beobachte, so steigt mir eine neue Überzeugung auf, nämlich: Die zwei sind und bleiben ein glückliches Paar.«

»Ich bewundere Ihren Scharfsinn, Doktor. Ja, wir sind glücklich. Ob wir es bleiben? Das hängt leider nicht von uns ab, sondern vom Schicksal ... Über jedem Glück schwebt eine Gefahr, und je inniger das erste, desto grausiger die letzte.«

»Was können Sie fürchten?«

»Den Tod.«

»Ach so. Der war mir gar nicht eingefallen. Ich habe zwar als Arzt öfters Gelegenheit, dem Gesellen zu begegnen – aber ich denke nicht daran. Der liegt ja bei gesunden und jungen Leuten wie dem in Rede stehenden glücklichen Paar in so entrückter Ferne.«

»Was nützt dem Soldaten Jugend und Gesundheit?«

»Verscheuchen Sie solche Ideen, liebste Baronin. Es ist ja kein Krieg in Sicht. Nicht wahr, Exzellenz«, wandte er sich an den Minister, »gegenwärtig ist am politischen Himmel der schwarze Punkt nicht zu sehen?«

»Punkt ist viel zu wenig gesagt«, antwortete der Befragte. »Es ist vielmehr eine schwarze, schwere Wolke.«

Ich erbebte bis ins Innerste:

»Was? Wie? Was meinen Sie?«, rief ich lebhaft.

»Dänemark treibt es gar zu bunt ...«

»Ach so, Dänemark«, sagte ich erleichtert. »Die Wolke droht also nicht uns? Es ist mir zwar unter allen Umständen betrübend, wenn ich höre, dass man sich irgendwo schlagen will – aber wenn es die Dänen sind und nicht die Österreicher, dann flößt mir das wohl Beileid, aber keine Furcht ein.«

»Du brauchst dich auch nicht zu fürchten«, fiel mein Vater lebhaft ein, »falls Österreich sich beteiligt. Wenn wir die Rechte Schleswig-Holsteins gegen die Vergewaltigung Dänemarks verteidigen, so riskieren wir ja nichts dabei. Es handelt sich da um kein österreichisches Territorium, dessen Verlust ein unglücklicher Feldzug herbeiführen könnte.«

»Glaubst du denn, Vater, dass – wenn unsere Truppen aufmarschieren müssten – ich an solche Dinge wie österreichisches Territorium, schleswig-holsteinische Rechte und dänische Vergewaltigung dächte? Ich sähe bloß eins: die Lebensgefahr unserer

Lieben. Und die bleibt gleich groß, ob nun aus diesem oder jenem Grund Krieg geführt wird.«

»Die Schicksale der Einzelnen kommen nicht in Betracht, mein liebes Kind, wo es sich um weltgeschichtliche Ereignisse handelt. Bricht ein Krieg aus, so verstummen die Fragen, ob der oder der dabei fällt oder nicht, vor der einen gewaltigen Frage, was das eigene Land dabei gewinnen oder verlieren wird. Und wie gesagt: Wenn wir uns mit den Dänen raufen, so ist nichts zu verlieren dabei, wohl aber unsere Machtstellung im Deutschen Bund zu erweitern. Ich träume immer, dass die Habsburger noch einmal die ihnen gebührende deutsche Kaiserwürde zurückerlangen. Es wäre auch ganz in der Ordnung. Wir sind der bedeutendste Staat im Bunde! Die Hegemonie ist uns gesichert – aber das genügt nicht. Ich würde den Krieg mit Dänemark als eine sehr günstige Gelegenheit begrüßen, nicht nur die Scharte von '59 auszuwetzen, sondern auch unsere Stellung im Deutschen Bunde so zu gestalten, dass wir für den Verlust der Lombardei reichen Ersatz finden und – wer weiß – so an Macht gewinnen, dass uns die Rückeroberung dieser Provinz ein Leichtes wäre.«

Ich blickte zu Friedrich hinüber. Er hatte sich an dem Gespräche nicht beteiligt, sondern war in eine eifrige lachende Unterhaltung mit Lilli verwickelt. Ein stechender Schmerz schnitt mir durch die Seele; ein Schmerz, der in einem Bündel zwanzig verschiedene Vorstellungen vereinte: Krieg ... und er, mein Alles, musste mit ... verkrüppelt, erschossen ... Das Kind unter meinem Herzen, dessen angekündigtes Kommen er gestern mit solchem Jubel begrüßt hatte – es sollte vaterlos zur Erde kommen? ... Zerstört, zerstört – unser kaum erblühtes, noch so reiche Frucht verheißendes Glück! ... Diese

Gefahr in der einen Waagschale, und in der anderen? Österreichisches Ansehen im Deutschen Bund, schleswig-holsteinische Befreiung – »frische Lorbeerblätter im Ruhmeskranze des Heeres« –, das heißt, ein paar Phrasen für Schulvorträge und Armeeproklamationen ... und sogar das nur zweifelhaft, denn ebenso möglich wie der Sieg ist ja die Niederlage ... Und nicht nur einem vereinzelten Leid, dem meinen, wird das vermeintliche vaterländische Wohl entgegengestellt, sondern tausend und abertausend Einzelne im eigenen und im Feindeslande müssten denselben Schmerz einsetzen, der mich jetzt durchbebte ... Ach, war denn dem nicht vorzubeugen – war's nicht abzuwehren? Wenn sich alle vereinten – alle Vernünftigen, Guten, Gerechten –, um das drohende Übel zu verhüten ...

»Sagen Sie mir doch«, wandte ich mich laut an den Minister, »stehen die Dinge wirklich schon so schlimm? Habt ihr, Minister und Diplomaten, habt ihr denn solche Konflikte nicht zu vermeiden gewusst, werdet ihr deren Ausbruch nicht zu verhindern wissen?«

»Glauben Sie denn, Baronin, dass es unseres Amtes ist, den ewigen Frieden zu erhalten? Das wäre allerdings eine schöne Mission – aber unausführbar. Wir sind nur da, über die Interessen unserer Staaten und Dynastien zu wachen, jeder drohenden Verringerung ihrer Machtstellung entgegenzuarbeiten und sollten danach trachten, jede mögliche Suprematie zu erringen, eifersüchtig die Ehre des Landes hüten, uns angetanen Schimpf rächen ...«

»Kurz«, unterbrach ich, »nach dem kriegerischen Grundsatze handeln: dem Feind – das ist jeder andere Staat – tunlichst zu schaden und, wenn ein Streit entsteht, so lange hartnäckig behaupten, dass man im Recht ist, auch wenn man sein Unrecht einsieht, nicht wahr?«

»Allerdings.«

»Bis beiden Streitenden die Geduld reißt und drauflosgehauen werden muss ... – Es ist abscheulich!«

»Das ist doch der einzige Ausweg. Wie anders soll denn ein Völkerstreit geschlichtet werden?«

»Wie werden denn Prozesse zwischen einzelnen gesitteten Menschen geschlichtet?«

»Durch das Tribunal. Die Völker unterstehen aber keinem solchen.«

»Ebenso wenig wie die Wilden«, kam mir Doktor Bresser zu Hilfe. »Ergo sind die Völker in ihrem Verkehr noch ungesittet, und es dürfte wohl noch lange Zeit vergehen, bis sie dazu gelangen, ein internationales Schiedsgericht einzusetzen.«

»Dazu wird es nie kommen«, sagte mein Vater. »Es gibt Dinge, die nur ausgefochten und nicht ausprozessiert werden können. Selbst wenn man versuchen wollte, ein solches Schiedsgericht zu errichten – die starken Regierungen würden sich demselben ebenso wenig beugen, wie zwei Edelleute, von denen der eine beleidigt worden ist, ihre Differenz vors Gericht tragen. Die schicken einander einfach ihre Zeugen und schlagen sich rechtschaffen.«

»Das Duell ist aber auch ein barbarischer, unsittlicher Brauch.«

»Sie werden's nicht ändern, Doktor.«

»Ich werde es aber wenigstens nicht gutheißen, Exzellenz.«

»Was sagst denn du, Friedrich?«, wandte sich nun mein Vater an den Schwiegersohn. »Bist du etwa auch der Ansicht, dass man nach einer erhaltenen Ohrfeige vors Gericht gehen soll und um Schadensersatz klagen?«

»Ich würde es nicht tun.«

»Du würdest den Beleidiger zum Duell herausfordern?«

»Versteht sich.«

»Aha, Doktor – aha, Martha«, triumphierte mein Vater. »Hört ihr? Auch Tilling, der doch kein Freund des Krieges ist, gibt zu, ein Freund des Duells zu sein.«

»Ein Freund? Das habe ich nie behauptet. Ich sagte nur, dass ich gegebenenfalls selbstverständlich zum Duell greifen würde – wie ich es übrigens auch schon das eine und das andere Mal getan habe; genauso selbstverständlich, wie ich schon mehrere Male in den Krieg gezogen bin und bei dem nächsten Anlass wieder ziehen werde. Ich füge mich den Satzungen der Ehre. Damit will ich aber keineswegs gesagt haben, dass diese Satzungen, wie sie unter uns bestehen, meinem sittlichen Ideal entsprechen. Nach und nach, wenn dieses Ideal die Herrschaft gewinnt, wird der Begriff der Ehre auch eine Wandlung erfahren: Einmal wird eine erhaltene Beleidigung, wenn sie unverdient ist, nicht auf den Empfänger, sondern auf den rohen Geber als Schmach zurückfallen; zweitens wird das Selbsträcheramt auch in Sachen der Ehre ebenso außer Gebrauch kommen, wie in kultivierter Gesellschaft die Selbstjustiz in anderen Dingen tatsächlich schon verschwunden ist. Bis dahin …«

»Da können wir lange warten«, unterbrach mein Vater. »Solange es überhaupt Edelleute gibt …«

»Das muss auch nicht immer sein«, meinte der Doktor.

»Oho, Sie wollen gar den Adel abschaffen, Sie Radikaler?«, rief mein Vater.

»Den feudalen allerdings. ›Edelleute‹ braucht die Zukunft keine.«

»Desto mehr Edelmenschen«, bekräftigte Friedrich.

»Und diese neue Gattung wird Ohrfeigen einstecken?«

»Sie wird vor allem keine austeilen.«

»Und sich nicht verteidigen, wenn der Nachbarstaat einen kriegerischen Einfall macht?«

»Es wird keine einfallenden Nachbarstaaten geben – ebenso wenig wie jetzt unsere Landsitze von feindlichen Nachbarburgen umgeben sind. Und wie der heutige Schlossherr keinen Tross bewaffneter Knappen mehr braucht.«

»So soll der Zukunftsstaat auf ein bewaffnetes Heer verzichten können? Was wird denn dann aus euch Oberstleutnants?«

»Was ist aus den Knappen geworden?«

So hatte sich der alte Streit wieder einmal entsponnen und wurde noch eine Zeitlang fortgesetzt. Ich hing mit Entzücken an Friedrichs Lippen; es tat mir unsäglich wohl, die Sache erhöhter Gesittung von ihm so fest und sicher vertreten zu sehen, und im Geiste verlieh ich ihm selber den Titel, den er vorhin genannt hatte: »Edelmensch«!

DRITTES BUCH

1864

1

Wir blieben noch vierzehn Tage in Wien. Es war aber keine fröhliche Urlaubszeit für mich. Dieses fatale »Krieg in Sicht«, welches nunmehr alle Zeitungen und alle Gespräche ausfüllte, nahm mir jede Lebensfreudigkeit. Sooft mir etwas von den Dingen einfiel, aus welchen mein Glück zusammengesetzt war – vor allem der Besitz des mir täglich teurer werdenden Gatten –, so oft musste ich auch an die Unsicherheit denken, an die unmittelbare Gefahr, welche der in Aussicht stehende Krieg über mein Glück verhängte. Ich konnte desselben, wie man zu sagen pflegt, »nicht froh werden«. Der Zufälligkeiten von Krankheit und Tod, von Feuersbrunst und Überschwemmungen – kurz, der Natur- und Elementardrohungen – gibt es genug; aber man hat sich gewöhnt, nicht mehr daran zu denken, und lebt trotz dieser Gefahren in einem gewissen Stabilitätsbewusstsein. Doch wozu haben die Menschen sich auch noch willkürlich selbst verhängte Gefahren geschaffen und so den ohnehin vulkanischen Boden, auf den ihr Erdenglück gebaut ist, noch eigenmächtig und mutwillig in künstliches Schwanken versetzt! Zwar haben sich die Leute daran gewöhnt, auch den Krieg als Naturereignis zu betrachten und ihn als vertragsaufhebend in einer Linie mit Erdbeben und Wassersnot zu nennen – daher auch so wenig wie möglich daran zu denken. Aber ich konnte mich in dieser Auffassung nicht mehr finden. Jene Frage: »Muss es denn sein?«, von welcher einst Friedrich gesprochen hatte, die hatte ich mir oft mit »Nein« beantwortet; und statt Resignation empfand ich dann Schmerz und Groll – ich hätte ihnen allen zurufen wollen: »Tut es nicht! – Tut es nicht!«. Dieses Schleswig-Holstein und die dänische Verfassung – was ging denn das uns an? Ob der »Protokoll-Prinz« die Grundgesetze vom 13. November 1863 aufhob oder bestätigte – was bedeutete denn das für uns? Aber da waren alle Blätter und Gespräche nur immer voll von Erörterungen über diese Frage, als wäre das das Wichtigste, Entscheidendste, Weltumwälzendste, was sich denken lässt, so dass die Frage: »Sollen unsere Männer und Söhne totgeschlagen werden oder nicht?« daneben gar nicht aufkommen durfte. Ich könnte mich damit nur versöhnen, wenn mir der Begriff »Pflicht« so richtig vor die Seele trat. Wir gehörten zum Deutschen Bunde, und mit den verbündeten deutschen Brüdern im Verein mussten wir für die Rechte unterdrückter deutscher Brüder kämpfen. Das Nationalitätsprinzip war vielleicht doch etwas, das mit elementarer Kraft Betätigung erheischte – von diesem Standpunkte aus also musste es sein ... Beim Anklammern an diese Idee ließ der schmerzliche Groll in meiner Seele ein wenig nach. Hätte ich voraussehen können, wie zwei Jahre später diese ganz deutsche Verbrüderung in bitterste Feindschaft sich auflösen sollte; wie dann der Preußenhass in Österreich noch viel wütender angefacht würde als jetzt der Dänenhass – so hätte ich damals schon erkannt, wie ich das seither erkennen gelernt habe, dass die Motive, die als Rechtfertigung der Feindseligkeiten angeführt werden, nichts als Phrasen sind, Phrasen und Vorwände.

Den Silvesterabend verbrachten wir wieder im Hause meines Vaters. Mit dem Schlage zwölf erhob dieser sein Punschglas:

»Möge der Feldzug, welcher uns in dem neugeborenen Jahre bevorsteht, ein für unsere Waffen glorreicher werden«, sprach er feierlich – ich stellte mein schon erhobenes Glas auf den Tisch zurück –, »und mögen unsere Lieben uns erhalten bleiben!«, beschloss er.

Jetzt erst tat ich Bescheid.

»Warum hast du bei der ersten Hälfte meines Toastes nicht angestoßen, Martha?«

»Weil ich von einem Feldzug nichts anderes wünschen kann, als dass er unterbleibe.«

Als wir in unser Hotel und in unser Schlafzimmer zurückgekehrt waren, warf ich mich Friedrich um den Hals.

»Mein Einziger! Friedrich! Friedrich!«

Er drückte mich sanft an sich:

»Was hast du, Martha? Du weinst ... heute in der Neujahrsnacht? Warum denn das junge 1864 mit Tränen einweihen, mein Liebling? Bist du denn nicht glücklich? Habe ich dich irgendwie gekränkt?«

»Du? O nein, nein – nur zu glücklich machst du mich, viel zu glücklich – und deshalb ist mir bang.«

»Abergläubisch, meine Martha? Stellst du dir auch neidische Götter vor, welche zu schönes Menschenglück zerstören?«

»Nicht die Götter – die unsinnigen Menschen selber beschwören das Unglück auf sich herab.«

»Du spielst auf den möglichen Krieg an? Es ist ja noch nichts entschieden, wozu denn der frühzeitige Kummer? Wer weiß, ob es zum Kampfe kommt, wer weiß, ob ich mitgehen muss? Komm her, mein Liebling, setzen wir uns« – er zog mich neben sich auf das Sofa – »und verschwende deine Tränen nicht an eine bloße Möglichkeit.«

»Schon die Möglichkeit ist mir schmerzlich. Wäre es Gewissheit, Friedrich, ich würde nicht sanft an deiner Schulter weinen – ich müsste laut aufschreien und aufjammern. Aber die Möglichkeit, die Wahrscheinlichkeit, dass in dem anbrechenden Jahre du mir durch Armeebefehl aus den Armen gerissen würdest – die genügt schon, mich in Bangen und Trauer zu versetzen.«

»Bedenke, Martha, du gehst ja auch selber einer Gefahr entgegen – wie mir dies dein Weihnachtsgeschenk so lieb verkündet hat –, und doch denken wir beide nicht an die grause Möglichkeit, die jeder Frau im Wochenbett beinahe ebenso häufig droht wie jedem Mann auf dem Schlachtfeld ... Freuen wir uns des Lebens und denken wir nicht an den über unser aller Häuptern schwebenden Tod.«

»Du sprichst ja wie Tante Marie, Liebster – als ob unser Los nur von der ›Bestimmung‹ abhinge und nicht von den Unvorsichtigkeiten, Grausamkeiten, Wildheiten und Dummheiten unserer eigenen Mitmenschen. Wo liegt die unabwendbare Notwendigkeit dieses Krieges mit Dänemark?«

»Noch ist derselbe nicht ausgebrochen.«

»Ich weiß, ich weiß: Noch können Zufälligkeiten das Übel verhüten. Aber nicht der Zufall, nicht politische Ränke und Launen sollten über eine solche Schicksalsfrage entscheiden, sondern der feste, aufrichtige Wille der Menschen. Doch was nützt mein ›es sollte nicht‹ und ›es sollte‹ – ich kann die Ordnung der Dinge nicht ändern, nur darüber klagen. Aber darin hilf mir, Friedrich – versuche nicht, mit den landläufigen leeren Ausflüchten mich zu trösten! Du glaubst selber nicht daran – du selbst erbebst vor edlem Widerwillen ... Nur darin finde ich Genugtuung, wenn du mit mir verdammst und beklagst, was mich und unzählige andere so unglücklich machen soll.«

»Ja, mein Herz, wenn es hereinbricht, das Verhängnis, dann will ich dir recht geben; dann will ich dir den Schauder und den Hass nicht verhehlen, den mir der anbefohlene Völkermord einflößt ... Aber heute lass uns noch des Lebens froh sein. Wir haben einander ja – nichts trennt uns, nicht die geringste Schranke zwischen unseren Seelen! Lass uns dieses Glück genießen, solange es unser ist – mit Inbrunst genießen ... Denken wir nicht an die angedrohte Zerstörung desselben. Ewig kann ja keine Freude dauern. In hundert Jahren ist's doch einerlei, ob wir lang oder ob wir kurz gelebt haben. Auf die Zahl der schönen Tage kommt es schließlich nicht an, sondern auf den Grund ihrer Schönheit. Die Zukunft bringe, was sie wolle, mein vielgeliebtes Weib – unsere Gegenwart ist so schön, dass ich jetzt nichts fühlen mag als seliges Entzücken.«

Während er so sprach, schlang er seinen Arm um mich und küsste mein an seiner Brust ruhendes Haupt. Da schwand auch mir die drohende Zukunft aus dem Bewusstsein und auch ich versenkte mich in den süßen Frieden des Augenblicks.

2

Am 10. Januar kehrten wir nach Olmütz zurück.

Niemand zweifelte mehr an dem Ausbruch des Krieges. In Wien hatte ich noch vereinzelte Stimmen vernommen, welche meinten, dass die dänisch-holsteinische Frage vielleicht doch noch auf diplomatischem Wege beigelegt werden könne; aber in den militärischen Kreisen unserer Festungsbesatzung galt die Friedensmöglichkeit für ausgeschlossen. Unter den Offizieren und ihren Frauen herrschte eine aufgeregte, aber zumeist freudig aufgeregte Stimmung: Gelegenheit zu Auszeichnung und Avancement in Sicht – zur Befriedigung des Tatendurstes des einen, des Ehrgeizes des Zweiten, des Gage-Erhöhungsbedürfnisses des Dritten.

»Das ist ein famoser Krieg, der sich da vorbereitet«, sagte der Oberst, bei dem wir nebst mehreren anderen Offizieren samt Gemahlinnen zu Tisch geladen waren. »Ein famoser Krieg, der ungeheuer populär sein wird. Keine Gefahr für unser Territorium – auch der Landbevölkerung erwächst kein Schaden, denn der Kriegsschauplatz liegt auf fremdem Gebiet. Unter solchen Umständen ist es wirklich eine doppelte Lust, sich zu schlagen.«

»Was mich daran begeistert«, sagte ein junger Oberleutnant, »ist das edle Motiv: unterdrückte Rechte unserer Brüder verteidigen. Dass die Preußen mit uns gehen, oder vielmehr wir mit ihnen, das sichert uns erstens den Sieg und zweitens wird es die nationalen Bande noch enger verknüpfen. Die Nationalitätsidee …«

»Reden Sie lieber nichts von der«, unterbrach der Regimentschef etwas streng. »Für einen Österreicher schickt sich dieser Schwindel nicht. Der war's, der uns den 59er Krieg heraufbeschworen hat, denn auf diesem Steckenpferd, ›ein italienisches Italien‹, ist ja Louis Napoleon stets herumgeritten. Und überhaupt passt dieses ganze Prinzip nicht für Österreich; Böhmen, Ungarn, Deutsche, Kroaten – wo ist da das Nationalitätsband? Wir kennen nur ein Prinzip, das uns vereint, das ist die loyale Liebe zu unserer Dynastie. Was uns also begeistern soll, wenn wir zu Felde ziehen, ist nicht der Umstand, dass wir für Deutsche und mit Deutschen kämpfen, sondern dass wir unserem erhabenen und geliebten Kriegsherrn Heeresfolge leisten dürfen. Es lebe der Kaiser!«

Alle erhoben sich und taten stehend Bescheid. Ein Funken Begeisterung fiel auch mir ins Herz und erfüllte es – einen Augenblick aufflammend – mit wohltuender Wärme. Eine und dieselbe Sache, eine und dieselbe Person lieben, wenn man tausend ist, das gibt eine eigentümliche, vertausendfachte Hingebungslust ... Das ist's, was als Loyalität, als Patriotismus, als Korpsgeist die Herzen schwellen lässt. Es ist nichts anderes als Liebe, und die wirkt so mächtig, dass einem das in ihrem Namen gebotene Werk des Hasses – das allerscheußlichste Werk des tödlichsten Hasses, der Krieg – als erfüllte Liebespflicht erscheint.

Aber nur einen Augenblick hatte es in meinem Herzen so geglüht, denn eine stärkere Liebe als die zu allen erdenklichen Vaterländern und Landesvätern ruhte in dessen Grund – die Liebe zu meinem Mann. Sein Leben war mir doch das höchste aller Güter, und wenn dieses aufs Spiel gesetzt werden sollte, konnte ich die Partie – gelte es nun Schleswig-Holstein oder Japan – nur verwünschen.

Die jetzt folgende Zeit lebte ich in unerhörtem Bangen. Am 16. Januar stellten die Bundesmächte an Dänemark das Ansinnen, ein gewisses Gesetz, gegen welches die holsteinische Ständeversammlung und Ritterschaft den Schutz des Bundes anrief, aufzuheben, und zwar innerhalb von vierundzwanzig Stunden. Dänemark verweigerte dies. Wer wird auch so sich befehlen lassen? Diese Weigerung war natürlich vorausgesehen worden, denn schon standen preußische und österreichische Truppen an den Grenzen postiert, und am 1. Februar überschritten sie die Eider.

So waren denn die blutigen Würfel wieder gefallen – die Partie begann. Dies veranlasste meinen Vater, einen Gratulationsbrief an uns zu richten.

»Freut euch, Kinder«, schrieb er. »Jetzt haben wir doch Gelegenheit, die erhaltenen Schläge von 59 wieder gut zu machen, indem wir den Dänen Schläge geben. Wenn wir von Norden siegreich heimkehren, so können wir uns auch wieder nach Süden wenden: Die Preußen bleiben unsere Alliierten, und dann können uns die schäbigen Italiener samt ihrem intriganten Louis Napoleon nicht mehr auskommen.«

Friedrichs Regiment, zur großen Enttäuschung des Obersten und des Offizierskorps, war nicht zur Grenze entsendet worden. Dies brachte uns ein väterliches Kondolenzschreiben ein:

»Ich bedaure aufrichtig, dass Tilling das Pech hat, gerade bei einem Regiment zu dienen, welches nicht berufen war, den so glorreich sich anlassenden Feldzug zu eröffnen; übrigens besteht ja immer noch die Möglichkeit, das es zum Nachrücken bestimmt werde. Martha wird der Sache freilich die gute Seite abgewinnen und sich freuen, dass ihr die Angst um den geliebten Mann erspart bleibt, und auch Friedrich ist eingestandenermaßen selber kein Freund des Krieges; aber ich denke, er ist nur im Prinzip dagegen, das heißt: Es wäre ihm aus sogenannten ›humanitären‹ Gründen lieber, wenn es zu keiner Schlacht käme; ist es aber einmal dazu gekommen, so wollte er wohl auch lieber dabei sein, da regt sich wohl die männliche Kampfeslust. Es sollte wirklich immer die ganze Armee gegen den Feind geschickt werden; in solchen Zeiten zu Hause bleiben zu müssen, ist für den Soldaten doch gar zu hart.«

»Trifft es dich hart, mein Friedrich, bei mir zu bleiben?«, fragte ich, nachdem ich den Brief gelesen.

Er drückte mich an sein Herz. Diese stumme Antwort genügte mir.

Aber was half's? Um meine Ruhe war es doch geschehen. Jeden Tag konnte der Marschbefehl kommen. Würde der unselige Krieg nur schnell zu Ende geführt!

Mit größtem Eifer las ich in den Zeitungen die Berichte vom Kriegsschauplatz und wünschte heiß, dass die Verbündeten rasche und entscheidende Siege erfochten. Ich gestehe es, der Wunsch war nicht vor allem ein patriotischer. Lieber war es mir immerhin, wenn der Sieg auf unserer Seite blieb; aber was ich von diesem erhoffte, war die Beendigung des Kampfes, ehe mein Alles in der Welt dahin entsendet werde, in zweiter Linie erst der Triumph meiner Landsleute und in allerletzter Linie die Interessen des »meeresumschlungenen« Stück Landes. Ob nun Schleswig zu Dänemark gehörte oder nicht, was in aller Welt konnte mich das anfechten? Und schließlich – was focht es die Dänen und die Schleswig-Holsteiner selber an? Sahen denn die beiden Völker nicht ein, dass es nur ihre Lenker waren, welche um Lande und Machtbesitz sich stritten, dass es in nicht um ihr Wohl und Wehe, sondern um die Gelüste des Protokoll-Prinzen und des Augustenburgers sich handelte? Wenn mehrere Hunde um ein paar Knochen sich raufen, so zerfleischen einander doch nur die Hunde; in der Völkergeschichte sind es aber meist die dummen Knochen selber, welche aufeinander losschlagen und sich gegenseitig zertrümmern, um für die Rechte der sie begehrenden Streiter zu kämpfen. »Mich will Azor haben« – »Auf mich hat Pluto Anspruch« – »Ich protestiere gegen Karos Fänge« – »Ich rechne es mir zur Ehre, von Minka gefressen zu werden«, sagen die Knochen. »Dänemark bis zur Eider«, riefen die dänischen Patrioten. »Wir wollen Friedrich von Augustenburg zum Herzog«, riefen die Loyalen von Holstein.

Unsere Zeitungsartikel und Gespräche unserer Kannegießer waren natürlich alle von dem Grundsatz durchdrungen, dass die Sache, für welche »wir« eingetreten, die gerechtere, die einzig »historisch entwickelte«, die einzig für Erhaltung des »europäischen Gleichgewichts« erforderliche war. Natürlich wurde in den Leitartikeln und den politischen Unterhaltungen in Kopenhagen das gegenteilige Prinzip mit gleichem Nachdruck verfochten. Warum nicht gegenseitig die Rechte abwägen, um sich zu verständigen, und wenn dies nicht gelingt, eine dritte Macht zum Schiedsrichter machen? Warum nur immer beiderseitig schreien: »Ich – ich bin im Rechte.« Sogar gegen die eigene Überzeugung schreien, so lange, bis man sich heiser geschrien und losschlägt – die Entscheidung der Gewalt überlassend? Ist das nicht Wildheit? Und wenn nun eine dritte Macht sich in den Streit mischt, so tut auch sie es nicht mit Rechtserwägung und Urteilsspruch, sondern gleichfalls mit Dreinschlagen? Und das nennen die Leute »äußere Politik«? Äußere und innere Rohheit ist es – staatskluge Schildbürgerei – internationale Barbarei.

3

Mit solcher Bestimmtheit fasste ich wohl damals die Ereignisse noch nicht in diesem Lichte auf. Nur momentan erwachten mir derlei Zweifel, und dann gab ich mir Mühe, dieselben zu verscheuchen. Ich versuchte mir einzureden, dass das geheimnisvolle Ding, »Staatsräson« genannt, ein über alle Privatinteressen und über meine kleine Vernunft erhabenes, das Leben der Staaten bedingendes Prinzip sei, und eifrig studierte ich in der Geschichte Schleswig-Holsteins nach, um einen Begriff von dem »historischen Recht« zu erlangen, zu dessen Wahrung der gegenwärtige Prozess geführt ward.

Da fand ich denn, dass der fragliche Landstrich schon im Jahre 1027 an Dänemark abgetreten worden war. Also haben eigentlich die Dänen recht; sie sind die legitimen Könige des Landes ...

Zweihundert Jahre später aber wird das Land einer jüngeren Linie des Königshauses zugeteilt und gilt nur noch als ein dänisches Fahnenlehen. 1326 wird Schleswig dem Grafen Gerhard von Holstein überlassen und die »Waldemarsche Konstitution« verbrieft, dass »es nie wieder mit Dänemark so verbunden werden soll, dass ein Herr sei«. Dann ist das Recht doch auf Seite der Verbündeten: Wir kämpfen für die »Waldemarsche Konstitution«. Das ist wohl in der Ordnung, denn wozu wären denn verbriefte Zusicherungen, wenn man sie nicht aufrechterhielte?«

Im Jahre 1448 wird die Waldemarsche Konstitution nochmals durch König Christian I. bestätigt. Also kein Zweifel; nie soll und darf wieder »ein Herr sein«. Was wollte da der Protokoll-Prinz?

Zwölf Jahre später stirbt der Herrscher von Schleswig kinderlos und die Landstände versammeln sich zu Ripen und proklamieren den dänischen König zum Herzog von Schleswig, wogegen er ihnen verspricht, dass die Lande »ewig zusammenbleiben sollen – ungeteilt«. Das macht mich wieder ein wenig konfus. Der einzige Anhaltspunkt ist noch das »ewig zusammenbleiben«.

Aber die Verwirrung nimmt im weiteren Verlauf dieses historischen Studiums fortwährend zu, denn jetzt beginnt, trotz der Formel »ewig ungeteilt«, ein ewiges Spalten und Teilen des Besitzes zwischen den Söhnen des Königs und Wiedervereinen unter einem nächsten König und Gründen neuer Linien – Holstein-Gottorp und Schleswig-Sonderburg –, welche sich unter gegenseitigen Verschiebungen und Abtretungen der Anteile abermals spalteten in die Linien Sonderburg-Augustenburg, Beck-Glücksburg, Sonderburg-Glücksburg, Holstein-Glückstadt – kurz, ich kenne mich gar nicht mehr aus.

Aber nur weiter. Vielleicht begründet sich das historische Recht, um welches heute unsere Landessöhne bluten müssen, erst später.

Christian IV. mischt sich in den Dreißigjährigen Krieg und die Kaiserlichen und Schweden fallen in die Herzogtümer ein. Jetzt wird wieder ein Vertrag gemacht, worin dem Hause Holstein-Gottorp die Oberherrschaft über den schleswigschen Anteil zugesichert wird, und da ist es endlich mit der dänischen Lehenshoheit vorbei.

Auf ewig vorbei. Gott sei Dank. Jetzt finde ich mich doch wieder zurecht.

Was geschieht aber durch Patent vom 22. August 1721? Einfach dies: Der gottorpsche Anteil von Schleswig wird der dänischen Monarchie einverleibt. Und am 1. Juni 1773 wird auch Holstein dem dänischen Königshause überlassen – das Ganze gilt nun als dänische Provinz.

Das ändert die Sache: Ich sehe schon – die Dänen sind im Recht.

Aber doch nicht so ganz. Denn der Wiener Kongress von 1815 erklärt Holstein für einen Teil des Deutschen Bundes. Dies aber wurmt die Dänen. Sie erfinden das Schlagwort »Dänemark bis zur Eider« und streben nach der totalen Besitznahme des von ihnen »Südjütland« benannten Schleswig. Hier hingegen wird das »Erbrecht des Augustenburgers« als Losung gebraucht und zu deutschnationalen Kundgebungen benutzt. Im Jahre 1846 schreibt der König Christian einen Offenen Brief, worin er die Integrität des Gesamtstaates als Ziel hinsetzt, wogegen die »deutschen Lande« protestieren. Zwei Jahre später wird vom Throne aus die völlige Vereinigung nicht mehr als Ziel, sondern als fait accompli verkündet, worauf in den »deutschen Landen« der Aufstand ausbricht. Jetzt geht das Raufen los. Bald siegen die Dänen in diesem Gefecht, bald die Schleswig-Holsteiner in einem anderen! Dann mischt sich der Deutsche Bund hinein. Die Preußen »nehmen« die Düppeler Höhen; aber das macht dem Streit kein Ende. Preußen und Dänemark schließen Frieden; Schleswig-Holstein muss nun allein gegen die Dänen kämpfen und wird bei Idstedt geschlagen.

Der Bund verlangt nun von den »Aufständischen«, dass sie den Krieg einstellen. Was sie denn auch tun. Österreichische Truppen besetzen Holstein, und die zwei Herzogtümer werden getrennt. Wo ist nun das verbriefte »ewig zusammenbleiben« hin?

Aber noch immer ist die Angelegenheit nicht festgesetzt. Da finde ich ein Londoner Protokoll vom 8. Mai 1852, welches die Erbfolge Schleswigs dem Prinzen Christian von Glücksburg sichert

– »sichert« ist gut. Jetzt weiß ich doch auch, woher die Benennung »Protokoll-Prinz« stammt.

Im Jahre 1854, nachdem jedes Herzogtum eine eigene Verfassung erhalten, werden sie beide »danisiert«. Aber 1858 muss die Danisierung Holsteins wieder aufgehoben werden. Jetzt ist diese geschichtliche Darstellung der Gegenwart schon ganz nahe gerückt, aber noch immer ist mir nicht klar, wo die zwei »Lande« rechtmäßig hingehören und was eigentlich den Ausbruch des gegenwärtigen Krieges veranlasst hat.

Am 18. November 1858 wird das famose »Grundgesetz für die gemeinschaftlichen Angelegenheiten Dänemarks und Schleswigs« vom Reichsrat genehmigt. Zwei Tage darauf stirbt der König. Mit ihm erlischt wieder einmal eine Linie – nämlich die Linie Holstein-Glückstadt, und als der Nachfolger des Monarchen das zwei Tage alte Gesetz bestätigt, erscheint Friedrich von Augustenburg auf dem Plan, erhebt seine Ansprüche und wendet sich samt der Ritterschaft um Beistand an den Deutschen Bund.

Dieser lässt sofort durch Sachsen und Hannoveraner Holstein besetzen und proklamiert den Augustenburger zum Herzog. Warum?

Damit sind aber Preußen und Österreich nicht einverstanden. Warum? Das verstehe ich heute noch nicht.

Es heißt, das Londoner Protokoll müsse respektiert werden. Warum? Sind denn Protokolle über Dinge, die einen absolut nichts angehen, gar so respektabel, dass man sie mit dem Blut der eigenen Söhne verteidigen muss? Da steckt wohl wieder irgendeine verborgene »Staatsräson« dahinter ... Als Dogma muss man festhalten: Was die Herren am grünen Diplomatentisch entscheiden, das ist die höchste Weisheit und bezweckt die größtmögliche Förderung der vaterländischen Machtstellung. Das Londoner Protokoll vom 8. Mai 1852 musste aufrechterhalten, aber das Kopenhagener Grundgesetz vom 13. Januar 1863 musste aufgehoben werden, und zwar binnen vierundzwanzig Stunden. Daran hing Österreichs Ehre und Wohl. Das Dogma war ein bisschen schwer zu glauben, aber in politischen Dingen, beinahe noch williger als in religiösen, lässt sich die Masse von dem Prinzip des qui absurdum lenken; auf das Verstehen und Begreifen wird von vornherein verzichtet. Ist das Schwert einmal gezogen, dann bedarf es nichts mehr als des Rufes »Hurra« und des heißen Siegesdranges. Dazu ruft man nur noch den Segen des Himmels auf den Kampf herab. Denn so viel ist gewiss: Dem lieben Gott muss daran gelegen sein, dass das Protokoll vom 8. Mai eingehalten und das Gesetz vom 13. Januar zurückgenommen werde; er muss es so lenken, dass genau so viele Menschen verbluten und Dörfer verbrennen wie erforderlich ist, damit die Linie von Glückstadt oder die von Augustenburg über ein gewisses Stück Erde regiere ...

O du törichte, grausame, gedankenlose, gängelbandgeführte Welt! Das war das Ergebnis meiner Geschichtsstudien.

4

Vom Kriegsschauplatz her kamen gute Nachrichten. Die Verbündeten siegten Schlag auf Schlag. Nach den ersten Gefechten schon mussten die Dänen das ganze Danewerk räumen, Schleswig und Jütland bis Limfjord wurden von den unseren besetzt und der Feind behauptete sich nur noch in den Düppeler Schanzen und auf Alsen.

Das wusste ich alles so genau, weil auf den Tischen wieder die stecknadelbespickten Landkarten auflagen, auf welchen die Bewegungen und Stellungen der Truppen, je nach den einlaufenden Berichten, markiert wurden.

»Wenn wir jetzt auch noch die Düppeler Schanzen nehmen oder gar Alsen erobern«, sagten die Olmützer Bürger, »dann sind wir fertig ... Jetzt zeigen doch wieder unsere Österreicher, was sie können. Auch die braven Preußen schlagen sich prächtig – die beiden miteinander sind natürlich unüberwindlich. Das Ende wird sein, dass ganz Dänemark erobert und dem Deutschen Bunde zugeteilt wird – ein glorreicher, glückbringender Krieg!«

Auch ich wünschte jetzt nichts sehnlicher als die Erstürmung von Düppel – je früher, je lieber –, denn diese Aktion würde doch entscheidend sein und der Schlägerei ein Ende machen. Hoffentlich ein Ende machen, ehe Friedrichs Regiment Marschbefehl erhielt.

O dieses Damoklesschwert ... Jeden Tag beim Erwachen fürchtete ich mich, dass die Nachricht gebracht werde: »Wir marschieren ab!« Friedrich war gefasst darauf. Er wünschte es nicht, aber er sah es kommen.

»Gewöhne dich an den Gedanken, Kind«, sagte er mir. »Gegen die unerbittliche Notwendigkeit hilft kein Sträuben. Ich glaube nicht, selbst wenn Düppel fällt, dass der Krieg darum zu Ende sein wird. Die ausgesandte Doppelarmee ist viel zu klein, um den Dänen eine Entscheidung aufzuzwingen; wir werden noch bedeutenden Nachschub schicken müssen – und da wird auch mein Regiment nicht verschont bleiben.«

Schon dauerte dieser Feldzug über zwei Monate, und noch kein Resultat. Wenn sich die grause Partie doch in einem Kampf entscheiden wollte wie bei dem Duell. Aber nein: Ist eine Schlacht verloren, wird eine zweite geliefert; muss eine Position aufgegeben werden, so wird eine andere behauptet, und so fort bis zur Vernichtung des einen oder des anderen Heeres.

Am 14. April endlich wurden die Düppeler Schanzen erstürmt.

Die Nachricht wird mit einem Jubel aufgenommen, als wäre hinter diesen Schanzen das nunmehr eroberte Paradies gelegen. Man umarmte sich auf den Straßen:

»Sie wissen schon? Düppel! ... O unser tapferes Heer ... Eine unerhörte Großtat! ... Jetzt danket alle Gott.«

Und in sämtlichen Kirchen Absingung des Tedeums; unter den Militärkapellmeistern emsiges Komponieren von »Düppelerschanzenmarsch«, »Sturm von Düppel-Galopp« und so weiter.

Die Kameraden meines Mannes und deren Frauen hatten zwar einen Tropfen Bitterkeit in ihrem Freudenbecher, nicht dabei gewesen zu sein ... Bei einem solchen Triumph fehlen zu müssen – solches »Pech«!

Mir verursachte dieser Sieg eine große Freude; denn gleich darauf trat in London eine Friedenskonferenz zusammen und vermittelte einen Waffenstillstand. Welches freie Aufatmen dieses Wort »Waffenstillstand« doch gewährt! Wie müsste die Welt erst aufatmen – dachte ich damals zum ersten Mal –, wenn es allenthalben hieße: *Die Waffen nieder* – auf immer nieder! Ich trug das Wort in die roten Hefte ein. Daneben aber schrieb ich verzagt, zwischen Klammern: »Utopia«.

Dass der Londoner Kongress dem schleswig-holsteinischen Kriege ein Ende machen würde, daran zweifelte ich gar nicht. Die Verbündeten hatten gesiegt, die Düppeler Schanzen waren genommen – diese Schanzen hatten in letzter Zeit eine so große Rolle gespielt, dass mir deren Einnahme als endgültig entscheidend erschien – wie wollte Dänemark jetzt noch weiter sich behaupten? Die Verhandlungen zogen sich unglaublich lange hin. Dies wäre mir eine Qual gewesen, wenn ich nicht von allem Anfang an die Überzeugung gehabt hätte, dass das Ergebnis ein befriedigendes sein müsse. Wenn die Vertreter mächtiger Staaten, dabei vernünftige wohlmeinende Leute, sich zusammentun, um ein so wünschenswertes Ziel zu erreichen wie Friedensschließung, wie könnte das misslingen? Desto entsetzlicher war meine Enttäuschung, als nach zwei Monate lang geführten Debatten die Nachricht eintraf, dass der Kongress unverrichteter Dinge wieder auseinandergehe.

Und zwei Tage später kam für Friedrich der Marschbefehl!

Zur Vorbereitung und zum Abschied hatte er vierundzwanzig Stunden Zeit. Und ich war auf dem Punkte niederzukommen. In der todräuenden schweren Stunde, wo eines Weibes einziger Trost darin besteht, den geliebten Mann neben sich zu haben, würde ich allein bleiben müssen – allein mit dem über alles bangen Bewusstsein, dass der geliebte Mann in den Krieg gegangen – wissend, dass es ihm ebenso schmerzlich sein musste, in solcher Stunde seine arme Frau zu verlassen, wie es mir schmerzlich sein würde, ihn zu missen ...

Es war am Morgen des 20. Juni. Alle Einzelheiten dieses denkwürdigen Tages sind mir eingeprägt geblieben.

Draußen herrschte drückende Hitze, und um diese auszuschließen, waren die Rollvorhänge in meinem Zimmer herabgelassen. In leichte und lose Gewänder gehüllt lag ich ermattet auf der Chaiselongue. Ich hatte die Nacht ziemlich schlaflos verbracht, und jetzt hatte mir ein traumhafter Halbschlummer die Augen geschlossen. Neben mir, auf einem Tischchen, stand eine Vase mit stark duftenden Rosen. Durch das offene Fenster drang der Ton entfernter Trompetenübungen herein. Das alles wirkte einschläfernd, dennoch hatte mich das Bewusstsein nicht ganz verlassen. Nur die eine Hälfte davon – die Sorgenhälfte – war mir geschwunden. Die Kriegsgefahr und die mir bevorstehende Gefahr hatte ich vergessen: Ich wusste nur, dass ich lebte, dass die Rosen betäubend süße Düfte hauchten; dass mein geliebter Mann jede Minute hereinkommen konnte und, wenn er mich schlafen sähe, nur ganz leise träte, um mich nicht zu wecken. Und richtig: Im nächsten Augenblicke öffnete sich die mir gegenüberliegende Türe. Ohne die Lider zu heben, nur durch eine linienbreite Spalte unter den Wimpern konnte ich sehen, dass es der Erwartete war. Ich machte keinen Versuch, mich aus meinem Halbschlummer herauszureißen – dadurch hätte ich möglicherweise das ganze Bild verscheuchen können, denn vielleicht war die Erscheinung an der Tür nur ein fortgesetzter Traum, und vielleicht träumte ich nur, dass ich die Lider linienbreit geöffnet ... Jetzt schloss ich dieselben ganz und gab mir Mühe, weiter zu träumen, dass der Teure näherkommt, sich herabbeugt und mir die Stirne küsst ...

So geschah es auch. Dann kniete er neben mein Lager nieder und blieb eine Weile regungslos. Noch immer dufteten die Rosen und trarate das ferne Hornsignal ...

»Martha, schläfst du?«, hörte ich ihn leise fragen.

Da schlug ich die Augen auf.

»Um Gotteswillen, was ist's«, rief ich zu Tode erschreckt – denn das Antlitz des an meiner Seele knienden Gatten war von so tiefer Trauer übergossen, dass ich mit einem Mal erriet, es sei ein Unglück hereingebrochen. Statt zu antworten, legte er sein Haupt an meine Brust.

Ich wusste alles: Er muss fort ...

Ich hatte den Arm um seinen Hals geschlungen, und so blieben wir beide eine Zeitlang stumm.

»Wann?«, fragte ich endlich.

»Morgen früh.«

»O mein Gott – mein Gott!!«

»Fasse dich, meine arme Martha.«

»Nein, nein, lass mich jammern ... Mein Unglück ist zu groß – und ich weiß, ich seh dir's an: das deine auch. So viel Schmerz, wie ich vorhin in deinen Zügen gelesen, habe ich noch in keines Menschen Angesicht gesehen.«

»Ja, mein Weib – ich bin unglücklich. Dich jetzt lassen zu müssen, in einer solchen Zeit ...«

»Friedrich, Friedrich, wir sehen uns nimmer – ich werde sterben ...«

5

Es war ein herzzerreißender Abschied, der diese letzten vierundzwanzig Stunden füllte.

Das war nun das zweite Mal im Leben, dass ich einen teuren Gatten zu Felde ziehen sah. Doch unvergleichlich schwerer war diese zweite Losreißung als die erste. Damals war meine und besonders Arnos Auffassung eine ganz andere, primitivere gewesen: Ich hatte das Ausrücken als eine alle persönlichen Gefühle überwiegende Naturnotwendigkeit, er sogar als eine freudige Ruhmesexpedition betrachtet. Er ging mit Begeisterung, ich blieb ohne Murren. Noch haftete etwas von der Kriegsbewunderung an mir, die ich in meiner Jugenderziehung eingesogen; noch fühlte ich dem Hinausstürmenden etwas von dem Stolze nach, welchen er angesichts der großen Unternehmung empfand. Aber jetzt wusste ich, dass der Scheidende eher mit Abscheu denn mit Jubel an die Mordarbeit ging; ich wusste, dass er das Leben liebte, welches er aufs Spiel setzen musste; dass ihm über alles – ja, alles, auch über die Rechtsansprüche des Augustenburgers – sein Weib teuer war, sein Weib, das in wenigen Tagen Mutter werden sollte. Während ich bei Arno die Überzeugung gehabt, dass er mit Gefühlen schied, um die er immerhin zu beneiden war, erkannte ich, dass bei dieser zweiten Trennung wir beide gleiches Mitleid verdienten. Ja, wir litten in gleichem Maße, und wir sagten und klagten es einander. Keine Heucheleien, keine leeren Trostphrasen, keine Prahlworte. Wir waren ja eins und keines suchte das andere zu betrügen. Es war noch unser bester Trost, dass jedes seine Trostlosigkeit vom anderen voll verstanden wusste. Die

Größe des über uns hereingebrochenen Unglückes suchten wir durch keine konventionellen, patriotischen und heroischen Mäntelchen und Lärvchen zu verhüllen. Nein – die Aussicht, auf Dänen schießen und hauen zu dürfen, war ihm keine, gar keine Wettmachung des Leides, mich verlassen zu müssen; im Gegenteile – eher eine Verschärfung: Denn Töten und Zerstören widert jeden »Edelmenschen« an. Und mir war es kein, gar kein Ersatz für mein Leid, dass der Vielgeliebte etwa um eine Rangstufe vorrücken könnte. Und falls das Unglück der gefährlichen Trennung noch zum Unglück der ewigen Trennung sich steigerte – sollte Friedrich fallen –, so war mir die Staatsräson, wegen welcher dieser Krieg geführt werden musste, nicht im Entferntesten erhaben und heilig dünkend genug, um solches Opfer aufzuwiegen.

Vaterlandsverteidiger, das ist der schön klingende Titel, mit welchem der Soldat geschmückt wird. Und in der Tat: Was kann es für die Glieder des Gemeinwesens für eine edlere Pflicht geben als die, die bedrohte Gemeinschaft zu verteidigen? Warum aber bindet dann den Soldaten sein Fahneneid zu hundert anderen Kriegspflichten als die der Schutzwehr? Warum muss er angreifen gehen, warum muss er – wo dem Vaterlande nicht der mindeste Einfall droht – wegen der bloßen Besitz- und Ehrgeizstreitigkeiten einzelner fremder Fürsten dieselben Güter – Leben und Herd – einsetzen, als ob es sich, wie es doch zur Rechtfertigung des Krieges heißt, um die Verteidigung des gefährdeten Lebens und Herdes handelte? Warum musste hier zum Beispiel das österreichische Heer ausziehen, um den Augustenburger auf das fremde Thrönchen zu setzen? Warum? – Das ist ein Fragewort, welches an Papst und Kaiser zu richten an sich schon hochverräterisch und lächerlich ist, welches dort als Irreligiosität und hier als Illoyalität gilt und welches nie beantwortet zu werden braucht ...

Um zehn Uhr morgens sollte das Regiment ausrücken. Wir waren die ganze Nacht aufgeblieben. Nicht eine Minute des uns noch gebliebenen Zusammenseins hatten wir verlieren wollen.

Es war so viel, was wir uns noch zu sagen hatten, und doch sprachen wir nur wenig. Küsse und Tränen waren es zumeist, welche beredter als alle Worte sagten: Ich hab dich lieb und muss dich lassen. Dazwischen fiel auch wieder ein hoffnungsvolles Wort: »Wenn du wiederkommst …« Es war ja möglich – es kommen ja so viele heim. Ich bemühte mich, mir das Entzückende dieser Eventualität vorzustellen, aber vergebens: Meine Einbildungskraft vermochte kein anderes Bild zu schaffen als des Gatten Leiche auf der Walstatt aber mich selber auf der Bahre mit einem toten Kind im Arm …

Friedrich war von ähnlich trüben Vermutungen erfüllt, denn sein »Wenn ich wiederkomme« klang nicht aufrichtig, und häufiger sprach er von dem, was geschehen sollte, »wenn ich bleibe«.

»Heirate kein drittes Mal, Martha! Versuche nicht durch neue Liebeseindrücke die Erinnerungen dieser herrlichen Jahre ... Nicht wahr, es ist eine glückliche Zeit gewesen?«

Wir ließen nun hundert kleine Einzelheiten, welche von unserer ersten Begegnung bis zu dieser Stunde sich uns eingeprägt hatten, an unserem Gedächtnis vorüberziehen.

»Und mein kleines, mein armes Kleines, das ich wohl nie an mein Herz drücken werde – wie soll es getauft werden?«

»Friedrich oder Friederike.«

»Nein – Martha ist schöner. Wenn es ein Mädchen ist, so nenne es mit dem Namen, den sein sterbender Vater zuletzt …«

»Friedrich – warum sprichst du immer vom Sterben? Wenn du wiederkommst ...«

»Wenn ...«, wiederholte er.

Als der Tag zu grauen begann, fielen mir die tränenmüden Augen zu. Ein leichter Schimmer senkte sich auf uns beide; mit verschlungenen Armen lagen wir da, ohne das Bewusstsein zu verlieren, dass dies unsere Scheidestunde war.

Plötzlich fuhr ich auf und brach in lautes Stöhnen aus. Friedrich erhob sich rasch.

»Um Gotteswillen, Martha, was ist dir? Doch nicht? So sprich ...«

Ich nickte bejahend.

War es ein Schrei oder ein Fluch oder ein Stoßgebet, das sich seinen Lippen entrang? Er riss die Glocke und gab Alarm:

»Augenblicklich zum Arzt, zur Wärterin!«, rief er der herbeigeeilten Dienerin zu.

Dann warf er sich an meine Seite kniend nieder und küsste meine herabhängende Hand.

»Mein Weib, mein alles! Und jetzt – jetzt muss ich fort!«

Ich konnte nicht sprechen. Der heftigste physische Schmerz, den man sich vorstellen kann, wand und krümmte meinen Leib, und dabei war das Seelenweh doch noch entsetzlicher, dass er »jetzt, jetzt fort« musste, und dass er darüber so unglücklich war ...

Bald kamen die Gerufenen herbei und machten sich um mich zu schaffen. Zu gleicher Zeit musste Friedrich die letzte Vorbereitung zum Abmarsch treffen. Nachdem er damit fertig geworden:

»Doktor, Doktor«, rief er, den Arzt bei beiden Händen fassend. »Nicht wahr – Sie versprechen mir – Sie bringen sie durch? Und Sie telegrafieren mir heute noch?«

»Es ist hart, Herr Baron«, bestätigte der Arzt. »Aber seien Sie unbesorgt – die Patientin ist jung und kräftig. Heute Abend ist alles überstanden und Sie erhalten beruhigende Depeschen.«

»Ja, Sie werden mir auf jeden Fall günstig berichten, da ja das Gegenteil nichts nützen könnte ... Ich will aber die Wahrheit! Hören Sie, Doktor, ich verlange Ihren heiligsten Ehreneid darauf: die ganze Wahrheit! Nur unter dieser Voraussetzung kann eine beruhigende Nachricht mich wirklich beruhigen – sonst halte ich alles für Lüge. Also schwören Sie.«

Der Arzt leistete das verlangte Versprechen.

»O, mein armer, armer Mann«, schnitt es mir durch die Seele. »Wie, wenn du heute noch die Nachricht erhältst, deine Martha liege im Sterben und du darfst nicht umkehren, ihr die Augen zuzudrücken ... Du hast Wichtigeres zu tun; es gilt des Augustenburgers Thronansprüche. – Friedrich!«, rief ich laut.

Er flog an meine Seite.

Im selben Augenblick schlug die Uhr. Wir hatten noch ein paar Minuten Zeit. Aber auch um diese letzte Frist wurden wir betrogen, denn wieder erfasste mich ein Anfall, und statt der Abschiedsworte konnte ich nur Schmerzenslaute ausstoßen.

»Gehen Sie, Herr Baron, brechen Sie diesen Auftritt ab«, sagte der Arzt. »Solche Erregung ist für die Kranke gefährlich.«

Noch ein Kuss und er stürzte hinaus ... Mein Wimmern und des Doktors letztes nachklingendes Wort »gefährlich« gaben ihm das Geleit.

In welcher Stimmung mag er wohl geschieden sein? Darüber gab das Olmützer Lokalblättchen am nächsten Tage Bescheid:

Gestern verließ das Regiment unter klingendem Spiel und flatternden Fahnen unsere Stadt, um sich in den meeresumschlungenen Bruderlanden grüne Lorbeeren zu holen. Helle Begeisterung erfüllte die Reihen, man sah den Leuten die Kampfesfreude aus den Augen leuchten usw. usw.

6

Friedrich hatte vor seiner Abreise noch an Tante Marie telegrafiert, dass ich ihrer Pflege bedürfe, und sie kam einige Stunden später bei mir an. Sie fand mich bewusstlos und in großer Gefahr.

Mehrere Wochen schwebte ich zwischen Leben und Tod. Mein Kind war am Tage seiner Geburt gestorben. Der moralische Schmerz, den mir der Abschied von dem geliebten Manne verursacht hatte – gerade in dem Zeitpunkt, wo ich aller Kräfte bedurft hätte, um den physischen Schmerz zu bewältigen –, durch den war ich widerstandsunfähig geworden, und es fehlte nicht viel, so wäre ich unterlegen.

Meinem armen Manne musste der Arzt, seinem eidlichen Versprechen gemäß, den traurigen Bericht schicken, dass das Kind gestorben und die Wöchnerin in Todesgefahr sei.

Was die Nachrichten betraf, die von ihm anlangten, so konnten mir dieselben nicht mitgeteilt werden. Ich delirierte Tag und Nacht. Ein sonderbares Delirium. Ich habe davon eine schwache Erinnerung in das zurückgekehrte Bewusstsein mit hinübergenommen – aber dies mit vernünftigen Worten wiederzugeben, wäre mir unmöglich. In dem anormalen Wirbel des fiebernden Hirns bilden sich eben Begriffe und Vorstellungen, für welche die dem normalen Denken angepasste Sprache keine Ausdrücke hat. Nur so viel kann ich andeuten – ich habe das fantastische Zeug in die roten Hefte einzuzeichnen versucht –, dass ich die beiden Ereignisse, den Krieg und meine Niederkunft, miteinander verwechselte; mir war, als wären Kanonen und blanke Waffen – ich fühlte deutlich die Bajonettstiche

– das Werkzeug der Geburt und als läge ich da, das Streitobjekt zwischen zwei aufeinander losstürmenden Armeen ... Dass mein Gatte fortgezogen, wusste ich; doch sah ich ihn in Gestalt des toten Arno, während Friedrich an meiner Seite, als Krankenwärterin verkleidet, den silbernen Storch streichelte. Jeden Augenblick erwartete ich die platzende Granate, welche uns alle drei – Arno, Friedrich und mich – zersplittern sollte, damit das Kind zur Welt kommen könne, welches bestimmt war, über Dänewig, Schlesstein und Holmark zu regieren ... Und das alles tat so unsäglich weh und war so überflüssig ... Es musste doch irgendwo jemanden geben, der es hätte ändern und aufheben können, der diesen Alp von meiner Brust und von der ganzen Menschheit mittels eines Machtwortes hätte abwälzen können – und die Sehnsucht verzehrte mich, diesem jemand mich zu Füßen zu werfen und zu flehen: Hilf ab – aus Barmherzigkeit, aus Gerechtigkeit hilf ab! – Die Waffen nieder – nieder!

Mit diesem Rufe auf den Lippen erwachte ich eines Tages zum Bewusstsein. Mein Vater und Tante Marie standen am Fuße des Bettes, und beschwichtigend sagte mir der Erstere:

»Ja, ja, Kind, sei ruhig – alle Waffen nieder.«

Dieses Wiedererlangen des Ich-Gefühls nach langer Geistesabwesenheit ist doch ein eigentümlich Ding. Zuerst die frohe erstaunte Wahrnehmung, dass man lebt, und dann die gespannte, an sich selber gerichtete Frage, wer man eigentlich sei ...

Aber die plötzlich mit vollem Elan hereinbrechende Antwort auf diese Frage verwandelte mir die eben erwachte Daseinslust in heftigen Schmerz. Ich war die kranke Martha Tilling, deren neugeborenes Kind gestorben, deren Mann in den Krieg gezogen war ... Seit wann? Das wusste ich nicht.

»Lebt er? Sind Briefe da? Depeschen?«, war meine erste Frage.

Ja, es hatte sich ein ganzer kleiner Stoß von Briefen und Telegrammen angesammelt, welche während meiner Krankheit angelangt.

Zumeist waren es nur Anfragen über meinen Zustand, Bitten um tägliche, um möglichst stündliche Benachrichtigung. Dies natürlich nur, solange der Schreiber an Orten sich befand, wo der Telegraf ihn erreichen konnte.

Man wollte mir nicht gleich erlauben, die Briefe Friedrichs zu lesen – es hätte mich zu sehr aufregen und erschüttern können, meinten sie, und jetzt, da ich kaum aus dem Delirium erwacht, musste ich vor allem Ruhe haben. So viel konnten sie mir sagen: Friedrich war bis jetzt unversehrt. Er hatte schon mehrere glückliche Gefechte durchgemacht – der Krieg müsste bald zu Ende sein; der Feind behauptete sich nur noch auf Alsen; und war dies einmal genommen, so würden unsere Truppen ruhmgekrönt heimkehren.

So sprach mein Vater tröstend auf mich ein. Und Tante Marie erzählte mir meine eigene Krankheitsgeschichte. Es waren nun mehrere Wochen seit dem Tage ihrer Ankunft vergangen, welcher zugleich der Tag war, an welchem Friedrich schied und an welchem mein Kind geboren wurde und starb ... Daran war mir die Erinnerung geblieben, aber was dazwischen lag: des Vaters Ankunft, die laufenden Nachrichten von Friedrich, der Verlauf meiner Krankheit – von dem allem wusste ich nichts. Jetzt erst erfuhr ich, mein Zustand sei ein so schlimmer gewesen, dass die Ärzte mich bereits aufgegeben hatten und mein Vater gerufen worden war, um mich »ein letztes Mal« zu sehen. An Friedrich waren die bösen Nachrichten gewissenhaft geschickt worden, aber auch die besseren

Nachrichten – seit einigen Tagen nämlich gaben die Ärzte wieder Hoffnung – mussten zur Stunde schon in seinen Händen sein.

»Wenn er selbst noch am Leben ist«, warf ich mit einem schweren Seufzer ein.

»Versündige dich nicht, Martha«, ermahnte die Tante. »Der liebe Gott und seine Heiligen werden dich nicht auf unser Flehen hin gerettet haben, um dich dann so heimzusuchen. Auch dein Mann wird dir erhalten bleiben, für den ich, du kannst es mir glauben, ebenso heiß gebetet habe wie für dich. Du selber bist mir auch wieder ein Beweis, was die Fürsprache der Heiligen vermag – denn du warst schon am Rande des Grabes, glaube mir, da habe ich mich an deine Schutzpatronin, die heilige Martha, gewandt …«

»Und ich«, unterbrach mein Vater, welcher in politischer Hinsicht zwar sehr klerikal gesinnt war, in praktischer Hinsicht jedoch durchaus nicht mit seiner Schwester sympathisierte, »ich habe aus Wien den Doktor Braun verschrieben, und der hat dich gerettet.«

Am nächsten Tage, auf mein dringendes Bitten, wurde mir gestattet, sämtliche von Friedrich eingelaufenen Sendungen zu lesen. Zumeist waren es nur zeilenlange Anfragen oder ebenso lakonische Berichte:

Gestern Gefecht – bin unversehrt.

*Marschieren heute weiter – Depeschen zu adressieren nach ***.*

Ein längerer Brief trug auf dem Umschlag den Vermerk: »Nur zu übergeben, wenn jede Gefahr vorüber ist.« Diesen las ich zuerst:

Mein Alles!

Ob Du dieses jemals lesen wirst? Die letzte Nachricht, die ich von Deinem Arzt erhalten, meldete: Patientin in heftigem Fieber: Zustand bedenklich. »Bedenklich« – den Ausdruck hat der Mann vielleicht aus

Schonung gebraucht, um nicht zu sagen »hoffnungslos« ... Wenn Dir dieses eingehändigt wird, so weißt Du ja, dass Du der Gefahr entronnen bist; aber Du mögest denn nachträglich erfahren, wie mir zumute war, während ich – am Vorabend einer Schlacht – mir vorstellte, dass mein angebetetes Weib im Sterben liegt. Dass sie nach mir ruft – die Arme nach mir ausstreckt ... Wir hatten uns ja nicht einmal ordentlich Lebewohl gesagt ... Und unser Kind, auf das ich mich so gefreut – tot! Und ich selber morgen – ob mich eine Kugel trifft? Wenn ich vorher wüsste, dass Du nicht mehr bist, so wäre mir die tödliche Kugel das Liebste – aber wenn Du gerettet werden sollst, nein, dann will ich vom Sterben noch nichts wissen. »Todesfreudigkeit«, dieses Widernatürliche von den Feldpredigern uns stets angepriesene Ding, das kann ein glücklicher Mensch nicht empfinden – und wenn Du lebst und ich heimkomme, so habe ich noch unberechenbare Schätze von Glück zu beheben. O, welche Lebensfreudigkeit, mit der wir beide noch die Zukunft genießen wollten, wenn uns eine solche beschieden ist!

Heute trafen wir zum ersten Mal mit dem Feind zusammen. Bisher ging unser Weg durch eroberte Landstriche, aus welchen die Dänen sich zurückzogen. Rauchende Dorftrümmer, zertretene Saaten, herumliegende Waffen und Tornister, durch Granaten aufgewirbelte Erde, Blutlachen, Pferdeleichen, Massengräber – das sind die Landschaften und deren Staffage, durch welche wir hinter dem Sieger hergewandelt sind, um womöglich neue Siege daran zu reihen, das heißt, neue Dörfer anzuzünden und so weiter ... Das haben wir nun heute auch getan. Die Position ist unser. Hinter uns steht ein Dorf in Flammen. Die Einwohner hatten es zum Glück vorher verlassen. Aber in einem Stall war ein Pferd vergessen worden – ich hörte das verzweifelte Tier stampfen und schreien ... Weißt Du, was ich tat? Das hat mir wahrlich keinen Orden eingetragen – denn statt ein paar Dänen niederzumachen, sprengte ich auf jenen Stall zu, um das arme Ross zu befreien. Unmöglich: Schon brannte die Krippe, schon das Stroh unter seinen Hufen, schon seine Mähne … Da schoss ich ihm zwei Revolverkugeln durch den Kopf – es fiel getroffen nieder und war von dem qualvollen Flammentod gerettet. Dann zurück in den Kampf, in den Mordgestank des Pulvers, in den wüsten Lärm knatternder Schüsse, stürzenden Gebälks, wütenden Kriegsgeschreis. Die meisten um mich her, Freund und Feind, waren wohl vom Kriegstaumel erfasst – ich aber blieb in unseliger Nüchternheit. Zu Dänenhass konnte ich mich nicht aufschwingen – was taten die Braven, indem sie über uns herfielen? Weiter nichts als ihre Pflicht. Meine Gedanken waren bei Dir, Marthe … Ich sah Dich auf dem Paradebette liegen, und was ich mir wünschte, war, dass mich eine Kugel treffe. Dazwischen blitzte doch wieder ein Hoffnungsstrahl: Wie, wenn sie lebt? Wie, wenn ich heimkehrte? …

Das Gemetzel dauerte über zwei Stunden und wir behaupteten wie gesagt das Feld. Der geschlagene Feind entfloh. Wir verfolgten ihn nicht. Auf dem Platze blieb uns Arbeit genug zu verrichten. Von dem Dorfe einige hundert Schritte entfernt und vom Brande unversehrt geblieben, steht ein großer Meierhof mit zahlreichen leeren Wohnräumen und Ställen; hier werden wir die Nacht über ausruhen, und hierher haben wir unsere Verwundeten gebracht. Das Begraben der Toten bleibt auf morgen früh. Dabei werden natürlich wieder einige Lebendige verscharrt, denn der Starrkrampf nach Verwundungen ist eine häufige Erscheinung. Manche, die drübengeblieben, ob tot oder verletzt oder auch unverletzt, werden wir ganz zurücklassen müssen; diejenigen nämlich, welche unter den Trümmern der eingestürzten

Häuser liegen. Die können dann hier, wenn sie tot sind, langsam vermodern; wenn verwundet, langsam verbluten, und wenn unversehrt, langsam verhungern. Und wir – hurra! – können weiterziehen, in unseren frischen, fröhlichen Krieg …

Der nächste Zusammenstoß wird wohl eine Feldschlacht abgeben. Allem Anschein nach werden sich zwei große Armeekorps gegenüberstehen. Dann kann die Zahl der Toten und Verwundeten leicht in die Zehntausend gehen; denn wenn die Kanonen ihres Vernichtung speienden Amtes walten, so werden beiderseitig die vorderen Reihen schnell weggefegt. Das ist ja eine wunderschöne Einrichtung. Aber noch besser wird es sein, wenn einst die Schießtechnik so weit vorgeschritten ist, dass jede Armee ein Geschoss abfeuern kann, welches die ganze feindliche Armee mit einem Schlag zertrümmert. Vielleicht würde so das Kriegführen überhaupt unterbleiben.

Warum schreibe ich Dir dies alles? Warum breche ich nicht, wie es einem Kriegsmanne ziemt, in begeisterte Lobeshymnen auf das Kriegshandwerk aus? Warum? Weil ich nach Wahrheit – und nach rückhaltloser Äußerung derselben – dürste; weil ich jederzeit die lügenhafte Phrase hasse; in diesem Augenblick aber, wo ich dem Tode so nahe bin und wo ich zu Dir spreche, die Du vielleicht auch im Sterben liegst, es mich doppelt drängt, zu sprechen, wie es mir ums Herz ist. Mögen tausend andere auch anders denken oder doch anders zu sprechen sich verpflichtet dünken, ich will, ich muss es noch einmal gesagt haben, eh ich dem Krieg zum Opfer falle: Ich hasse den Krieg. Würde nur jeder, der das Gleiche fühlt, es laut zu verkünden wagen – welch ein dröhnender Protest schrie da zum Himmel auf! Alles jetzt erschallende Hurra samt dem begleitenden Kanonendonner würde dann durch den Schlachtruf der nach Menschlichkeit lechzenden

Menschheit übertönt, durch das siegesgewisse »Krieg dem Kriege!«

½ 4 Uhr früh. Obiges schrieb ich gestern Nacht. Dann habe ich mich auf einen Strohsack gelegt und ein paar Stunden geschlafen. In einer halben Stunde wird aufgebrochen, und dies kann ich noch der Feldpost übergeben. Alles ist schon wach und rüstet zum Abmarsch. Die armen Leute: Wenig Ruhe haben sie gefunden, nach der gestern vollbrachten, wenig Kräftigung zu der heute zu vollbringenden Blutarbeit ... Vorhin habe ich noch einen Rundgang durch unser improvisiertes Lazarett gemacht, welches hier zurückbleibt. Da sah ich unter den Verwundeten und Sterbenden ein paar, denen ich es gern so gemacht hätte wie dem brennenden Pferde: ihnen eine Gnadenkugel durch den Kopf gejagt. Da ist einer, dem der ganze Unterkiefer weggeschossen ist; da ist ein anderer, der – genug ... Ich kann nicht helfen, niemand kann da helfen als der Tod. Leider ist der oft so langsam ... Wer ihn verzweifelt anruft, dem gegenüber stellt er sich taub. Er ist anderweitig viel zu sehr beschäftigt, diejenigen hinzuraffen, die inbrünstig auf Genesung hoffen, die ihn flehentlich anrufen: O, verschone mich!

Mein Pferd ist gesattelt – jetzt heißt es diese Zeilen schließen. Leb wohl Martha – wenn Du noch lebst.

7

Zum Glück befanden sich in dem Briefpaket noch Nachrichten jüngeren Datums als das eben angeführte Schreiben ... Nach der in Letzterem vorhergesagten Schlacht hatte Friedrich berichten können:

Der Tag ist unser. Ich bin unversehrt geblieben. Das sind zwei gute Nachrichten – die erste namentlich für Deinen Vater, die zweite für Dich. Dass für unzählige andere derselbe Tag unzähligen Jammer gebracht hat, vermag ich nicht zu übersehen.

In einem anderen Brief erzählte Friedrich, dass er mit seinem Vetter Gottfried zusammengetroffen:

Stell Dir vor, welche Überraschung: Wen sehe ich an der Spitze eines Detachements an mir vorüberreiten? Tante Korneliens einzigen Sohn. Muss die Arme jetzt doch zittern ... Der Junge selber ist ganz begeistert und kampfesfroh. Ich sah es an seiner stolzen, leuchtenden Miene, und er hat es mir auch bestätigt. Am selben Abend waren wir zusammen im Lager und ich ließ ihn in mein Zelt rufen.

»Das ist ja herrlich«, rief er entzückt, »dass wir für dieselbe Sache kämpfen, Vetter – und nebeneinander! Hab ich nicht Glück, dass gleich im ersten Jahre meiner Leutnantschaft Krieg ausgebrochen? Ich werde mir ein Verdienstkreuz holen.«

»Und die Tante – wie hat sie dein Ausrücken aufgenommen?«

»Mit Tränen – die sie zu verbergen suchte, um meine Lust nicht zu dämpfen –, mit Segenswünschen, mit Kummer und mit Stolz.«

»Und wie war's dir selber zumute, als du zum ersten Mal ins Gemenge kamst?«

»O wonnig erhebend!«

»Du brauchst nicht zu lügen, mein Junge. Nicht der Stabsoffizier fragt nach deinen pflichtschuldigen Leutnantsgefühlen, sondern der Mensch und Freund.«

»Ich kann nur wiederholen: wonnig und erhebend. Schauerlich – ja ... aber so großartig! Und das Bewusstsein, dass ich die höchste Mannespflicht erfülle mit Gott für König und Vaterland! Und dann: dass ich den Tod, dieses sonst so gefürchtete und gemiedene Gespenst, hier so nahe um mich herum walten sehe, seine Sense auch über mir erhoben, das versetzt mich in eine eigene, über die Gewöhnlichkeit so erhabene, epische Stimmung ... Die Muse der Geschichte fühle ich uns zu Häupten schweben und unserem Schwert die Siegeskraft verleihen. Ein edler Zorn durchglüht mich gegen den frechen Feind, der das Recht der deutschen Lande niedertreten wollte, und es ist mir ein Hochgefühl, diesen Hass befriedigen zu dürfen ... Das ist ein eigen, geheimnisvolles Ding, dieses Umbringen dürfen – nein: Umbringen müssen – ohne ein Mörder zu sein und mit unerschrockener Preisgabe des eigenen Lebens ...«

So faselte der Knabe weiter. Ich ließ ihn reden. Habe ich doch Ähnliches empfunden, als mich die erste Schlacht umtoste. »Episch«, ja, da hat er das richtige Wort getroffen. Die Heldengedichte und Heldengeschichten, mittels deren uns die Schule zu Kriegen aufzieht, sie sind es, welche dann durch den Donner der Geschütze, durch das Blitzen der blanken Waffen und durch das Feldgeschrei der Kämpfer in unserem Hirn zum Vibrieren gebracht werden. Und die Außergewöhnlichkeit, die unverständliche Außergesetzlichkeit, in der man plötzlich sich befindet, die macht, als wäre man in eine andere Welt versetzt ... Es ist wie ein Ausblick von dem banalen Erdendasein mit seiner friedlichen bürgerlichen

Ruhe in ein titanisches Gewühl von Höllengeistern ... Aber mir war dieser Taumel bald verflogen, und nur mühsam kann ich mich in die Empfindungen zurückdenken, wie sie mir der junge Tessow geschildert. Ich habe es zu früh erkannt, dass der Schlachteneifer nichts Übermenschliches, sondern Untermenschliches ist; keine mystische Offenbarung aus dem Reiche Luzifers, sondern eine Reminiszenz aus dem Reiche der Tierheit – ein Wiedererwachen der Bestialität. Nur wer sich bis zur wilden Mordlust berauschen kann, wer – wie ich das bei manchen unter uns gesehen – mit weit ausgeholtem Hiebe den Schädel eines entwaffneten Feindes spaltet; wer zum Berserker – tiefer noch: zum blutdürstigen Tiger – herabgesunken, der hat für Augenblicke »des Kampfes Wollust« genossen. Ich nie – mein Weib – glaube es mir, ich nie.

Gottfried ist entzückt, dass wir Österreicher für dieselbe »gerechte Sache« wie die Preußen eingetreten sind.

»Ja, wir Deutsche sind doch alle ein einig Volk von Brüdern.«

»Das hat sich schon im Dreißigjährigen Krieg und auch im Siebenjährigen Krieg gezeigt«, schaltete ich halblaut ein.

Gottfried überhörte mich und fuhr fort:

»Füreinander, miteinander besiegen wir jeden Feind.«

»Wie dann, mein Junge, wenn heute oder morgen die Preußen mit den Österreichern kämpfen und wir zwei als Feinde gegeneinandergestellt werden?«

»Nicht denkbar. Jetzt, nachdem unser beider Blut für eine Sache geflossen, jetzt kann doch nie mehr ...«

»Nie mehr? Ich warne dich vor den Ausdrücken ›nie‹ und ›ewig‹ in politischen Dingen. Was die Eintagsfliegen im Reiche der Lebewesen, das sind die Völkerfeindschaften und Freundschaften im Reiche der geschichtlichen Erscheinungen.«

Ich schreibe das alles nieder, Martha, nicht weil ich glaube, dass es Dich – arme Kranke – interessieren könne; noch, weil ich Dir gegenüber Betrachtungen anstellen will. Aber ich habe eine Idee, dass ich bleiben werde, und da will ich nicht, dass meine Gefühle unausgesprochen mit mir ins Grab versinken. Mein Brief kann – auch noch von anderen als Dir – gefunden und gelesen werden. Es soll nicht ewig verschwiegen und vertuscht bleiben, was sich im Geiste unbefangen denkender und menschlich fühlender Soldaten regt. »Ich hab's gewagt«, war Ulrich von Huttens Wahlspruch. »Ich hab's gesagt« – mit dieser Gewissensberuhigung will ich aus dem Leben geschieden sein.

Die jüngste der vorhandenen Nachrichten war vor fünf Tagen abgesendet worden und vor zwei Tagen angekommen. Was kann in fünf Tagen – fünf Kriegstagen – nicht alles geschehen sein? Sorge und Bangen ergriff mich. Warum war gestern, warum heute kein Zeichen angelangt? O diese Sehnsucht nach einem Briefe – lieber noch Telegramme: Ich glaube, kein von Fieberdurst Gequälter kann so nach Wasser lechzen, wie ich damals nach einer Nachricht lechzte. Ich war gerettet; ihm sollte die große Freude werden, mich lebend zu finden, wenn … – immer dieses »wenn«, dieses jede Zukunftshoffnung in der Knospe erstickende »wenn«!

Mein Vater musste wieder abreisen. Nunmehr konnte er mich beruhigt verlassen – die Gefahr war vorüber und er hatte schon dringend in Grumitz zu tun. Ich sollte, sobald ich hierzu die nötigen Kräfte zurückerlangt, ihm dorthin mit meinem kleinen Rudolf folgen. Der Aufenthalt in der frischen Landluft würde mich erst vollständig herstellen können und auch dem Kleinen förderlich sein. Tante Marie blieb zurück; sie wollte mich weiter pflegen und dann mit mir nach Grumitz fahren, wohin uns Rosa und Lilli schon vorangegangen waren. Ich ließ sie reden und für mich Pläne machen. Im Stillen nahm ich mir vor, sobald ich nur halbwegs dazu fähig sein würde, nach Schleswig-Holstein abzureisen.

Wo Friedrichs Regiment in diesem Augenblicke sich befand, wussten wir nicht. Es war unmöglich, ihm eine Depesche zukommen zu lassen, und am liebsten hätte ich jede Stunde telegrafiert, um zu fragen: »Lebst du?«

»Du musst dich nicht so aufregen«, predigte mein Vater, als er von mir Abschied nahm, »sonst bekommst du gar noch einen Rückfall. Zwei Tage ohne Nachricht: Was ist das? Doch wahrlich kein Grund zur Besorgnis. Im Felde findet man nicht überall Briefkästen und Telegrafenstationen – abgesehen davon, dass man während des Marsches und des Schlagens gar nicht imstande ist zu schreiben. Die Feldpost funktioniert nicht immer regelmäßig; da kann man leicht vierzehn Tage nachrichtenlos bleiben, ohne dass dies Schlimmes bedeutet. Zu meiner Zeit habe ich oft noch länger nicht nach Hause geschrieben und man war darum nicht besorgt um mich.«

»Wie weißt du das, Papa? Ich bin überzeugt, die deinen haben für dich ebenso gezittert, wie ich für Friedrich zittere. Nicht wahr, Tante?«

»Wir waren gottvertrauender als du«, antwortete diese. »Wir wussten, dass, wenn die gütige Vorsehung es so lenken wollte, dass – ob wir nun Nachrichten erhielten oder keine – dein Vater zu uns zurückkehren würde.«

»Und wäre ich nicht zurückgekehrt, alle Kuckuck, so wärt ihr auch vaterlandsliebend genug, um einzusehen, dass eine so geringe Sache wie eines einzelnen Soldaten Leben in der großen Sache, für die er es gelassen hat, gänzlich verschwindet. Du, meine Tochter, bist lange nicht patriotisch genug gesinnt. Aber ich will jetzt mit dir nicht zanken ... Die Hauptsache ist, dass du wieder gesund wirst und dich für deinen Rudi erhältst, um einen tüchtigen Mann und Vaterlandsverteidiger aus ihm heranzubilden.«

8

Ich genas nicht so schnell, wie man anfangs gehofft. Die fortdauernde Nachrichtenlosigkeit versetzte mich in solche bange Aufregung, dass ich aus dem fieberhaften Zustand gar nicht herauskam. Die Nächte waren mit schauerlichen Fantasien gefüllt und die Tage vergingen in harrender Sehnsucht oder trübem Hinbrüten; dabei war es schwer, wieder zu Kräften zu gelangen.

Einmal, nach einer Nacht, da ich besonders schauderhafte Gesichte gehabt – Friedrich lebend unter einem Haufen von Menschen- und Pferdeleichen verschüttet –, stellte sich sogar ein Rückfall ein, der mein Leben neuerdings in Gefahr brachte. Die arme Tante Marie hatte ein schweres Amt. Sie hielt es für ihre Pflicht, mit unablässig Trost und Ergebung zuzusprechen, und ihre Gründe – namentlich die immer wiederkehrende »Bestimmung« – hatten die Wirkung, mich aufs Höchste aufzubringen; und statt sie ruhig predigen zu lassen, ließ ich mich zu leidenschaftlichem Widersprechen, zu auflehnenden Klagen gegen das Geschick, zu unumwundenem Versichern hinreißen, dass mir ihre »Bestimmung« als ein Unsinn erschiene. Das alles klang natürlich lästerlich und die gute Tante fühlte sich nicht allein persönlich verletzt, sondern zitterte auch für meine rebellische, jetzt vielleicht so bald vor den ewigen Richterstuhl gerufene Seele ...

Nur ein Mittel gab es, mich für einige Momente zu beruhigen. Das war, wenn man mir den kleinen Rudolf ins Zimmer brachte.

»Du mein geliebtes Kind – du mein Trost, meine Stütze, meine Zukunft!«, so rief ich den Kleinen in meinem Innern an, wenn ich ihn erblickte.

Er blieb aber nicht gern in dem traurigen, verhängten Krankenzimmer. Es war ihm wohl unheimlich, seine sonst so lustige Mama jetzt unaufhörlich im Bette liegen zu sehen, verweint und blass. Er wurde selber ganz niedergeschlagen, und so behielt ich ihn immer nur für kurze Augenblicke bei mir.

Von meinem Vater kamen häufig Anfragen und Nachrichten. Er hatte an Friedrichs Obersten und noch an mehrere andere geschrieben, doch »noch keine Antwort erhalten«. Wenn eine Verlustliste eintraf, schickte er eine Depesche an mich.

»Friedrich nicht dabei.«

»Ob ihr mich nicht vielleicht betrügt?«, frage ich einmal die Tante. »Ob nicht schon längst die Todesnachricht da ist – und ihr sie mir verhehlt?«

»Ich schwöre dir ...«

»Bei deinem Glauben? Bei deiner Seele?«

»Bei meiner Seele.«

Solche Versicherung tat mir unsäglich wohl, denn mit aller Macht klammerte ich mich an meine Hoffnung ... Stündlich erwartete ich das Eintreffen eines Briefes, einer Depesche. Bei jedem Lärm im Nebenzimmer stellte ich mir vor, dass es der Bote sei; fast beständig waren meine Blicke zur Tür gerichtet mit der beharrlichen Vorstellung, dass einer da eintreten müsse, die beglückende Botschaft in der Hand ... Wenn ich auf jene Tage zurückschaue, so liegen sie wie ein langes, qualvolles Jahr in meiner Erinnerung. Der nächste Lichtblick war nur die Nachricht, dass abermals ein Waffenstillstand abgeschlossen worden sei – das bedeutete diesmal wohl den Frieden. An dem Tage nach dem Eintreffen dieser Neuigkeit stand ich zum ersten Mal ein wenig auf.

Der Friede! Welch ein süßer, wohliger Gedanke ... Vielleicht zu spät für mich! Gleichviel: Ich fühlte mich doch unsäglich beruhigt – wenigstens brauchte ich mir nicht mehr täglich, stündlich den tosenden Kampf vorzustellen, von welchem Friedrich vielleicht gerade umgeben war ...

»Gott sei Dank, jetzt wirst du bald gesund werden«, sagte die Tante eines Tages, nachdem sie mir geholfen, mich auf einen Ruhesessel niederzulassen, den man mir zum offenen Fenster geschoben hatte. »Und da können wir bald nach Grumitz ...«

»Sobald ich die Kraft habe, reise ich nach – Alsen!«

»Nach Alsen? Aber Kind, was fällt dir ein?«

»Ich will dort die Stelle finden, wo Friedrich entweder verwundet oder ...«

Ich konnte nicht weitersprechen.

»Soll ich den kleinen Rudolf holen?«, fragte die Tante nach einer Weile.

Sie wusste, dass dies das beste Mittel sei, um meine trüben Gedanken für eine Zeit zu verscheuchen.

»Nein, jetzt nicht – ich möchte ganz ruhig und allein bleiben ... Auch du tätest mir einen Gefallen, Tante, wenn du in das Nebenzimmer gingest. Vielleicht werde ich ein wenig schlafen. Ich fühle mich so matt ...«

»Gut, mein Kind, ich will dich in Ruhe lassen. Hier auf dem Tischchen neben dir steht eine Glocke. Wenn du etwas brauchst, wird gleich jemand zur Hand sein.«

»War der Briefträger schon da?«

»Nein – es ist noch nicht Postzeit.«

»Wenn er kommt, so wecke mich.«

Ich lehnte mich zurück und schloss die Augen. Leisen Schrittes ging die Tante hinaus. Dieses unhörbare Auftreten hatten sich in letzter Zeit alle Hausgenossen angewöhnt.

Nicht schlafen wollte ich, sondern nur mit meinen Gedanken allein bleiben ... Ich befand mich in demselben Zimmer, auf demselben Ruhesessel wie an jenem Vormittage, wo Friedrich gekommen war, mir mitzuteilen: »Wir haben Marschbefehl.« Es war auch ebenso schwül wie an jenem Tage, und wieder dufteten Rosen in einer Vase neben mir, wieder tönten von der Kaserne Trompetenübungen her. Ich konnte mich ganz in die Stimmung von damals zurückversetzen ... Ich wollte, ich hätte wieder so einschlummern können und träumen, wie ich damals zu träumen wähnte: dass die Tür leise aufging und der geliebte Mann hereintrat ... Die Rosen dufteten immer schwerer und durch das offene Fenster hallten die fernen Trara … Allmählich schwand mir das Bewusstsein der Gegenwart; immer mehr und mehr fühlte ich mich in jene Stunde zurückversetzt – vergessen war alles, was seither vorgefallen, nur die eine fixe Idee war immer intensiver, dass jetzt die Tür sich öffnen müsse, um dem Teuren Einlass zu gewähren. Zu diesem Zwecke musste ich aber träumen, dass ich die Augen halb offenhielt. Es war mir eine Anstrengung, dies zu erzwingen, aber es gelang – linienbreit hob ich die Lider und …

... Und da war es, das ersehnte, das beglückende Bild: Friedrich, mein geliebter Friedrich auf der Schwelle!

Laut aufschluchzend und das Gesicht mit beiden Händen bedeckend, fuhr ich aus meinem traumhaften Zustand auf. Mit einem Schlag war es mir klar geworden, dass dies nur eine Halluzination gewesen, und das himmelshelle Glückslicht, welches von diesem

Wahnbild ausgeflossen, ließ mir die höllenfinstere Nacht meines Unglücks nur desto schwärzer erscheinen.

»O mein Friedrich – mein Verlorener!«, stöhnte ich.

»Martha, Weib!«

Was war das? Eine wirkliche Stimme – die seine – und wirkliche Arme, die mich stürmisch umfingen ... Es war kein Traum: Ich lag an meines Mannes Herzen.

9

Wie in der letzten Abschiedsstunde unser Schmerz sich mehr in Tränen und Küssen denn in Worten geäußert hatte – so auch unser Glück in dieser Wiedersehensstunde. Dass man vor Freude wahnsinnig werden kann, ich fühlte es deutlich, als ich den Verlorengeglaubten wieder festhielt, als ich schluchzend und lachend und erregungszitternd immer wieder den teuren Kopf mit beiden Händen fasste, um ihm Stirn und Augen und Mund zu küssen, unverständliche Worte stammelnd ...

Auf meinen ersten Jubelschrei war Tante Marie aus dem Nebenzimmer herbeigeeilt. Auch sie hatte von Friedrichs Rückkehr keine Ahnung gehabt, und bei seinem Anblick ließ sie sich mit einem lauten »Jesus, Maria und Joseph!« auf den nächsten Sessel fallen.

Es dauerte lange, bis der erste Freudentaumel sich genug gelegt hatte, um gegenseitigen Fragen und Gegenfragen, Mitteilungen und Berichten Raum zu lassen. Dann erfuhren wir, dass Friedrich in einem Bauernhause liegen geblieben war, während sein Regiment weitergezogen. Die Wunde war keine schwere gewesen, dennoch hatte er mehrere Tage bewusstlos im Fieber gelegen. Briefe waren ihm in letzter Zeit keine zugekommen, und es war auch nicht möglich gewesen, solche abzuschicken. Als er genesen, da war der Waffenstillstand bereits erklärt und eigentlich der Krieg zu Ende. Nichts hinderte ihn, nach Hause zu eilen. Jetzt schrieb und telegrafierte er nicht mehr und reiste Tag und Nacht, um so schnell wie möglich anzukommen. Ob ich noch am Leben, ob ich außer Gefahr war – das wusste er nicht. Er wollte sich auch gar nicht darum erkundigen – nur hin, nur hin, ohne eine Stunde zu verlieren ... Und jetzt hatte er sein Liebstes wiedergefunden: gerettet und selig – über die Maßen selig ...

Bald übersiedelten wir alle nach meines Vaters Landsitz. Friedrich hatte zur Herstellung seiner Gesundheit einen längeren Urlaub erhalten und die ihm vom Arzt verordneten Mittel – Ruhe und gute Luft – konnte er am besten bei uns in Grumitz finden.

Das war ein glücklicher Nachsommer ... Ich erinnere mich keines Zeitabschnittes in meinem Leben, der schöner gewesen wäre. Die endliche Vereinigung mit einem lang ersehnten Geliebten mag wohl unendlich sein; aber fast noch süßer will mir die Wiedervereinigung mit einem schon halb Verlorengegebenen scheinen. Wenn ich mich für einen Moment in das Angstgefühl zurückversetze, welches mich vor Friedrichs Rückkehr erfüllte, oder mir die Bilder heraufbeschwor, welche meine Fiebernächte gequält hatten, und mich dann an seinem Anblick weidete, so jubelte mir das Herz. Ich hatte ihn jetzt noch lieber, noch hundertmal lieber, den wiedererlangten Gatten, und ich empfand seinen Besitz als einen immer anwachsenden Reichtum. Schon hatte ich mich für eine Bettlerin gehalten – und jetzt: Die Freudenmillion war mein!

Die ganze Familie war in Grumitz versammelt. Auch Otto, mein Bruder, brachte seine Ferien bei uns zu. Er war jetzt fünfzehn Jahre alt und sollte noch drei Jahre in der Wiener-Neustädter Militärakademie zubringen. Ein herziges Bürschchen, mein Bruder, und des Vaters Liebling und Stolz. Er sowohl wie Lilli und Rosa füllten das Haus mit ihrer Lustigkeit. Das war ein ewiges Lachen und Springen und Ball- und Raquette-Spiel und allerlei tolles Streichemachen.

Vetter Konrad, dessen Regiment unweit Grumitz in Garnison lag, kam so häufig wie möglich herübergeritten und hielt bei den Ausgelassenheiten der Jungen wacker mit. Eine zweite Partie bildeten die Alten – nämlich Tante Marie, mein Vater und einige als Gäste bei uns weilende Kameraden des Letzteren. Unter diesen wurde fleißig Karten gespielt, gemäßigte Parkpromenaden gemacht, den Tafelfreuden gehuldigt und unabsehbar viel »kannegegossen«. Die eben stattgehabten kriegerischen Ereignisse und die durch Letztere durchaus nicht zum Abschluss gebrachte schleswig-holsteinische Frage boten ein ergiebiges Feld hierzu.

Friedrich und ich lebten von den anderen eigentlich so ziemlich abgeschieden – nur zu den Mahlzeiten trafen wir mit ihnen zusammen – und auch das nicht immer. Man ließ uns gewähren. Es galt als ausgemacht, dass wir in einer zweiten Auflage des Honigmondes uns befanden und uns Einsamkeit gebühre. Und wir waren auch am liebsten allein. Nicht etwa, um, wie die anderen vermutlich glaubten, in Honigmondesart zu schäkern und zu kosen – dazu waren wir doch nicht »neuvermählt« genug; aber weil wir im gegenseitigen Umgang die meiste Befriedigung fanden. Nach den kürzlich durchgemachten schweren Sorgen konnten wir die naive Munterkeit der Jugendpartei nicht teilen, und noch weniger sympathisierten wir mit den Interessen und Unterhaltungen der Würdenspersonen, und so zogen wir es vor, uns ein gutes Stück Abgeschiedenheit zu wahren. Wir unternahmen zusammen lange Spaziergänge, mitunter Ausflüge in die Umgebung, wobei wir den ganzen Tag abwesend blieben; viele Stunden verbrachten wir zu zweien im Bibliothekzimmer, und abends, wenn die verschiedenen Spielkarten in Angriff genommen wurden, zogen wir uns in unsere Gemächer zurück, wo wir bei Tee und Zigarre unsere vertraulichen Plaudereien wieder aufnahmen. Am liebsten erzählten wir einander von den Trauer- und Schreckgefühlen, die wir während unserer Trennungszeit empfunden, dies weckte die Freude unseres Wiederfindens immer aufs Neue. Wir kamen überein, dass Todesahnungen und dergleichen nichts als Aberglaube seien, denn beide waren wir seit der Stunde unseres Abschiedes von der Voraussicht erfüllt gewesen, dass eins oder das andere sterben müsse – und jetzt hatten wir uns wieder! Friedrich musste mir genau alle die Gefahren und Leiden erzählen, die er durchgemacht, und die Gräuelbilder des Schlachtfeldes und des Lazaretts beschreiben, welche er neuerdings in seine schaudernde Seele aufgenommen. Ich liebte den Ton des Unwissens und des Schmerzes, der bei solchen Berichten in seiner Stimme zitterte. Aus der Art, wie er von den Grausamkeiten sprach, deren Zeuge er im Kriegsgetümmel gewesen war, hörte ich die Verheißung der Edelmenschlichkeit heraus, welche berufen ist, erst bei Einzelnen, später bei vielen, endlich bei allen die Barbarei zu überwinden.

Auch mein Vater und Otto forderten Friedrich häufig auf, Episoden aus dem Feldzuge zum Besten zu geben. Freilich geschah dies in ganz anderem Geiste, als wenn ich um eine solche Erzählung bat, und in anderem Geiste war denn auch Friedrichs Vortrag gehalten. Er begnügte sich damit, die Namen der genommenen und der verteidigten Ortschaften zu berichten, einzelne Lagerszenen zu beschreiben, Worte zu wiederholen, welche von den Heerführern gesprochen wurden, und was dergleichen Kriegsmiszellen mehr sind. Sein Auditorium war entzückt davon; mein Vater lauschte mit Genugtuung, Otto mit Bewunderung, die Generäle mit sachverständiger Wichtigkeit. Nur ich konnte an dieser trockenen Erzählweise keinen Geschmack finden; ich wusste, dass dieselbe eine ganze Welt von Gefühlen und Gedanken verschwieg, welche die berichteten Dinge in des Erzählers Seelengrund geweckt hatten. Als ich ihm einst unter vier Augen darüber einen Vorwurf machte, entgegnete er:

»Unaufrichtigkeit? Mangel an Meinungsmut? Nein, liebes Kind, du irrst – bloße Anständigkeit ist es. Erinnerst du dich unserer Hochzeitsreise – unserer Abfahrt von Wien, das erste Alleinsein im Waggon, die Nacht im Prager Hotel? Hast du die Einzelheiten jener Stunden jemals hier erzählt – und jemals deinen Freunden und Verwandten die Gefühle und Regungen dieser Rosenzeit geschildert?«

»Nein, gewiss nicht ... Von solchen Dingen schweigt wohl jede Frau ...«

»Nun siehst du, es gibt auch Dinge, von welchen jeder Mann zu schweigen pflegt. Ihr dürft von euren Liebesfreuden nichts berichten; wir nichts von unseren Kriegsleiden. Ersteres könnte eure Haupttugend – die Keuschheit – bloßstellen, Letzteres die unsere – den Mut. Die Wonnen der Flitterwochen und die Schrecken des Schlachtfeldes: Davon kann doch in gesitteter Gesellschaft kein »weibliches« Weib, kein »männlicher« Mann etwas erzählen. Wie du hättest in der Verzückung der Liebe süße Tränen vergossen, wie ich hätte unter dem Hieb der Todessense aufgeschrien – wie könntest du dich zu solcher Sinnlichkeit, wie dürfte ich zu solcher Feigheit mich bekennen?«

»Und hast du geschrien, hast du gezittert, Friedrich? Mir kannst du es sagen. Ich verschweige dir auch die Geheimnisse meiner Liebesfreuden nicht.«

»Dir das Todesbangen eingestehen, das uns Soldaten auf der Wahlstatt erfasst? Wie wäre es denn anders möglich? Die Phrase und die Dichtung lügen darüber hinweg – die durch Phrase und Dichtung künstlich angefachte Begeisterung vermag sogar den Naturtrieb der Selbsterhaltung momentan zu überwinden, aber nur momentan ... Bei den Rohen kann auch mitunter Mord- und Zerstörungslust die Angst um das eigene Leben verscheuchen; bei den Ehrenfesten wird der Stolz vermögen, die äußere Kundgebung dieser Angst zu unterdrücken ... Aber wie viele habe ich stöhnen und wimmern gehört von den armen jungen Burschen – welche verzweifelnde Blicke, welch todesfurchtverzerrte Gesichter hab ich gesehen – welche wilde Klagen und Flüche und flehendes Bitten vernommen!«

»Und das hat dir wehgetan, du mein Guter, Milder?«

»Oft zum Aufschreien weh, Martha. Und doch weniger, als es meiner Mitleidsfähigkeit eigentlich entspräche. Man sollte glauben, wenn man beim Anblick eines vereinzelten Leidens von Mitgefühl ergriffen ist, dass vertausendfachtes Leid auch tausendmal stärkeres Mitgefühl wecken müsste. Aber das Gegenteil tritt ein: Die Massenhaftigkeit stumpfte ab. Man kann den einen nicht so heftig bedauern, wenn man um ihn herum 999 ebenso Unglückliche sieht. Aber wenn man auch die Fähigkeit nicht hat, über einen gewissen Grad von Mitschmerz hinaus zu fühlen – zu denken und zu berechnen vermag man es doch, dass die unfassbare Jammerquantität vorhanden ist.«

»Das vermagst du und ein paar andere, doch die meisten denken und berechnen nicht.«

»Denken nicht«, wiederholte er. »Gott sei's geklagt, das ist an allen Übeln schuld: Die meisten denken nicht.«

10

Es war mir gelungen, Friedrich zu dem Entschlusse zu bewegen, den Dienst zu verlassen. Der Umstand, dass er – nach seiner Verheiratung – noch über ein Jahr gedient und mit Auszeichnung einen Feldzug mitgemacht, schützte ihn vor dem meinem Vater in der Brautzeit aufgestiegenen Verdacht, dass die ganze Heirat nur den Zweck hatte, seine Laufbahn aufgeben zu können. Jetzt, wenn der Friede, dessen Präliminarien im Gange waren, geschlossen sein würde, und da voraussichtlich lange Jahre des Friedens bevorstanden – jetzt hatte ein Austritt aus dem Militärverband nichts Ehrverletzendes an sich. Zwar widerstrebte es noch einigermaßen Friedrichs Stolz, auf Stellung und Einkommen zu verzichten, um, wie er sagte, »nichts zu tun, nichts zu sein und nichts zu haben«; aber seine Liebe zu mir war doch ein mächtigeres Gefühl als sein Stolz, und er konnte meinen Bitten nicht widerstehen. Ich erklärte, ein zweites Mal könne ich die Seelenangst nicht durchmachen, die mir die letzte Trennung verursacht – und er mochte wohl selber solchen Schmerz nicht wieder auf uns beide herabbeschwören. Das Zartgefühl, welches vor seiner Verheiratung mit mir ihn vor der Idee zurückschrecken ließ, von dem Vermögen der reichen Frau zu leben, das war jetzt nicht mehr im Spiele, denn wir waren so sehr eins geworden, dass zwischen »mein« und »dein« kein fühlbarer Unterschied mehr waltete, und verstanden einander so gut, dass er eine Missbeurteilung seines Charakters von meiner Seite nicht mehr befürchten durfte. Der letzte Feldzug hatte zudem seine Abneigung gegen die Mordpflichten des Krieges noch so sehr vergrößert und das rückhaltlose Aussprechen dieser Abneigung hatte dieselbe so gefestigt, dass ihm das Quittieren nicht nur als eine unserem häuslichen Glücke gemachte Konzession, sondern zugleich als eine Betätigung seiner Gesinnung, als einen Überzeugungstribut erscheinen ließ, und so versprach er mir, im kommenden Herbste – bis dahin mussten die Friedensverhandlungen doch beendet sein – seinen Abschied zu nehmen.

Wir planten, mit meinem, gegenwärtig im Bankhause Schmitt & Söhne liegenden Vermögen ein Gut zu kaufen, an dessen Bewirtschaftung Friedrich Beschäftigung finden würde. Damit sollte der erste Teil seiner Sorge »nichts zu tun, nichts zu sein und nichts zu haben«, schon beseitigt werden. Für das Sein und Haben wurde auch Abhilfe geschaffen:

»Sein: k. k. Oberst a. D. und ein glücklicher Mensch – ist das nicht genug?«, fragte ich. »Und haben: Du hast uns – mich und Rudi, die Kommenden – ist das nicht auch genug?«

Er schloss mich lachend in die Arme.

Meinem Vater und den anderen wollten wir von unseren Plänen vorläufig noch nichts mitteilen. Jedenfalls würden jene Einwände erheben, Ratschläge erteilen, Rügen aussprechen – und das war jetzt noch überflüssig. Später würden wir uns über derlei hinauszusetzen wissen: Denn wenn sich zwei alles in allem sind, prallt jede fremde Meinung wirkungslos von ihnen ab. Diese gewonnene Sicherheit für die Zukunft erhöhte noch den Genuss der Gegenwart, welche sich ohnehin von der Folie der durchgemachten schweren Vergangenheit so vorteilhaft abhob ... Ich kann es nur wiederholen: Es war eine schöne Zeit.

Mein Sohn Rudolf, nunmehr ein siebenjähriger kleiner Mann, fing jetzt an, lesen und schreiben zu lernen, und seine Lehrerin – war ich. Ich hätte keiner Bonne die Freude gegönnt – was ihr übrigens vermutlich gar keine gewesen wäre –, diese kleine Seele langsam sich entfalten zu sehen und derselben die ersten Überraschungen des Wissens beizubringen. Oftmals war der Kleine unser Begleiter auf unseren Spaziergängen, und wir wurden nicht müde, die Fragen, welche seine erwachende Wissbegier an uns stellte, zu beantworten so gut und soweit wir konnten. Auf Lügen ließen wir uns nicht ein. Wir scheuten uns nicht, solche Fragen, auf die wir keinen Bescheid wussten – auf die kein Mensch Bescheid weiß –, mit einem aufrichtigen »das weiß man nicht, Rudi« zu beantworten. Anfänglich geschah es, dass Rudolf, mit solcher Antwort nicht zufrieden, seine Frage nochmals bei Tante Marie, bei seinem Großvater oder bei der Kinderfrau vorbrachte, und da wurden ihm stets unzweifelhafte Aufschlüsse zuteil. Triumphierend kam er dann zu uns:

»Ihr wisst nicht, wie alt der Mond ist? Ich weiß es jetzt: Sechstausend Jahre – merkt euch das.«

Friedrich und ich wechselten einen stummen Blick. Ein ganzes Buch pädagogischer Klagen und Bedenken lag in diesem Blick und diesem Schweigen.

Besonders unliebsam war mir die Soldatenspielerei, welche sowohl mein Vater wie mein Bruder mit dem Kleinen trieben. Die Begriffe von »Feind« und von »Dreinhauen« wurden ihm beigebracht, ich weiß gar nicht wie. Eines Tages kamen wir dazu, Friedrich und ich, wie Rudolf mit einer Reitgerte unbarmherzig auf zwei wimmernde junge Hunde einhieb.

»Das ist ein falscher Italiener«, sagte er, auf das eine der armen Tierchen ausholend, »und das« – auf das andere – »ein frecher Däne«.

Friedrich riss dem Nationenzüchter die Gerte aus der Hand:

»Und das ist ein herzloser Österreicher«, sagte er, indem er ein paar tüchtige Schläge auf Rudolfs Schultern fallen ließ. Italiener und Däne liefen vergnügt davon, und das Wimmern wurde jetzt von unserem kleinen Landsmann besorgt.

»Bist du mir böse, Martha, dass ich deinen Sohn geschlagen? Ich bin sonst wahrlich nicht für die Prügelstrafe eingenommen, aber Grausamkeit gegen Tiere kann mich entrüsten.«

»Du hast recht getan«, unterbrach ich.

»Also nur gegen Menschen darf man grausam sein?«, fragte der Kleine mitten in seinem Schluchzen.

»Auch nicht – noch weniger.«

»Du hast doch selber auf Italiener und Dänen gehaut?«

»Das waren Feinde.«

»Die also darf man hassen?«

»Und heute oder morgen«, wandte sich Friedrich leise an mich, »wird ihm der Pfarrer sagen, dass man seine Feinde lieben solle – o Logik!«

Dann laut zu Rudolf:

»Nicht, weil wir sie hassen, dürfen wir unsere Feinde schlagen, sondern weil sie uns schlagen wollen.«

»Und warum wollen sie uns schlagen?«

»Weil wir sie … – nein, nein«, unterbrach er sich, »aus diesem Zirkel find ich keinen Ausweg. Geh spielen, Rudi – wir verzeihen dir – aber tu's nicht wieder.«

Vetter Konrad machte, wie mir schien, einige Fortschritte in Lillis Gnade. Es geht doch nichts über Ausdauer. Ich hätte diese Verbindung sehr gern gesehen und beobachtete mit Vergnügen, wie die Blicke meiner Schwester froh aufleuchteten, wenn von weitem der Hufschlag von Konrads Pferde sich vernehmen ließ, und wie sie seufzte, wenn er wieder davonritt. Er machte ihr nicht mehr den Hof, das heißt, er sprach nichts von seiner Liebe, brachte seine Werbung nicht von Neuem vor – dennoch war sein Benehmen eine regelrechte Belagerung.

»Wie es verschiedene Arten gibt, eine Festung zu nehmen«, so erklärte er mir eines Tages, »durch Sturm, durch Hunger, so gibt es auch mehrfache Mittel, ein Frauenherz zur Kapitulation zu bringen. Darunter eins der wirksamsten: die Gewohnheit – die Rührung ... Es muss sie doch rühren, dass ich so beharrlich liebe, dabei so beharrlich schweige und immer wiederkomme. Wenn ich ausbliebe, risse das eine gewaltige Lücke in ihre Existenz; und wenn ich noch eine Zeitlang so fortfahre, so wird sie ohne mich es gar nicht mehr aushalten.«

»Und wieviel mal sieben Jahre gedenkst du so um deine Erkorene zu dienen?«

»Das habe ich nicht berechnet ... So lange, bis sie mich nimmt.«

»Ich bewundere dich. Gibt es denn gar keine anderen Mädchen auf der Welt?«

»Für mich nicht. Ich habe mir die Lilli in den Kopf gesetzt. Sie hat ein gewisses Etwas um die Mundwinkel, im Gang, in der Art zu sprechen, das mir keine andere ersetzen kann ... Du, Martha, bist zum Beispiel zehnmal hübscher und hundertmal gescheiter ...«

»Danke.«

»... aber ich wollte dich nicht zur Frau.«

»Danke.«

»Eben weil du zu gescheit bist – du würdest mich so gewiss von oben herab ansehen. Mein Kreuzchen am Kragen, mein Säbel, die Sporen imponieren dir nicht. Lilli hat doch Respekt vor einem streitbaren Mann – ich weiß, sie betet das Militär an, während du ...«

»Ich habe doch zweimal Militärs geheiratet«, erwiderte ich lächelnd.

11

Während der Mahlzeiten, an dem oberen Ende der Tafel, wo mein Vater und seine alten Freunde den Ton angaben und wo auch ich und Friedrich saßen – die Jugend war am anderen Ende und unterhielt sich untereinander –, wurde zumeist »politisiert«; das war so der alten Herren Lieblingsgesprächsstoff. Die schwebenden Friedensverhandlungen boten genügenden Anlass zu dieser Weisheitsentfaltung; denn dass politische Erörterungen die gediegenste und ernster Männer würdigste Unterhaltung sei, das steht bei den meisten Leuten fest. Aus Galanterie und in freundlicher Rücksicht auf meine weibliche Verstandesschwäche sagte wohl mitunter einer der Generäle:

»Diese Dinge können unsere junge Baronin Martha kaum interessieren – wir sollten darüber nur sprechen, wenn wir unter uns sind, nicht wahr, schönes Frauchen?«

Aber dagegen verwahrte ich mich und bat ernstlich, das Gespräch fortzusetzen. Ich nahm an den Vorgängen in der militärischen und diplomatischen Welt wirklichen und gespannten Anteil. Nicht vom selben Standpunkt wie diese Herren; doch war mir daran gelegen, die »dänische Frage«, deren Ursprung und Verlauf ich anlässlich des Krieges so aufmerksam studiert hatte, bis zu ihrem endgültigen Abschluss zu verfolgen. Jetzt, nach diesen Kämpfen und Siegen, hätte es wohl entschieden sein sollen, was mit den fraglichen Herzogtümern zu geschehen habe – aber immer noch schwebten die Fragen und die Zweifel. Der Augustenburger – der famose Augustenburger, wegen dessen altbegründeten Rechten der ganze Streit entbrannt war – war er denn jetzt eingesetzt? Durchaus nicht. Sogar ein ganz neuer Prätendent erschien auf dem Plan. Mit Glücksburg und Gottorp und wie alle die Linien und Nebenlinien heißen, deren Namen ich mir mühsam angeeignet hatte, war's noch nicht genug. Jetzt trat Russland auf und schob dem Augustenburger einen Oldenburger vor. Das Resultat des Krieges aber war bisher, dass weder einem Glücks- noch Augusten- noch Olden- noch sonst einem -burger die Herzogtümer gehören sollten, sondern den verbündeten Siegern. Folgendes, so erfuhr ich, waren die Artikel der eben im Gang befindlichen Friedensunterhandlungen:

1. »Dänemark tritt die Herzogtümer an Österreich und Preußen ab.«

Damit war ich zufrieden. Die Verbündeten würden sich nun natürlich beeilen, das nicht für sich, sondern für einen anderen eroberte Land diesem anderen zu übergeben.

2. »Die Grenze wird genau reguliert.«

Das wäre auch ganz hübsch; wenn nur diese Regulierungen ein bisschen mehr Verharrungskraft hätten; aber es ist ja erbärmlich, welche ewige Verschiebungen solche blaue und grüne Striche auf den Landkarten unaufhörlich zu erleiden haben.

3. »Die Staatsschulden werden nach dem Maß der Bevölkerung verteilt.«

Das verstand ich nicht. Bis zu volkswirtschaftlichen und finanziellen Fragen hatte ich mich in meinen Studien nicht aufgeschwungen; ich nahm an der Politik nur insofern Anteil, als sie auf Krieg und Frieden Bezug hatte, denn dies war mir – als Mensch und Gattin – Herzensfrage.

4. »Die Kriegskosten tragen die Herzogtümer.«

Das war mir wieder einigermaßen klar. Das Land war verwüstet worden, die Saaten zertreten, dessen Söhne getötet: Einiger Ersatz gebührte ihm doch – nun denn: Es durfte die Kriegskosten tragen.

»Und was gibt es heute Neues mit Schleswig-Holstein?«, fragte ich selber, wenn das Gespräch noch nicht auf das politische Gebiet gelenkt worden war.

»Das Neueste ist«, berichtete am 13. August mein Vater, »dass Herr von Beust an den Bundestag die Frage gestellt hat, mit welchem Rechte die Verbündeten sich die Herzogtümer von einem Könige abtreten ließen, den der Bund gar nicht als rechtmäßigen Besitzer anerkannt hatte.«

»Das ist eigentlich ein ganz vernünftiger Einwand«, bemerkte ich. »Denn es hieß ja doch, der Protokoll-Prinz sei nicht der legitime Herr der deutschen Lande, und nun lasst ihr euch feierlich von Christian IX. …«

»Das verstehst du nicht, Kind«, unterbrach mein Vater. »Eine Frechheit, eine Schikane ist es von diesem Herrn von Beust, weiter nichts. Die Herzogtümer gehören ohnehin schon uns, da wir sie erobert haben.«

»Aber doch nicht für euch erobert? Es hieß: für den Augustenburger.«

»Das verstehst du wieder nicht. Die Gründe, welche vor Ausbruch eines Krieges von den Kabinetten als Veranlassung desselben angegeben werden, die treten in den Hintergrund, sobald die Schlachten einmal geschlagen worden. Da bringen die Siege und Niederlagen ganz neue Kombinationen hervor; dann vermindern und vermehren und bilden sich die Reiche in vorher ungeahnten Verhältnissen.«

»Also sind die Gründe eigentlich keine Gründe, sondern Vorwände gewesen?«

»Vorwände? Nein«, kam einer der Generäle meinem Vater zu Hilfe. »Anlässe vielmehr, Anstöße zu den Ereignissen, welche sich dann selbstständig nach Maßstab der Erfolge gestalten.«

»Hätte ich zu sprechen«, sagte mein Vater, »so würde ich nach Düppel und Alsen wahrlich zu keinen Friedensverhandlungen mich hergegeben haben – ganz Dänemark hätte man erobern können.«

»Und was damit?«

»Dem Deutschen Bunde einverleiben.«

»Du bist doch sonst nur spezifisch österreichischer Patriot, lieber Vater. Was liegt dir an der Vergrößerung Deutschlands?«

»Hast du vergessen, dass die Habsburger deutsche Kaiser waren und es wieder werden können?«

»Das würde dich freuen?«

»Welchen Österreicher sollte dies nicht mit Freude und Stolz erfüllen?«

»Wie aber«, meinte Friedrich, »wenn die andere deutsche Großmacht gleiche Träume nährte?«

Mein Vater lachte laut auf:

»Die Krone des heiligen römisch-deutschen Reiches auf dem Haupte eines protestantischen Königleins? Bist du bei Trost?«

»Wenn jetzt nur nicht«, bemerkte Dr. Bresser, »zwischen den beiden Mächten über das Objekt, für welches sie vereint gefochten haben, ein Streit entsteht. Die Elbprovinzen erobern – das war eine Kleinigkeit – aber was nun damit anfangen? Das kann noch zu allerlei Verwicklungen Anlass geben. Jeder Krieg – was immer dessen Ausgang sei – enthält unweigerlich den Keim eines folgenden Krieges in sich. Ganz natürlich: Ein Gewaltakt verletzt immer irgendein Recht. Dieses erhebt über kurz oder lang seine Ansprüche und der neue Konflikt bricht aus – wird dann von Neuem durch unrechtsschwangere Gewalt zum Austrag gebracht – und so ins Unendliche.«

Einige Tage später gab es wieder eine Neuigkeit. König Wilhelm von Preußen stattete unserem Kaiser in Schönbrunn einen Besuch ab. Äußerst herzlicher Empfang, Umarmung. Aufgehisste preußische Adler. Von allen Militärkapellen vorgetragene preußische Volkshymne. Jubelnde Hochrufe. Mir waren diese Berichte wohltuend, denn durch sie wurde die schlimme Prophezeiung Doktor Bressers zuschanden gemacht, dass die beiden Mächte über das gemeinschaftlich befreite Ländchen miteinander in Streit geraten würden. Dieser beruhigten Zuversicht gaben auch allenthalben die Zeitungen Ausdruck.

Mein Vater freute sich gleichfalls über die freundschaftlichen Kundgebungen in Schönbrunn. Aber nicht vom friedlichen, sondern vom kriegerischen Standpunkte aus.

»Ich bin froh«, sagte er, »dass wir nun einen neuen Alliierten haben. Mit Preußen im Bunde werden wir – ebenso leicht, wie wir die Elbherzogtümer erobert haben – uns die Lombardei zurückholen können.«

»Das wird Napoleon III. nicht zugeben, und mit dem wird sich der Preuße auch nicht brouillieren wollen«, meinte einer der Generäle. »Es ist ohnehin ein schlechtes Zeichen, dass Benedetti, Österreichs ärgster Feind, jetzt Gesandter in Berlin ist.«

»Aber sagt mir doch, ihr Herren«, rief ich, die Hände faltend, »warum schließen denn nicht die sämtlichen gesitteten Mächte Europas einen Bund? Das wäre doch das Einfachste.«

Die Herren zuckten die Achseln, lächelten überlegen und gaben mir keine Antwort. Ich hatte offenbar wieder eine jener Dummheiten ausgesprochen, wie sie »die Damen« zu sagen pflegen, wenn sie sich in das ihnen unzugängliche Gebiet der höheren Politik wagen.

12

Der Herbst war gekommen. Am 30. Oktober wurde zu Wien der Friede unterzeichnet und somit war der Zeitpunkt da, wo mein Lieblingswunsch – Friedrichs Quittierung – erfüllt werden sollte.

Aber der Mensch denkt und die Umstände lenken. Es traf ein Ereignis ein – ein schwerer Schlag für mich –, das unsere so froh gehegten Pläne scheitern machte. Einfach dies: Das Haus Schmitt & Söhne brach zusammen, und mein gesamtes Privatvermögen war hin.

Auch eine Folge des Krieges, dieses Fallissement. Nicht nur die Mauern, auf welche sie gezielt sind, schießen die Kartätschen und Bomben zusammen – durch diese Erschütterung fallen auch in weitem Umkreis Bankhäuser und Kreditgebäude in Trümmer …

Ich war darum nicht – wie so manche andere – an den Bettelstab gebracht; denn mein Vater würde es mir an nichts fehlen lassen. Aber mit dem Quittierungsplane war es jetzt vorbei. Wir waren keine unabhängigen Leute mehr; jetzt war Friedrichs Gehalt unsere einzige selbstständige Hilfsquelle. Wenn mir mein Vater auch eine genügende Zulage gewähren würde – unter solchen Umständen war es ausgeschlossen, dass Friedrich den Dienst verlasse. Ich selber konnte es ihm nicht zumuten: Welche Rolle hätte er da meinem Vater gegenüber gespielt?

Es war nichts zu machen – wir mussten uns fügen. »Bestimmung« hätte Tante Marie gesagt. Von der Kränkung, die ich über diesen bedeutenden pekuniären Verlust empfand – es handelte sich um mehrere Hunderttausend –, weiß ich nicht viel zu berichten. Es finden sich nämlich in meinem Tagebuche keine weitläufigen Eintragungen darüber, und auch mein Gedächtnis – das seither so viel tiefer schmerzende Eindrücke aufgenommen hat – weist von diesen Vorfällen keine sehr lebhaften Spuren mehr auf. Ich weiß nur, dass mir hauptsächlich um das schöne Luftschloss leid war, welches wir uns da gebaut hatten: Quittierung, Gutsankauf, unabhängige, von der sogenannten »Welt« abgeschiedene Existenz. Im Übrigen traf mich der Verlust nicht gar so schwer. Denn wie gesagt: Mein Vater würde mir bei seinen Lebzeiten nichts abgehen lassen und hernach ein genügendes Erbe hinterlassen; auch meinem Sohn Rudolf stand in Zukunft sicherer Reichtum bevor. Eins tröstete mich: Es war nicht der mindeste Krieg in Sicht – man konnte gut auf zehn bis zwanzig Friedensjahre hoffen. – Bis dahin!

Schleswig-Holstein und Lauenburg waren im Vertrag vom 30. Oktober endgültig an Preußen und Österreich zu freier Verfügung abgetreten. Diese beiden, nunmehr die besten Freunde, würden sich dieses Erfolges freuen, die hieraus erwachsenen Vorteile brüderlich teilen und keinen Grund finden zu streiten. Nirgends – am ganzen politischen Horizont – der berüchtigte »schwarze Punkt«. Die Scharte der in Italien erlittenen Niederlage war durch den in Schleswig-Holstein geholten Waffenruhm genügend ausgewetzt; es lag also auch für den militärischen Ehrgeiz keine Veranlassung mehr vor, neue Feldzüge heraufzubeschwören. In dieser Hinsicht also war ich beruhigt. Dass der Krieg vor so kurzer Zeit gewesen, fasste ich als Bürgschaft auf, dass derselbe sich nicht so bald wiederholen würde. Auf Regen folgt Sonnenschein und im Sonnenschein vergisst man den Regen. Auch nach Erdbeben und Vulkanausbrüchen bauen die Menschen auf der Schuttfläche wieder neue Wohnungen auf und denken nicht an die Gefahr, dass die überstandene Katastrophe sich wiederhole. Ein Hauptbestandteil unserer Lebensenergie scheint in der Vergesslichkeit zu liegen.

Wir nahmen Winterquartier in Wien. Friedrich hatte nunmehr Beschäftigung im Kriegsministerium, eine Tätigkeit, die er dem Kasernendienst jedenfalls vorzog. Dieses Jahr waren meine Schwestern mit Tante Marie den Fasching über nach Prag gezogen. Dass Konrads Regiment gegenwärtig in der böhmischen Hauptstadt lag, war doch nur eine Zufälligkeit? Oder sollte dieser Umstand einigermaßen auf die Wahl des Winteraufenthaltes Einfluss gehabt haben? Als ich letztere Vermutung meiner Schwester Lilli gegenüber fallen ließ, errötete sie tief und antwortete achselzuckend:

»Du weißt doch, dass ich ihn nicht mag.«

Mein Vater bezog seine alte Wohnung m der Herrengasse. Er trug uns an, wir möchten uns bei ihm niederlassen, da er genügend Raum dazu hätte; wir zogen es aber vor, allein zu leben, und mieteten am Franz-Joseph-Quai ein kleines Mezzanin. Meines Mannes Gehalt und das mir von meinem Vater ausgestellte Monatsgeld genügten für unseren bescheidenen Haushalt reichlich. Auf abonnierte Logen, Hofbälle – überhaupt auf »in die Welt gehen« musste freilich verzichtet werden. Aber wie leicht verzichteten wir da! Es war uns sogar angenehm, dass meine pekuniären Verluste dieses Zurückziehen rechtfertigten – denn wir liebten die Zurückgezogenheit.

Einem kleinen Kreise von Verwandten und Freunden blieb unser Haus immerhin offen. Besonders meine Jugendfreundin

Lori Griesbach besuchte uns oft, öfter beinahe, als mir lieb war. Ihre Gespräche, die mir schon früher stark oberflächlich erschienen waren, fand ich jetzt gar ermüdend schal, und ihr Interessenhorizont, dessen Enge ich immer erkannt hatte, machte mir den Eindruck, jetzt noch zusammengeschrumpfter zu sein. Aber hübsch war sie und lebhaft und kokett. Ich begriff, dass sie in der Gesellschaft so manchen den Kopf verdrehte – und es hieß, dass sie sich nicht ungern den Hof machen ließ. Was mir nicht ganz angenehm war, war die Wahrnehmung, dass ihr Friedrich sehr wohl gefiel, und dass sie manche Blickpfeile auf ihn abschoss, welche offenbar die Bestimmung hatten, in seinem Herzen sitzen zu bleiben. Loris Mann, eine Zierde des Jockeyklubs, des Rennplatzes und der Theaterkulissen, war bekanntermaßen so wenig treu, dass eine kleine Rachenahme ihrerseits nicht allzu streng zu verdammen gewesen wäre; aber dass Friedrich als Revanchemittel dienen sollte – dagegen hätte ich doch einiges einzuwenden gehabt ...

Eifersüchtig – ich? Ich wurde rot, als ich mich bei dieser Erregung ertappte. Ich war ja seines Herzens so sicher ... Keine auf der Welt konnte er so lieben wie mich. Nun ja – aber eine kleine Verliebtseinsflamme hätte immerhin neben der mir geweihten, sanften Glut aufflackern können ... Lori verhehlte mir gar nicht, wie sehr sie an Friedrich Gefallen fand.

»Martha – du bist wirklich zu beneiden um diesen charmanten Mann.«

Oder:

»Bewache ihn nur ordentlich, deinen Friedrich, denn dem setzen gewiss alle Frauenzimmer nach.«

»Ich bin seiner Treue sicher«, antwortete ich darauf.

»Lass dich nicht auslachen – als ob *treu* und *Ehemann* nebeneinander genannt werden könnten, das gibt's nicht. Du weißt, wie zum Beispiel mein Mann …«

»Mein Gott, vielleicht bist du da auch falsch berichtet. Dann sind ja nicht alle gleich …«

»Alle, alle – glaube mir. Ich kenne keinen von unseren Herren, der nicht ... Unter denen, die mir den Hof machen, sind mehrere verheiratet. Was wollen die nun? Offenbar nicht mich und nicht sich in ehelicher Treue üben.«

»Sie wissen vermutlich, dass du sie nicht erhören wirst ... Und gehört Friedrich auch zu dieser Phalanx?«, fragte ich lachend.

»Das werde ich dir doch nicht sagen, Gänschen. Es ist ohnehin sehr schön von mir, dich aufmerksam zu machen, wie gut er mir gefällt. Jetzt heißt es nur, ein wachsames Auge öffnen.«

»Ich habe es schon weit offen, dieses Auge, Lori, und dasselbe hat bereits mit Missbehagen verschiedene Koketterie-Angriffe deinerseits wahrgenommen.«

»Da haben wir's! So werde ich mich in Zukunft besser verstellen müssen.«

Wir lachten beide; dennoch fühlte ich, dass, so wie hinter meiner scherzhaft vorgebrachten Eifersucht eine wirkliche Regung dieser Leidenschaft sich verbarg, so auch unter ihrer vermeintlich neckenden Rede ein Kern von Wahrheit lag.

Loris Mann hatte den Schleswig-Holsteiner Feldzug nicht mitgemacht, und das verdross ihn sehr. Auch Lori ärgerte sich ob dieses »Pechs«.

»So ein schöner, siegreicher Krieg!«, klagte sie. »Jetzt wäre Griesbach gewiss um eine Stufe im Rang vorgerückt. Nun, das Tröstliche ist, dass bei seiner nächsten Kampagne …«

»Was fällt dir ein?«, unterbrach ich. »Dazu ist nicht die mindeste Aussicht. Oder weißt du einen Anlass? Wofür sollte denn jetzt ein Krieg geführt werden?«

»Wofür? Darum kümmere ich mich wahrlich nicht. Die Kriege kommen und sind da. Alle fünf oder sechs Jahre bricht immer wieder etwas aus – das ist so der Gang der Geschichte.«

»Es müssen aber doch Gründe vorliegen?«

»Vielleicht ... Doch wer kennt sie? Ich gewiss nicht, und mein Mann auch nicht. ›Warum schlägt man sich denn eigentlich dort droben‹, fragte ich ihn während des letzten Krieges. ›Das weiß ich nicht – ist mir auch ganz egal‹, antwortete er achselzuckend. ›Ärgerlich ist nur, dass ich nicht mit dabei bin.‹ O, Griesbach ist ein echter Soldat. Das ›warum‹ und ›wozu‹ der Kriege, das geht den Soldaten nichts an. Das machen die Diplomaten untereinander ab. Ich habe mir nie den Kopf zerbrochen über alle die politischen Streitigkeiten. Uns Frauen geht es schon gar nichts an – wir würden doch nichts davon verstehen. Ist das Gewitter einmal losgebrochen, so heißt es beten.«

»Dass es beim Nachbar einschlage und nicht bei uns, das ist freilich das Einfachste.«

13

Gnädige Frau!

*Ein Freund – vielleicht auch ein Feind, gleichviel – ein Wissender, der sich nicht nennen will, benachrichtigt Sie hierdurch, dass Sie betrogen werden. Auf die verräterischste Weise betrogen. Ihr scheinheiliger Mann und Ihre unschuldig tuende Freundin lachen Sie aus ob Ihres gutmütigen Vertrauens, Sie arme, verblendete Frau. Ich habe meine Gründe, den beiden die Maske vom Gesicht zu reißen. Nicht aus Wohlwollen für Sie handle ich da, denn ich kann mir denken, dass diese Entlarvung zweier geliebter Wesen Ihnen eher Schmerz als Gewinn bringen wird – aber ich bin Ihnen nicht wohlwollend gesinnt. Vielleicht bin ich sogar ein verstoßener Anbeter, der sich rächt ... Was liegt am Motiv? Die Tatsache ist da, und wenn Sie Beweise wollen, so kann ich Ihnen dieselben liefern. Ohne Beweise würden Sie einem anonymen Brief ohnehin keinen Glauben schenken. Beifolgendes Billett hat Gräfin Gr*** verloren.*

Diese überraschende Epistel lag eines schönen Frühlingsmorgens auf unserem Frühstückstisch. Friedrich saß mir gegenüber, mit seiner Post beschäftigt, während ich Obiges las und zehnmal wieder las. Das dem verräterischen Schreiben beigelegte Billett war in einen Extraumschlag verschlossen und ich zögerte, denselben aufzureißen.

Ich schaute zu Friedrich auf. Er war in ein Morgenblatt vertieft, doch musste er meinen auf ihn gerichteten Blick gefühlt haben, denn er ließ die Zeitung sinken und mit seinem gewohnten lieben, lächelnden Ausdruck wandte er den Kopf zu mir:

»Nun, was gibt's, Martha? Warum starrst du mich so an?«

»Ich möchte wissen, ob du mich noch liebhast?«

»Schon lange nicht mehr«, scherzte er. »Eigentlich habe ich dich nie recht leiden können.«

»Das glaube ich nicht.«

»Aber jetzt sehe ich erst – du bist ja ganz blass! Hast du eine böse Nachricht erhalten?«

Ich schwankte. Sollte ich ihm den Brief zeigen? Sollte ich vorher das Beweisstück besehen, welches ich noch immer unerbrochen in der Hand hielt? Die Gedanken schwirrten mir im Kopfe ... Mein Friedrich, mein alles, mein Freund und Gatte, mein Vertrauter und Geliebter – könnte er mir verloren sein? Untreu – er? Ach, ein momentaner Sinnentaumel, weiter nichts ... War da in meinem Herzen nicht Nachsicht genug, um das zu verzeihen, zu vergessen, als nicht geschehen zu betrachten? Aber die Falschheit? Wie, wenn auch sein Herz sich von mir abwendete, wie, wenn er die verführerische Lori lieber hätte als mich?

»So sprich doch – du bist ja ganz verstummt. Zeige mir den Brief, der dich so erschreckt hat.«

Er streckte die Hand danach aus.

»Da hast du.«

Ich überließ ihm das schon gelesene Blatt; die Einlage behielt ich zurück.

Er überflog die angeberischen Zeilen. Mit einem zornigen Fluche zerknitterte er das Blatt und sprang von seinem Sitze auf.

»Eine Infamie!«, rief er. »Und wo ist das vermeintliche Beweisstück?«

»Hier – noch uneröffnet. Friedrich, sag nur ein Wort und ich werfe das Ding ins Feuer. Ich will keine Beweise, dass du mich betrogen hast.«

»O du meine Einzige!«

Er war jetzt an meiner Seite und umschlang mich stürmisch.

»Du, mein Kleinod! Sieh mir in die Augen – zweifelst du an mir? Beweis oder kein Beweis – genügt dir mein Wort?«

»Ja«, sagte ich und warf das Papier in den Kamin.

Es fiel aber nicht in die Flammen, sondern blieb neben dem Roste liegen. Friedrich hatte sich darauf hingestürzt und hob es auf.

»Nein, nein, das dürfen wir nicht vernichten – ich bin zu neugierig ... Wir wollen es zusammen ansehen. Ich erinnere mich nicht, je deiner Freundin etwas geschrieben zu haben, was auf ein Verhältnis schließen ließe – welches nie bestanden hat.«

»Aber du gefällst ihr, Friedrich. Du brauchst nur dein Taschentuch hinzuwerfen ...«

»Glaubst du? Komm, lass uns dieses Dokument bestätigen. – Richtig: Meine Schrift! Ah, sieh her, es sind ja die zwei Zeilen, die du mir selber vor einigen Wochen diktiert hattest, als deine rechte Hand verwundet war:

Meine Lori, komm, ich erwarte dich mit Sehnsucht heute um 5 Uhr Nachmittag.

Martha (noch immer Krüppel)

Die Bedeutung der Klammer nach der Unterschrift hat der Finder des Billetts nicht verstanden ... Das ist wirklich ein komisches Quiproquo. Gottlob, dass dieses prächtige Beweismaterial nicht verbrannt ist – jetzt ist meine Unschuld am Tage. Oder hast du noch immer Verdacht?«

»Schon seitdem du mir ins Auge gesehen hast nicht mehr. Weißt du, Friedrich, dass ich sehr unglücklich gewesen wäre – dir aber doch verziehen hätte. Lori ist kokett, sehr hübsch ... Sag, hat sie dir nicht Avancen gemacht? – Du schüttelst den Kopf ... Nun freilich: Hierin hättest du ein Recht, ja beinah die Pflicht sogar, mich anzulügen – ein Mann darf weder angenommene noch verschmähte Frauengunst verraten.«

»Du würdest mir also eine Verirrung verzeihen? Bist du nicht eifersüchtig?«

»Doch – auf herzquälerische Weise ... Wenn ich dich mir vorstelle, einer anderen zu Füßen, von den Lippen einer Anderen Seligkeit nippend ... – gegen mich erkaltet – jedes Begehren erstorben – das ist mir schrecklich. Dennoch – das Ersterben deiner Liebe fürchte ich nicht. Dein Herz wird unter keinen Umständen mehr gegen mich erkalten, dessen fühle ich mich sicher – unsere Seelen sind ja so verschlungen, aber ...«

»Ich verstehe. Du brauchst mir aber durchaus nicht zumuten, dass ich für dich fühle wie ein Ehemann nach der silbernen Hochzeit. Dazu sind wir doch noch zu jung verheiratet – soweit das Feuer der Jugend (ich bin freilich schon vierzig Jahre alt) noch in mir lodert, brennt es für dich. Du bist mir das einzige Weib auf Erden. Und sollte in der Tat noch einmal eine andere Versuchung an mich herankommen – ich habe den festen Willen, sie von mir abzuwehren. Das Glück, welches in dem Bewusstsein liegt, den Treueschwur bewahrt zu haben; die stolze Gewissensruhe, mit der man sich sagen kann, dass man den festgeschlungenen Lebensbund in jeder Beziehung heiliggehalten – das alles finde ich zu schön, um es durch vorübergehenden Sinnestaumel vernichten zu lassen. Du hast überhaupt einen so vollständig glücklichen Menschen aus mir gemacht, meine Martha, dass ich über alles, was Berauschung, was Lust, was Vergnügen ist, so erhaben bin wie der Besitzer von Goldbarren über den Gewinn von Kupfermünzen.«

Wie wonnig mir solche Worte ins Herz fielen. Ich war dem anonymen Briefschreiber förmlich dankbar, dass er mir zu diesem süßen Auftritt verholfen. Auch habe ich jedes Wort in die roten Hefte gesetzt. Hier kann ich die Eintragung noch nachlesen, unter dem Datum 1.4.1865. Ach, wie weit – wie weit liegt das alles zurück?

Friedrich hingegen war gegen den Verleumder höchlichst aufgebracht. Er schwor, herauszubringen, wer das Machwerk verfasst, um den Täter gehörig zu strafen.

Ich erfuhr noch am selben Tage, was Ursprung und Zweck des Schriftstücks gewesen; den Erfolg desselben – nämlich, dass Friedrich und ich uns nunmehr noch ein wenig nähergekommen – hatte der Urheber schwerlich vorausgesehen.

Am Nachmittage ging ich zu meiner Freundin Lori, um ihr den Brief zu zeigen. Ich wollte sie aufmerksam machen, dass sie einen Feind habe, von welchem sie fälschlich verdächtigt wurde, und wollte mit ihr über den Fall lachen, dass mein diktiertes Billett so missdeutet worden.

Sie lachte mehr als ich geglaubt.

»Also du bist über den Brief erschrocken?«

»Ja, tödlich. Und doch hätte ich beinahe das inliegende Billett ungelesen verbrannt.«

»Da wäre ja der ganze Spaß misslungen.«

»Welcher Spaß?«

»Du hättest am Ende noch geglaubt, dass ich dich wirklich betrüge. Lass mich bei dieser Gelegenheit dir beichten, dass ich in einer verrückten Stunde – es war nach dem Diner bei deinem Vater, wo ich neben Tilling saß, und weil ich zu viel Champagner getrunken hatte –, dass ich da wirklich mein Herz sozusagen auf einem Präsentierteller ihm antrug …«

»Und er?«

»Und er mir noch rechtzeitig sagte, dass er dich über alles liebe und fest entschlossen sei, dir bis zum Tode treu zu bleiben. Damit du nun dieses Phänomen desto besser schätzen lernen mögest, ist der ganze Spaß gemacht worden.«

»Von welchem Spaß redest du nur immer?«

»Du weißt doch: Nachdem der Brief samt Einlage von mir kommt …«

»Von dir? Ich weiß nichts.«

»Hast du denn das Begleitschreiben nicht umgewendet? Sieh her: Hier steht ja auf der Kehrseite der Name und das Datum: *Erster April.*«

14

Nähergebracht – immer näher! Ich habe es erfahren, dass die Annäherungsfähigkeit liebender Herzen zu jenen Dingen gehört, die keine Grenzen haben – wie zum Beispiel die Teilbarkeit.

Man sollte glauben, ein Partikelchen sei schon so klein, dass es nicht kleiner gedacht werden könne, und doch: Es lässt sich noch in zwei Hälften spalten; und man sollte glauben, zwei Herzen seien schon so ineinander verschmolzen, dass ein innigeres Einswerden nicht mehr möglich wäre, und doch: Eine äußere Einwirkung und noch fester und näher – immer näher – umschlingen und durchdringen sich die Herzensatome.

So hatte Loris ziemlich geschmackloser Aprilscherz auf uns gewirkt, und so wirkte noch ein äußeres Ereignis, welches kurz darauf eintrat. Ein heftiges Nervenfieber nämlich, das mich sechs Wochen auf das Krankenlager warf. Ein an sich zwar trübes Ereignis, und doch wie fruchtbar an glücklichen Erinnerungen für mich und wie einflussreich auf den oben geschilderten Vorgang: das »Noch-näher-bringen« von zwei so allernahesten Herzen. War es die Furcht, mich zu verlieren, die mich dem Gatten noch teurer machte, oder war mir seine Liebe nur noch offenbarer geworden durch sein Krankenwärter-Benehmen – kurz, während dieses Nervenfiebers und nach demselben fühlte ich mich noch viel mehr und noch viel sicherer geliebt als zuvor.

Vor dem Sterben hatte ich mich auch wohl gefürchtet. Einmal, weil es mir schrecklich leidgetan hätte, ein Leben zu verlieren, das mir so reich an Schönheit und Glück schien, und meine Lieben – Friedrich, mit dem ich so gern alt geworden wäre, Rudolf, den ich so gern zum Manne auferzogen hätte – zu verlassen; zweitens auch – nicht in Selbstsucht, sondern im Hinblick auf Friedrich – war mir der Gedanke an den Tod entsetzlich; denn ich wusste so gewiss, wie man nur wissen kann, dass der Schmerz, mich zu begraben, dem Beraubten schier unerträglich wäre ... Nein, nein: Glückliche Menschen und von teuren Wesen geliebte Menschen können nicht Todesverachtung empfinden. Zu dieser gehört vor allem Lebensverachtung. Ich konnte auf meinem Lager, wo die Krankheit mit ihrer tödlichen Gewalt mich umschwirrte, wie der Krieger auf dem Schlachtfeld von Kugeln umschwirrt wird, mich so recht in die Empfindung solcher Soldaten hineindenken, welche das Leben lieben und welche wissen, dass ihr Tod geliebte Wesen in Verzweiflung stürzen würde.

»Nur das eine hat der Soldat vor dem Fieberkranken voraus: das Bewusstsein erfüllter Pflicht«, antwortete mir Friedrich, als ich ihm diese Gedanken mitteilte. »Doch darin gebe ich dir recht: Gleichgültig sterben, freudig sterben – was uns allenthalben zugemutet wird –, das kann kein glücklicher Mensch. Das konnten nur die aller Lebensnot Preisgegebenen in alter Zeit, die an der Friedensexistenz gar nichts zu verlieren hatten, oder solche, die sich und ihre Brüder nur durch den Tod von Schmach und unerträglichem Joche befreien können.«

Als die Gefahr überstanden war, wie genoss ich da meine Genesung, eine Wiedergeburt! Das war ein Fest – für uns beide. Ähnlich dem Glücke bei der Wiedervereinigung nach dem Schleswig-Holsteiner Kriege, aber doch anders. Dort kam die Freude mit einem

Schlag, und hier nach und nach – und zudem, wir waren uns ja seither wieder näher, immer näher.

Mein Vater hatte mich während meiner Krankheit täglich besucht und viel Besorgnis gezeigt; dennoch, ich wusste, dass er sich meinen Tod nicht übertrieben zu Herzen genommen hätte. Seine beiden jüngeren Töchter hatte er viel lieber als mich, und der Liebste von allen war ihm Otto. Ich war ihm durch meine zwei Heiraten, namentlich durch die zweite, und vielleicht auch durch meine ganz verschiedene Denkungsart einigermaßen entfremdet. Als ich Mitte Juni vollständig hergestellt war, übersiedelte er nach Grumitz und forderte mich lebhaft auf, samt meinem kleinen Rudolf mitzukommen. Ich aber zog es vor, da Friedrich diensteshalber die Stadt nicht verlassen durfte, meinen Landaufenthalt ganz in der Nähe von Wien zu nehmen, wo mein Mann mich täglich besuchen konnte, und so mietete ich eine Sommerwohnung in Hietzing.

Meine Schwestern, immer unter Tante Mariens Schutze, reisten nach Marienbad. In ihrem letzten Brief aus Prag schrieb mir Lilli unter anderem:

Ich muss Dir gestehen, dass Vetter Konrad anfängt, mir – gar nicht zuwider zu werden. Während so manchen Kotillons war ich in der Laune, wenn er nur die betreffende Frage gestellt hätte, »ja« zu sagen. Er unterließ es aber, den entscheidenden Schritt im rechten Moment zu tun. Als es hieß, dass wir abreisen sollten, hat er zwar wieder einen neuen Antrag gemacht, aber da hatte ich einen neuen Anfall von Korbgeben. Das habe ich mir dem armen Konrad gegenüber schon so angewöhnt, dass, wenn er das bekannte: »Willst du nicht noch meine Frau werden, Lilli?« vorbringt, meine Zunge ganz von selber antwortet: »Fällt mir gar nicht ein.« Diesmal aber habe ich hinzugefügt: »Frage in sechs Monaten nochmals an!« Ich werde nämlich den Sommer über mein Herz prüfen. Sehne ich mich nach dem Abwesenden, verlässt mich der Gedanke an ihn – der mich jetzt so ziemlich unablässig im Wachen und Träumen verfolgt – auch in Marienbad nicht; gelingt es dort und auch in folgender Jagdsaison keinem anderen, Eindruck auf mich zu machen, dann hat des eigensinnigen Vetters Ausdauer gesiegt.

Um dieselbe Zeit schrieb mir Tante Marie:

Mein liebes Kind!

Das war eine ermüdende Winter-Kampagne: Ich werde nicht wenig froh sein, wenn Rosa und Lilli Partien gefunden haben werden. Gefunden hätten sie deren zwar genug, denn wie Du weißt, haben sie hier im Laufe des Faschings jede ein Vierteldutzend Körbe ausgeteilt – den perennierenden Konrad gar nicht mitgerechnet. Jetzt wird die Plackerei in Marienbad wieder anheben. Ich wäre für mein Leben gern nach Grumitz gegangen oder zu Dir – und muss stattdessen die mühsame und undankbare Chaperon-Rolle bei den vergnügungssüchtigen Mädchen weiterspielen. Ich freue mich sehr zu hören, dass Du wieder ganz gesund bist. Jetzt, da die Gefahr vorüber, kann ich Dir sagen, dass wir sehr besorgt waren, – Dein Mann schrieb uns eine Zeitlang so verzweifelte Briefe: Jeden Augenblick fürchtete er, Dich sterben zu sehen. Nun das war Dir, Gott sei Dank, nicht bestimmt. Die Novene, welche ich für Deine Genesung bei den Ursulinerinnen abgehalten, hat vielleicht auch zu Deiner Rettung beigetragen. Der liebe Gott wird Dich für Deinen Rudi erhalten. Grüße mir den lieben Kleinen, und er soll nur immer recht brav lernen. Ich schicke ihm gleichzeitig ein paar Bücher: Das fromme Kind und sein Schutzengel

– eine wunderschöne Geschichte, und Vaterländische Helden *– eine Sammlung von Kriegsbildern für Knaben. Man kann den Kleinen nicht früh genug Sinn für derlei beibringen. Dein Bruder Otto z. B. war noch nicht fünf Jahre alt, als ich ihm schon vom großen Alexander, von Cäsar und anderen berühmten Eroberern erzählte, und wie ist er jetzt für alles Heroische begeistert – es ist ein Vergnügen!*

Ich habe vernommen, dass Du den Sommer in der Nähe von Wien bleiben willst, statt nach Grumitz zu gehen. Daran tust Du sehr unrecht. Die Luft in Grumitz würde Dir viel besser bekommen als die des staubigen Hietzing, und der arme Papa wird sich langweilen so allein. Vermutlich willst Du Deines Mannes wegen nicht fort; aber mir will scheinen, dass die Tochterpflichten doch auch nicht ganz vernachlässigt werden sollten. Tilling könnte ja bisweilen auch einen Tag nach Grumitz kommen. Gar so viel beieinander sein ist für Eheleute nicht einmal gut – glaube meiner Lebenserfahrung. Ich habe bemerkt, dass die besten Ehen diejenigen sind, wo die Gatten sich nicht immer gegenseitig auf dem Halse sitzen, sondern einander eine gewisse Freiheit lassen. Jetzt leb wohl, schone Dich, damit Du keinen Rückfall bekommst, und überlege Dir das noch mit Hietzing. Der Himmel schütze Dich und Deinen Rudi! – Dies das aufrichtige Gebet Deiner Dich liebenden

Tante Marie

P.S. Dein Mann hat ja Verwandte in Preußen (zum Glück ist er nicht so arrogant wie seine Landsleute); frage ihn doch, was man dort im Allgemeinen spricht über die politische Lage. Dieselbe ist doch sehr bedenklich.

Dieser Brief meiner Tante brachte mir erst wieder ins Gedächtnis, dass es eine »politische Lage« gebe. Die ganze Zeit über hatte ich mich nicht um derlei gekümmert. Vor und nach meiner Krankheit hatte ich zwar, wie immer, viel gelesen: Tage- und Wochenblätter, Revuen und Bücher, aber die Leitartikel der Zeitungen waren unbeachtet geblieben. Seitdem ich nicht mehr die bange Frage aufstellte: »Krieg oder nicht Krieg«, besaß der innen- und außenpolitische Klatsch kein Interesse für mich. Erst anlässlich der Nachschrift des oben angeführten Briefes fiel mir ein, das Vernachlässigte einzuholen und mich nach den gegenwärtigen Verhältnissen zu erkundigen.

»Was will denn Tante Marie mit diesem ›bedenklich‹ sagen, du minder arroganter Preuße?«, frug ich meinen Mann, ihm den Brief zu lesen gebend. »Gibt es denn überhaupt jetzt eine politische Lage?«

»Die gibt es, gerade so wie irgendein Wetter, leider immer. Und dabei ebenso veränderlich und trügerisch …«

»Nun, so erzähle mir ... Spricht man etwa noch immer von den verwickelten Elbherzogtümern? Sind die nicht abgemacht?«

»Mehr als je spricht man davon. Nicht im Geringsten abgemacht. Die Schleswig-Holsteiner haben jetzt große Lust, die Preußen – die ›arroganten‹, denn das sind wir, dem neuesten Schlagwort gemäß – wieder ganz loszuwerden. ›Eher dänisch als preußisch‹ wiederholen sie eine ihnen von den Mittelstaaten gegebene Losung. Und weißt du, wie das abgedroschene ›Meeresumschlungen‹-Lied jetzt zur Abwechslung gesungen wird?

Schleswig-Holstein stammverwandt
Schmeißt die Preußen aus dem Land!«

»Und was ist's mit dem Augustenburger? Den haben sie doch? O, sag mir nicht, Friedrich, dass sie ihn nicht haben ... Wegen dieses einzig berechtigten Thronerben, nach welchem die armen dänengedrückten Lande sich so gesehnt, musste der ganze Krieg, der mich dich – dich! – hätte kosten können, geführt werden! Lass mir also wenigstens den Trost, dass der nötige Augustenburger in seine Rechte eingesetzt worden und über die ungeteilten Herzogtümer regiert. Auf dieses ›ungeteilt‹ bestehe ich: Das ist ein altes historisches Recht, das jenem seit mehreren hundert Jahren verbürgt ist und dessen Begründung ich mir mühsam genug erforscht habe.«

»Schlecht steht's um deine historischen Rechtsansprüche, meine arme Martha«, lachte Friedrich. »Vom Augustenburger ist – außer in seinen eigenen Protesten und Manifesten – gar nicht mehr die Rede!«

Von nun an fing ich wieder an, mich um die politischen Verwicklungen zu bekümmern und erfuhr Folgendes:

Festgesetzt und anerkannt war – trotz des beim Wiener Frieden gezeichneten Protokolls – eigentlich noch gar nichts. Die schleswigholsteinische Frage war seither in allerlei Stadien gebracht worden, »schwebte« mehr als je. Der Augustenburger und der Oldenburger hatten sich beeilt – nach der von Seiten des Glücksburger erfolgten Abtretung –, beim Bundestag zu reklamieren. Und Lauenburg verlangte stürmisch, dem Königreich Preußen einverleibt zu werden. Niemand wusste, was die Verbündeten nun eigentlich mit den eroberten Provinzen anfangen würden. Von diesen beiden Mächten selber mutete jede der anderen zu, dass jede die andere übervorteilen wolle.

»Was will nur dieses Preußen?« – Das ist nunmehr die von Österreich, von den Mittelstaaten und den Herzogtümern stets aufgeworfene, Böses ahnende Frage. Napoleon III. rät Preußen, es solle die

Herzogtümer – bis auf das dänisch redende Nordschleswig – annektieren. Aber daran denkt Preußen vorläufig nicht. Am 22. Februar 1865 formuliert es endlich seine Ansprüche dahin: Preußische Truppen bleiben in den Landen; die Letzteren haben ihre Wehrkraft zu Wasser und zu Lande mit Ausnahme eines Budget-Kontingents Preußen zur Verfügung zu stellen. Der Kieler Hafen wird in Besitz genommen. Post und Telegrafen sollen preußisch werden, und die Herzogtümer müssen sich dem Zollverein anschließen.

Über diese Forderungen ärgert sich – ich weiß nicht warum – unser Minister Mensdorff-Pouilly. Und noch mehr – ich weiß schon gar nicht warum, vermutlich aus Neid, diesem Grundzug in Behandlung der »äußeren Angelegenheiten« – ärgern sich die Mittelstaaten. Dieselben verlangen ungestüm, der Augustenburger möge eiligst, sofort, in die Verwaltung der Herzogtümer eingesetzt werden. Österreich hat aber auch etwas zu sagen und sagt – indem es den Augustenburger als Luft behandelt –, dass es den Besitz des Kieler Hafens gern zugestehe, aber gegen die Rekrutierung und Matrosenpresse sich verwahre.

So wird unablässig fortgestritten. Preußen erklärt, dass seine Forderungen nur im Interesse Deutschlands gemacht werden, dass es Annektierung gar nicht verlange; Augustenburg möge, unter Gewährung der gestellten Forderungen, sein Erbrecht antreten; wenn aber diese notwendigen und billigen Ansprüche nicht befriedigt werden, dann – mit drohend erhobener Stimme – werde es vielleicht gezwungen sein, mehr zu fordern. – Gegen diese drohenden Ausrufe erheben sich sofort höhnische, hämische, hetzende Stimmen. In den Mittelstaaten und in Österreich wird die öffentliche Meinung gegen Preußen und namentlich gegen Bismarck immer mehr verbittert. Am 27. Juni tragen die Mittelstaaten darauf an, von den Großmächten Auskunft zu verlangen, aber die Großmächte unterhandeln unter sich. König Wilhelm reist nach Gastein, Kaiser Franz Joseph nach Ischl. Graf Blume fliegt zwischen beiden hin und her, und man einigt sich über verschiedene Punkte: Die Besatzung soll halb österreichisch und halb preußisch werden. Lauenburg wird – wie es ja selber wünschte – Preußen einverleibt. Dafür erhält Österreich eine Entschädigung von zweieinhalb Millionen Taler. Dieses letztere Ergebnis ist durchaus nicht imstande, mir patriotische Freude einzuflößen. Was soll den sechsunddreißig Millionen Österreichern – selbst, wenn sie unter ihnen verteilt würde, was nicht geschieht – diese unbedeutende Summe nützen? Würde sie die Hunderttausende ersetzen, die zum Beispiel ich bei Schmitt & Söhne durch den Krieg verloren? Oder gar die Verluste derjenigen, die ihre gefallenen Lieben beweinen? Was mich freut, ist ein am 14. August zu Gastein unterzeichneter Vertrag. »Vertrag«, das Wort klingt so friedensverheißend. Erst später habe ich die Erfahrung gemacht, dass die internationalen Verträge sehr oft dazu da sind, um durch gelegentliche Verletzungen dasjenige herbeizuschaffen, was man einen *casus belli* nennt. Da braucht denn nur einer den anderen des »Vertragsbruches« anzuklagen und sofort springen – mit allem Anschein der Verteidigung verbriefter Rechte – die Schwerter aus der Scheide.

Mir jedoch gewährte der Gasteiner Vertrag Beruhigung. Der Streit schien beigelegt, General Gablenz ward Statthalter in Holstein, Manteuffel in Schleswig. Auf meine im Jahre 1460 erhaltene Lieblingszusicherung, dass die Lande ewig zusammenbleiben, »ungeteilt«, musste ich jetzt doch endgültig verzichten. Und was meinen Augustenburger betraf, für dessen Rechte ich mich so mühsam erwärmt hatte, so geschah, dass der Prinz einmal ins Land kam und sich von seinen Getreuen anjubeln ließ, worauf ihm Manteuffel bedeutete, dass, wenn er noch einmal sich unterstände, ohne Erlaubnis in die Gegend zu kommen, er ihn unweigerlich verhaften lassen müsste.

15

Trotz des Gasteiner Vertrages wollte die Angelegenheit nicht zur Ruhe kommen, und da ich, durch Tante Mariens Brief und die darauf erhaltenen Auskünfte aufgeschreckt, nunmehr wieder regelmäßig die politischen Leitartikel las und mich allseitig über die herrschenden Meinungen erkundigte, so konnte ich die Phasen des schwebenden Streites wieder genau verfolgen. Dass derselbe zu einem Kriege führen würde, fürchtete ich nicht. Solche Prozesssachen mussten doch auf dem Wege der Prozesse – nämlich durch Abwägung der Rechtsansprüche und durch hiernach zu fällenden Rechtsspruch – zum Austrag zu bringen sein. Alle diese beratenden Minister- und Bundesversammlungen, diese unterhandelnden Staatsmänner und freundschaftlich verkehrenden Monarchen, würden doch mit diesen – im Grunde so unwichtigen – Streitfragen fertig werden. Mehr mit Neugierde, als mit Besorgnis folgte ich dem Gange dieser Angelegenheit, deren verschiedene Stadien ich in den roten Heften notiert finde:

1. Oktober 1865. In Frankfurt Abgeordnetentag, folgende Beschlüsse gefasst: 1. Selbstbestimmungsrecht des schleswig-holsteinischen Volkes bleibt in Kraft. Der Gasteiner Vertrag wird als Rechtsbruch von der Nation verworfen. 2. Alle Volksvertreter sollen den Regierungen, welche die bisherige Politik der Vergewaltigung fordern, alle Steuern und Anleihen verweigern.

15. Oktober. Preußischer Kronsyndikus gibt sein Gutachten über die Erbrechte des Prinzen Augustenburg ab. Der Vater desselben habe für sich und seine Nachkommen gegen eine Summe von anderthalb

Millionen Speziestaler auf die Thronanwartschaft verzichtet. Im Wiener Frieden seien die Herzogtümer abgetreten – somit habe der Augustenburger gar nichts mehr zu beanspruchen.

Eine Frechheit, eine Anmaßung wird die in Berlin geführte Sprache genannt, und die »preußische Arroganz« wird zum Schlagwort, »gegen die muss man sich schützen«: Das wird allenthalben als Dogma aufgestellt. »König Wilhelm scheint sich auf den deutschen Viktor Emanuel aufspielen zu wollen.« – »Österreich hat die stille Absicht, Schlesien zurückzuerobern.« – »Preußen buhlt mit Frankreich.« – »Österreich buhlt mit Frankreich« ... *et patati et patatà*, wie die Franzosen sagen ... Tritschtratsch heißt es auf deutsch und pflegt in den Kaffeekränzchen der Kleinstädter nicht eifriger betrieben zu werden als zwischen den Kabinetten der Großmächte.

Der Winter brachte unsere ganze Familie wieder nach Wien zurück. Rosa und Lilli hatten sich in den böhmischen Bädern sehr gut unterhalten, aber verlobt hatte sich keine. Konrads Aktien standen vortrefflich. In der Jagdsaison war er nach Grumitz gekommen, und obwohl bei dieser Gelegenheit das entscheidende Wort noch immer nicht gesprochen wurde, waren jetzt doch beide in ihrem Inneren überzeugt, dass sie als ein Paar enden würden. Auch zu diesen Herbstjagden war ich, trotz meines Vaters dringenden Zuredens, nicht erschienen. Friedrich hatte keinen Urlaub erhalten, und mich von ihm zu trennen, war ein Leidwesen, das ich mir ohne Notwendigkeit nicht auferlegen mochte. Ein zweiter Grund, mich nicht längere Zeit zu meinem Vater zu begeben, war der, dass ich meinen kleinen Rudolf nicht gern dem großväterlichen Einfluss überließ, denn dieser war dazu angetan, dem Kinde militärische

Neigungen einzuflößen. Die Lust zu diesem Berufe, zu welchem ich meinen Sohn durchaus nicht bestimmen wollte, war ohnehin schon in ihm geweckt. Vermutlich lag's im Blute. Der Spross einer langen Reihe von Kriegern muss naturgemäß kriegerische Anlagen zur Welt bringen. In den naturwissenschaftlichen Werken, deren Studium wir jetzt eifriger denn je betrieben, hatte ich von der Macht der Vererbung gelernt, von dem Wesen der sogenannten »eingeborenen Anlagen«, welche weiter nichts sind als der Drang, die von den Ahnen angenommenen Gewohnheiten zu betätigen.

Zu des Kleinen Geburtstag brachte ihm sein Großvater diesmal richtig wieder einen Säbel.

»Du weißt doch, Vater«, sagte ich ärgerlich, »dass mein Rudolf durchaus nicht Soldat werden soll; ich muss dich schon ernstlich bitten …«

»Also ein Muttersöhnchen willst du aus ihm machen? Dass wird dir hoffentlich nicht gelingen. Gutes Soldatenblut lügt nicht: Ist der Bursche einmal erwachsen, so wird er seinen Beruf schon selber wählen – und einen schöneren gibt es nicht als den, welchen du ihm verbieten willst.«

»Martha fürchtet sich, den einzigen Sohn der Gefahr auszusetzen«, bemerkte Tante Marie, welche diesem Gespräche beiwohnte. »Sie vergisst aber, dass, wenn es einem bestimmt ist, zu sterben, ihn dieses Los ebenso gut im Bett wie im Krieg ereilt.«

»Also wenn in einem Kriege hunderttausend Mann zu Grunde gegangen sind, so wären dieselben auch im Frieden verunglückt.«

Tante Marie war um eine Antwort nicht verlegen.

»Diese Hunderttausend waren dann eben bestimmt, im Kriege zu sterben!«

»Wenn aber die Menschen so gescheit wären, keinen solchen mehr zu beginnen?«, warf ich ein.

»Das ist aber eine Unmöglichkeit«, rief mein Vater, und damit war das Gespräch wieder auf eine Kontroverse gebracht, welche er und ich des Öfteren – und zwar stets in denselben Gleisen – zu führen pflegten. Auf der einen Seite die gleichen Behauptungen und Gründe, auf der anderen die gleichen Gegenbehauptungen und Gegengründe. Es gibt nichts, worauf die Fabel der Hydra so gut passt wie auf das Ungetüm: stehende Meinung. Kaum hat man ihm einen Argumentenkopf abgeschlagen und macht sich daran, den zweiten folgen zu lassen, so ist der erste schon wieder nachgewachsen.

Da hatte mein Vater so ein paar Lieblingsbeweise zugunsten des Krieges, die nicht umzubringen waren.

1. Kriege sind von Gott, dem Herrn der Heerscharen, selber eingesetzt, siehe die Heilige Schrift.

2. Es hat immer welche gegeben, folglich wird es auch immer welche geben.

3. Die Menschheit würde sich ohne diese gelegentliche Dezimierung zu stark vermehren.

4. Der dauernde Friede erschlafft, verweichlicht, hat – wie stehendes Sumpfwasser – Fäulnis, nämlich den Verfall der Sitten zur Folge.

5. Zur Betätigung der Selbstaufopferung, des Heldenmuts, kurz zur Charakterstählung sind Kriege das beste Mittel.

6. Die Menschen werden immer streiten, volle Übereinstimmung in allen Ansprüchen ist unmöglich; verschiedene Interessen müssen stets aneinanderstoßen, folglich ist ewiger Friede ein Widersinn.

Keiner dieser Sätze, namentlich keins der darin enthaltenen »folglich« lässt sich stichhaltig behaupten, wenn man ihm zu Leibe rückt. Aber jeder dient dem Verteidiger als Verschanzung, wenn er die anderen fallen lassen musste. Und während die neue Verschanzung fällt, hat sich die alte wieder aufgerichtet.

Zum Beispiel wenn der Kriegskämpe, in die Enge getrieben, nicht mehr imstande ist, Nr. 4 aufrecht zu erhalten und zugeben muss, dass der Friedenszustand menschenwürdiger, beglückender, kulturfördernder sei als der Krieg, so sagt er:

Nun ja, ein Übel ist der Krieg schon, aber unvermeidlich, denn Nr. 1 und 2.

Zeigt man nun, dass er vermieden werden könnte, durch Staatenbund, durch Schiedsgerichte usw., so heißt es:

Nun ja, man könnte wohl, aber soll nicht, denn Nr. 5.

Jetzt wirft der Friedensanwalt diesen Einwand um und beweist, dass im Gegenteile der Krieg den Menschen verroht und entmenschlicht. –

Nun ja, das schon, aber Nr. 3.

Dieses Argument, wenn von den Verherrlichern des Krieges angeführt, ist das Allerunaufrichtigste. Die gewalttätige Dezimierung der gegenwärtigen Menschheit durch Totschlag, künstliche Seuchenbildung und Verarmung wird gewiss nicht veranstaltet, um von der künftigen die Gefahr etwaigen Mangelleidens abzulenken; wenn menschliches Eingreifen nötig wäre, um zum allgemeinen Wohle Übervölkerung zu verhüten, so gäbe es wohl direktere Mittel hierzu als Kriegführung. Das Argument ist also nur eine Finte, welche aber meist mit Erfolg angewendet wird, weil sie verblüfft. Das Ding klingt so gelehrt und eigentlich sehr menschenfreundlich

– man denke nur: Unsere lieben in einigen tausend Jahren lebenden Nachkommen, denen müssen wir doch genügenden Ellenbogenraum schaffen! – dieses Nr. 3 bringt viele Friedensverteidiger in Verlegenheit. Über solche naturwissenschaftlichen und sozialökonomischen Fragen sind die wenigsten Leute unterrichtet; die wenigsten wissen wohl, dass das Gleichgewicht von Sterblichkeit und Fruchtbarkeit von selber sich herstellt; dass die Natur über ihre Lebewesen nicht die vernichtenden Gefahren bringt, um deren Überzahl zu verhüten, sondern umgekehrt: dass sie die Fruchtbarkeit derer erhöht, die großen Gefahren ausgesetzt sind. Nach einem Kriege z.B. steigt die Zahl der Geburten, und so wird der Verlust wieder ersetzt; nach langem Frieden und bei Wohlstande fällt diese Zahl, und so tritt die Überbevölkerung überhaupt nicht ein. Das alles aber hat man nicht klar vor Augen; man fühlt nur instinktiv, dass das berühmte Nr. 3 nicht richtig sein kann und keinesfalls vom anderen ehrlich gemeint ist. Da begnügt man sich, das alte Sprichwort anzuführen: »Es ist schon dafür gesorgt, dass die Bäume nicht in den Himmel wachsen«, und dann – nicht jenes Resultat haben die Machthaber im Auge – zugegeben, aber Nr. 1.

Und so nimmt der Streit kein Ende. Der Kriegerische behält immer recht; sein Räsonnement bewegt sich in einem Kreise, wo man ihm stets nachlaufen, ihn aber nie erreichen kann. Der Krieg ist ein schreckliches Übel, aber er muss sein. – Er muss zwar nicht sein, aber er ist ein hohes Gut. Diesen Mangel an Folgerichtigkeit, an logischer Ehrlichkeit, lassen sich alle jene zuschulden kommen, welche aus uneingestandenen Gründen – oder auch ohne Gründe, bloß instinktiv – eine Sache vertreten und hier alle ihnen je zu Ohren gekommenen Phrasen und Gemeinplätze benutzen, welche zur Verteidigung der betreffenden Sache im Umlauf gesetzt worden sind. Dass diese Argumente von den verschiedensten Standpunkten ausgehen, dass sie daher einander nicht nur nicht unterstützen, sondern mitunter geradezu aufheben, das ist jenen einerlei. Nicht weil diese oder jene Schlüsse dem eigenen Nachdenken entsprungen und der eigenen Überzeugung gemäß sind, sind sie zu ihrer aufgestellten Behauptung gelangt, sondern nur um diese Letztere zu stützen, gebrauchen sie auswahllos die von anderen Leuten durchdachten Folgerungen.

Das alles konnte ich mir zwar damals, wenn ich mit meinem Vater über das Thema Krieg und Frieden stritt, nicht so ganz klarmachen; erst später habe ich mir angewöhnt, den Verrichtungen des Geistes im eigenen und im Kopfe anderer beobachtend nachzuspüren. Ich erinnere mich nur, dass ich immer höchst ermüdet und abgespannt aus diesen Diskussionen hervorging, und jetzt weiß ich, dass diese Ermüdung von dem »Im-Kreise-nachlaufen« kam, zu welchem mich meines Vaters Streitweise zwang. Der Schluss war dann jedes Mal ein seinerseits mit mitleidigem Achselzucken gesprochenes »Das verstehst du nicht«, welches – da es sich um militärische Dinge handelte – im Munde eines alten Generals, einer jungen Frau gegenüber, gewiss sehr gerechtfertigt klang.

16

Neujahr 1866. Wieder saßen wir alle – bei Punsch und Faschingkrapfen – um meines Vaters Tisch versammelt, als die erste Stunde dieses verhängnisvollen Jahres schlug. Es war ein heiteres Fest. Zugleich mit Silvester feierten wir eine Verlobung: Konrad und Lilli. Als der Zeiger auf zwölf wies und auf der Straße einige Freudenschüsse losgingen, umschlang mein unternehmender Vetter das neben ihm sitzende Mädchen, presste – zu unser aller Staunen – einen Kuss auf ihre Lippen und fragte dann:

»Willst du mich in 66?«

»Ja, ich will«, antwortete sie.

Das war nun von allen Seiten ein Gläser-erklingen-lassen und Umarmen und Händeschütteln und Glück- und Gegenwünschen ohne Ende.

Mein Vater machte dem Gratulationstumult ein Ende, indem er mit dem an seinem kleinen Finger befindlichen Siegelring an das Glas klopfte und sich zum Sprechen erhob:

»Meine lieben Kinder und Freunde – das Jahr sechsundsechzig fängt gut an. Mir bringt es schon in der ersten Stunde die Erfüllung eines Lieblingswunsches – denn auf den Konrad als Schwiegersohn hatte ich es lange abgesehen. Hoffen wir, dass dieses freundliche Jahr auch unsere Rosa unter die Haube und euch – Martha und Tilling – einen Storchbesuch bringt ... Ihnen, Doktor Bresser, soll es zahlreiche Patienten verschaffen – was zwar mit den vielen Gesundheitswünschen, die heute ausgetauscht werden, nicht recht klappt ... Und dir, liebe Marie, beschere es – vorausgesetzt, dass es dir bestimmt sei, ich kenne und ehre deinen Fatalismus – einen Haupttreffer oder einen vollständigen Ablass oder was du dir sonst wünschen magst; dich, mein Otto, beschenke es mit zahlreicher »Eminenz« zu deiner Schlussprüfung und mit allen möglichen soldatischen Tugenden und Kenntnissen, damit du einst eine Zierde der Armee und Stolz deines alten Vaters werdest. Letzterem muss ich doch auch einiges Gute zukommen lassen, und da dieser keine höheren Wünsche kennt als das Wohl und den Ruhm Österreichs, so möge das kommende Jahr dem Lande einen großen Gewinn bringen – die Lombardei oder vielleicht die Provinz Schlesien ... Man kann nicht wissen, was sich da alles vorbereitet – es ist gar nicht unmöglich, dass wir dieses, der großen Marie Theresia entwendete Land den frechen Preußen wieder abnehmen ...«

Ich erinnere mich, dass der Schluss von meines Vaters Trinkrede eine Kälte verbreitete. Die Lombardei und Schlesien – wahrlich, nach diesen fühlte niemand unter uns ein dringendes Bedürfnis. Und der darunter versteckte Wunsch »Krieg« – also neuer Jammer, neue Todesqual – der stimmte schon gar nicht zu der weichen Fröhlichkeit, welche diese, durch einen neuen Liebesbund geweihte Stunde in unseren Herzen wachgerufen. Ich erlaubte mir sogar eine Entgegnung:

»Nein, lieber Vater – für die Italiener und für die Preußen ist heute auch Neujahr ... Da wollen wir ihnen kein Verderben wünschen. Mögen im Jahre 66 und in den folgenden alle Menschen besser, einträchtiger und glücklicher werden!«

Mein Vater zuckte mit den Achseln.

»O, du Schwärmerin«, sagte er mitleidig.

»Durchaus nicht«, nahm mich Friedrich in Schutz. »Der von Martha ausgedrückte Wunsch beruht nicht auf Schwärmerei – denn seine Erfüllung ist uns wissenschaftlich verbürgt. Besser und einträchtiger und glücklicher werden die Menschen beständig – seit den Uranfängen bis auf heute. Aber so unmerklich langsam, dass eine kleine Spanne Zeit wie ein Jahr kein sichtbares Vorwärtsschreiten aufweisen kann.«

»Wenn Ihr so fest an den ewigen Fortschritt glaubt«, warf mein Vater ein, »warum dann euer häufiges Klagen über Reaktion, über Rückfall in die Barbarei!«

»Weil« – Friedrich zog einen Bleistift aus der Tasche und zeichnete auf ein Blatt Papier eine Spirale – »der Gang der Zivilisation so beschaffen ist wie dieses ... Bewegt sich diese Linie, trotz ihrer gelegentlichen Rückwärtskrümmungen, nicht sicher voran? Das beginnende Jahr kann freilich eine der Krümmungen vorstellen, besonders wenn, wie es den Anschein hat, wieder ein Krieg geführt werden sollte. So etwas schleudert die Kultur – in jeder, in materieller wie in moralischer Beziehung – immer wieder um ein gutes Stück zurück.«

»Du sprichst nicht wie ein Soldat, mein lieber Tilling.«

»Ich spreche von einer allgemeinen Sache, mein lieber Schwiegervater. Darüber kann meine Ansicht eine richtige oder falsche sein – ob sie nun eine soldatische sei oder nicht, ist eine andere Frage. Wahrheit gibt es doch überall nur eine ...«

»Eine – was?«

Mein Vater pflegte, wenn ihm eine Diskussion nicht recht genehm war, etwas Schwerhörigkeit hervorzukehren. Auf solches »was« die ganze Rede zu wiederholen – dazu hatten die wenigsten Leute die Geduld und man gab den Streit lieber auf.

Noch in derselben Nacht, nachdem wir nach Hause gekommen, nahm ich meinen Mann ins Verhör:

»Was hast du meinem Vater gesagt? Dass es allen Anschein habe, man würde sich in diesem Jahre wieder schlagen? Ich will dich in keinen Krieg mehr ziehen lassen, ich will nicht.«

»Was hilft dieses leidenschaftliche ›ich will‹, meine Martha? Du wärest doch die Erste, die es angesichts der Umstände wieder zurückzöge. Je wahrscheinlicher ein Krieg vor der Tür steht, desto unmöglicher wäre es mir, um Entlassung einzukommen. Unmittelbar nach Schleswig-Holstein wäre es tunlich gewesen ...«

»Ach, diese elenden Schmitt & Söhne!«

»Doch jetzt, wo sich neue Wolken ballen ...«

»Du glaubst also wirklich, dass ...«

»Ich glaube, diese Wolken werden sich wieder verziehen – die beiden Großmächte werden sich doch jener Nordländchen wegen nicht zerfleischen. Aber weil es nun einmal drohend aussieht, würde ein Zurückziehen feige erscheinen. Das leuchtet dir wohl ein?«

Diesen Gründen musste ich mich fügen. Aber ich klammerte mich fest an das Hoffnungswort »Die Wolken werden sich verziehen«. Mit Spannung folgte ich nunmehr der Entwicklung der politischen Ereignisse und den darüber in Zeitungen und Gesprächen kursierenden Meinungen und Vorhersagungen. »Rüsten« war jetzt die Losung. Preußen rüstet im Stillen. Österreich rüstet im Stillen. Die Preußen behaupten, dass wir rüsten, und es ist nicht wahr – sie rüsten. Sie leugnen – nein, es ist nicht wahr: Wir rüsten. Wenn jene rüsten, müssen wir auch rüsten. Wenn wir abrüsten, wer weiß, ob jene abrüsten? So schlug die Rüsterei in allen möglichen Varianten an mein Ohr. – Aber wozu denn dieses Waffengeklirre, wenn man nicht angreifen will?, fragte ich, worauf mein Vater den alten Spruch vorbrachte: *Si vis pacem, para bellum*: Wir rüsten ja doch nur aus Vorsicht. – Und die anderen? In der Absicht, uns zu überfallen. – Jene sagen aber auch, dass sie sich nur gegen unseren Überfall vorsehen. – Das ist Heimtücke. – Und sie sagen, dass wir heimtückisch seien. – Das sagen sie nur als Vorwand, um besser rüsten zu können.

Wieder so ein endloser Zirkel, eine sich in den Schwanz beißende Schlange, deren oberes und unteres Ende zweifache Unaufrichtigkeit ist. Nur um einem Feinde zu imponieren, der den Krieg will, kann die rüstende Schreckmethode etwa des Friedens willen am Platze sein; aber zwei Gleichgesinnte, Frieden Wollende, können unmöglich nach diesem System handeln, ohne dass jeder fest überzeugt sei, dass der andere mit leeren Phrasen lügt. Und diese Überzeugung wird nur so fest, wenn man selber hinter den gleichen Phrasen dieselben Absichten versteckt, deren man den Gegner beschuldigt. Nicht nur die Auguren – auch die Diplomaten wissen voneinander genau, was jeder hinter den öffentlichen Zeremonien und Redeweisen im Sinne führt ...

Das beiderseitige In-Kriegsbereitschaft-setzen dauerte die ersten Monate des Jahres fort. Am 12. März kam mein Vater freudestrahlend in mein Zimmer gestürzt.

»Hurra!«, rief er. »Gute Nachrichten!«

»Abgerüstet?«, fragte ich freudig.

»Im Gegenteil, die gute Nachricht ist die: Gestern wurde großer Kriegsrat gehalten ... Es ist wirklich glänzend, über welche Streitmacht wir verfügen. Da kann sich der arrogante Preuße verstecken.

Mit 800.000 Mann sind wir stündlich bereit auszurücken. Und Benedek, unser tüchtigster Stratege, wird Oberfeldherr mit unbeschränkter Vollmacht. Ich sag dir's im Vertrauen, Kind: Schlesien ist unser, wenn wir nur wollen …«

»O Gott, o Gott«, stöhnte ich. »Soll denn wieder diese Geißel über uns kommen! Wer kann denn nur so gewissenlos sein, aus Ehrgeiz, aus Ländergier …«

»Beruhige dich. Wir sind nicht so ehrgeizig – noch sind wir ländergierig. Wir wollen Frieden halten – das hat die Regierung oft genug versichert. Und der ungeheure Stand unserer aktiven Armee, wie derselbe aus den im gestrigen Kriegsrat dem Kaiser vorgelegten Mitteilungen sich ergibt, wird allen anderen Mächten gehörigen Respekt einflößen. Preußen wird wohl zuallererst klein beilegen und aufhören, das große Wort führen zu wollen. Wir haben, Gott sei Dank, in Schleswig-Holstein auch noch mitzureden – und werden sicher nie dulden, dass sich der andere Großstaat durch allzu starke Machtausdehnung eine überwiegende Stellung in Deutschland erringe. Da handelt es sich um unsere Ehre – vielleicht um unsere Existenz – das verstehst du nicht. Das Ganze ist ja doch nur ein Hegemoniestreit – um das miserable Schleswig handelt es sich am wenigsten –, aber der prächtige Kriegsrat hat deutlich gezeigt, wer den ersten Rang einnimmt und wer den anderen Bedingungen vorschreiben darf: die Nachkommen der kleinen Brandenburger Kurfürsten oder diejenigen der langen römisch-deutschen Kaiser-Reihe! Ich halte den Frieden für gesichert. Sollten aber die anderen dennoch fortfahren, sich unverschämt und arrogant zu gebärden und dadurch einen Krieg unvermeidlich machen, so ist uns der Sieg verbürgt und mit demselben ganz unberechenbare Gewinne ... Es wäre zu wünschen, dass es losginge …«

»Nun ja, das wünschst du auch, Vater – und mit dir wahrscheinlich der ganze Kriegsrat! So ist's mir lieber, wenn das aufrichtig gesagt wird ... Nur nicht diese Falschheit, dem Volke und den Friedliebenden zu versichern, dass all die Waffenanschaffungen und Heeresverstärkungen und Militärkreditforderungen nur um des lieben Friedens willen geschehen. Wenn ihr schon die Zähne zeigt und die Fäuste ballt, so flüstert keine sanften Worte dazu – wenn ihr schon vor Ungeduld zittert, das Schwert zu schwingen, so macht doch nicht, als legtet ihr aus bloßer Vorsicht die Hand an den Knauf.«

So redete ich eine Weile mit bebender Stimme und steigendem Affekte fort – ohne dass mein verblüffter Vater ein Wort erwiderte – und brach schließlich in Tränen aus.

17

Jetzt folgte eine Zeit der schwankenden Hoffnungen und Befürchtungen. Heute hieß es »der Friede gesichert«, morgen »der Krieg unvermeidlich«. Die meisten Leute waren letzterer Ansicht. Nicht so sehr, weil die Verhältnisse auf die Notwendigkeit eines blutigen Austrages wiesen, als deshalb, weil, wenn das Wort »Krieg« einmal gefallen, wohl noch sehr lange hin und her debattiert werden kann, aber erfahrungsgemäß das Ende jedes Mal Krieg ist. Das kleine unscheinbare Ei, welches den *Casus belli* enthält, wird da so lange ausgebrütet, bis das Ungetüm hervorkriecht.

Täglich zeichnete ich in die roten Hefte die Phasen des schwebenden Streites auf, und so wusste ich damals, und weiß noch heute, wie der verhängnisvolle »66er Krieg« sich vorbereitet hat und wie er ausgebrochen ist. Ohne diese Eintragungen wäre ich wohl über das betreffende Stück Geschichte in derselben Unkenntnis, in welcher die meisten inmitten der Geschichte lebenden Menschen sich befinden. Gewöhnlich weiß die große Mehrzahl der Bevölkerung nicht, warum und wie ein Krieg entsteht – man sieht ihn nur eine Zeitlang kommen – dann ist er da. Und wenn er da ist, so fragt man schon gar nicht mehr nach den kleinen Interessen und Meinungsverschiedenheiten, die ihn herbeigeführt, sondern ist nur noch mit den gewaltigen Ereignissen beschäftigt, die sein Fortgang mit sich bringt. Und ist er einmal vorüber, so erinnert man sich höchstens der dabei persönlich erlebten Schrecken und Verluste – beziehungsweise Gewinne und Triumphe – aber an die politischen Entstehungsgründe wird nicht mehr gedacht. In den verschiedenen

Geschichtswerken, welche nach jenem Feldzuge unter Titeln wie »Der Krieg vom Jahre – historisch und strategisch dargestellt« und dergleichen erscheinen, werden alle vergangenen Streitmotive und alle taktischen Bewegungen des betreffenden Feldzuges aufgezählt, und wer dafür Interesse hat, kann in der einschlägigen Literatur sich Aufschluss holen; aber im Gedächtnis des Volkes lebt diese Geschichte gewiss nicht fort. Auch von den Gefühlen des Hasses und der Begeisterung, der Erbitterung und Siegeshoffnung, mit welchen die ganze Bevölkerung den Anfang des Krieges begrüßte – Gefühle, welche sich in dem Schlagwort äußern: »Dieser Krieg ist sehr populär« –, auch davon ist nach ein paar Jahren alles verwischt.

Am 24. März erlässt Preußen ein Rundschreiben, worin es sich über die bedrohlichen österreichischen Rüstungen beklagt. – Warum rüsten wir denn nicht ab, wenn wir nicht bedrohen wollen? – Wie sollen wir? Es wird ja am 28. März preußischerseits verfügt, dass die Festungen in Schlesien und zwei Armeekorps in Bereitschaft gesetzt werden sollen ...

31. März. Gott sei Dank! Österreich erklärt, dass sämtliche umlaufende Gerüchte über geheimes Rüsten falsch seien; es falle ihm gar nicht ein, Preußen anzugreifen. Es stellt daher die Forderung, dass Preußen seine Kriegsbereitschafts-Maßnahmen einstelle.

Preußen erwidert: Es denke gar nicht im Entferntesten daran, Österreich anzugreifen, aber durch dessen Rüstungen ist es gezwungen, sich auf einen Angriff gefasst zu machen.

So wird der zweistimmige Wechselgesang unausgesetzt fortgeführt:

Meine Rüstung ist die defensive,
Deine Rüstung ist die offensive,

Ich muss rüsten, weil du rüstest,
Weil du rüstest, rüste ich,
Also rüsten wir,
Rüsten wir nur immer zu.

Die Zeitungen geben die Orchesterbegleitung zu diesem Duo ab. Die Leitartikler schwelgen in sogenannter Konjekturalpolitik. Es wird geschürt, gehetzt, geprahlt, verleumdet. Geschichtswerke über den Siebenjährigen Krieg werden veröffentlicht mit der ausgesprochenen Tendenz, die einstige Feindschaft aufzufrischen.

Indessen, der Notenwechsel dauert fort. Unterm 7. April leugnet Österreich nochmals offiziell seine Rüstungen, spielt aber auf eine mündliche Äußerung an, welche Bismarck gegen Károlyi gemacht hätte, »dass man sich über den Gasteiner Vertrag leicht hinwegsetzen werde«. – Also davon sollen die Völkerschicksale abhängen, was zwei Herren Diplomaten in mehr oder minder guter Laune über Verträge sprechen? Und was sind das überhaupt für Verträge, deren Einhalten von dem guten Willen der Kontrahenten abhängig bleibt und durch keine höhere schiedsrichterliche Gewalt gesichert wird?

Auf diese Note antwortet Preußen unterm 15. April, dass die Anschuldigung unwahr sei; es müsse aber dabei beharren, dass Österreich wirklich an den Grenzen gerüstet habe; dadurch sei die eigene Gegenrüstung gerechtfertigt. Ist es Österreich mit dem Nichtangreifen Ernst, so sollte es zuerst abrüsten.

Hierauf das Wiener Kabinett: Wir wollen am 23. dieses Monats abrüsten, wenn Preußen verspricht, am folgenden Tage dasselbe zu tun.

Preußen erklärt sich bereit.

Welch ein Aufatmen! So wird denn trotz aller drohenden Anzeichen der Friede erhalten bleiben! Diese Wendung verzeichnete ich freudig in die roten Hefte.

Aber zu früh. Neue Verwicklungen stellten sich ein. Österreich erklärt, es könne nur im Norden, nicht aber zugleich im Süden abrüsten, denn dort sei es von Italien bedroht.

Darauf Preußen: Wenn Österreich nicht ganz abrüstet, so wollen wir auch gerüstet bleiben.

Jetzt lässt sich Italien vernehmen: Es wäre ihm nicht im Entferntesten eingefallen, Österreich anzugreifen, aber nach dessen letzter Erklärung werde es allerdings Gegenrüstungen machen.

Und so wird das hübsche Defensivlied nunmehr dreistimmig gesungen.

Ich lasse mich von dieser Melodie wieder einigermaßen in Ruhe lullen. Nach solchen lauten und wiederholten Versicherungen kann doch keiner angreifen, und ohne dass einer angreife, gibt es keinen Krieg. Das Prinzip, dass nur noch Verteidigungskriege gerecht seien, hat sich schon so sehr des öffentlichen Bewusstseins bemächtigt, dass doch keine Regierung mehr einen Einfall in das Nachbarland unternehmen darf; und wenn sich nur lauter Verteidiger gegenüberstehen, so können dieselben, so drohend sie auch bewaffnet, so fest sie auch entschlossen seien, sich bis aufs Messer zu wehren, doch tatsächlich den Frieden nicht brechen.

Welche Täuschung! Neben »Offensive« gibt es ja noch verschiedene andere Arten, Feindseligkeiten zu eröffnen. Da sind die irgendein drittes Ländchen betreffenden Forderungen und Einmengungen, die als ungerecht abgewehrt werden können; da sind die alten Verträge, die man für verletzt erklärt und für deren

Aufrechterhaltung zu den Waffen gegriffen werden muss; da ist endlich das »europäische Gleichgewicht«, welches durch die Machterweiterung des einen oder des anderen Staates gefährdet werden könnte, und daher gegen solche Machterweiterung energisches Einschreiten erheischt. Uneingestandenermaßen, aber am heftigsten zum Kampfe treibend, wirkt der lang geschürte Hass, welcher schließlich ebenso sehnsüchtig und naturgewaltig nach todbringendem Handgemenge drängt wie lang genährte Liebe nach lebensschöpfender Umarmung.

Von nun an überstürzen sich die Ereignisse: Österreich tritt so entschieden für den Augustenburger ein, dass Preußen dies für einen Bruch des Gasteiner Vertrags erklärt und darin eine deutliche feindliche Absicht erkennt, was zur Folge hat, dass beiderseits aufs Äußerste gerüstet wird und nun auch Sachsen damit beginnt. Die Aufregung ist eine allgemeine und wird täglich heftiger.

»Krieg in Sicht, Krieg in Sicht!«, verkünden alle Blätter und alle Gespräche.

Mir ist zumute, als wäre ich auf dem Meere und der Sturm im Anzug ...

Der gehassteste und geschmähteste Mann in Europa heißt jetzt Bismarck. Am 7. Mai wird auf denselben ein Mordversuch gemacht. Hat Blind, der Täter, jenen Sturm dadurch abwenden wollen? Und hätte er ihn abgewendet?

Ich erhalte aus Preußen Briefe von Tante Kornelie, aus welchen hervorgeht, dass dort zulande der Krieg nichts weniger als gewünscht wird. Während bei uns allgemeine Begeisterung für die Idee eines Krieges mit Preußen herrscht und mit Stolz auf unsere

»Million auserlesener Soldaten« geblickt wird, herrscht drüben innere Zerfahrenheit. Bismarck wird im eigenen Lande nicht viel weniger geschmäht und verleumdet als bei uns; das Gerücht geht, dass die Landwehr sich weigern werde, in den »Bruderkrieg« zu ziehen, und man erzählt, dass die Königin Augusta sich ihrem Gemahl zu Füßen geworfen, um für den Frieden zu flehen. O, wie gern hätte ich an ihrer Seite gekniet und alle meine Schwestern – alle – zu gleicher Tat hinreißen wollen. Das, das allein sollte aller Frauen Bestreben sein:

»Friede, Friede – die Waffen nieder!«

Hätte doch unsere schöne Kaiserin sich auch zu Füßen ihres Gemahls geworfen und weinend, mit erhobenen Händen, um Entwaffnung gefleht! Wer weiß? Vielleicht hat sie es getan – vielleicht hätte der Kaiser selber auch gewünscht, den Frieden zu erhalten, aber der Druck, der von den Räten, von den Sprechern, Schreiern und Schreibern kommt, dem kann ein einzelner Mensch – selbst auf dem Thron – nicht widerstehen.

18

Am 1. Juni erklärt Preußen dem Bundestag, es werde sofort abrüsten, wenn Österreich und Sachsen das Beispiel geben. Dagegen erfolgt von Wien geradeheraus die Anschuldigung, dass Preußen schon lange mit Italien einen Angriff auf Österreich geplant habe, weshalb Letzteres sich nunmehr ganz dem Deutschen Bund in die Arme werfen wolle, um diesen aufzufordern, die Entscheidung in Sachen der Elbherzogtümer zu übernehmen. Gleichzeitig wolle es die holsteinischen Stände einberufen.

Gegen diese Erklärung legte Preußen Protest ein, weil dieselbe gegen den Gasteiner Vertrag verstoße. Damit sei zum Wiener Vertrag zurückgekehrt, nämlich zum gemeinschaftlichen Kondominat; folglich habe Preußen auch das Recht, Holstein zu besetzen, wie es seinerseits den Österreichern den Besitz Schleswigs nicht verwehre. Und zugleich rücken die Preußen in Holstein ein. Gablenz weicht ohne Schwertstreich, aber unter Protest zurück.

Vorher hat Bismarck in einem Rundschreiben gesagt: Von Wien hatten wir gar kein Entgegenkommen gefunden. Im Gegenteil: Es waren dem Könige von authentischer Quelle Auslassungen von österreichischen Staatsmännern und Ratgebern des Kaisers zu Ohren gekommen, welche beweisen, dass die Minister den Krieg um jeden Preis wünschen (Völkermord *wünschen*; welche furchtbare Verbrechensanklage!), teils auf Erfolg im Felde hoffend, teils, um über innere Schwierigkeiten hinwegzukommen und um den eigenen zerrütteten Finanzen durch preußische Kontribution aufzuhelfen.

Unterm 9. Juni erklärt Preußen dem Bundestag, derselbe habe kein Recht zur alleinigen Entscheidung in der schleswig-holsteinischen Frage. Ein neuer Bundesreformplan wird vorgelegt, nach welchem die Niederlande und Österreich ausgeschlossen bleiben sollen.

Die Presse ist nunmehr ganz kriegerisch, und zwar, wie dies patriotische Sitte ist, siegesgewiss. Die Möglichkeit einer Niederlage muss für den loyalen Untertan, den sein Fürst zum Kampfe ruft, völlig ausgeschlossen sein. Verschiedene Leitartikel malen den bevorstehenden Einzug Benedeks in Berlin aus sowie die Plünderung dieser Stadt durch die Kroaten. Einige empfehlen auch Preußens Hauptstadt dem Erdboden gleichzumachen. »Plünderung«, »Erdboden gleich machen«, »über die Klinge springen lassen« – diese Worte entsprechen zwar nicht mehr dem neuzeitlichen Völkerrechtsbewusstsein, sie sind aber, von den Schulstudien der alten Kriegsgeschichte her, an den Leuten hängen geblieben; derlei ward in den auswendig gelernten Schlachtberichten so oft hergesagt, in den deutschen Aufsätzen so oft niedergeschrieben, dass, wenn nun über das Thema Krieg Zeitungsartikel verfasst werden sollen, solche Worte von selber in die Feder fließen. Die Verachtung des Feindes kann nicht drastisch genug ausgedrückt werden; mit derlei macht man einen Krieg eben »populär«. So etwas kräftigt das nationale Selbstgefühl.

11. Juni. Österreich beantragt, der Bund solle gegen die preußische Selbsthilfe in Holstein einschreiten und das ganze Bundesheer mobil machen. Am 14. Juni wird über diesen Antrag abgestimmt und mit neun gegen sechs Stimmen – angenommen. O, diese drei Stimmen! Wieviel Jammer- und Wehgeheul hat diesen drei Stimmen als Echo nachgedröhnt!

Es ist geschehen. Am 16. fordert der Bund Österreich und Bayern auf, den Hannoveranern und Sachsen, welche bereits von Preußen angegriffen seien, zu Hilfe zu kommen.

Am 18. ergeht das preußische Kriegsmanifest. Zu gleicher Zeit das Manifest des Kaisers von Österreich an sein Volk und die Proklamation Benedeks an seine Truppen. Am 22. erlässt Prinz Friedrich Karl einen Armeebefehl und eröffnet damit den Krieg. Ich habe die vier Urkunden abgeschrieben; hier sind sie:

König Wilhelm sagt:

»Österreich will nicht vergessen, dass seine Fürsten einst Deutschland beherrschten, will im jungen Preußen keinen Bundesgenossen, sondern nur einen feindlichen Nebenbuhler erkennen. Preußen, meint es, sei in allen seinen Bestrebungen zu bekämpfen, weil, was Preußen frommt, Österreich schade. Alte, unselige Eifersucht ist in hellen Flammen wieder aufgelodert; Preußen soll geschwächt, vernichtet, entehrt werden. Ihm gegenüber gelten keine Verträge mehr. Wohin wir in Deutschland schauen, sind wir von Feinden umgeben und deren Kampfgeschrei ist Erniedrigung Preußens. Bis zum letzten Augenblick habe ich die Wege zu gütigem Ausgleich gesucht und offengehalten – Österreich wollte nicht.«

Dagegen lässt sich Kaiser Franz Joseph also vernehmen:

»Die neuesten Ereignisse erweisen es unwiderleglich, dass Preußen nun offen Gewalt an Stelle des Rechtes setzt. So ist der unheilvollste Krieg – ein Krieg Deutsche gegen Deutsche – unvermeidlich geworden! Zur Verantwortung all des Unglücks, das er über Einzelne, Familien, Gegenden und Länder bringen wird, rufe ich diejenigen, welche ihn herbeigeführt, vor den Richterstuhl der Geschichte und des ewigen allmächtigen Gottes.«

Immer der »Andere« ist der Kriegwünschende. Immer dem »Anderen« wird vorgeworfen, dass er Gewalt an Stelle des Rechtes setzen will. Warum ist es denn überhaupt noch völkerrechtlich möglich, dass dies geschehe? Ein »unheilvoller Krieg«, weil »Deutsche gegen Deutsche«. Ganz richtig: Es ist schon ein höherer Standpunkt, der über »Preußen« und »Österreich« den weiteren Begriff »Deutschland« erhebt – aber nur noch einen Schritt, und es wäre jene noch höhere Einheit erreicht, in deren Licht jeder Krieg Menschen gegen Menschen als unheilvoller Bruderkrieg erscheinen müsste. Und vor den »Richterstuhl der Geschichte« rufen – was nützt das? Die Geschichte, wie sie bisher geschrieben wurde, hat noch niemals anders gerichtet, als dass sie dem Erfolge huldigte. Derjenige, der aus dem Kriege als Sieger hervorgeht, vor dem fällt die historienskribbelnde Gilde in den Staub und preist ihn als den Erfüller einer »Kulturmission«. Und »vor dem Richterstuhl Gottes, des Allmächtigen«? Ja, es ist denn dieser selber nicht, der stets als der Lenker der Schlachten hingestellt wird – geschieht denn mit dem Ausbruch sowohl als mit dem Ausgang jedes Krieges nicht eben dieses Allmächtigen unverrückbarer Wille? O Widerspruch über Widerspruch! Ein solcher muss sich eben überall einstellen, wo unter Phrasen die Wahrheit versteckt werden soll, wo man zwei einander aufhebende Prinzipien – wie Krieg und Gerechtigkeit, wie Völkerhass und Menschlichkeit, wie Gott der Liebe und Gott der Schlachten – nebeneinander gleich heilighalten will.

Und Benedek sagt:

»Wir stehen einer Streitmacht gegenüber, die aus zwei Hälften zusammengesetzt ist: Linie und Landwehr. Erstere bilden lauter junge Leute, die, weder an Strapazen und Entbehrungen gewöhnt, niemals

eine bedeutende Kampagne mitgemacht haben. Letztere besteht aus jetzt unzuverlässigen, missvergnügten Elementen, die lieber die eigene missliebige Regierung stürzen als gegen uns kämpfen möchten. Der Feind hat infolge langer Friedensjahre auch nicht einen einzigen General, der Gelegenheit gehabt hätte, sich auf den Schlachtfeldern heranzubilden. Veteranen von Mincio und Palestro, ich denke, ihr werdet unter euren alten bewährten Führern es euch zur besonderen Ehre rechnen, einem solchen Gegner auch nicht den leisesten Vorteil zu gestatten. Der Feind prahlt seit langer Zeit mit seinem schnellen Kleingewehrfeuer – aber, Leute, ich denke, das soll ihm wenig Nutzen bringen. Wir werden ihm wahrscheinlich keine Zeit dazu lassen, sondern ungesäumt ihm mit Bajonett und Kolben auf den Leib gehen. Sobald mit Gottes Hilfe der Gegner geschlagen und zum Rückzug gezwungen sein wird, werden wir ihm auf dem Fuße folgen, und ihr werdet in Feindesland euch ausrasten und diejenigen Erholungen im reichlichsten Maße in Anspruch nehmen, die sich eine siegreiche Armee mit vollstem Rechte verdient haben wird.«

Prinz Friedrich Karl endlich spricht:

»Soldaten! Das treulose bundesbrüchige Österreich hat ohne Kriegserklärung schon seit einiger Zeit die preußischen Grenzen in Oberschlesien nicht respektiert. Ich hätte also ebenfalls ohne Kriegserklärung die böhmische Grenze überschreiten dürfen. Ich habe es nicht getan. Heute habe ich eine betreffende Kundgebung überreichen lassen und heute betreten wir das feindliche Gebiet, um unser eigenes Land zu schonen. Unser Anfang sei mit Gott. Auf ihn lasst uns unsere Sache stellen, der die Herzen der Menschen lenkt, der die Schicksale der Völker und den Ausgang der Schlachten entscheidet. Wie in der Heiligen Schrift geschrieben steht: Lasst eure Herzen zu Gott schlagen

und eure Fäuste auf den Feind. In diesem Kriege handelt es sich um Preußens heiligste Güter und um das Fortbestehen unseres teuren Preußens. Der Feind will es zerstückeln und erniedrigen. Die Ströme von Blut, welche eure und meine Väter unter Friedrich dem Großen und wir jüngst bei Düppel und auf Alsen vergossen haben, sollten sie umsonst vergossen sein? Nimmermehr! Wir wollen Preußen erhalten, wie es ist, und durch Siege kräftiger und mächtiger machen. Wir werden uns unserer Väter würdig zeigen. Wir bauen auf den Gott unserer Väter, der uns gnädig sein und Preußens Waffen segnen möge. Und nun vorwärts mit unserem alten Schlachtruf: Mit Gott für König und Vaterland. Es lebe der König!«

VIERTES BUCH

1866

1

Und so war es denn wieder da – dieses größte alles denkbaren Unglücks – und wurde von der Bevölkerung mit dem gewohnten Jubel begrüßt. Die Regimenter marschierten aus – wie würden sie wiederkehren? – und Sieges- und Segenswünsche und schreiende Gassenjungen gaben ihnen das Geleit.

Friedrich war schon vor einiger Zeit nach Böhmen beordert worden – noch ehe der Krieg erklärt war, und gerade als die Dinge so standen, dass ich zuversichtlich hoffen konnte, der unselige, so geringfügige Herzogtümerstreit werde sich gütlich beilegen. Diesmal war mir das herzzerreißende Abschiednehmen erspart geblieben, welches dem direkten »In den Krieg ziehen« des Geliebten vorangeht. Als mir mein Vater triumphierend die Nachricht brachte »Jetzt geht's los«, war ich schon seit vierzehn Tagen allein und auf diese Nachricht schon gefasst gewesen – wie ein Verbrecher in seiner Zelle auf Verlesung des Todesurteils gefasst ist.

Ich beugte den Kopf und sagte nichts.

»Sei guten Mutes, Kind. Der Krieg wird nicht lang dauern – über heut und morgen sind wir in Berlin ... Und so wie er aus Schleswig-Holstein zurückgekommen, so wird dein Mann auch aus diesem Feldzug heimkehren, aber mit viel grünerem Lorbeer bedeckt. Unangenehm mag es ihm zwar sein, da er selbst preußischen Ursprungs ist, gegen Preußen zu ziehen – aber seit er in österreichischen Diensten steht, ist er ja doch mit Leib und Seele einer von den unseren ... Diese Preußen! Aus dem Bund wollen sie uns hinauswerfen, die arroganten Windbeutel – das werden sie schön bereuen, wenn Schlesien wieder unser ist, und wenn die Habsburger …«

Ich streckte die Hände aus:

»Vater – eine Bitte: Lass mich jetzt allein.«

Er mochte glauben, dass ich das Bedürfnis fühlte, mich auszuweinen; und da er ein Feind aller Rührszenen war, so willfahrte er bereitwilligst meinem Wunsch und ging.

Ich aber weinte nicht. Es war mir, als wäre ein betäubender Schlag auf meinen Kopf gefallen. Schwer atmend, starr blickend saß ich eine Zeit regungslos da. Dann ging ich zu meinem Schreibtisch, schlug die roten Hefte auf und trug ein:

Das Todesurteil ist gesprochen. Hunderttausend Menschen sollen hingerichtet werden. Ob Friedrich auch dabei ist? Folglich auch ich … Wer bin ich, um nicht zu Grunde zu gehen wie die anderen Hunderttausend? – Ich wollt', ich wär schon tot.

Von Friedrich erhielt ich am selben Tage einige flüchtig geschriebene Zeilen:

Mein Weib! Sei mutig – hoch das Herz! Wir waren glücklich, das kann uns niemand nehmen, selbst wenn heute, wie für so viele andere, auch für uns das Dekret gefallen wäre: Es ist vorbei. Heute geht's dem Feind entgegen. Vielleicht erkenne ich drüben ein paar Kampfgenossen von Düppel und Alsen – vielleicht meinen kleinen Vetter Gottfried … Wir marschieren nach Liebenau mit der Avantgarde des Grafen Clam-Gallas. Von nun an gibt's zum Schreiben keine Zeit mehr. Erwarte Dir keine Briefe. Höchstens, wenn sich die Gelegenheit bietet, eine Zeile, zum Zeichen, dass ich lebe. Vorher möchte ich noch ein einziges Wort finden, das meine ganze Liebe in sich fasste, um es

Dir – falls es das letzte wäre – hier niederzuschreiben. Ich finde nur dieses: »Martha!« Du weißt, was mir das bedeutet.

Konrad Althaus musste auch ausrücken. Er war voll Feuer und Kampfeslust und von genügendem Preußenhass beseelt, um gern hinauszuziehen. Dennoch fiel ihm der Abschied schwer. Die Heiratsbewilligung war erst zwei Tage vor dem Marschbefehl eingetroffen.

»O, Lilli, Lilli«, sprach er schmerzlich, als er seiner Braut Lebewohl sagte, »warum hast du so lang gezögert, mich zu nehmen? Wer weiß nun, ob ich wiederkomme?«

Meine arme Schwester war selbst von Reue erfüllt. Jetzt erst erwachte leidenschaftliche Liebe für den Langverschmähten. Als er fort war, sank sie weinend in meine Arme.

»O, warum habe ich nicht längst ›ja‹ gesagt! Jetzt wäre ich sein Weib …«

»Da wäre dir der Abschied nur desto schmerzlicher geworden, meine arme Lilli.«

Sie schüttelte den Kopf. Ich verstand wohl, was in ihrem Innern vorging – vielleicht klarer, als sie es selber verstand: sich trennen müssen bei noch ungestilltem, vielleicht ewig ungestillt bleiben sollendem Liebessehnen; den Becher von den Lippen weggerissen und möglicherweise zerschellt sehen, ehe man noch einen einzigen Trunk getan – das mag wohl doppelt quälend sein.

Mein Vater, die Schwestern und Tante Marie übersiedelten jetzt nach Grumitz. Ich ließ mich leicht bereden, samt meinem Söhnchen mitzukommen. Solange Friedrich fort war, schien mir der eigene Herd erstorben – ich hätte es da nicht ausgehalten. Es ist sonderbar: Ich fühlte mich so verwitwet, als wäre die Nachricht von dem ausgebrochenen Kriege zugleich die Nachricht von Friedrichs Tod gewesen. Manchmal, mitten in meine dumpfe Trauer, fiel ein lichter Gedanke: Er lebt und kann ja wiederkommen. Daneben aber stieg wieder die schreckliche Idee auf: Er krümmt und windet sich in unerträglichen Schmerzen ... er verschmachtet in einem Graben – schwere Wagen fahren über seine zerschossenen Glieder weg – Mücken und Ameisen wimmeln auf seinen offenen Wunden; die Leute, welche das Schlachtfeld räumen, halten den erstarrt Daliegenden für tot und scharren ihn lebendig mit anderen Toten in die seichte Grube – hier kommt er zu sich und …

Mit einem lauten Schrei fuhr ich aus solchen Vorstellungen empor.

»Was hast du nun wieder, Martha?«, schalt mein Vater. »Du wirst noch verrückt werden, wenn du so brütest und aufschreist. Beschwörst du dir wieder so dumme Bilder vor die Einbildung? Das ist sündhaft.«

Ich hatte nämlich öfters diese meine Ideen laut werden lassen, was meinen Vater höchlichst entrüstete.

»Sündhaft«, fuhr er fort, »und unanständig und unsinnig. Solche Fälle, wie sie deine überspannte Fantasie ausmalt, die kommen unter tausend Fällen einmal bei der Mannschaft vor, aber einen Stabsoffizier wie deinen Mann lassen die anderen nicht liegen. Überhaupt, an solche Grauendinge soll man nicht denken. Es liegt eine Art Frevel, eine Entheiligung des Krieges darin, wenn man statt der Größe des Ganzen die elenden Einzelheiten ins Auge fasst ... An die denkt man nicht.«

»Ja, ja, nicht daran denken«, antwortete ich, »das ist von jeher Menschenbrauch allem Menschenelend gegenüber ... ›Nicht denken‹: Darauf ist ohnehin alle Barbarei gestützt.«

Unser Hausarzt, Dr. Bresser, war diesmal nicht in Grumitz; er hatte sich freiwillig dem Sanitätskorps zur Verfügung gestellt und war nach dem Kriegsschauplatz abgegangen. Auch mir war der Gedanke gekommen, sollte ich nicht als Krankenpflegerin mitziehen? Ja, wenn ich gewusst hätte, dass ich in die Nähe Friedrichs käme, dass ich bei der Hand wäre, falls er verwundet würde, da hätte ich nicht gezögert; aber für andere? Nein, da gebrach es mir an Kraft, da fehlte der Opfermut. Sterben sehen, röcheln hören – hundert Hilfeflehenden helfen wollen und nicht helfen können – den Schmerz, den Ekel, den Jammer auf mich laden, ohne dabei Friedrich beizustehen – im Gegenteil, dadurch die Chancen, dass wir uns wiederfinden, vermindern, denn die Pflegenden begeben sich auch in vielfache Todesgefahr ... Nein, ich tat es nicht. Zudem belehrte mich mein Vater, dass eine Privatperson wie ich zur Krankenpflege in den Feldhospitälern gar nicht zugelassen würde – dass dieses Amt nur von Sanitätssoldaten oder höchstens von barmherzigen Schwestern ausgeübt werden dürfe.

»Charpie zupfen und Verbandszeug für die patriotischen Hilfsvereine herrichten, das ist das Einzige, was ihr für die Verwundeten leisten könnt, und das sollen denn meine Töchter auch fleißig tun – dazu geb ich meinen Segen.«

Und diese Beschäftigung war es nun auch, welcher meine Schwestern und ich viele Stunden des Tages widmeten. Rosa und Lilli verrichteten ihre Arbeit mit sanft gerührten und dabei fast freudigen Mienen. Wenn die feinen Fädchen sich unter unseren Fingern zu weichen Massen häuften, wenn wir die Leinwandstreifen schön ordentlich übereinander gefaltet, so brachte dies den beiden Mädchen etwas von den Empfindungen des barmherzigen Pflegeamtes: Es war ihnen, als linderten sie brennende Schmerzen und verhüteten sie das Verbluten der Wunden; als hörten sie die erleichterten Seufzer und sähen die dankbaren Blicke der Gewarteten. Es war beinahe ein freundliches Bild, welches ihnen da von dem Zustand des »Verwundetseins« vorschwebte. Die beneidenswerten Soldaten, welche, den Gefahren des tobenden Kampfes entronnen, jetzt auf weichen, reinen Betten hingestreckt, da gepflegt und gehätschelt werden bis zu ihrer Heilung, größtenteils in halb bewusstlosen, köstlich müden Halbschlummer gelullt, zeitweise wieder zu dem angenehmen Bewusstsein erwachend, dass ihr Leben gerettet, dass sie zu den Ihren heimkehren und noch in fernen Zeiten erzählen können, wie sie in der Schlacht von X ehrenvoll blessiert worden seien.

In dieser naiven Auffassung bestärkte sie denn auch unser Vater: »Brav, brav, Mädels – heute seid ihr wieder fleißig ... Da habt ihr wieder vielen unserer tapferen Verteidiger eine Freude gemacht! Wie das wohltut, so ein Päckchen Charpie auf der blutenden Wunde – ich weiß was davon zu erzählen. Damals, als ich bei Palestro den Schuss ins Bein bekam …« – usw. usw.

Ich aber seufzte und sagte nichts. Ich hatte andere Geschichten von Verwundungen vernommen als die, wie sie mein Vater zu erzählen beliebte; Geschichten, welche sich zu den gebräuchlichen Veteranenanekdoten ungefähr verhalten wie die Wirklichkeit elenden Hirtenlebens zu den Schäferbildchen von Watteau.

Das Rote Kreuz – ich wusste, durch welches auf das schmerzlichste erschütterte Völkermitleid diese Institution ins Leben gerufen ward. Seiner Zeit hatte ich den darüber in Genf geführten Verhandlungen gefolgt, und die Schrift Dunants, welche den Anstoß zu dem Ganzen gegeben, hatte ich gelesen. Ein herzzerreißender Jammerruf, diese Schrift! Der edle Genfer Patrizier war auf das Schlachtfeld von Solferino geeilt, um zu helfen, was er konnte; und das, was er dort gefunden, hat er der Welt erzählt. Zahllose Verwundete, welche fünf, sechs Tage liegen geblieben – ohne Hilfe ... Alle hätte er retten mögen, doch was konnte er, der Einzelne, was konnten die anderen, wenigen diesem Massenelend gegenüber tun? Er sah solche, welchen durch einen Tropfen Wasser, durch einen Bissen Brot das Leben hätte erhalten werden können; er sah solche, die, noch atmend, in fürchterlicher Eile begraben wurden ... Dann sprach er aus, was schon oft erkannt worden, was aber jetzt erst Nachhall fand: dass die Verpflegungs- und Rettungsmittel der Heeresverwaltung den Anforderungen einer Schlacht nicht mehr gewachsen seien. Und das »Rote Kreuz« ward geschaffen.

Österreich hatte sich der Genfer Konvention damals noch nicht angeschlossen. Warum? Warum wird allem Neuen, wenn es noch so segensreich und einfach ist, Widerstand entgegengesetzt? – Das Gesetz der Trägheit – die Gewalt des heiligen Schlendrians ... »Die Idee ist recht schön, aber unausführbar«, hieß es da – auch meinen Vater hörte ich öfters jene, während der Konferenz von 1863 von verschiedenen Delegierten vorgebrachten Zweifelargumente wiederholen – »unausführbar, und selbst wenn ausführbar, so doch in mancher Hinsicht sehr unzukömmlich. Die Militärbehörden könnten Privatmitwirkung auf dem Schlachtfelde nicht angemessen finden. Im Kriege müssen die taktischen Zwecke der Menschenfreundlichkeit vorangehen – und wie könnte diese Privatmitwirkung mit genügenden Bürgschaften gegen das Spionenwesen umgeben werden? Und die Auslagen! Kostet der Krieg nicht ohnehin schon genug! Die freiwilligen Krankenwärter würden durch ihre eigenen Bedürfnisse dem Proviantamt lästigfallen; oder, wenn sie sich in dem besetzten Lande selber verproviantieren, entsteht da nicht eine bedauerliche Konkurrenz für die Heeresverwaltung durch den Ankauf von für die Verwaltung notwendigen Gegenständen und die unmittelbare Erhöhung ihres Preises?«

O diese Behördenweisheit! – So trocken, so gelehrt, so sachlich, ja klugheitstriefend und so – bodenlos dumm.

2

Der erste Zusammenstoß unserer in Böhmen befindlichen Truppen mit dem Feinde fand am 25. Juni in Liebenau statt. Diese Nachricht brachte uns mein Vater mit seiner gewohnten triumphierenden Miene:

»Das ist ein prächtiger Anfang! Man sieht es, der Himmel ist mit uns. Es hat was zu bedeuten, dass die ersten, mit welchen diese Windbeutel zu tun bekommen, die Leute unserer berühmten ›eisernen Brigade‹ waren! Ihr wisst doch: die Brigade Poschacher, welche den Königsberg in Schlesien so tapfer verteidigt hat. Die wird's ihnen gehörig geben! Aber herrlicher noch als im Norden gestaltet sich der Anfang im Süden. Bei Custozza ist ein Sieg errungen worden, Kinder, so glänzend wie nur einer ... Ich habe es immer gesagt: Die Lombardei muss unser werden! ... Freut ihr euch denn nicht? Ich betrachte den Krieg als schon entschieden; denn wenn man mit den Italienern fertig geworden, welche doch ein geschultes Heer uns gegenüberstellen, da wird es uns mit den preußischen Schneidergesellen weiter nicht schwerfallen. Diese Landwehr ist eine wahre Frechheit – es gehört die ganze preußische Selbstüberhebung dazu, um damit gegen richtige Armeen ausziehen zu wollen. Da werden die Leute von der Werkstatt, vom Schreibtisch hinweggerufen – sind an keinerlei Strapazen gewöhnt, können also unmöglich als blut- und eisenfeste Soldaten im Felde stehen. Da seht einmal her, was die *Wiener Zeitung* in einer Originalkorrespondenz unterm 24. Juni schreibt. Das sind doch erfreuliche Nachrichten:

In preußisch Schlesien ist die Rinderpest ausgebrochen, und wie man vernimmt in äußerst bedrohlicher Art …«

»Rinderpest« – »bedrohliche Art« – »erfreuliche Nachrichten«, sagte ich mit leisem Kopfschütteln. »Hübsche Dinge, über welche man zu Kriegszeiten Vergnügen haben soll …«

Aber mein Vater hörte nicht und las das »Erfreuliche« weiter:

»*Unter den preußischen Truppen aus Neiße herrscht das Fieber. Das ungesunde Sumpfland, die schlechte Verpflegung und die miserable Unterkunft der in den umliegenden Ortschaften aufgehäuften Truppen mussten solche Erscheinungen zur Folge haben. Von der Verpflegung der preußischen Soldaten macht sich der Österreicher keinen Begriff. Die Junker glauben dem ›Volk‹ eben alles bieten zu können. Sechs Lot Schweinefleisch für den Mann, der an die forcierten Märsche und sonstigen Strapazen nicht gewöhnt worden, der alles, nur kein abgehärteter Soldat ist.*« – Die Blätter sind überhaupt voll prächtiger Nachrichten. Vor allem die Berichte vom glorreichen Custozza-Tage. Du solltest dir diese Zeitungen aufheben, Martha.«

Und ich habe sie aufgehoben. Das sollte man immer tun; und wenn ein neuer Völkerzwist heranzieht, dann lese man nicht die neuesten Zeitungen, sondern die, welche von vorigem Kriege datieren, und man wird sehen, was all den Prophezeiungen und Prahlereien und auch den Berichten und Nachrichten für Wahrheitswert beizumessen ist. *Das* ist lehrreich.

Aus dem Hauptquartier der Nord-Armee wird unterm 25. Juni über den Feldzugsplan (!) der Preußen geschrieben:

Vom nördlichen Kriegsschauplatz

Nach den neuesten Nachrichten hat die preußische Armee ihr Hauptquartier nach dem östlichen Schlesien verlegt. Es scheint demnach in der Absicht der Preußen zu liegen, hierdurch dem Vormarsch unserer Armee gegen Berlin durch den eigenen zuvorzukommen, was ihnen jedoch bei den getroffenen Vorkehrungen (welche »unser Spezial-Korrespondent« genauer kennt als Benedek) schwerlich gelingen dürfte. Mit vollstem Vertrauen kann man günstigen Berichten von der Nord-Armee entgegensehen, die, wenn sie auch nicht so schnell, wie die Sehnsucht des Volkes sie erwartet, einlaufen, dafür aber umso bedeutender und inhaltsreicher sein werden.

Einen hübschen Zwischenfall bei dem Durchmarsch österreichischer Truppen italienischer Nationalität durch München erzählt die Neue Frankfurter Zeitung wie folgt:

Unter den durch München gekommenen Truppen befinden sich Linienbatallione; sie wurden, wie die übrigen durch die bayerische Hauptstadt gekommenen Truppen, in einem dem Bahnhof nahegelegenen Wirtschaftsgarten bewirtet. Jedermann konnte sich überzeugen, dass diese Venezianer unter Jubel ihre Kampfeslust gegen die Feinde Österreichs kundgaben. (Vielleicht hätte auch »jedermann« denken können, dass betrunkene Soldaten sich willig für das begeistern, was ihnen zur Begeisterung angeboten wird.) *In Würzburg war der Bahnhof angefüllt mit der Mannschaft eines österreichischen Linien-Infanterieregiments. So viel wahrnehmbar, bestand die ganze Mannschaft aus Venezianern. Gleichfalls freundlich aufgenommen* (das heißt gleichfalls betrunken), *konnten die Leute nicht Ausdruck finden, ihre Freude und ihre Absicht, gegen die Friedensbrecher* (von zwei kriegführenden Parteien ist die friedensbrechende stets die andere) *zu kämpfen, aufs Lebhafteste kundzugeben. Die Vivats nahmen kein Ende.*

(Sollte der auf den Bahnhöfen sich herumtreibende, von Soldatengeschrei so erbaute »Herr von jedermann« nicht wissen, dass es nichts Ansteckenderes gibt als Vivat-Rufe – dass tausend miteinander brüllende Stimmen nicht den Ausdruck von tausend einmütigen Gesinnungen, sondern einfach die Betätigung des natürlichen Nachahmungstriebes bedeuten?)

»Lacht euch nicht das Herz im Leibe, Kinder, wenn ihr derlei Sachen lest?«, rief mein Vater entzückt. »Könnt ihr euch nicht zu genügendem patriotischen Hochgefühle aufschwingen, um angesichts solcher Triumphe eure eigenen Angelegenheiten in den Hintergrund zu drängen – um zu vergessen, du, Martha, dass dein Friedrich, du, Lilli, dass dein Konrad einigen Gefahren ausgesetzt sind? Gefahren, welchen sie wahrscheinlich heil entkommen und denen selbst zu unterliegen – ein Los, das sie mit den besten Söhnen des Vaterlandes teilen – ihnen nur zu Ruhm und Ehre gereicht. Es gibt keinen Soldaten, der mit dem Rufe ›Für das Vaterland!‹ nicht gern stürbe.«

»Wenn einer nach verlorener Schlacht mit zerschmetterten Gliedern auf dem Felde liegen bleibt«, entgegnete ich, »und da ungefunden durch vier oder fünf Tage und Nächte an Durst, Hunger, unter unsäglichen Schmerzen, lebend verfaulend, zu Grunde geht – dabei wissend, dass durch seinen Tod dem besagten Vaterlande nichts geholfen, seinen Lieben aber Verzweiflung gebracht worden – ich möchte wissen, ob er die ganze Zeit über mit jenem Rufe gern stirbt.«

»Du frevelst ... Du sprichst zudem in so grellen Worten – für eine Frau ganz unanständig.«

»Ja, ja, das wahre Wort – die aufgedeckte Wirklichkeit ist frevelhaft, ist schamlos ... Nur die Phrase, die durch tausendfältige

Wiederholung sanktionierte Phrase ›anständig‹. Ich aber versichere dir, Vater, dass dieses naturwidrige ›Gern-sterben‹, welches da allen Männern zugemutet wird, so heldenhaft es dem Aussprechenden auch dünken mag – mir klingt es wie gesprochener Totschlag.«

Unter Friedrichs Papieren – viele Tage später – habe ich einen Brief gefunden, den ich ihm in jenen Tagen nach dem Kriegsschauplatz schickte. Dieser Brief zeigt am deutlichsten, von welchen Gefühlen ich damals erfüllt war.

Grumitz, 28. Juni 1866

Teurer: Ich lebe nicht ... Stell dir vor, dass in einem Nebenzimmer die Leute beraten, ob ich in den nächsten Tagen gehenkt werden soll oder nicht, während ich draußen auf diese Entscheidung warten muss. In dieser Wartezeit atme ich wohl – aber kann ich das Leben nennen? Das Nebenzimmer, in welchem die Frage entschieden werden soll, heißt Böhmen ... Doch nicht, Geliebter, das Bild ist noch nicht ganz zutreffend. Denn wenn es sich nur um mein *Leben oder Sterben handelte, so wäre das Bangen nicht so groß. Denn mein Bangen gilt einem viel teureren Leben als dem eigenen ... Und sogar noch ärgerem als deinem Tode gilt meine Angst – sie gilt Deiner möglichen* Todesqual *... O, wäre es doch schon vorüber, vorüber! Kämen doch unsere Siege in rascher Folge – nicht der Siege, sondern des Endes halber!*

Ob Dich diese Zeilen erreichen? Und wo und wie? Ob nach einem heißen Schlachttage, ob im Lager, ob vielleicht im Lazarett ... auf jeden Fall tut es Dir wohl, Kunde von Deiner Martha zu erhalten. Wenn ich auch nur Trauriges schreiben kann – was anders als Trauriges kann in einer Zeit empfunden werden, wo die Sonne durch das große schwarze Sargdeckeltuch verfinstert wird, welches »für das Vaterland«

aufgehisst worden, damit es auf die Kinder des Landes herabfalle – dennoch bringen Dir meine Zeilen Labung ... denn Du hast mich lieb, Friedrich – ich weiß es, wie lieb –, und mein geschriebenes Wort freut und bewegt Dich wie ein sanftes Streicheln meiner Hand. – Ich bin bei Dir, Friedrich, wisse das – mit jedem Gedanken, mit jedem Atemzug, bei Tag und Nacht. Hier in meinem Kreise bewege ich mich und handle und spreche mechanisch; mein eigenstes Ich – das ja Dir gehört – verlässt Dich keinen Augenblick ... Nur mein Bub erinnert mich, dass die Welt mir doch noch etwas enthält, was nicht »Du« heißt ... Der gute Kleine – wenn Du wüsstest, wie er nach Dir fragt und sorgt! Wir zwei sprechen miteinander eigentlich von gar nichts anderem als von »Papa«. Er weiß es wohl, der feinfühlige Knabe, dass dies der Gegenstand ist, von dem mein Herz voll ist, und so klein er ist, ist er schon eine Art Freund *seiner Mutter. Ich fange auch schon an, mit ihm zu reden wie mit einem Vernünftigen, und dafür ist er mir dankbar. Ich meinerseits bin ihm dankbar für die Liebe, die er Dir weiht. Es ist so selten, dass Kinder ihre Stiefeltern gut leiden mögen, freilich ist an Dir auch nichts Stiefväterliches – Du könntest mit einem eigenen Jungen nicht zärtlicher, nicht gütiger sein, Du mein Zärtlicher, Gütiger! Ja, die Güte – die große, weiche, milde – die ist Deines Wesens Grundlage und – wie sagt der Dichter? So wie der Himmel aus einem einzigen großen Saphir sich wölbt, so formt sich eines edlen Menschen Charaktergröße nur aus einer Tugend – der Güte. Mit anderen Worten: ich liebe Dich, Friedrich! Das ist ja doch immer der Refrain alles dessen, was ich von Dir und Deinen Eigenschaften denke. So vertrauensvoll, so zuversichtlich liebe ich Dich – ich* ruhe *in Dir, Friedrich, warm und sanft ... Jetzt, da Du mir wieder entrissen bist, ist's mit meiner Ruhe natürlich aus. Ach, wäre der Sturm nur schon vorbei, vorbei – wäret ihr doch in Berlin, um dem König Wilhelm die Friedensbedingungen zu diktieren! Mein Vater ist nämlich fest überzeugt, dass dies des Feldzugs Ende sein wird, und nach allem, was man hört und liest, muss ich es wohl auch glauben. »Sobald, mit Gottes Hilfe, der Feind geschlagen ist« – so lautete ja Benedeks Aufruf – »werden wir ihn auf dem Fuße verfolgen, und ihr werdet in Feindesland euch ausrasten und diejenigen Erholungen« und so weiter. Was sind denn das für Erholungen? Heutzutage darf kein Anführer mehr laut und unumwunden sagen: »Ihr dürft plündern, brennen, morden, schänden«, wie dies im Mittelalter Brauch war, um die Horden anzufeuern; jetzt könnte man ihnen als Lohn höchstens eine freigebige Verteilung von Erbswurst in Aussicht stellen; das wäre aber etwas matt, also heißt es verblümt »diejenigen Erholungen« und so weiter. Dabei kann sich jeder denken, was er will. Das Prinzip des in »Feindesland« zu findenden Kriegslohnes lebt im Soldatenstil noch fort … Und wie wird Dir in »Feindesland« zumute sein, welches ja eigentlich Dein Stammland ist, wo Deine Freunde und Deine Vettern leben? Wirst Du Dich dadurch »erholen«, dass Du Tante Korneliens hübsche Villa dem Erdboden gleichmachst? »Feindesland« – das ist eigentlich auch so ein fossiler Begriff aus jenen Zeiten, wo der Krieg noch unverhohlen das war, was seine raison d'être vorstellt; ein Raubzug – und wo das Feindesland dem Streiter als lohnverheißendes Beuteland winkte …*

Ich spreche da mit Dir wie in den schönen Stunden, da Du an meiner Seite warst und wir, nach beendeter Lektüre irgendeines fortschrittlichen Buches, miteinander über die Widersprüche unserer Zeitzustände philosophierten, so einig, so einander verstehend und ergänzend. In meiner Umgebung ist niemand, niemand, mit dem ich über derlei Dinge reden könnte. Doktor Bresser war noch der Einzige, mit welchem sich kriegsverdammende Ideen austauschen ließen, und der ist jetzt auch fort – selber in den verurteilten Krieg gezogen – aber um Wunden zu heilen, nicht um sie zu schlagen. Eigentlich auch ein Widersinn, die »Humanität« im Kriege – ein innerer Widerspruch. Das ist ungefähr so, wie die »Aufklärung« im Glauben. Entweder oder – aber Menschenliebe und *Krieg, Vernunft* und *Dogma, das geht nicht. Der aufrichtig lodernde Feindeshass, gepaart mit gänzlicher Verachtung des menschlichen Lebens – das ist des Krieges Lebensnerv, geradeso wie die Unterdrückung der Vernunft des Glaubens Grundbedingung ist. Aber wir leben in einer Zeit der Vermittlung. Die alten Institutionen und die neuen Ideen wirken gleich mächtig. Da versuchen denn die Leute, welche mit dem Alten nicht ganz brechen wollen, das Neue nicht ganz erfassen können, beides miteinander zu verschmelzen, und daraus entsteht dieses verlogene, unkonsequente, widerspruchskämpfende, halbhafte Getriebe, unter welchem die wahrheits-, geradheits- und ganzheitsdurstenden Seelen so stöhnen und leiden …*

Ach, was ich da alles zusammenschreibe! Du wirst jetzt kaum – wie in unseren friedlichen Plauderstündchen – zu solch allgemeinen Betrachtungen aufgelegt sein: Du bist von einer grausigen Wirklichkeit umtost, mit der es sich abzufinden heißt. Wieviel besser wäre es da, wenn Du sie hinnehmen könntest mit der naiven Auffassung alter Zeiten, da dem Soldaten das Kriegsleben eitel Lust und Wonne war. Und besser wäre es, ich könnte Dir schreiben wie andere Frauen auch, Briefe von Segenswünschen und zuversichtlichen Siegesverheißungen und Mutanspornungen … Die Mädchen werden ja gleichfalls zum Patriotismus erzogen, damit sie zu rechter Stunde den Männern zurufen: »Gehet hin und sterbet für euer Vaterland – das ist der ›schönste‹ Tod.« Oder: »Kehret liegend heim, dann wollen wir euch mit unserer Liebe lohnen. Inzwischen werden wir für euch beten. Der Gott der Schlachten, der unsere Heere beschützt, der wird unsere Gebete erhören. Tag und Nacht steigt unser Flehen zum Himmel auf und – gewiss – wir erstürmen uns seine Huld: Ihr kommt wieder – ruhmgekrönt! Wir zittern nicht einmal, denn wir sind eurer Tapferkeit würdige Genossinnen … Nein, nein! – Die Mütter eurer Söhne dürfen nicht feige sein, wenn sie ein neues Geschlecht von Helden heranziehen wollen; und so müssen wir auch unser Teuerstes hingeben: Für Fürst und Vaterland ist kein Opfer zu groß!«

Das wäre so der richtige Soldatenfrauen-Brief, nicht wahr? Aber nicht ein Brief, wie Du ihn von Deiner *Frau zu lesen wünschest – von der Genossin Deines Denkens, von derjenigen, die den Groll gegen alten, blinden Menschenwahn mit Dir teilt … O, ein Groll, so bitter, so schmerzlich – ich kann Dir's gar nicht sagen! Wenn ich sie mir vorstelle, diese beiden Heere, zusammengesetzt aus einzelnen vernünftigen und zumeist guten und sanften Menschen, wie sie aufeinander losstürmen, um sich gegenseitig zu vernichten, dabei das unglückliche Land verheerend. wo sie als Spielkarten ihrer Mordpartie die »genommenen« Dörfer hinschleudern … Wenn ich mir das vorstelle, da wollte ich aufschreien: So besinnt euch doch! So haltet doch ein! Und von hunderttausend würden auch neunzigtausend Einzelne sicher gerne einhalten; aber die Waffe, die muss weiter wüten.*

Doch genug. Du wirst es vorziehen, Nachrichten und Neuigkeiten von Hause zu hören. Nun denn – gesund sind wir alle. Der Vater ist unausgesetzt in höchster Aufregung über die gegenwärtigen Ereignisse. Der Sieg von Custozza erfüllt ihn mit strahlendem Stolz. Es ist, als ob er denselben errungen hätte. Jedenfalls betrachtet er den Glanz dieses Tages als so hell, dass der auf ihn – als Österreicher und als General – fallende Abglanz ihn ganz glücklich macht. Auch Lori, deren Mann, wie Du weißt, bei der Süd-Armee ist, schrieb mir einen Triumphbrief über dasselbe Custozza. Friedrich, erinnerst Du Dich, wie eifersüchtig ich während einer Viertelstunde auf die gute Lori war? Und wie ich aus diesem Anfall mit verstärkter Liebe und verstärktem Vertrauen hervorging? O, hättest Du mich nur damals betrogen – hättest Du mich doch mitunter ein wenig misshandelt ... da könnte ich Deine jetzige Abwesenheit wohl leichter ertragen – aber einen solchen Gatten im Kugelregen zu wissen! ...

Nun weiter mit den Nachrichten: Lori hat mir in Aussicht gestellt, dass sie mit ihrer kleinen Beatrix den Rest ihrer Strohwitwenschaft in Grumitz zubringen werde. Ich konnte nicht nein sagen – doch aufrichtig: Mir ist gegenwärtig jede Gesellschaft lästig. Allein, allein will ich sein, mit meiner Sehnsucht nach Dir, deren Umfang ja doch niemand anderes ermessen kann ... Nächste Woche soll Otto seine Ferien antreten. Er jammert in jedem Briefe, dass der Krieg noch vor und nicht erst nach seiner Offiziersernennung begonnen hat. Er hofft zu Gott, dass der Friede nicht noch vor seinem Austritt aus der Akademie ausbreche. Das Wort »ausbrechen« wird er vielleicht nicht gebraucht haben, aber jedenfalls entspricht es seiner Auffassung, denn der Frieden erscheint ihm jetzt als eine drohende Kalamität. Nun freilich: So werden sie ja großgezogen. Solange es Kriege gibt, muss man kriegliebende Soldaten heranziehen; und solange es kriegliebende Soldaten gibt, muss es auch Kriege geben ... Ist das ein ewiger, ausgangsloser Zirkel? Nein, Gott sei Dank! Denn jene Liebe, trotz aller Schuldrillung, nimmt beständig ab. Wir haben in Henry Thomas Buckle den Nachweis dieser Abnahme gefunden, erinnerst Du Dich? Aber ich brauche keine gedruckten Nachweise – ein Blick in Dein Herz, Friedrich, genügt mir zu dieser Beweisführung ...

Weiter mit den Nachrichten: Von unseren in Böhmen begüterten Verwandten und Bekannten erhalten wir allseitig Jammerepisteln. Der Durchmarsch der Truppen – auch wenn sie zum Siege gehen – verwüstet schon das Land und saugt es aus; wie, wenn erst noch der Feind vordringen sollte, wenn sich der Kampf in ihrer Gegend dort, wo sie ihre Schlösser, ihre Felder besitzen, abspielen sollte? Alles ist fluchtbereit – die Habseligkeiten gepackt, die Schätze vergraben. Adieu den fröhlichen Reisen in die böhmischen Bäder; adieu dem friedlichen Aufenthalt auf den Landsitzen; adieu den glänzenden Herbstjagden, und jedenfalls adieu den gewohnten Einkünften von Pachtung und Industrien. Die Ernten werden zertreten, die Fabriken, wenn nicht in Brand geschossen, so doch der Arbeiter beraubt. »Es ist doch ein wahres Unglück«, schreiben sie, »dass wir just im Grenzland leben – und ein zweites Unglück, dass Benedek nicht schon früher und heftiger die Offensive übernahm, um den Krieg in Preußen auszukämpfen.« Vielleicht könnte man es auch ein Unglück nennen, dass die ganze politische Zänkerei nicht von einem Schiedsgericht geschlichtet worden sei, sondern dem Mordgewühle auf böhmischem oder schlesischem Boden anheimgestellt wird. Aber das fällt niemandem ein!

Mein kleiner Rudolf sitzt zu meinen Füßen, während ich Dir schreibe. Er lässt Dich umarmen und unseren lieben Puxl grüßen. Das geht uns beiden recht sehr ab, das gute lustige Pintschel – aber andererseits, es hätte seinen Herrn so schwer vermisst und Dir wird es eine Zerstreuung, eine Gesellschaft sein. Grüße ihn von uns beiden, den Puxl – ich schüttle seine ehrliche Pfote und Rudi küsst seine gute schwarze Schnauze.

Und jetzt, für heute leb wohl, Du mein alles!

3

Es ist unerhört! ... Niederlage auf Niederlage! Zuerst das von Clam-Gallas verbarrikadierte Dorf Podol erstürmt – bei Nacht, bei Mond- und Flammenschein genommen – dann Gitschin erobert ... Das Zündnadelgewehr – das verdammte Zündnadelgewehr mähte die Unseren reihenweise nieder. Die beiden großen feindlichen Armeekorps – das vom Kronprinzen und das vom Prinzen Friedrich Karl befehligte – haben sich vereinigt und dringen gegen Münchengrätz vor ...

So klangen die Schreckensnachrichten, welche mein Vater ebenso heftig jammernd vortrug, wie er jubelnd die Siegesnachrichten von Custozza berichtet hatte. Aber noch schwankte seine Zuversicht nicht:

»Sie sollen nur kommen, alle – alle in unser Böhmen und dort vernichtet werden bis auf den letzten Mann ... Einen Ausweg, einen Rückzug gibt es dann nicht mehr für sie, wir schließen sie ein, wir umzingeln sie ... Und das entrüstete Landvolk selber wird ihnen den Garaus machen ... Es ist nicht gar so vorteilhaft, wie man glauben mag, im Feindesland zu operieren, denn da hat man nicht nur das Heer, sondern die ganze Bevölkerung gegen sich ... Aus den Häusern von Trautenau gossen die Leute aus den Fenstern siedendes Wasser und Öl auf die Menschen.«

Ich stieß einen dumpfen Laut des Ekels aus.

»Was willst du?«, sagte mein Vater achselzuckend. »Es ist freilich grauenhaft – aber das ist der Krieg.«

»Dann behaupte wenigstens nie, dass der Krieg die Menschen veredle! Gestehe, dass er sie entmenscht, vertiert, verteufelt ... Siedendes Öl! ... Ach! ...«

»Gebotene Selbstverteidigung und gerechte Rache, liebe Martha. Glaubst du etwa, ihre Zündnadelgeschosse tun den Unseren wohl? Wie das wehrlose Schlachtvieh müssen unsere Truppen dieser mörderischen Waffe unterliegen. Aber wir sind zu zahlreich, zu diszipliniert, zu kampftüchtig, um nicht doch noch über die Schneidergesellen zu siegen. Zu Anfang sind gleich ein paar Fehler begangen worden. Das gebe ich zu. Benedek hätte die preußische Grenze überschreiten sollen ... Es steigen mir Zweifel auf, ob diese Feldherrnwahl eine ganz glückliche war – hätte man lieber den Erzherzog Albrecht hinaufgeschickt und dem Benedek die Süd-Armee übergeben ... Aber ich will nicht zu früh verzagen – bis jetzt haben ja eigentlich doch nur vorbereitende Gefechte stattgefunden, welche von den Preußen zu großen Siegen aufgebauscht werden – die Entscheidungsschlachten kommen erst. Jetzt konzentrieren wir uns bei Königgrätz; dort – über hunderttausend Mann stark – erwarten wir den Feind, dort wird unser nördliches Custozza geschlagen!«

Dort würde auch Friedrich mitkämpfen. Sein letztes, am selben Morgen angelangtes Briefchen trug die Nachricht:

Wir begeben uns nach Königgrätz.

Ich hatte bisher regelmäßig Kunde erhalten. Obwohl er in seinem ersten Briefe mich darauf vorbereitet hatte, dass er nur wenig werde schreiben können, so hat Friedrich doch jede Gelegenheit benützt, ein paar Worte an mich zu richten. Mit Bleistift, zu Pferd, im Zelt – in flüchtiger, nur mir leserlicher Schrift, so schrieb er die aus seinem Notizbüchelchen herausgerissenen für mich bestimmten Blätter voll. Manche hatte er Gelegenheit abzuschicken, manche gelangten erst später, erst nach dem Feldzug in meine Hände.

Bis zur Stunde habe ich diese Andenken aufbewahrt. Das sind keine sorgfältig stilisierten Kriegsberichte, wie sie Zeitungskorrespondenten ihren Redaktionen oder Kriegsschriftsteller ihren Verlegern bieten, keine mit Aufwand strategischer Fachkenntnisse entworfene Gefechtsskizzen und keine mit rhetorischem Schwung ausgeführte Schlachtgemälde, in welchen der Erzähler immer bedacht ist, seine eigene Unerschrockenheit, Heldenhaftigkeit und patriotische Begeisterung durchleuchten zu lassen. Alles dies sind Friedrichs Aufzeichnungen nicht, das weiß ich; was sie aber sind, das vermag ich nicht zu bestimmen. Hier folgen einige:

Im Biwak. Ohne Zelte ... Es ist ja eine so laue, herrliche Sommernacht – der Himmel, der große gleichgültige, voll flimmernder Sterne ... Die Leute liegen auf dem Boden, erschöpft von den langen, ermüdenden Märschen. Nur für uns Stabsoffiziere wurden ein paar Zelte aufgeschlagen. In dem meinen stehen drei Feldbetten. Die beiden Kameraden schlafen. Ich sitze an dem Tisch, worauf die geleerten Groggläser und eine brennende Kerze stehen. Beim schwachen flackernden Schein der Letzteren (es weht von dem offenen Eingang ein Luftzug herein) schreibe ich Dir, mein geliebtes Weib. Auf mein Lager habe ich den Puxl hingelegt ... war der müd, der arme Kerl! Ich bereue fast, ihn mitgenommen zu haben; der ist auch, was die Unseren immer von der preußischen Landwehr behaupten, »an die Strapazen und Entbehrungen eines Feldzugs nicht gewöhnt«. Jetzt schnauft er wohlig und süß – ich glaube, er träumt, wahrscheinlich von seinem Freund und Gönner Rudolf Grafen Dotzky. Und ich träum von Dir, Martha ... Zwar bin ich wach; aber täuschend, wie ein Traumbild, sehe ich Deine liebe Gestalt in jener halbdunklen Zeltecke auf einem Feldstuhl sitzen ... Welche Sehnsucht ergreift mich, dort hinzugehen und mein Haupt in Deinen Schoß zu legen. Ich tue es aber nicht, weil ich weiß, dass dann das Bild zerflattern würde …

Ich trat einen Augenblick hinaus. Die Sterne flimmern gleichgültiger als je. Auf dem Boden huschen verschiedene Schatten: Es sind Nachzügler. Viele, viele blieben unterwegs zurück; jetzt haben sie sich, vom Wachtfeuer angezogen, hierhergeschleppt. Aber nicht alle – manche liegen noch in einem entfernten Graben oder Kornfeld. Das war aber auch eine Hitze während dieses forcierten Marsches! Die Sonne brannte, als wollte sie uns das Hirn zum Sieden bringen; dazu der schwere Tornister, das schwere Gewehr auf den wundgewetzten Schultern … Und doch, es hat keiner gemurrt. Aber hingefallen sind ein paar, und konnten nicht wieder aufstehen. Zwei oder drei erlagen dem Sonnenstich und blieben gleich tot. Ihre Leichen wurden auf einen Ambulanzkarren geladen.

Die Juninacht, so mond- und sterndurchleuchtet, so warm sie auch ist, ist doch entzaubert. Man hört keine Nachtigallen und keine zirpenden Grillen; man atmet keine Rosen- und Jasmingerüche. Die süßen Laute werden durch die schnarrenden und wiehernden Pferde, durch die Stimmen der Leute und das Geräusch der Patrouillenschritte unterdrückt; die süßen Gerüche durch Juchten-Sattelzeug- und sonstige Kasernenausdünstungen überduftet. Aber das ist noch alles nichts: Noch hört man nicht festende Raben krächzen, noch riecht man nicht Pulver, Blut und Verwesung. Das alles kommt erst – ad majorem patriae gloriam. *Merkwürdig, wie blind die Menschen sind! Anlässlich der einst »zur größeren Ehre Gottes« entflammten Scheiterhaufen brechen sie in Verwünschungen über blinden und grausamen, sinnlosen Fanatismus aus, und für die leichenbesäten Schlachtfelder der Gegenwart sind sie voll Bewunderung.*

Die Folterkammern des finsteren Mittelalters flößen ihnen Abscheu ein – auf ihre Arsenale aber sind sie stolz ... Das Licht brennt herab, die Gestalt in jener Ecke hat sich verflüchtigt – ich will mich auch zur Ruhe legen, neben unseren guten Puxl.

Auf einem Hügel oben, in einer Gruppe von Generälen und hohen Offizieren, mit einem Feldstecher am Auge: Das ist die an ästhetischen Eindrücken ergiebigste Situation in einem Kriege. Das wissen auch die Herren Schlachtenbummler und Zeitungsillustratoren: Bewaffneten Auges rundschauende Feldherren auf einer Anhöhe werden immer wieder gezeichnet – ebenso oft, wie die an der Spitze ihrer Truppen auf einem möglichst weißen, hochtrabenden Pferde voranstürmenden Führer, welche, den Arm nach einem rauchenden Punkt des Hintergrundes ausgestreckt, den Kopf zu den Nachsprengenden umgewendet, offenbar rufen: »Mir nach, Kinder!«

Von der Hügelstation herab sieht man wahrlich ein Stück Kriegspoesie. Das Bild ist großartig und weit genug entfernt, um wie ein richtiges Gemälde zu wirken, ohne die Schrecken und Ekelhaftigkeiten der Wirklichkeit: kein fließendes Blut, kein Sterberöcheln – nichts als erhaben prächtige Linien- und Farbeneffekte. Diese auf der langgestreckten Straße sich fortschlängelnde Heersäule, dieser unabsehbare Zug von Fußvolkregimentern, von Kavallerieabteilungen und Batterien; dann der Munitionstrain, requirierte Bauernwagen, Packpferde und hinterher noch der Tross. Noch gewaltiger gestaltet sich das Bild, wenn auf der unter dem Hügel ausgebreiteten Landschaft nicht nur die Fortbewegung eines, sondern der Zusammenstoß zweier Heere zu sehen ist. Wie da die blitzenden Klingen, die flatternden Fahnen, die Uniformen aller Art, die sich bäumenden Rosse gleich wildempörten

Fluten durcheinanderwogen; darüber Dampfwolken, die an manchen Stellen zu dichten, das Bild verhüllenden Schleiern sich ballen, und wenn sie reißen, kämpfende Gruppen enthüllen ... Dazu als Begleitung der durch die Berge rollende Lärm der Geschütze, von welchem jeder Schlag das Wort Tod – Tod – Tod – durch die Lüfte donnert ... Ja, so etwas mag zu Kriegsliedern begeistern!

Auch zur Verfassung jener zeithistorischen Berichte, welche nach dem Feldzug veröffentlicht werden müssen, bietet die Hügelposition günstige Gelegenheit. Da lässt sich allenfalls mit einiger Richtigkeit erzählen: Die Division X. stößt bei N. auf den Feind – drängt ihn zurück – erreicht das Gros der Armee – starke feindliche Abteilungen zeigen sich an der linken Flanke des Korps usw. usw. Aber wer nicht auf dem Hügel durch den Feldstecher schaut, wer selber an der »Aktion« teilnimmt, der kann nie – nie etwas Glaubwürdiges über den Fortgang einer Schlacht erzählen. Er sieht, denkt und fühlt nur das Nächste; was er nachher berichtet, ist Konjektur, zu deren Veranschaulichung er sich der alten Klischees bedient. »He, Tilling«, sagte mir heute einer der Generäle, neben denen ich auf dem Hügel stand. »Ist das nicht imposant? Ein Prachtheer, wie? Woran denken Sie eben?« Woran ich dachte? Das konnte ich dem Vorgesetzten nicht gut sagen; ich antwortete also allergehorsamst etwas Unwahres. Allergehorsamkeit und Wahrheit haben ohnedies nichts miteinander zu schaffen. Letztere ist ein gar stolzes Wesen: von allem Knechtischen wendet sie sich verächtlich ab.

Das Dorf ist unser – nein, es ist des Feindes – und wieder unser – und abermals des Feindes, aber ein Dorf ist's nicht mehr, sondern ein rauchender Trümmerhaufen.

Die Bewohner (war es nicht eigentlich ihr Dorf?) hatten es schon früher verlassen und waren geflohen. Zum Glück – denn der Kampf in einem bewohnten Orte ist gar etwas Fürchterliches, denn da fallen die Kugeln von Feind und Freund mitten in die Stuben hinein und töten Weiber und Kinder. – Eine Familie war dennoch in dem Orte zurückgeblieben, den wir gestern genommen, verloren, wieder genommen und verloren haben, nämlich ein altes Ehepaar und dessen Tochter – diese im Kindbett. Der Gatte dient in unserem Regiment. Er sagte mir's, als wir uns dem Dorfe näherten:

»Dort, Herr Oberstleutnant, in dem Hause mit dem roten Dach, lebt mein Weib mit ihren alten Eltern ... Sie haben nicht fliehen können, die Armen ... Mein Weib muss jede Stunde niederkommen, und die Alten sind halb gelähmt – um Gotteswillen, Herr Oberstleutnant, kommandieren Sie mich dorthin.«

Der arme Teufel! Er kam gerade zurecht, um die Wöchnerin und das Kind sterben zu sehen; eine Bombe war neben dem Bette geplatzt ... Was mit den Alten geschehen, ich weiß es nicht. Vermutlich unter den Trümmern begraben; das Haus war eins der ersten, welches in Brand geschossen wurde. Der Kampf auf offenem Felde ist schaurig genug, aber der Kampf inzwischen menschlicher Wohnungen ist noch zehnmal grausiger. Stürzendes Gebälk, aufschlagende Flammen, erstickender Rauch – vor Angst tollgewordenes Vieh – jede Mauer Festung oder Barrikade, jedes Fenster Schießscharte ... Eine Brustwehr habe ich da gesehen, die war aus Leichen gebildet. Da hatten die Verteidiger alle in der Nähe liegenden Gefallenen aufeinandergeschichtet, um, so geschützt, darüber auf den Angreifer hinwegzuschießen. Diese Mauer vergesse ich wohl im Leben nicht: Einer, der als Ziegel diente, zwischen den anderen Leichenziegeln eingepfercht, der lebte noch, bewegte die Arme.

»Lebte noch«: Das ist ein Zustand, im Krieg in tausend Varianten vorkommend, der die maßlosesten Leiden in sich birgt. Gäbe es irgendeinen Engel der Barmherzigkeit, der über den Schlachtfeldern schwebte, er hätte vollauf zu tun, den armen Wichten – Mensch und Tier –, die »noch lebten«, den Gnadenstoß zu geben.

Heute hatten wir ein kleines Kavalleriegefecht auf offenem Felde. Da kam ein preußisches Dragonerregiment im Trab einher, deployierte in Linie und, die Pferde fest im Zügel, den Säbel über dem Kopf, ritten sie in kurzem Galopp gerade auf uns zu. Wir warteten den Angriff nicht ab, sondern sprengten dem Feind entgegen. Kein Schuss wurde gewechselt. Wenige Schritte voneinander brachen beide Reihen in ein donnerndes Hurra aus, und so stürzten wir aufeinander, Pferd an Pferd und Knie an Knie; die Säbel sausten in die Höhe und kamen auf die Köpfe nieder. Bald waren alle zu dicht ineinander geraten, um die Waffen zu gebrauchen; da wurde Brust um Brust gerungen, wobei die scheu und wild gewordenen Pferde schnaufend stürzten, sich bäumten und um sich schlugen. Ich war auch einmal zu Boden und sah – das ist kein angenehmer Anblick – schlagende Pferdehufe eine Linie weit von meiner Schläfe entfernt.

Wieder ein Marschtag mit ein oder zwei Gefechten. Ich habe einen großen Kummer erlebt. Es verfolgt mich ein so trauriges Bild ... Unter den vielen Trauerbildern, die mich rings umgeben, sollte dies nicht auffallen, sollte mir nicht so weh tun. Aber ich kann nichts dafür: Es geht mir nahe, und ich kann es nicht loswerden ... Puxl, unser armes, lebensfrohes, gutes Pintschel – ach, hätte ich ihn doch zu Hause gelassen, bei seinem kleinen Herrn, Rudolf: Er lief uns nach, wie gewöhnlich. Plötzlich stößt er ein jammervolles Geschrei aus ... ein Granatsplitter hat ihm die Vorderbeinchen abgerissen ... Er kam nicht nach – verlassen bleibt er zurück und »lebt noch«; vierundzwanzig und achtundvierzig Stunden vergehen und er lebt noch – bis sein kleines Herz wohl bricht. Was besonders an mir nagt, ist der Gedanke, dass das sterbende treue Geschöpf mich verkennen musste. Er hat es gesehen, dass ich mich umgewendet, dass ich seinen Hilferuf vernommen haben musste und doch so kalt und hart ihn liegen ließ. Er weiß es ja nicht, der arme Puxl, dass einem zur Attacke vorstürmenden Regiment, aus dessen Reihen die Kameraden fallen und am Wege bleiben, nicht eines gefallenen Hündchens wegen »Halt« kommandiert werden kann. Von einer höheren Pflicht, der ich gehorchte, hat er keinen Begriff, und das arme, so treue Hundeherz klagt mich der Unbarmherzigkeit an ...

Was geschieht da? Das Exekutions-Peloton wird aufgestellt. Ward ein Spion gefangen? Einer? ... Diesmal siebzehn. Dort kommen sie schon. In vier Reihen, je zu vier Mann, von einem Karree Soldaten umgeben, schreiten die Verurteilten, gesenkten Kopfes, daher. Dahinter ein Wagen, worin eine Leiche liegt und darauf sitzend, an die Leiche gebunden, der Sohn des Toten, ein zwölfjähriger Knabe – auch verurteilt ...

Ich mag die Hinrichtung nicht sehen und entferne mich. Aber die Schüsse habe ich vernommen ... Hinter der Mauer steigt eine Rauchwolke auf – alle hin, auch der Knabe.

Endlich ein bequemes Nachtquartier in einem kleinen Städtchen! Das arme Nest! Vorräte, die den Leuten auf Monate hinaus genügen würden, haben wir ihnen durch Requisition fortgenommen. »Requisition« … Es ist nur gut, wenn man für ein Ding einen hübschen sanktionierten Namen hat. Ich war aber doch froh, das gute Nachtlager und das gute Nachtessen gefunden zu haben. Und – lass Dir erzählen: Schon wollte ich mich zu Bett legen, als mir meine Ordonnanz meldet: ein Mann von unserem Regiment sei da und verlangte dringend, eingelassen zu werden, er bringe mir etwas. »So soll er kommen.« Der Mann trat ein …

Und als er wieder ging, da hatte ich ihn reich beschenkt und ihm beide Hände geschüttelt und ihm versprochen, für sein Weib und Kind zu sorgen, falls ihm etwas geschähe. Denn was er mir gebracht hat, der Brave, das hat mir eine große Freude gemacht und mich von einer Pein befreit, unter der ich seit sechsunddreißig Stunden litt – was er mir gebracht hat: das war mein Puxl. Verwundet zwar – ehrenvoll blessiert – aber noch lebend und so selig, wieder bei seinem Herrn zu sein, an dessen Benehmen er wohl erkannt haben musste, dass er ihm mit dem Vorwurf der Lieblosigkeit Unrecht getan … Ja, war das eine Wiedersehensszene! Vor allem ein Trunk Wasser. Wie das schmeckte … Zehnmal unterbrach er das gierige Trinken, um mir seine Freude vorzubellen. Hierauf habe ich ihm seine Beinstummel verbunden, ihm ein schmackhaftes Souper von Fleisch und Käse vorgesetzt und ihn auf mein Lager gebettet. Wir haben beide gut geschlafen. Des Morgens, als ich erwachte, leckte er mir nochmals dankend die Hand – dann streckte er seine Gliedmaßen, schnaufte tief auf und – hatte aufgehört zu sein. Armer Puxl – es ist besser so!

Was habe ich heute alles gesehen? Wenn ich die Augen schließe, tritt das Geschaute mit furchtbarer Klarheit vor das Gedächtnis:

»Nichts als Schmerz und Schreckbilder!«, wirst Du sagen. Warum bringen denn andere vom Kriege so frische, fröhliche Eindrücke mit? Je nun, diese anderen verschließen sich gegen den Schmerz und den Schreck – verschweigen sie. Wenn sie schreiben, wenn sie erzählen, so geben sie sich überhaupt keine Mühe, die Erlebnisse nach der Natur zu schildern, sondern sie befleißigen sich, einst gelesene Schilderungen schablonenhaft nachzubilden und diejenigen Empfindungen hervorzukehren, welche als heldenhaft gelten. Wenn sie mitunter auch von Vernichtungsszenen berichten, welche den ärgsten Schmerz und den ärgsten Schreck in sich bergen, in ihrem Tone darf von beiden nichts enthalten sein. Im Gegenteil: Je schauerlicher, desto gleichgültiger – je abscheulicher, desto unbefangener. Missbilligung, Entrüstung, Empörung? Davon schon gar nichts da, noch eher ein leiser Anhauch sentimentalen Mitleids, ein paar gerührte Seufzer. – Aber schnell wieder den Kopf in die Höhe, »das Herz zu Gott und die Faust auf den Feind.« Hurra und Trara!

Da siehst Du nun zwei Bilder, die sich mir eingeprägt:

Steile, felsige Anhöhen – katzenbehend hinaufkletternde Jäger; es gilt, die Anhöhe zu »nehmen« – von oben schießt der Feind herab. Was ich sehe, sind die Gestalten der emporstrebenden Angreifer und einige darunter, die, von feindlichen Geschossen getroffen, plötzlich beide Arme ausstrecken, das Gewehr fallen lassen und, mit dem Kopf nach rückwärts sich überschlagend, die Anhöhe hinabstürzen – stufenweise – von Felsvorsprung zu Felsvorsprung sich die Glieder zerschmetternd. – Ich sehe einen Reiter schief hinter mir, neben welchem eine Granate platzt. Sein Pferd wirft sich zur Seite und drängt sich an das Hinterteil des meinen – dann schießt es an mir vorbei. Der Mann sitzt noch im Sattel, aber ein Granatsplitter hat ihm den

Unterleib auf- und alle Eingeweide herausgerissen. Sein Oberkörper hält mit dem Unterkörper nur noch durch das Rückgrat zusammen – von den Rippen zu den Schenkeln ein einziges großes, blutiges Loch ... Eine kleine Strecke weiter fällt er herab, bleibt mit dem Fuß im Bügel hängen, und das fortrasende Pferd schleift ihn auf dem steinigen Boden nach.

Auf einem regendurchschwemmten und steilen Stück Weg staut sich eine Abteilung Artillerie. Bis über die Räder versinken die Geschütze in den Schlamm. Nur mit äußerster Anstrengung, schweißtriefend und von den erbarmungslosesten Schlägen angefeuert, kommen die Pferde von der Stelle. Aber eins, schon todmüde, kann nicht mehr. Das Hauen hilft nichts: Es wollte ja – es kann nicht, es kann *nicht. Sieht denn das der Mann nicht ein, dessen Hiebe auf den Kopf des armen Tieres hageln? Wäre der rohe Wicht der Fuhrmann eines zu irgendwelchem Bau dienenden Steinwagens gewesen, jeder Polizist – ich selber – hätte ihn arretiert. Dieser Kanonier jedoch, der das todbeladene Fuhrwerk vorwärtsbringen sollte, der waltete nur seines Amtes. Das konnte aber das Pferd nicht wissen; das geplagte, gutmütige, edle Geschöpf, das sich bis zu seiner äußersten Lebenskraft angestrengt – wie musste das über solche Härte und über solchen Unverstand in seinem Innern denken? Denken, so wie Tiere denken, nämlich nicht mit Worten und Begriffen, sondern mit Empfindungen, desto heftigere Empfindungen, als sie äußerungsunfähig sind. Nur eine Äußerung gibt es dafür: den Schmerzensschrei. Und es hat geschrien, jenes arme Ross, als es endlich zusammensank – einen Schrei, so langgedehnt und klagend, dass er mir noch im Ohre gellt – dass er mich die folgende Nacht im Traume verfolgt hat.*

Wieder ein Straßenkampf – in dem Städtchen Saar. Zu dem Lärm des Kampfgeschreies und der Geschütze gesellt sich das Krachen der Balken, das Stürzen der Mauern. Es schlägt eine Granate in ein Haus und der durch das Platzen derselben verursachte Luftdruck ist so gewaltig, dass mehrere Soldaten von den in die Luft geschleuderten Trümmern des Hauses verwundet werden. Über meinen Kopf weg fliegt ein Fenster – noch mit dem Fensterflügel dran. Die Schornsteine stürzen herunter. Gipsbewurf löst sich in Staub und füllt die Luft mit einer erstickenden augenätzenden Wolke. Aus einer Gasse in die andere wälzt sich der Kampf und langt auf dem Marktplatz an. In der Mitte des Platzes steht eine hohe steinerne Mariensäule. Die Mutter Gottes hält ihr Kind in einem Arm, den anderen streckt sie segnend aus. Hier wird weiter gerungen. Mann an Mann. Sie hauen auf mich drein – ich haue um mich herum ... Ob ich einen oder mehrere getroffen, ich weiß es nicht: In solchen Augenblicken bleibt einem nicht viel Besinnung. Dennoch haben sich mir wieder zwei Fälle in die Seele fotografiert, und ich fürchte, der Marktplatz von Saar wird mir ewig unvergesslich bleiben:

Ein preußischer Dragoner, stark wie Goliath, reißt einen unserer Offiziere (einen schmucken, schmächtigen Leutnant – wie viele Mädchen schwärmten wohl für ihn?) aus dem Sattel und zerschmettert ihm den Schädel am Fuße der Madonnensäule. Die milde Heilige schaut unbeweglich zu. Ein anderer von den feindlichen Dragonern, ebenso goliathstark, knapp vor mir, fasst meinen Nebenmann an und biegt ihn so kräftig im Sattel nach rückwärts, dass ihm – ich habe es krachen hören – das Rückgrat bricht ...

Auch dazu gab die Madonna ihren steinernen Segen.

Von einer Anhöhe aus bot sich den bewaffneten Augen der Stabsoffiziere heute wieder manch abwechslungsreiches Schauspiel. Da war zum Beispiel der Einsturz einer Brücke, während über dieselbe ein Train von Wagen sich bewegte. Waren in den Letzteren Verwundete? – Ich weiß es nicht, das konnte ich nicht erkennen. Ich sah nur, dass alles – Wagen, Pferde und Menschen – in die an jener Stelle tiefen und reißenden Fluten sank und dort verschwand. Das Ereignis war ein günstiges – sintemalen der Wagentrain den »Schwarzen« gehörte. Ich denke mir nämlich in der eben gespielten Partie »uns« als die weißen Figuren. Die Brücke war nicht zufällig eingestürzt; die Weißen hatten, wissend, dass der Gegner darüber kommen sollte, die Pfeiler abgesägt – ein feiner Zug also.

Ein zweiter Anblick hingegen, den man von derselben Anhöhe aus beobachten konnte, bedeutete einen Schnitzer der Weißen: Unser Regiment Khevenhüller wird in einen Sumpf dirigiert, wo es nicht herauskann und bis auf wenige niedergeschossen wird. Die Getroffenen fallen hin in den Sumpf ... Hier versinken, ersticken müssen – in Mund und Nase und Augen Schlamm – nicht einmal schreien können! Nun ja, zugestanden: Es war ein Fehler desjenigen, der die Leute dorthin kommandiert hatte; aber »irren ist menschlich« und der Verlust ist kein großer – stellt ungefähr einen geschlagenen Bauer vor; ein nächster genialer Zug mit Turm oder Königin, und alles ist wieder gutgemacht. Der Schlamm bleibt zwar in Mund und Augen der Gefallenen, aber das ist ja nebensächlich – das Tadelnswerte dabei ist der taktische Fehler; der muss durch eine spätere glückliche Kombination ausgemerzt werden, und dem betreffenden Führer können dann immerhin noch schöne Orden und Beförderungen blühen. Das sind so kleine Versehen, wie sie eben in der Hitze der Partie auch dem besten Spieler passieren können.

Es ist beschlossen: Wenn ich aus diesem Feldzuge zurückkehre, so verlasse ich den Dienst. Wenn man einmal eine Sache mit einem solchen Abscheu zu erfassen gelernt hat, wie der Krieg mir nunmehr einflößt, so wäre es unausgesetzte Lüge, im Dienst dieser Sache zu verharren. – Ehedem bin ich, wie Du weißt, schon mit Widerwillen und mit verdammendem Urteil in die Schlacht gezogen, aber erst jetzt hat sich dieser Widerwille so gesteigert, diese Verurteilung so verschärft, dass alle Gründe, welche mich früher bestimmten, bei meinem Berufe auszuharren, aufgehört haben, zu wirken. Die Gesinnungen, welche aus dem Jugendunterricht, vielleicht auch teilweise angeerbt, in meinem Innern noch zu Gunsten des Soldatentums sprachen, sind mir jetzt, während der zuletzt erlebten Gräuel ganz verloren gegangen. Ich weiß nicht, sind es die mit Dir gemeinschaftlich gemachten Lektüren, aus welchen hervorging, dass meine Kriegsverachtung nicht vereinzelt ist, sondern von den besten Geistern der Zeit geteilt wird; sind es die mit Dir geführten Gespräche, in welchen ich mich durch Aussprache meiner Ansichten und durch Deine Zustimmung in denselben gestärkt habe – kurz, mein früheres dumpfes, halbunterdrücktes Gefühl hat sich in eine klare Überzeugung verwandelt – eine Überzeugung, die es mir fortan unmöglich *macht, dem Kriegsgott zu fröhnen. Das ist so eine Wandlung, wie sie bei vielen Leuten in Glaubenssachen eintritt. Zuerst sind sie etwas zweiflerisch und gleichgültig, sie können aber noch mit einer gewissen Ehrfurcht den Tempelhandlungen beiwohnen. Wenn aber einmal aller Mystizismus abgestreift ist, wenn sie zu der Einsicht gelangen, dass die Zeremonie, der sie da beiwohnen, auf Torheit – auch mitunter grausamer Torheit, wie bei den religiösen Opferschlachtungen – beruht, dann wollen sie nicht mehr neben den anderen Betörten knien, nicht mehr sich und die Welt betrügen, indem sie den nunmehr entgötterten Tempel betreten. So ist es mir mit dem grausamen Marsdienst gegangen. Das Geheimnisvolle, Überirdische, Andachtsschauer Erweckende, welches das Erscheinen dieser Gottheit auf die Menschen hervorzubringen pflegt, welches auch in früherer Zeit noch meinen Sinn umdunkelte, das ist mir jetzt vollständig abhandengekommen. Die Armeebefehl-Liturgie und die rituellen Heldenphrasen erscheinen mir nicht mehr als inspirierter Urtext; der gewaltige Orgelton der Kanonen, der Weihrauchdampf des Pulvers vermag nicht mehr mich zu entzücken: Glaubens- und ehrfurchtslos wohne ich der fürchterlichen Kultushandlung bei und kann dabei nichts anderes mehr sehen als die Qualen des Opfers, nichts hören als dessen jammervollen Todesschrei. Und daher kommt es, dass diese Blätter, die ich mit meinen Kriegseindrücken fülle, nichts anderes enthalten als schmerzlich geschauten Schmerz.*

Die Schlacht von Königgrätz war geschlagen. Wieder eine Niederlage! Diesmal, wie es scheint, eine entscheidende ... Mein Vater berichtete uns diese Nachricht in einem Tone, als hätte er den Weltuntergang verkündet.

Und kein Brief, keine Depesche von Friedrich! War er verwundet – tot? Konrad gab seiner Braut Nachricht: Er war unversehrt. Die Verlustlisten waren noch nicht angekommen; es hieß nur, bei Königgrätz gab es vierzigtausend Tote und Verwundete. Und die letzte Nachricht, die ich erhalten hatte, lautete:

Wir begeben uns heute nach Königgrätz.

Am dritten Tage noch immer kein Zeichen. Ich weine und weine stundenlang. Eben weil mein Kummer noch nicht ganz hoffnungslos ist, *kann* ich weinen; wenn ich wüsste, dass alles vorbei ist, so gäbe es für die Wucht meines Schmerzes keine Tränen mehr. Auch mein Vater ist tiefgedrückt. Und Otto, mein Bruder, tobt vor Rachsucht. Es heißt, dass jetzt in Wien Freiwilligenkorps errichtet werden – diesen will er sich anschließen. Ferner heißt es, Benedek solle seiner Stelle entsetzt und statt seiner der siegreiche Erzherzog Albrecht nach dem Norden berufen werden, dann gäbe es vielleicht doch noch ein Aufraffen, ein Zurückschlagen des übermütigen Feindes, der jetzt uns ganz vernichten wolle, der im Vormarsch auf Wien begriffen sei ... Angst, Wut, Schmerz erfüllt alle Gemüter; der Name »die Preußen« drückt alles aus, was es Hassenswertes gibt. Mein einziger Gedanke ist Friedrich – und keine, keine Nachricht!

Nach einigen Tagen langte ein Brief Doktor Bressers an. Er war in der Umgebung des Schlachtfeldes tätig, um zu helfen, was er helfen konnte. Die Not sei grenzenlos, schrieb er, jeder Einbildungskraft spottend. Er hatte sich einem sächsischen Arzte, Doktor Brauer, angeschlossen, der von seiner Regierung ausgesandt worden war, um nach dem Augenschein über die Lage zu berichten. In zwei Tagen sollte auch eine sächsische Dame ankommen – Frau Simon, eine neue Miss Nightingale –, welche seit Ausbruch des Krieges in Dresdner Hospitälern tätig gewesen, und welche sich erboten hatte, die Reise nach den böhmischen Schlachtfeldern anzutreten, um in den umliegenden Hospitälern Hilfe zu leisten. Doktor Brauer und mit ihm Doktor Bresser wollten sich an dem bestimmten Datum, sieben Uhr abends, nach Königinhof, der letzten Station vor Königgrätz, bis wohin die Eisenbahn noch verkehrte, begeben und die mutige Frau daselbst erwarten. Bresser bat uns, womöglich eine Sendung von Verbandszeug und dergleichen nach jener Station zu schicken, damit er sie dort in Empfang nehmen könne. Kaum hatte ich diesen Brief gelesen, war mein Entschluss gefasst: Die Kiste mit Verbandszeug würde ich selber bringen. In einem jener Spitäler, welche Frau Simon besuchen wollte, lag möglicherweise Friedrich ... Ich würde mich ihr anschließen und den teuren Kranken finden, pflegen, retten ... Die Idee erfasste mich mit zwingender Gewalt, so zwingend, dass ich sie für eine magnetische Fernwirkung des sehnenden Wunsches auffasste, mit dem der Geliebte nach mir rief.

Ohne jemandem aus meiner Familie meinen Vorsatz mitzuteilen – denn ich wäre nur auf allseitigen Widerspruch gestoßen –, machte ich mich ein paar Stunden nach Erhalt des Bresserschen Briefes auf den Weg. Ich hatte vorgegeben, dass ich die von dem Doktor verlangten Dinge in Wien selber besorgen und expedieren wolle, und so konnte ich ohne Schwierigkeit von Grumitz fortkommen. Von Wien aus würde ich dann meinem Vater schreiben: »Bin nach dem Kriegsschauplatz abgereist.« Wohl stiegen mir Zweifel auf: Meine Unfähigkeit und Unerfahrenheit, mein Abscheu vor Wunden, Blut und Tod; aber diese Zweifel verjagte ich: Was ich tat, ich *musste* es tun. Des Gatten Blick, flehend und gebietend, war auf mich gerichtet, von seinem Schmerzenslager streckte er die Arme nach mir aus und »Ich komme, ich komme« war das Einzige, was ich zu denken vermochte.

Ich fand die Stadt Wien in unsäglicher Aufregung und Bestürzung. Verstörte Gesichter ringsumher. Mein Wagen kreuzte sich mit mehreren Wagen, die mit Verwundeten gefüllt waren. Immer spähte ich, ob nicht etwa Friedrich darunter sei ... Aber nein: Sein

Sehnsuchtsruf, der an meinen Fibern zerrte, drang von weiter her – von Böhmen. Hätte man ihn zurücktransportiert, so wäre die Nachricht davon gleichzeitig zu uns gelangt.

Ich ließ mich in einen Gasthof führen. Von dort aus besorgte ich meine Einkäufe, expedierte den für Grumitz bestimmten Brief, warf mich in einen möglichst einfachen, strapazenfähigen Reiseanzug und fuhr nach dem Nordbahnhof. Ich wollte den nächstabgehenden Zug benutzen, um rechtzeitig an meine Bestimmung zu gelangen. Es war wie eine fixe Idee, unter deren Herrschaft ich meine Handlungen ausführte.

Auf dem Bahnhof herrschte reges Leben – oder soll ich »reges Sterben« sagen? Die Halle, die Säle, der Perron – alles voll Verwundeter, viele davon in den letzten Zügen. Und ein massenhaftes Menschengewirre: Krankenpfleger, Sanitätssoldaten, barmherzige Schwestern, Ärzte; Männer und Frauen aus allen Gesellschaftsklassen, die da kamen, um nachzusehen, ob der letzte Transport nicht einen der Ihren gebracht; oder auch, um unter die Verwundeten Geschenke, Wein, Zigarren usw. zu verteilen. Das Beamten- und das Dienstpersonal überall bemüht, das vordringende Publikum zurückzudrängen. Auch mich wollte man wieder fortschicken.

»Was wollen Sie? Platz da! Das Überreichen von Ess- und Trinkwaren ist verboten ... Wenden Sie sich an das Komitee – dort werden die Geschenke in Empfang genommen …«

»Nein, nein«, sagte ich, »ich will abreisen. Wann fährt der nächste Zug?«

Auf diese Frage konnte ich lange keine Auskunft erhalten. Die meisten Abfahrtszüge seien eingestellt, erfuhr ich endlich, da die Linie für ankommende Züge, die eine Ladung Verwundeter nach der anderen brachte, offenbleiben musste. Passagierzüge gingen heute überhaupt keine mehr ab. Nur einer mit nachgeschickten Reservetruppen, und ein anderer zur ausschließlichen Benutzung des Patriotischen Hilfsvereins, der mehrere Ärzte und barmherzige Schwestern und eine Ladung nötigen Materials nach der Umgebung von Königgrätz abführen sollte.

»Und da könnte ich nicht mitfahren?«

»Unmöglich!«

Immer deutlicher und flehender vernahm ich Friedrichs Hilferuf – und nicht kommen können: Es war zum Verzweifeln!

Da erblickte ich am Eingang der Halle Baron S., den Vizevorsteher des Patriotischen Hilfsvereins, den ich schon vom Kriegsjahre 59 her kannte. Ich eilte auf ihn zu.

»Um Gottes willen, Baron S., helfen Sie mir! Sie erkennen mich doch?«

»Baronin Tilling, Tochter des General Grafen Althaus – gewiss habe ich die Ehre. Womit kann ich Ihnen dienen?«

»Sie expedieren einen Zug nach Böhmen ... Lassen Sie mich mitfahren! Mein sterbender Mann verlangt nach mir. Wenn Sie ein Herz haben – und Sie beweisen ja durch Ihre Tätigkeit, wie schön und edel Ihr Herz ist – so schlagen Sie mir meine Bitte nicht ab!«

Es gab noch allerlei Zweifel und Bedenken, aber schließlich wurde meinem Wunsche willfahrt. Baron S. rief einen der vom Hilfsverein entsendeten Ärzte herbei und empfahl mich, als Mitreisende, seinem Schutz.

Bis zur Abfahrt war noch eine Stunde. Ich wollte den Wartesaal aufsuchen, aber jeder verfügbare Raum war in ein Hospital verwandelt. Wo man hinblickte, überall kauernde, liegende, verbundene, bleiche Gestalten. Ich mochte nicht hinschauen. Das bisschen Energie, das ich besaß, das musste ich mir auf meine Fahrt und auf deren Ziel aufsparen. Von aller Kraft, allem Mitgefühl, aller Hilfsleistungsfähigkeit, die mir zu Gebote stand, durfte ich hier nichts aufgeben; das gehörte nur ihm – ihm, der mich rief.

Es war indes kein Winkel zu finden, wo mir der Jammeranblick erspart geblieben wäre. Ich hatte mich auf den Perron geflüchtet, und dort musste ich gerade das Ärgste mit ansehen: Die Ankunft eines langen Zuges, dessen sämtliche Waggons mit Verwundeten gefüllt waren, und die Abladung der Letzteren. Die leichter Blessierten stiegen selber aus und schleppten sich vorwärts, die meisten mussten aber unterstützt oder getragen werden. Die verfügbaren Tragbahren waren gleich besetzt, und die überzähligen Patienten mussten bis zur Rückkehr der Träger einstweilen auf den Boden gelagert werden. Vor meine Füße, auf dem Platze, wo ich auf einer Kiste saß, legten sie einen hin, der unausgesetzt ein gurgelndes Röcheln ausstieß. Ich beugte mich herab, um ihm ein teilnehmendes Wort zu sagen, aber entsetzt fuhr ich wieder zurück und verbarg mein Gesicht in beide Hände – der Eindruck war zu fürchterlich gewesen. Das war kein menschliches Angesicht mehr – der Unterkiefer weggeschossen, ein Auge herausquellend ... dazu ein erstickender Qualm von Blut- und Unratgeruch ... Ich hätte aufspringen und fliehen mögen, doch ward mir totenübel und mein Kopf fiel an die hinter mir liegende Mauer zurück. »O, ich feiges kraftloses Geschöpf«, schalt ich mich, »was suche ich hier in diesen Jammerstätten, wo ich nichts – nichts helfen kann ... wo ich solchem Ekel unterliege ...« Nur der Gedanke an Friedrich raffte mich wieder empor. Ja, für ihn, auch wenn er in solchem Zustande wäre wie der

Elende zu meinen Füßen, könnte ich alles ertragen – ich würde ihn umfangen und küssen, und aller Ekel, alles Grauen versänke in das eine allbesiegende Gefühl – in *Liebe.*»

Eine furchtbare Idee durchflog mein Hirn: Wie, wenn dieser Friedrich wäre? Ich sammelte meine Kräfte und blickte noch einmal hin: Nein, er war es nicht.

Die bange Wartestunde war doch auch vorübergegangen. Den Röchelnden hatten sie fortgetragen.

»Legt ihn dort auf die Bank«, hörte ich den Regimentsarzt befehlen. »Den da kann man nicht mehr ins Spital bringen – er ist schon dreiviertel tot.«

Und doch – diese Worte musste er noch verstanden haben, der Dreiviertel-Tote, denn mit einer verzweiflungsvollen Gebärde hob er beide Arme zum Himmel.

Jetzt saß ich im Waggon mit den beiden Ärzten und vier barmherzigen Schwestern. Es war erstickend heiß und der Raum war mit einem Duft von Hospital und Sakristei – Karbol und Weihrauch – erfüllt. Mir war unsäglich übel. Ich lehnte mich in eine Ecke zurück und schloss die Augen.

Der Zug setzte sich in Bewegung. Das ist so der Augenblick, wo jeder Reisende sich das Ziel vergegenwärtigt, dem er entgegengetragen wird. Öfters schon war ich auf dieser Strecke gefahren, und da winkte mir die Ankunft in einem gästegefüllten Schlosse, in einem fröhlichen Badeorte – auch meine Hochzeitsreise hatte ich auf diesem Wege gemacht, einem glänzenden und liebevollen Empfang in der Hauptstadt »Preußens« (wie hatte letzteres Wort doch seither einen anderen Klang bekommen!) entgegen. – Und heute? Was war heute unser Ziel? Ein Schlachtfeld und umliegende Lazarette – die Stätten des Todes und der Leiden. Mir schauderte.

»Gnädige Frau«, sagte einer der Ärzte, »ich glaube, Sie sind selber krank ... Sie sehen so bleich und leidend aus.«

Ich blickte auf. Der Sprecher war eine sympatische jugendliche Erscheinung. Vermutlich war dies die erste praktische Tätigkeit des kaum promovierten Mediziners. Schön von ihm, dass er seine ersten Dienste diesem gefahr- und beschwerdevollen Amte widmete! Ich fühlte mich diesen Menschen, die da neben mir im Waggon saßen, dankbar für die Linderung, welche sie den Leidenden zu bringen im Begriffe standen. Auch den opfermutigen, wirklich »barmherzigen« Schwestern zollte ich im Herzen Bewunderung und Dank. Doch was brachte jeder dieser guten Menschen mit? *Ein Lot* Hilfe für tausend Zentner Not. Ein Lot Liebe dorthin, wo tausend Zentner Hass gewütet ...

»Nein, Herr Doktor«, antwortete ich auf die teilnehmende Anfrage des jungen Arztes, »ich bin nicht krank, nur ein wenig angegriffen.«

»Ihr Herr Gemahl, so sagte mir Baron S., sei bei Königgrätz verwundet worden und Sie reisen dahin, ihn zu pflegen«, mischte sich der Stabsarzt in das Gespräch. »Wissen Sie, in welcher der umgebenden Ortschaften er liegt?«

Das wusste ich nicht.

»Mein Ziel ist Königinhof«, antwortete ich. »Dort erwartet mich mein befreundeter Arzt, Doktor Bresser.«

»Den kenne ich. Er war an meiner Seite, als wir vor drei Tagen das Schlachtfeld absuchten.«

»Das Schlachtfeld absuchten«, wiederholte ich schaudernd. »Erzählen Sie ...«

»Ja, ja, Herr Doktor, erzählen Sie!«, bat eine der Nonnen. »Unser Dienst kann uns auch in die Lage bringen, bei solchem Suchen mitzuhelfen.«

Und der Regimentsarzt erzählte. Den Wortlaut seiner Schilderungen kann ich natürlich nicht mehr wiedergeben; auch sprach er nicht in einem Flusse, sondern mit häufigen Unterbrechungen und gleichsam widerstrebend, nur durch die hartnäckigen Fragen, mit welchen die wissbegierigen Nonnen und ich ihn bestürmten, zum Sprechen gezwungen. Die abgerissenen Erzählungen riefen jedoch eine geschlossene Reihe von Bildern vor mein inneres Auge, die sich dem Gedächtnis so lebhaft eingeprägt haben, dass ich dieselben noch heute an mir vorüberziehen lassen kann. Unter anderen Umständen hätte ich des Doktors Schilderungen nicht so deutlich erfasst und behalten – man vergisst ja Gehörtes und Gelesenes so leicht –, aber das Erzählte machte mir damals fast den Eindruck von Miterlebtem. Ich war in einem Zustand hochgradiger Nervenanspannung und Erregtheit; der fixe Gedanke an Friedrich, der sich meiner bemächtigt hatte, bewirkte, dass ich bei jeder der geschilderten Szenen mir Friedrich als beteiligte Person vorstellte, und so sind sie mir wie selber durchgemachte schmerzliche Erfahrungen im Geiste haften geblieben. In der Folge habe ich die von dem Regimentsarzt mitgeteilten Ereignisse in die roten Hefte eingetragen – so, als hätten sie sich vor meinen eigenen Augen abgespielt:

Die Ambulanz ist hinter einem schützenden Hügelrücken aufgerichtet worden. Drüben tobt die Schlacht. Der Boden zittert, und es zittert die glühende Luft; Dampfwolken steigen auf, die Geschütze brüllen ... Jetzt heißt es, Patrouillen ausschicken, welche sich auf die Kampfplätze begeben, um die Schwerverwundeten aufzulesen und hierherzubringen. Gibt es etwas Heldenhafteres als solchen Gang mitten in den summenden Kugelregen hinein, an allen Schrecken des Kampfes vorüber, allen Gefahren des Kampfes ausgesetzt – ohne selber dessen wildem Rausche sich hingeben zu dürfen? Rühmlich ist dieses Amt – nach Kriegsbegriffen – nicht. »Bei der Sanität« – da dient doch kein fescher, strammer, schneidiger Junge – da verdreht doch keiner die Köpfe der Mädchen. Und »Feldscheer« – wenn der auch heute nicht mehr so, sondern »Regimentsarzt« heißt – der kann sich doch mit keinem Kavallerieleutnant messen?

Der Sanitätskorporal kommandiert seine Leute nach einer Niederung, gegen welche eine Batterie ihr Feuer eröffnet hat. Sie gehen durch den grauen Schleier des Pulverdampfes, und Staub und Erde, da, wo eine Kugel zu ihren Füßen einschlägt, wirbeln vor ihnen auf. Sie sind nur wenige Schritte gegangen, so begegnen sie schon Verwundeten – leichter Verwundeten, die sich entweder einzeln oder paarweise, einander gegenseitig unterstützend, zur Ambulanz schleppen. Einer fällt zusammen. Es ist aber nicht seine Wunde, die ihm die Kraft gebrochen – es ist Erschöpfung. »Wir haben zwei Tage nichts gegessen – machten einen forcierten Marsch von zwölf Stunden ... kamen ins Biwak ... zwei Stunden darauf Alarm und Schlacht«

Die Patrouille geht weiter. Diese Leute finden selber ihren Weg und können den zusammengebrochenen Kameraden mitnehmen. Die Hilfe muss anderen, noch Hilfsbedürftigeren aufgespart werden.

Auf dem Steingerölle eines Hügelabhanges liegt ein blutiges Knäuel. Es sind ein Dutzend Soldaten. Der Sanitätsunteroffizier bleibt stehen und legt ein paar Verbände an. Aber mitgenommen werden diese Verwundete nicht; erst müssen die geholt werden, die mitten auf dem Gefechtsfelde fielen – vielleicht kann man diese hier beim Rückgang auflesen ...

Und wieder geht die Patrouille weiter, dem Kampfplatz näher. In immer dichteren Scharen wanken Verwundete heran, sich selber oder einander mühsam fortschleppend. Das sind solche, die doch noch gehen können. Unter sie wird der Inhalt der Feldflaschen verteilt, man legt ihnen eine Binde auf quellende Wunden und weist ihnen den Weg nach der Ambulanz. Und wieder geht es weiter. An Toten vorüber – an Hügeln von Leichen … Viele dieser Toten zeigen die Spuren entsetzlichster Agonie. Unnatürlich weit aufgerissene Augen – die Hände in die Erde gebohrt – die Haare des Bartes aufgerichtet – zusammengepresste Zähne unter krampfhaft geöffneten Lippen – die Beine starr ausgestreckt, so liegen sie da.

Jetzt durch einen Hohlweg. Hier liegen sie aufgeschichtet. Tote und Verwundete untereinander. Letztere begrüßen die Sanitätspatrouille wie rettende Engel und flehen und schreien um Hilfe. Mit gebrochenen Stimmen, weinend, wimmernd, rufen sie nach Rettung, nach einem Schluck Wasser … Aber die Vorräte sind fast erschöpft, und was können die wenigen Menschen tun? Ein jeder müsste hundert Arme haben, um da retten zu können … Doch jeder tut, was er kann. Da erschallt der langgezogene Ton des Sanitätsrufes. Die Leute stutzen und halten in ihren Handreichungen inne. »Verlasst uns nicht, verlasst uns nicht!«, flehen die Unglücklichen; doch wieder und wieder ruft das Hornsignal, welches, von allem anderen Getöse unterscheidbar, deutlich in die Weite dringt. Da kommt auch noch ein Adjutant herangesprengt.

»Mannschaft von der Sanität?«

»Zu Befehl!«

»Mir nach.«

Offenbar ein verwundeter General … Da heißt es gehorchen und die anderen verlassen …

»Mut und Geduld, Kameraden, wir kommen wieder.«
Die es sagen und die es hören, sie wissen, dass das nicht wahr ist.

Das geht in den roten Heften noch seitenlang so fort. Was der Regimentsarzt von dem Gang einer Sanitätspatrouille über das Schlachtfeld erzählte, das enthält noch viele ähnliche und ärgere Dinge. So die Schilderung jener Augenblicke, da mitten in die Pflegearbeit Kugeln und Granaten fallen, neue Wunden reißend; oder wenn die Zufälligkeiten der Schlacht den Kampf und die Verbandsplätze selber knapp an die Ambulanzen bringen und das ganze Sanitätspersonal samt den Ärzten und samt den Kranken mitten in das Gewühl der ringenden oder fliehenden oder verfolgenden Truppen gerät; wenn scheue ledige Rosse des Weges gerast kommen und die Tragbahre umstürzen, auf welche man eben einen Schwerverwundeten gebettet, der jetzt zerschmettert zu Boden geschleudert wird ... Oder dieses – das grauenhafteste Bild von allen: Ein Gehöft, in welchem man hundert Verwundete untergebracht, verbunden und gelabt hat. Die armen Teufel froh und dankbar, dass ihnen Rettung geworden – und eine Granate, die das Ganze in Brand schießt – eine Minute und das Lazarett steht in Flammen – das Schreien, vielmehr das Geheul, welches aus dieser Stätte der Verzweiflung gellt und welches in seinem wilden Weh alles übrige Getöse übertönt, das wird wohl jenen, die es hörten, ewig unvergesslich bleiben ... Weh mir! Auch mir, obgleich ich es nicht gehört, bleibt es unvergesslich – denn während der Regimentsarzt erzählte, war mir, als wäre mein Friedrich dabei, als hörte ich seinen Schrei aus dem brennenden Marterorte heraus ...

»Ihnen wird übel, gnädige Frau«, unterbrach sich der Erzähler. »Ich habe da Ihren Nerven wirklich zu viel zugemutet.«

Aber ich hatte noch nicht genug. Ich versicherte, dass meine vorübergehende Schwäche nur die Folge der Hitze und einer schlechten Nacht sei, und wurde nicht müde, den anderen auszuforschen. Es war mir immer noch, als hätte ich nicht genug gehört, als wären von diesen geschilderten Höllenkreisen die letzten und höllischsten noch nicht geschildert worden. Und wenn einmal der Durst nach Grässlichem erregt ist, so ruht man nicht, bis er nicht mit dem Grässlichsten gelöscht worden. Und richtig: Es gibt noch Schauerlicheres als ein Schlachtfeld während – das ist ein solches nach der Schlacht.

Kein Geschützdonner, kein Fanfarengeschmetter, kein Trommelwirbel mehr, nur leises, schmerzliches Stöhnen und Sterberöcheln. Im zertretenen Erdboden rötlich schimmernde Pfützen, Blutlachen; alle Feldfrucht zerstört, nur hier und da ein unberührt gebliebenes halmenbedecktes Ackerstück; die sonst lachenden Dörfer und Trümmer in Schutt verwandelt. Die Bäume der Wälder verkohlt und geknickt; die Hecken von Kartätschen zerrissen ... Und auf dieser Wahlstatt Tausende und Tausende von Toten und Sterbenden – hilflos Sterbenden! Keine Blüten noch Blumen sind auf den Wegen und Wiesen zu sehen, sondern Säbel, Bajonette, Tornister, Mäntel, umgestürzte Munitionswagen, in die Luft geflogene Pulverkarren, Geschütze mit gebrochenen Lafetten ... Neben den Kanonen, deren Schlünde von Rauch geschwärzt sind, ist der Boden am blutigsten; dort liegen die meisten und verstümmeltsten Toten und Halbtoten – von Kugeln buchstäblich zerrissen. Und die toten und halbtoten Pferde – solche, die auf den Füßen, welche ihnen geblieben sind, sich aufrichten, um wieder hinzusinken, wieder sich aufstellen und wieder hinfallen, bis sie die Köpfe heben, um ihren schmerzbeladenen Sterberuf hinauszuschreien ... Ein Hohlweg ist mit in den Kot der Straße getretenen Körpern ganz angefüllt. Die Unglücklichen hatten sich wohl hierher geflüchtet, um geborgen zu sein – aber eine Batterie ist über sie hinweggefahren – von Pferdehufen und Rädern sind sie zermalmt ... Viele darunter leben noch – eine breiige, blutige Masse, aber »leben noch«.

Und noch gibt es Höllischeres als alles dies: Es ist das Erscheinen des niederträchtigsten Abschaums der kriegführenden Menschheit – der *Schlachtfeld-Hyäne*.

»Das schleicht herbei, das die Leichenbeute witternde Ungetüm, beugt sich über Tote und noch Lebende herab und reißt ihnen die Kleider vom Leibe. Erbarmungslos. Die Stiefel werden vom blutenden Bein, die Ringe von der verwundeten Hand gezogen – oder um den Ring zu haben, wird der Finger einfach abgeschnitten; und wenn sich das Opfer wehren will, dann wird es von der Hyäne gemordet oder, um nicht einst wiedererkannt zu werden, sticht sie ihm die Augen aus ...«

Ich schrie laut auf. Bei des Doktors letzten Worten hatte ich die ganze Szene wieder mit angesehen, und die Augen, in welche die Hyäne ihr Messer gebohrt, das waren Friedrichs blaue, sanfte, geliebte Augen ...

»Verzeihen Sie mir, gnädige Frau, aber Sie haben es gewollt ...«

»Ja, ja – ich will alles hören. Was Sie da beschrieben haben, war die Nacht, welche auf die Schlacht folgt – diese Szenen haben sich bei Sternenschein abgespielt ...«

»Und bei Fackelschein. Die vom Sieger zum Durchsuchen des Schlachtfeldes ausgeschickten Patrouillen tragen Fackeln und Laternen. Und rote Laternen ragen an Signalstangen empor, um die Orte zu bezeichnen, an welchen fliegende Hospitäler errichtet worden sind.«

»Und der nächste Morgen – wie zeigt der die Wahlstatt?«

»Beinah noch fürchterlicher. Der Gegensatz von dem hellächelnden Tagesgestirn zu der grausigen Menschenarbeit, die es beleuchtet, wirkt doppelt schmerzlich. Des Nachts hatte das ganze Schreckbild etwas Gespensterhaft-Fantastisches, bei Tag ist es einfach – trostlos. Jetzt erst sieht man die Massenhaftigkeit der umherliegenden Leichen: Auf den Straßen, zwischen den Feldern, in den Gräben, hinter Mauertrümmern, überall, überall Tote. Geplündert, mitunter nackt. Ebenso die Verwundeten. Diese, die trotz der nächtlichen Arbeit der Sanitätsmannschaften noch immer in großer Zahl umherliegen, sehen fahl und zerstört aus, grün und gelb, mit stierem, stumpfsinnigem Blick oder aber unter wütenden Schmerzen sich krümmend, flehen sie jeden an, der in die Nähe kommt, dass er sie töte. Schwärme von Aaskrähen lassen sich auf die Wipfel der Bäume nieder und verkünden mit lautem Gekrächz das lockende Festmahl ... Hungrige Hunde aus den Dörfern kommen herbeigerannt und lecken das Blut der Wunden. Noch sieht man einige Hyänen, welche noch immer hastig weiterarbeiten ... Und jetzt kommt das große Begraben ...«

»Wer tut das? Die Sanität?«

»Wie könnte die zu solcher Massenarbeit ausreichen? Die hat bei den Verwundeten vollauf zu tun.«

»Also kommandierte Truppen?«

»Nein: Herbeigeschafftes oder auch freiwillig heranlaufendes Gesindel: Landstreicher, Leute vom Tross, welche sich bei den Marketenderbuden, bei den Bagagewagen aufhielten, und welche jetzt neben den Bewohnern der Armenhäuser und der Hütten von den Militärgewalten herbeigetrieben werden, um Gräber zu graben

– recht große, weite Gräber, denn tief werden sie nicht gemacht. Dazu wäre keine Zeit. Da hinein wirft man die toten Körper – kopfüber, kopfunter, wie es gerade kommt. Oder man macht es so: Über einen aus Leichen gebildeten Haufen wirft man ein bis zwei Fuß hohe Erde hinauf: Das sieht dann auch aus wie ein Tumulus. Ein paar Tage darauf kommt ein Regen und spült die Hülle von den verwesenden Leichnamen weg – aber was liegt daran? Die flinken und lustigen Totengräber denken nicht so weit. Lustige und flotte Arbeiter sind sie, das muss man ihnen lassen. Es werden da Lieder gepfiffen und allerlei zweideutige Witze gemacht – mitunter tanzt eine Hyänenrunde um das offene Grab. Ob in manchen Körpern, die da hinabgeschleudert oder mit Erde verschüttet werden, noch Leben sich regt – darum kümmern sie sich auch nicht. Der Fall ist unvermeidlich, denn Starrkrampf tritt bei Verwundungen häufig auf. Manch zufällig Errettete haben von der Gefahr des Lebendigbegraben-werdens, der sie entronnen, erzählt. Aber wie viele gibt es derer, die nichts erzählen konnten? Wenn man einmal ein paar Fuß Erde über dem Mund liegen hat, so muss man den Mund wohl halten ...«

O mein Friedrich, mein Friedrich!, stöhnte es in meiner Seele.

»Das ist das Bild des nächsten Morgens«, schloss der Regimentsarzt. »Soll ich noch weitererzählen, was den nächsten Abend geschieht? Da wird ...«

»Das will ich Ihnen sagen, Herr Doktor«, unterbrach ich. »In eine von den beiden Hauptstädten der beteiligten Reiche ist die telegrafische Nachricht des glorreichen Sieges angelangt. Da wurde vormittags – während des Hyänentanzes um die Gruben – in den Kirchen »Nun danket alle Gott« gesungen und abends, da stellt die

Mutter oder das Weib eines Lebendigbegrabenen ein paar brennende Kerzen auf den Fenstersims, denn die Stadt wird beleuchtet.«

»Ja, gnädige Frau, diese Komödie wird zu Hause aufgeführt. Indessen auf dem Schlachtfeld selber ist mit dem zweiten Sonnenuntergang die Tragödie noch lange nicht abgespielt. Außer denjenigen, welche in die Lazarette und in die Gräber untergebracht worden, gibt es noch die *Ungefundenen*. Hinter dichtem Gebüsch, in hohen Ährenfeldern oder zwischen Bautrümmern verborgen, sind sie den Blicken der Krankenträger und Totengräber entgangen. Für jene Unglücklichen beginnt nun das Martyrium einer mehrere Tage und mehrere Nächte langen Agonie: In der sengenden Hitze des Mittags, in den schwarzen Schauern der Mitternacht, gebettet auf Steinen und Disteln, im scharfen Verwesungsgeruch der naheliegenden Leichen und der eigenen faulenden Wunden, den festenden Geiern zur noch zuckenden Beute …«

4

Das war eine Reise! – Der Regimentsarzt hatte schon lange aufgehört zu sprechen, aber die Auftritte, welche er geschildert, fuhren unausgesetzt fort, vor meinem inneren Auge sich abzuspielen. Um diesem mich verfolgenden Gedankenreigen zu entgehen, schaute ich zum Wagenfenster hinaus und versuchte, im Anblick der Landschaft Zerstreuung zu finden. Aber auch hier boten sich dem Blicke Bilder des Kriegsjammers. Zwar hatte in dieser Gegend keine gewaltsame Verwüstung stattgefunden: Es rauchte da kein zerschossenes Dorf, hier hatte »der Feind« noch nicht gehaust; aber was hier nun wütete, ist vielleicht noch schlimmer: nämlich die *Furcht vor dem Feinde.* »Die Preußen kommen! Die Preußen kommen!« war die Schreckenslosung auf der ganzen Strecke; und wenn auch im Vorbeifahren diese Worte nicht zu hören waren, ihre Wirkung konnte man vom Wagenfenster aus deutlich erschauen. Überall auf allen Straßen und Wegen fliehende, mit Sack und Pack ihr Heim verlassende Menschen. Ganze Wagenzüge bewegten sich landeinwärts – gefüllt mit Bettzeug, Hausgerät und Vorräten. Alles sichtlich in größter Eile aufgeladen. Auf demselben Karren kleine Schweine, das jüngste Kind und ein paar Kartoffelsäcke, nebenher zu Fuß Mann und Weib und die größeren Kinder: – So sah ich eine auswandernde Familie auf einer nahen Straße sich fortbewegen. Wohin gingen die Armen? Das wussten sie wohl selber kaum – nur fort, fort von den »Preußen«. So flieht man das prasselnde Feuer oder die steigende Flut.

Öfters brauste auf den Nebengleisen ein Zug an uns vorüber: Verwundete, immer wieder Verwundete; immer wieder die aschfahlen Gesichter, die verbundenen Köpfe, die in der Binde getragenen Arme. Auf den Haltestellen besonders konnte man an diesem Anblick in allen Varianten sich sattsam erlaben. Sämtliche große und kleine Perrons, auf welchen man sonst das wartende Völklein der Reisenden fröhlich umherstehen und -gehen sieht, waren jetzt mit liegenden und kauernden Gestalten gefüllt. Das sind die aus den umgebenden Feld- und Privatlazaretten herbeigeschafften kranken Soldaten, die den nächsten Eisenbahnzug abwarten, der einen neuen Verwundetentransport befördern kann. So müssen sie stundenlang liegen – und wer weiß, wieviel Transporte sie schon hinter sich haben? Vom Kampffeld zum Verbandplatz, von da zur Ambulanz, von dieser in ein fliegendes Feldhospital, dann in die Ortschaft – jetzt zur Eisenbahn; und von hier steht ihnen noch die Fahrt nach Wien bevor; dort vom Bahnhof zum Spital und von da, nach so langen Leiden, vielleicht zum Regiment zurück, vielleicht zum Friedhof ... Mir ward so leid, so leid, so schrecklich leid um die armen Teufel! – Ich hätte zu jedem Einzelnen hinknien wollen und ihm Worte des Mitgefühls zuflüstern. Aber der Doktor ließ mich nicht. Wenn wir an einer Station ausstiegen, nahm er mich am Arm und führte mich in das Büro des Stationschefs. Hierher brachte er mir Wein oder sonst eine Erfrischung.

Die Schwestern walteten auch schon hier ihres barmherzigen Amtes. Sie reichten den Verwundeten an Trank und Speise, was nur aufzutreiben war: Aber öfters gab es nichts, die Vorräte in den Restaurationen waren zumeist erschöpft. Dieses Getriebe auf den Bahnhöfen, namentlich auf den größeren, machte mir einen sinnverwirrenden Eindruck; es schien mir wie »ein böser Traum«. Dieses Hin- und Herrennen, dieses wüste Durcheinander

– abmarschbereite Truppen – Flüchtlinge – Krankenträger – Haufen blutender und wimmernder Soldaten – schluchzende, händeringende Frauen – Geschrei, barsche Kommandorufe – überall Gedränge, nirgends ein freier Durchgang – aufgeschichtetes Gepäck, Kriegsmaterial, Kanonen, abseits Pferde und brüllendes Hornvieh – dazwischen das unausgesetzte Geläute des Telegrafen – durchfahrende Züge, welche mit aus Wien anlangender Reserve vollgefüllt – vielmehr vollgepfropft – sind ... Nicht anders waren diese Soldaten in den Wagen dritter und vierter Klasse – ja, in Last- und Viehwaggons – untergebracht, nicht anders wie Schlachtvieh. Und im Grunde genommen, ich konnte den Gedanken nicht unterdrücken, was waren sie denn anderes? Wurden sie nicht auch zur »Schlacht« – wurden sie nicht auf den großen politischen Markt geschleppt, wo mit Kanonenfutter geschachert wird? Da rollten sie vorbei. Tolles Gebrüll – war es ein Kriegslied? – schallte heraus und übertönte das rasselnde Gepolter der Räder; eine Minute – und der Zug war verschwunden. Mit Windeseile trug er einen Teil seiner Fracht dem sicheren Tode entgegen. Ja – *sicherem Tode* ... Wenn auch kein Einzelner von sich sagen kann, dass er sicher fällt, ein gewisser Prozentsatz von der Gesamtheit muss und wird fallen. Zu Felde ziehende Heere, die sich auf der Heerstraße zu Fuß oder zu Ross fortbewegen: Das mag noch eine gewisse antike Poesie an sich haben; aber der moderne Schienenweg, das Symbol der nationenverbindenden Kultur, als Beförderungsmittel der losgelassenen Barbarei – das ist gar zu widersinnig und abscheulich. Wie falsch klingt da auch das Telegrafengeklingel – dieses herrliche Siegeszeichen des menschlichen Intellekts, der es fertiggebracht hat, den Gedanken mit Blitzesschnelle von einem Lande zum anderen zu leiten; alle diese neuzeitlichen Erfindungen, welche bestimmt sind, den Verkehr der Völker zu fördern, das Leben zu erleichtern, zu verschönern, zu bereichern: Die werden jetzt von jenem altweltlichen Prinzip missbraucht, welches die Völker entzweien und das Leben vernichten will. »Seht unsere Eisenbahnen, seht unsere Telegrafen – wir sind zivilisierte Nationen«, prahlen wir den Wilden gegenüber und benutzen diese Dinge zur verhundertfachten Entfaltung *unserer* Wildheit ...

Dass mich lauter solche Gedanken quälen mussten, während ich an den Stationen auf das Weiterfahren unseres Zuges wartete – das vertiefte und verbitterte noch mein Leid. Ich beneidete fast jene, die da nur in naivem Schmerze die Hände rangen und weinten, die sich nicht im Zorn aufbäumten gegen die ganze Schauerkomödie – die niemanden anklagten, nicht einmal jenen »Herrn der Heerscharen«, von dem sie doch glaubten, dass er es sei, der das hereingebrochene Unglück über sie verhängt ...

Es war spät abends, als ich in Königinhof anlangte. Meine Reisegefährten hatten an einer früheren Station bleiben müssen. Ich war allein – in Furcht und Bangen. Wie, wenn Doktor Bresser verhindert worden wäre? Was sollte ich dann hier beginnen? Zudem war ich von der Fahrt wie gerädert, von den durchgemachten Trauer- und Schauerempfindungen ganz entnervt. Wäre nicht die Sehnsucht nach Friedrich gewesen, so hätte ich mir nur noch den Tod gewünscht. Sich hinlegen können und einschlafen und nie wieder erwachen in einer Welt, in der es so grausam und wahnsinnig zugeht! Nur eins nicht: Am Leben bleiben und Friedrich unter den Vermissten wissen!

Der Zug hielt. Mühsam und zitternd stieg ich aus und nahm mir mein Handgepäck herab. Ich führte mein Handköfferchen bei mir, mit etwas Wäsche für mich und Charpie und Verbandszeug für den Verwundeten; außerdem eine Reise-Toilettentasche. Die hatte ich so gewohnheitsmäßig mitgenommen in dem anerzogenen Glauben, dass man gar nicht sein könne ohne die silbernen Büchsen und Kapseln, die Seifen und Wasser, die Bürsten und Kämme. Reinlichkeit – diese Tugend des Körpers, dasselbe, was Ehrlichkeit für die Seele – diese zweite Natur des Kulturmenschen: Wie musste ich jetzt erst erfahren, dass darauf in solchen Zeiten ganz verzichtet werden muss. Nun ja, es ist ja nur folgerichtig: Der Krieg ist die Verneinung der Kultur, also müssen durch ihn alle Errungenschaften der Kultur wegfallen; ein Rückschlag in die Wildheit ist er, also muss er alles Wilde im Gefolge haben – darunter auch jenes, den Edelmenschen so furchtbar verhasste Ding: den *Schmutz*.

Die Kiste mit Material für die Spitäler, die ich in Wien für Doktor Bresser besorgt hatte, war mit den anderen Kisten des Hilfskomitees aufgegeben worden – wer weiß, wann und wo dieselbe abgeliefert wurde? Ich hatte nichts bei mir als meine zwei Stück Handgepäck und ein umgehängtes Geldtäschchen, welches mit einigen Hundertgulden-Noten gefüllt war. Schwankenden Schrittes ging ich über die Schienen nach dem Perron. Dort herrschte, trotz der späten Stunde, dasselbe Gewühle wie auf den anderen Stationen, und immer dasselbe Bild: Verwundete – Verwundete. Nein, nicht dasselbe Bild: ärger noch. Königinhof war ein Ort, der mit diesen Unglücklichen überfüllt war; es gab im ganzen Ort keinen unbelegten Raum, und nun hatte man die Kranken scharenweise zur Eisenbahn gebracht, wo sie, ganz notdürftig verbunden, überall umherlagen, auf der Erde, auf den Steinen ...

Es war eine finstere, mondlose Nacht; der Schauplatz war nur durch drei oder vier an Pfählen befindliche Laternen beleuchtet. Erschöpft und schlaf-, beinahe todesschlafbedürftig, sank ich auf die freie Ecke einer Bank und legte mein Gepäck vor mir auf den Boden.

Ich hatte vorerst nicht den Mut, mich umzusehen, ob unter den vielen Menschen, die hier geschäftig hin und her schossen, auch Doktor Bresser sei. Fast war ich überzeugt, dass ich ihn nicht finden würde. Es gab ja zehn Chancen gegen eine, dass er verhindert worden zu kommen, oder dass er zu einer anderen als zur bezeichneten Stunde hier einträfe; einen regelmäßigen Verkehr gab es ja überhaupt nicht mehr: Mein Zug war gewiss viel später eingetroffen, als in der Fahrordnung verzeichnet stand.

Mein Unternehmen erschien mir jetzt als ein wahnwitziges. Dieses vermeintliche Rufen Friedrichs – glaubte ich denn sonst an derlei mystische Dinge? – es entbehrte sicher aller Begründung. Wer weiß – vielleicht war Friedrich auf dem Weg nach Hause – vielleicht auch tot – warum suchte ich ihn hier? Eine andere Stimme begann jetzt nach mir zu rufen, andere Arme breiteten sich mir entgegen: Rudolf, mein Sohn – wie würde er nach der »Mama« gefragt haben und nicht haben einschlafen können, ohne den mütterlichen Gutenachtkuss ... Wohin würde ich mich hier wenden, wenn ich Bresser nicht fände? Und die Hoffnung, ihn zu finden, war mir plötzlich so gering geworden wie unter Hunderttausenden von Losen die Hoffnung auf einen Haupttreffer.

Zum Glück hatte ich mein Täschchen mit dem Gelde – der Besitz von Banknoten bietet immer Auskunftsmittel. Unwillkürlich griff ich an die Stelle, wo das Täschchen hängen sollte ... Großer Gott! Der Riemen, an welchem es befestigt gewesen, abgerissen – das Täschchen fort – verloren! Welcher Schlag! Und doch, ich brachte es zu keiner Anklage gegen das Schicksal; ich vermochte nicht zu jammern: Denn in einer Zeit, wo rings das Unglück hagelte, über das eigene Unglückchen klagen, da hätte man vor sich selber sich seiner Selbstsucht schämen müssen. Und zudem: für mich gab es nur eine schreckliche Möglichkeit: Friedrichs Tod – alles andere war nichts.

Ich musterte alle Anwesenden: Kein Doktor Bresser.

Was nun beginnen? An wen mich wenden? Ich hielt einen Vorübergehenden an.

»Wo kann ich den Stationschef finden?«

»Sie meinen den Dirigenten der hiesigen Krankenstation, Stabsarzt S.? Dort steht er.«

Den hatte ich zwar nicht gemeint, aber vielleicht konnte er mir Auskunft über Doktor Bresser geben. Ich näherte mich der bezeichneten Stelle. Der Stabsarzt sprach eben mit einem vor ihm stehenden Herrn.

»Es ist ein Elend«, hörte ich ihn sagen. »Man hat hier und in Turnau Depots für alle Hospitäler des Kriegsschauplatzes errichtet; die Gaben strömen massenhaft zu – Wäsche, Lebensmittel, Verbandszeug, so viel man will – aber was damit beginnen? Wie abladen – wie sortieren – wie weitersenden? Es fehlt uns an Händen – wir würden hundert rührige Beamte brauchen ...«

Schon wollte ich den Stabsarzt ansprechen, als ich einen Mann auf ihn zueilen sah, in dem ich – o Freude – Doktor Bresser erkannte. In meiner Erregung fiel ich dem alten Hausfreund um den Hals.

»Sie? Sie, Baronin Tilling? Was machen Sie denn hier?«

»Ich bin gekommen, zu helfen, zu helfen ... Ist Friedrich nicht in einem Ihrer Spitäler?«

»Ich habe ihn nicht gesehen.«

War mir diese Nachricht Enttäuschung oder Erleichterung? Ich weiß es nicht. Er war nicht da – also entweder tot oder unversehrt ... Übrigens, Bresser konnte unmöglich alle Verwundeten der Umgebung erkannt haben – ich musste selber alle Lazarette absuchen.

»Und Frau Simon?«, fragte ich weiter.

»Die ist schon seit mehreren Stunden hier ... eine herrliche Frau! Rasch entschlossen, umsichtig ... Jetzt ist sie eben beschäftigt, die hier liegenden Verwundeten in leerstehende Eisenbahnwaggons unterzubringen. Sie hat erfahren, dass in einem nahen Orte – in Horonewos – die Not am größten sei. Dort will sie hinfahren, und ich begleite sie.«

»Ich auch Doktor Bresser! Lassen Sie mich mitkommen …«

»Wo denken Sie hin, Baronin Martha? Sie, so zart und verwöhnt – derlei harte, bitterharte Arbeit …«

»Was soll ich sonst hier tun?«, unterbrach ich. »Wenn Sie mein Freund sind, Doktor, helfen Sie mir mein Vorhaben ausführen ... Ich will ja alles tun, jeden Dienst verrichten. Stellen Sie mich der Frau Simon als freiwillige Krankenpflegerin vor und nehmen Sie mich mit – aus Barmherzigkeit nehmen Sie mich mit!«

»Wohlan, Ihr Wille geschehe. Da ist die tapfere Frau – kommen Sie.«

Als mich Doktor Bresser zu Frau Simon geführt und mich derselben als Krankenpflegerin vorstellte, nickte sie mit dem Kopfe, wandte sich aber sogleich wieder ab, um einen Befehl zu erteilen.

Fünf Minuten später waren wir auf der Fahrt nach Horonewos. Ein Leiterwagen, der eben von dort Verwundete gebracht, diente uns als Fahrgelegenheit. Wir saßen auf dem Stroh, das vielleicht noch blutig war von der vorigen Fracht. Der Soldat, welcher neben dem Kutscher saß, hielt eine Laterne, welche unsteten Schein auf unsere Straße warf. Immer mehr und mehr hatte ich den Eindruck, einen bösen Traum durchzumachen. Das Einzige, was mich an die Wirklichkeit meiner Lage mahnte und mir zugleich eine Beruhigung war, war Doktor Bressers Nähe. Ich hatte meine Hand in die seine gelegt und sein anderer Arm unterstützte mich.

»Lehnen Sie sich an mich, Baronin Martha – armes Kind«, sagte er sanft.

Ich lehnte mich an, so gut ich konnte, aber doch: Welche Folterlage! Wenn man sein ganzes Leben lang gewohnt war, auf schwellenden Sitzen, sprungfederigen Wagen und weichen Betten zu ruhen, wie schwer fällt es da, zumal nach einer ermüdenden Tagereise, in einem schüttelnden Leiterwagen zu sitzen, dessen harter Brettergrund nur mit einer Lage blutfeuchten Strohes gepolstert ist. Und ich war doch unverletzt – wie muss erst denen zumute sein, die mit zerschmetterten Gliedern, mit hervorstehenden Knochensplittern auf solchem Fuhrwerk über Stock und Stein gejagt werden?

Bleischwer fielen mir die Lider zu. Ein wehtuendes Schläfrigkeitsgefühl peinigte mich. Bei der Unbequemlichkeit meiner Lage – alle Glieder schmerzten mich – bei der Erregtheit meiner Nerven war ja Schlaf unmöglich; grausamer wirkte das nicht zu bannende

Schlafbedürfnis. Gedanken und Bilder, so verworren wie Fieberträume, wirbelten in meinem Hirn. Alle die Schauerszenen, welche der Regimentsarzt erzählt hatte, wiederholten sich vor meinem Geist, teils mit den Worten des Erzählers selbst, teils als die Vorstellungen, welche diese Worte hervorgerufen hatten: Ich sah die schaufelnden Totengräber, sah die Hyänen umherschleichen, hörte die verzweifelten Opfer des in Brand geschossenen Lazaretts schreien; und dazwischen fielen, als würden sie laut und in des Regimentsarztes Stimme gesprochen, Worte wie: Aaskrähen, Marketenderbude, Sanitätspatrouille. Das hinderte mich aber nicht, daneben auch noch das Gespräch zu vernehmen, welches meine Wagengefährten halblaut miteinander führten:

»Ein Teil der geschlagenen Armee flüchtete nach Königgrätz«, erzählte Doktor Bresser. »Die Festung aber war verschlossen und von den Wällen wurde auf die Flüchtigen geschossen – namentlich auf die Sachsen, die man in der Dämmerung für Preußen hielt. Hunderte stürzten sich in die Wallgräben und ertranken ... An der Elbe stockte die Flucht und die Verwirrung erreichte den höchsten Grad. Die Brücken waren von Pferden und Kanonen so vollgestopft, dass das Fußvolk keinen Platz mehr fand. Tausende stürzten sich in die Elbe – auch Verwundete ...«

»Es soll entsetzlich sein in Horonewos«, sagte Frau Simon. »Alles von seinen Bewohnern verlassen – Dorf und Schloss. Sämtliche innere Räume zerstört und doch mit hilflosen Verwundeten angefüllt ... Wie wohl wird den Unglücklichen die Labung tun, die wir ihnen bringen! Aber es wird zu wenig – zu wenig sein!«

»Und zu wenig auch unsere ärztliche Hilfe«, versetzte Doktor Bresser. »Wir müssten unserer Hundert sein, um das Erforderliche tun zu können. Es fehlt an Instrumenten und Medikamenten – und hälfen uns auch diese? Die Überfüllung dieser Ortschaften ist derart, dass der Ausbruch gefährlicher Epidemien droht. Die erste Sorge ist stets die, so viele Verwundete wie möglich wegzubefördern; aber ihr Zustand ist zumeist ein so jammervoller, dass kein Gewissen den Transport auf sich nehmen kann ... Sie fortschaffen heißt, sie töten; sie dort lassen, heißt, den Hospitalbrand herbeiführen – eine schwere Alternative! Was ich in diesen Tagen – seit der Schlacht von Königgrätz – Schauriges und Trauriges gesehen, das übersteigt alle Begriffe. Sie müssen sich auf das Schlimmste gefasst machen, Frau Simon.«

»Ich habe langjährige Erfahrung und Mut. Je größer das Elend, desto mehr steigt meine Willenskraft.«

»Ich weiß. Dieser Ruf ist Ihnen vorausgegangen. Ich hingegen, wenn ich so viel Elend sehe, fühle allen Mut sinken und es stockt mir das Herz. Hunderte, ja Tausende von Hilfsbedürftigen um Hilfe flehen hören und nicht helfen *können* – es ist grässlich! In all diesen um das Schlachtfeld eiligst errichteten Ambulanzen fehlte es an Erquickungsmitteln; vor allem: kein Wasser. Die meisten Brunnen sind von den Bewohnern unbrauchbar gemacht worden ... weit und breit kein Stück Brot aufzutreiben ... Alle Räume, die ein Dach tragen: Kirchen, Meierhöfe, Schlösser, Hütten, sind mit Kranken gefüllt – alles, was einem Wagen gleicht, wird mit einer Ladung Verwundeter weggeführt. Die Straßen bedecken sich nach allen Richtungen mit solchen Höllenkarren – denn wahrlich, was da an Leiden auf Rädern rollt, das ist höllisch. Da liegen sie – Offiziere, Unteroffiziere und Soldaten – von Blut, Staub und Schmutz bis zur Unkenntlichkeit entstellt, mit Wunden, für die es keine menschenmögliche Hilfe gibt, Schreie ausstoßend, die nichts Menschliches haben – und doch: Die noch schreien können, sind die Beklagenswertesten nicht ...«

»Da sterben wohl viele unterwegs?«

»Gewiss. Oder wenn sie abgeladen worden – in irgendeinem überfüllten Raum – enden sie still und unbemerkt auf dem ersten besten Bündel Stroh, auf welches sie sich fallen ließen. Manche still, manche aber auch in verzweifeltem Todeskampf tobend und rasend, die haarsträubendsten Flüche ausstoßend ... Solche Flüche musste wohl jener Herr Twinnig aus London gehört haben, der bei der Genfer Konferenz folgenden Vorschlag machte: »Wenn der Zustand eines Verwundeten nicht die geringste Hoffnung der Heilung übriglässt, wäre es in diesem Falle nicht angemessen, dass man ihm erst den Trost der Religion spende, ihm, soweit es die Umstände gestatten, einen Augenblick der Sammlung lasse und dann seiner Agonie auf die wenigst schmerzliche Weise ein Ende mache? Man verhinderte dadurch, dass er wenige Augenblicke später stirbt, das Fieber im Gehirn und vielleicht die Gotteslästerung auf der Zunge.«

»Wie unchristlich!«, rief Frau Simon.

»Was? Das Gnadenstoßgeben?«

»Nein – die Ansicht, dass eine inmitten der unerträglichsten Martern ausgestoßene Lästerung der Seele des Gemarterten gefährlich werden könne ... So ungerecht ist der Gott der Christen nicht, und sicher nimmt er jeden gefallenen Krieger in Gnaden auf.«

»Mohammeds Paradies wird auch jedem Türken zugesichert, der einen Christen erschlagen hat«, entgegnete Bresser. »Glauben Sie mir, geehrte Frau Simon, jene Gottheiten, welche als kriegslenkend dargestellt werden und deren Beistand und Segen die Priester und

Befehlshaber den Kämpfern als Mordlohn versprechen, die sind alle für Lästerungen gleich taub wie für Bitten. Sehen Sie dort hinauf: Jener Stern erster Größe, mit rötlichem Lichte – das ist der Planet Mars, das dem Kriegsgott gewidmete Gestirn; jenem Gott, der in der alten Zeit so gefürchtet und geehrt wurde, dass er weit mehr Tempel besaß als die Göttin der Liebe. Schon in der Schlacht bei Marathon, schon in dem engen Pass der Thermopylen hat jener Stern dem Kampf der Menschen blutfarbig vorgeleuchtet und zu ihm stiegen die Flüche der Gefallenen auf; ihn beschuldigten sie ihres Unglücks, während er ahnungslos und friedlich – damals wie heute – die Sonne umkreiste. Feindliche Gestirne? Die gibt es nicht. Der Mensch hat keinen anderen Feind als den Menschen – der aber ist grimmig genug.«

»Und auch keinen anderen Freund«, setzte Bresser nach einer kleinen Pause hinzu. »Davon geben Sie selber ein Beispiel, hochherzige Frau, Sie sind …«

»O Doktor!«, unterbrach Frau Simon. »Schauen Sie dort, der Flammenschein, am Horizont ... Sicherlich ein brennendes Dorf!«

Ich öffnete die Augen und sah den roten Schein.

»Nein«, sagte Doktor Bresser. »Es ist der aufgehende Mond.«

Ich versuchte, eine bequemere Stellung einzunehmen, und setzte mich ein wenig auf. Fortan wollte ich vermeiden, die Augen zu schließen: Dieser Zustand des Halbschlafes mit dem Bewusstsein des Nichtschlafens, worin die entsetzlichen Fantasiebilder ihren wilden Reigen aufführten – das war gar so qualvoll ... lieber an dem Gespräche der beiden teilnehmen und mich von den eigenen Gedanken losreißen.

Aber der Mann und die Frau waren verstummt. Sie blickten nach der Stelle, wo nun wirklich das Nachtgestirn emporstieg. Und nach einer Weile fielen meine Augen doch wieder zu. Diesmal war es der Schlaf. In der einen Sekunde, in der ich fühlte, dass ich einschlief, dass die Welt um mich aufhörte zu bestehen, empfand ich solche Wonne des Nichtseins, dass mir selbst der Bruder meines Beglückers – der Tod – ganz willkommen gewesen wäre.

Ich weiß nicht, wie lange Zeit ich in dieser seligen Existenzentrückung zubrachte – aber plötzlich und gewaltsam wurde ich herausgerissen. Kein Lärm, keine Erschütterung war es, was mich geweckt hatte, sondern ein Qualm unerträglich verpesteter Luft.

»Was ist das?!«

Gleichzeitig mit mir riefen auch die anderen diese Frage aus.

Unser Wagen bog um eine Ecke und am Wegrand ward uns die Antwort. Vom Monde hell beleuchtet ragte da eine weiße Mauer empor, vermutlich eine Kirchhofmauer. Jedenfalls hatte sie als Schutzwehr gedient – am Fuße derselben aufgeschichtet lagen zahlreiche Leichen ... Der Verwesungsgeruch, der von diesen toten Körpern aufstieg, war es, der mich aus dem Schlaf gerissen hatte. Als wir vorbeifuhren, hob sich ein dichter Schwarm von Raben und Krähen kreischend von dem Leichenhaufen empor, flatterte eine Zeitlang – wie schwarzes Gewölk gegen den hellen Himmelshintergrund – und ließ sich dann wieder zum Schmause nieder ...

»Friedrich, mein Friedrich!«

»Beruhigen Sie sich, Baronin Martha«, tröstete mich Bresser. »Ihr Mann konnte nicht dabei gewesen sein.«

Der kutschierende Soldat hatte sein Gespann angetrieben, um schneller aus dem Bereiche des mephitischen Dunstes hinwegzukommen. Das Fuhrwerk rasselte und stolperte dahin, als wären wir auf wilder Flucht. Ich glaubte, die Pferde gingen durch ... Zitternde Angst erfasste mich. Mit beiden Händen klammerte ich mich an Bressers Arm; aber den Kopf musste ich zurückwenden, um dorthin, nach jener Mauer zu schauen und – war es das täuschende Licht des Mondes, waren es die Bewegungen der auf ihre Beute zurückgekehrten Vögel? – mir war es, als regte sich diese ganze Schar von Toten, als streckten uns die Leichname die Arme nach, als rüsteten sie sich, uns zu verfolgen ...

Ich wollte schreien, aber die furchtgepresste Kehle versagte mir den Dienst.

5

Wieder bog der Wagen um eine Straßenecke.

»Hier sind wir, das ist Horonewos«, hörte ich den Doktor sagen, und er befahl dem Kutscher, zu halten.

»Was beginnen wir mit der Frau«, klagte Frau Simon. »Die wird uns eher ein Hindernis sein statt einer Hilfe.«

Ich raffte mich auf:

»Nein, nein«, sagte ich, »es ist mir jetzt besser ... Ich will Ihnen helfen so gut ich kann.«

Wir befanden uns inmitten des Ortes, vor dem Tore eines Schlosses.

»Hier wollen mir zuerst sehen, was sich tun lässt«, sagte der Doktor. »Das Schloss, von seinen Besitzern verlassen, soll vom Keller bis zum Dache mit Verwundeten angefüllt sein.«

Wir stiegen ab. Ich konnte mich kaum auf den Füßen halten, strengte aber meine äußerste Kraft an, um dies nicht merken zu lassen.

»Vorwärts!«, sagte Frau Simon. »Haben wir alle unsere Gepäcksachen? Was ich mitführe, wird den Leuten Labung bringen.«

»Auch in meinem Köfferchen befinden sich Stärkungsmittel und Verbandszeug«, sagte ich.

»Und meine Handtasche enthält Instrumente und Arzneien«, fügte Bresser hinzu; dann gab er den uns begleitenden Soldaten die nötigen Befehle: Zwei sollten bei den Pferden bleiben, die übrigen mit uns kommen.

Wir traten unter das Schlosstor. Dumpfe Klagelaute von verschiedenen Seiten ... Alles finster ...

»Licht! Da macht doch vor allem Licht!«, schrie Frau Simon.

O weh, alles Mögliche hatten wir mitgebracht: Schokolade und Fleischextrakt, Zigarren und Leinwandstreifen – aber an eine Kerze hatte niemand gedacht. Keine Möglichkeit, das Dunkel, das uns und die Unglücklichen umgab, aufzuhellen! Nur eine Schachtel Zündhölzer, welche der Doktor in der Tasche trug, half uns für einige Sekunden die schrecklichen Bilder zu sehen, welche diese Stätte des Elends füllten. Der Fuß glitt auf dem von Blut schlüpfrigen Boden aus, wenn man sich weiterbewegen wollte. Was nun? Zu den hundert Verzweifelten, welche hier stöhnten und seufzten, waren noch ein paar Verzweifelnde und Seufzende mehr hinzugekommen.

»Was nun, was nun?«

»Ich will das Haus des Pfarrers aufsuchen«, sagte Frau Simon, »oder sonst im Dorfe Beistand holen. Kommen Sie, Doktor, geleiten Sie mich mit Ihren Streichhölzern zum Ausgang zurück; und Sie, Frau Martha, bleiben indessen hier.«

Hier, allein – im Finstern, inmitten dieser wimmernden Leute, in dem erstickenden Geruch? Das war eine Lage! Mir schauderte bis in das Knochenmark. Aber ich widersprach nicht.

»Ja«, sagte ich, »ich bleibe an dieser Stelle und warte, bis Sie mit Licht zurückkommen.«

»Nein«, rief Bresser, indem er meinen Arm in den seinen schob, »kommen Sie mit – Sie dürfen in diesem Fegefeuer nicht zurückbleiben – unter den vielleicht fiebertollen Menschen.«

Ich war dem Freunde für dieses Vorgehen dankbar und klammerte mich fest an seinen Arm – das Zurückbleiben in diesen Räumen hätte mich vielleicht wahnsinnig gemacht vor Angst ... Ach, ich war doch ein feiges, hilfloses Geschöpf, dem Unglück und dem Schrecken nicht gewachsen, in welche ich mich da begeben hatte. Warum war ich nicht zu Hause geblieben? Dennoch, wenn ich Friedrich wiederfände? Wer weiß, ob er nicht in diesen dunklen Räumen lag, die wir eben verließen? Ich rief – während des Hinausgehens – öfter seinen Namen, aber das gehoffte und gefürchtete »Hier bin ich, Martha!« ward mir nicht zurückgerufen.

Wir traten wieder ins Freie. Der Wagen stand noch auf derselben Stelle. Doktor Bresser entschied, dass ich wieder aufsteigen sollte.

»Frau Simon und ich gehen indessen im Dorfe Hilfe suchen«, sagte er, »und Sie bleiben hier.«

Ich fügte mich gern, denn meine Füße konnten mich kaum tragen. Der Doktor half mir aufsteigen und richtete mir mit dem umliegenden Stroh einen Sitz zurecht. Zwei Soldaten blieben bei dem Wagen zurück. Die übrigen wurden von Frau Simon und dem Doktor mitgenommen.

Nach einer halben Stunde ungefähr kam die ganze Expedition zurück. Erfolglos. Der Pfarrhof zerstört wie alles andere und leer; sämtliche Häuser Ruinen; nirgends ein Licht aufzutreiben gewesen – es blieb jetzt nichts anderes übrig, als den Anbruch des Tages abzuwarten. Wie viele von den Unglücklichen, denen unser Kommen schon Hoffnung erweckt hatte und welche unsere Hilfe jetzt noch hätte retten können, würden in dieser Nacht wohl sterben?

War das eine lange, bange Nacht! Obwohl tatsächlich nur noch drei bis vier Stunden bis zu Sonnenaufgang vergingen, wie endlos mussten uns diese Stunden scheinen, deren Verlauf – statt durch die Pendelschläge einer Uhr – durch die ohnmächtigen Hilferufe leidender Menschen markiert war.

Endlich dämmerte der Morgen. Jetzt konnte gehandelt werden. Frau Simon und Doktor Bresser machten sich neuerdings auf den Weg, um vielleicht doch noch einige der versteckten Dorfbewohner aufzustöbern. Es gelang. Aus den Trümmern krochen hier und da ein paar Bauern hervor – zuerst störrisch und misstrauisch; als jedoch Doktor Bresser sie in ihrer Muttersprache anredete und Frau Simon mit ihrer sanften Stimme ihnen zusetzte, ließen sie sich herbei, ihre Dienste zu leihen. Es hieß vor allem, noch sämtliche anderen versteckten Einwohner auftreiben, damit sie bei der Arbeit behilflich seien: die umherliegenden Toten begraben, die Brunnen instandsetzen, um für die Lebenden Wasser zu schöpfen; die auf den Wegen zerstreuten Feldkessel zusammensuchen, um Geschirre zu schaffen; die Tornister der Gestorbenen und Gefallenen ausleeren und die darin befindliche Wäsche für die Verwundeten verwenden. Jetzt kam auch ein preußischer Stabsarzt mit Leuten und Hilfsmitteln an – und so konnte endlich mit einigem Erfolg daran gegangen werden, den Unglücklichen Hilfe zu bringen. Nun war auch für mich der Augenblick gekommen, da ich vielleicht denjenigen finden würde, auf dessen vermeintlichen Ruf ich die unselige Fahrt unternommen; dieser Gedanke peitschte meine gebrochenen Kräfte wieder einigermaßen auf.

Frau Simon begab sich in Begleitung des preußischen Stabsarztes vorerst in das Schloss, wo die meisten Verwundeten lagen. Doktor Bresser wollte die übrigen Räume des Dorfes durchsuchen. Ich zog es vor, mich dem Freunde anzuschließen und ging mit diesem. Dass Friedrich in dem Schlosse *nicht* lag, hatte der Doktor bereits auf einem früheren Rundgang konstatiert.

Wir hatten kaum hundert Schritte gemacht, als laute Klagerufe an unser Ohr schlugen. Dieselben drangen aus dem offenen Tor der kleinen Dorfkirche. Wir traten ein. Über hundert Menschen lagen auf dem harten Steinboden – schwerverwundet, verstümmelt. Fiebernden und irrenden Blickes schrien und jammerten sie nach Wasser. Schon an der Schwelle war mir zum Umsinken – ich schritt aber dennoch die Reihen durch: Ich suchte ja Friedrich ... Er war nicht da.

Bresser mit seinen Leuten machten sich bei den Armen zu schaffen; ich stützte mich an einen Seitenaltar und blickte mit unnennbarem Schaudern auf das Jammerbild.

Und *das* war der Tempel des Gottes der ewigen Liebe – das waren die wundertätigen Heiligen, welche da in den Nischen und an den Wänden fromm die Hände falteten und ihre Köpfe unter den goldstrahlenden Glorienschein emporhoben?

»O Mutter Gottes, heilige Mutter Gottes ... einen Tropfen Wasser ... erbarme dich!«, hörte ich einen armen Soldaten flehen.

Das hatte er zu dem buntbemalten, tauben Bilde wohl schon tagelang vergebens gebetet. – O, ihr armen Menschen, ehe *ihr* nicht dem Gebot der Liebe gehorcht, das ein Gott in eure Herzen gelegt hat, werdet ihr immer vergebens die Liebe Gottes anrufen – so lange unter euch die Grausamkeit nicht überwunden ist, habt ihr von himmlischem Mitleid nichts zu hoffen ...

6

Was ich an diesem selben Tage noch alles sehen und erfahren musste!

Nicht wiedererzählen, das wäre freilich das Einfachste und Verlockendste. Man schließt die Augen und wendet den Kopf ab, wenn gar zu Grauenhaftes sich ereignet – auch das Gedächtnis hat die Fähigkeit zu solchem Augenschließen. Wenn doch nichts mehr zu helfen ist – was lässt sich an der starren Vergangenheit ändern? Wozu sich und die anderen mit dem Wühlen in Entsetzlichem quälen?

Mehr noch. Nicht nur mein eigenes Gedächtnis will ich anstrengen – meine Auffassungskraft reichte an die Wucht der Geschehnisse gar nicht heran –; ich werde noch hinzufügen, was andere Zeugen jener Szenen, was Frau Simon, Doktor Brauer und der sächsische Feldhospital-Kommandant, Doktor Neundorff, berichtet haben.

Wie in Horonewos, so hatte die Hölle noch in vielen anderen der umliegenden Ortschaften ihre Filialen. So war es in Speti, in Hradek, in Problus. So in Pardubitz, wo, als es die ersten Preußen besetzten, »über tausend Schwerverwundete, Operierte und Amputierte umherlagen, teils sterbend, teils schon gestorben, Leichen zwischen Verscheidenden und solchen, welche ihr Ende ersehnten. Viele nur in blutigen Hemden, dass man nicht einmal wissen konnte, welches Landes Kinder sie waren. Alle die, welche noch Spuren des Lebens in sich trugen, schreiend nach Wasser und Brot, sich krümmend unter den Schmerzen ihrer Wunden und um den Tod gleichwie um eine Wohltat flehend. Roßnitz«, so schreibt Doktor Brauer in seinen Briefen, »Roßnitz, dieser Ort, dessen Bild bis in meine Sterbestunde vor meinem Gedächtnisse stehen wird, Roßnitz, wohin ich am 6. Tage nach der mörderischen Schlacht von den Johannitern geschickt wurde und wo das größte Elend, welches sich menschliche Einbildungskraft vorzustellen vermag, noch an diesem Tage herrschte. Ich fand daselbst unseren R. mit 650 Verwundeten, welche in elenden Scheunen und Ställen, ohne Verpflegung, mitten unter Toten und Halbtoten, teilweise seit Tagen in ihrem eigenen Kote lagen. Hier war es, wo ich nach Errichtung des Grabhügels des gefallenen Oberstleutnants v. F. so von Schmerz überwältigt wurde, dass ich eine Stunde lang die heißesten Tränen vergoss und mich trotz des Aufwandes meiner ganzen moralischen Kraft kaum zu fassen vermochte. Obgleich ich als Arzt gewohnt bin, menschliches Elend in allerlei Gestalt zu erblicken, und in der Ausübung meines Berufes es lernte, den Jammer der gequälten menschlichen Natur zu ertragen, so entquollen doch in der Tat hier meinen Augen unaufhaltsame Tränen. Hier in Roßnitz war es, wo ich am zweiten Tage, als ich erkannte, dass unsere Kräfte solchem Elend nicht gewachsen seien, den Mut verlor und zu verbinden aufhörte.«

»In welchem Zustand waren diese 600 Männer«, berichtet Doktor Neundorff. »Es ist unmöglich, dies mit Wahrheit zu schildern. An den noch immer offenen Wunden saugten Mücken, mit denen sie bedeckt waren; im Fieber funkelnde Blicke irrten forschend umher und suchten nach irgendeiner Hilfe – nach Labung, nach Wasser, nach Brot! Mantel, Hemd, Fleisch und Blut bildeten bei den meisten eine widerliche Mischung. Würmer begannen sich darin zu erzeugen und einzufressen. Ein abscheulicher Geruch erfüllte jeglichen

Raum. Alle diese Soldaten lagen auf der nackten Erde, nur wenige fanden etwas Stroh, auf welches sie ihre elenden, verstümmelten Körper betten konnten. Einige, welche nur lehmigen, durchweichten Boden unter sich hatten, sind in dem Schlamme desselben halb versunken; sie vermögen nicht, sich aus ihm emporzuarbeiten; andere liegen in einer Pfütze gräulichen Schmutzes, den zu beschreiben jede Feder sich sträuben muss.«

»In Masloved«, so erzählte Frau Simon, »ein Ort von ungefähr fünfzig Nummern, lagen – acht Tage nach der Schlacht – siebenhundert Verwundete. Sowohl ihr Jammergeschrei als ihre trostlose Verlassenheit drangen zum Himmel empor. In einer einzigen Scheune waren allein sechzig dieser Unglücklichen aufgeschichtet. Eine jede ihrer Wunden war an sich schon schwer; durch den hilflosen Zustand, den Mangel an Pflege und Nahrung waren dieselben hoffnungslos geworden; fast alle waren brandig. Zerschossene Glieder bildeten nur noch faulende Fleischstücke, Gesichter nur noch eine mit Schmutz bedeckte, zerronnene Blutmasse, in welcher eine unförmliche schwarze Öffnung den Mund vorstellte, welchem grässliche Töne entquollen. Die fortschreitende Verwesung trennte ganz abgestorbene Teile von diesen elenden Körpern. Lebendige liegen neben Toten gebettet, die in Fäulnis überzugehen beginnen und für welche die Würmer sich rüsten.

Diese sechzig Menschen, sowie der größte Teil der übrigen, lagen seit einer Woche auf derselben Stelle. Ihre Wunden waren entweder gar nicht oder nur in unzureichender Weise verbunden worden; seit dem Tage der Schlacht lagen sie, unfähig, sich von der Stelle zu bewegen, nur mangelhaft genährt, ohne hinreichendes Wasser. Unter sich ein durch Blut und Unrat verfaulendes Lager, so verbrachten sie acht Tage! Lebendige Leichname, durch deren zuckende Glieder eine vergiftete Blutwelle nur noch träge ihren Umlauf vollendet. Sie hatten noch nicht sterben können, und doch – wie durften sie je erwarten, je wieder lebendig zu werden? Was ist dabei des Staunens werter«, beschloss Frau Simon diesen Bericht, »die unendliche Lebenskraft der menschlichen Natur, welche das erduldet und noch zu atmen vermag, oder der Mangel an ausreichender Hilfe?«

Das Staunenswerteste ist – will mich bedünken –, dass Menschen einander in solche Lage *bringen*; dass Menschen, die so etwas gesehen, nicht kniend hinsinken und den leidenschaftlichen Eid schwören, gegen den Krieg zu kriegen; dass sie nicht – wenn sie Fürsten sind – das Schwert von sich schleudern oder – wenn sie keine Macht besitzen – nicht fortan ihr ganzes Wirken, in Wort und Schrift, in Denken, Lehren und Handeln dem einen Ziele widmen: Die Waffen nieder!

Frau Simon – sie nannten sie die »Lazarett-Mutter« – war eine Heldin. Wochenlang hatte sie in jenen Gegenden geweilt und alle Drangsale und Gefahren ertragen. Hunderte sind durch sie gerettet worden. Tag und Nacht arbeitete, schaffte, befehligte sie. Bald verrichtete sie die demütigsten Dienste an den Krankenlagern, bald kommandierte sie Transporte oder requirierte Lebensmittel. Wenn sie an einem Orte Hilfe geschafft, so eilte sie ohne Rast an einen anderen; sie ließ aus Dresden eine reiche Sendung kommen und führte dieselbe, trotz allen entgegenstehenden Schwierigkeiten, nach den Punkten, welche der Hilfe bedurften; sie übernahm die Vertretung der patriotischen Vereine auf böhmischem Boden und errang sich da eine Stellung gleich derjenigen, welche Florence Nightingale in der Krim eingenommen.

Und ich? Gebrochen, trostlos, von Schmerz und Ekel überwältigt – nichts habe ich zu helfen vermocht. Schon in der Kirche – unsere erste Etappe – fiel ich auf den Stufen jenes Marienaltars erschöpft zusammen, und Doktor Bresser hatte alle Mühe, mich wieder aufzurichten. Von dort schleppte ich mich an seiner Seite eine Strecke weiter, und wir kamen in eine solche Scheune, welche ein Bild bot, wie es Frau Simon beschrieben. In der Kirche wenigstens war ein weiter Raum, wo die Unglücklichen nebeneinander lagen, hier aber waren sie auf- und ineinander geschichtet – haufen- und knäuelweise; in die Kirche waren doch Pflegende – vielleicht ein durchmarschierendes Sanitätskorps – gekommen, welche zwar mangelhafte, aber doch einige Hilfe geboten hatten; hier aber waren lauter ganz ungefunden Gebliebene – eine krabbelnde, wimmernde Masse halbverfaulter Menschenreste ... Erstickender Ekel packte mich an der Kehle, bitterster Jammer am Herzen – mir war, als fühlte ich Letzteres entzweibrechen – und ich stieß einen gellenden Schrei aus. Dieser Schrei ist das Letzte, was mir von jener Szene in Erinnerung geblieben.

7

Als ich wieder zur Besinnung kam, befand ich mich in einem fahrenden Eisenbahnwagen. Mir gegenüber saß Doktor Bresser. Als er gewahrte, dass ich die Augen geöffnet und erstaunt und forschend um mich schaute, ergriff er meine Hand.

»Ja, ja, Frau Martha«, sagte er, »dies ist ein Coupé zweiter Klasse – Sie träumen nicht. Sie sind hier in Gesellschaft einiger leichtverwundeter Offiziere und Ihres Freundes Bresser, und wir fahren nach Wien.«

So war es. Der Doktor hatte einen Transport Verwundeter von Horonewos nach Königshof gebracht, und von dort war ihm ein anderer Transport zur Beförderung nach Wien anvertraut worden. Mich Ohnmächtige – in der doppelten Bedeutung des Wortes ohnmächtig – hatte er mitgenommen und brachte mich nach Hause. Ich hatte mich auf jenen Stätten des Elends als völlig unnütz und unfähig erwiesen, als ein Hindernis und eine Bürde; Frau Simon war sehr froh, als Doktor Bresser mich fortschaffte. Und ich musste zugeben, dass es so am besten war. Aber Friedrich? – Ich hatte ihn nicht gefunden. Gott sei Dank, dass ich ihn nicht gefunden – so war noch nicht alle Hoffnung tot. Und hätte ich gar den geliebten Mann unter jenen Jammergestalten erkennen müssen – ich wäre wahnsinnig geworden! Vielleicht würde ich zu Hause einen Brief meines Friedrich vorfinden ... Diese Hoffnung – dieser Gedanke an die bloße *Möglichkeit* – goss mir einen Balsam in die wunde Seele. Ja, wund fühlte ich mein Inneres ... Das Riesenweh, welches ich gesehen, hatte mir so tief ins eigene Herz geschnitten, dass mir war, als sollte es nie mehr ganz geheilt werden können. Auch wenn ich meinen Friedrich wiederfände, auch wenn mir eine lange Zukunft von Glanz und Liebe beschert würde, könnte ich denn jemals vergessen, dass so viele andere meiner armen Menschenbrüder und Schwestern so unsägliches Unglück tragen müssen? So lange tragen müssen, wie sie nicht zur Einsicht kommen, dass dieses Unglück nicht Verhängnis, sondern Verbrechen ist.

Ich schlief beinahe während der ganzen Fahrt. Doktor Bresser hatte mir ein leichtes Narkotikum eingegeben, damit ein langer und fester Schlaf meine durch die Erlebnisse von Horonewos so erschütterten Nerven wieder einigermaßen beruhige.

Als wir auf dem Wiener Bahnhof ankamen, stand schon mein Vater da, mich abzuholen. Doktor Bresser, der an alles dachte, hatte nach Grumitz telegrafiert. Ihm selbst wäre es nicht möglich gewesen, mich dahin zu begleiten, da er seine Verwundeten in das Hospital zu bringen hatte und dann unverzüglich wieder nach Böhmen zurückkehren wollte.

Mein Vater umarmte mich schweigend, und auch ich fand kein Wort zu sagen. Dann wandte er sich an Doktor Bresser.

»Wie soll ich Ihnen danken? Hätten Sie nicht diese kleine Verrückte in Schutz genommen …«

Aber der Doktor drückte uns eilig die Hände.

»Ich muss weg«, sagte er, »ich habe Dienst. Kommen Sie glücklich nach Hause. Die junge Frau braucht Schonung, Exzellenz ... ist stark erschüttert worden ... keine Vorwürfe, kein Ausfragen ... schnell ins Bett ... Orangenblütenwasser ... Ruhe, Adieu!«

Und fort war er.

Mein Vater legte meinen Arm in den seinen und führte mich durch das Gedränge dem Ausgang zu. Da stand wieder eine lange Reihe von Ambulanzwagen. Wir mussten eine Strecke zu Fuß gehen, um zu der Stelle zu gelangen, wo unser Wagen wartete.

Die Frage: »Ist mittlerweile Nachricht von Friedrich gekommen?« stieg mir wiederholt zu den Lippen empor, ich fand aber nicht den Mut, sie auszusprechen. Endlich – wir waren schon ein Stück gefahren und mein Vater war noch immer stumm – brachte ich dieselbe hervor.

»Bis gestern Abend nicht«, lautete die Antwort. »Möglich, dass wir heute Nachricht finden. Ich bin nämlich schon gestern, gleich nach Empfang des Telegramms, zur Stadt gefahren. Ach, hast du uns Angst gemacht, du närrisches Ding! Auf die Schlachtfelder fahren, dem grimmigen Feind entgegen – diese Leute sind ja wie die Wilden ... Durch ihre Spitzkugelsiege sind sie ja ganz berauscht ... und überhaupt: Disziplinierte Soldaten sind sie ja nicht, diese Landwehrleute – von solchen kann man sich auf die ärgsten Untaten gefasst machen, und du – eine Frau – läufst da mitten hinein; du … – nun der Doktor hat mir verordnet, dir keine Vorwürfe zu machen.«

»Wie geht es Rudolf?«

»Der schreit und heult nach dir, sucht dich im ganzen Haus, will nicht glauben, dass du weggereist seist, ohne ihm einen Abschiedskuss zu geben. Und nach den anderen fragst du nicht? Nach Lilli, Rosa, Otto, Tante Marie? Du kommst mir überhaupt so teilnahmslos vor …«

»Wie geht es allen? Hat Konrad geschrieben?«

»Gut geht es allen. Von Konrad kam gestern ein Brief – es ist ihm nichts geschehen. Lilli ist selig. Du wirst sehen, von Tilling wird nächstens auch gute Nachricht eintreffen. Leider ist in politischer Hinsicht nichts Gutes zu erwarten. Du hast doch von dem großen Unglück gehört?«

»Welches ... Ich habe in der Zeit gar nichts anderes gesehen als großes Unglück.«

»Ich meine Venetien – unser schönes Venetien fortgeschleudert – dem Intriganten Louis Napoleon auf dem Präsentierteller gereicht! Und das nach solchen glänzenden Siegen, wie wir bei Custozza errungen haben ... Statt unsere Lombardei zurückzunehmen, auch noch unser Venedig hingeben! Freilich, dadurch sind wir die Feinde im Süden los, haben auch den Louis Napoleon für uns und können jetzt mit aller Wucht für Sadowa Rache nehmen, den Preußen aus dem Lande hinauswerfen, ihn verfolgen und uns Schlesien holen. Benedek hat große Fehler begangen, jetzt aber wird der Oberbefehl in die Hände des glorreichen Feldherrn der Süd-Armee gelegt ... Du antwortest nicht? Nun denn, so will ich dir, immer nach Bressers Verordnung, Ruhe lassen.«

Nach zweistündiger Fahrt kamen wir in Grumitz an.

Als unser Wagen im Schlosshof einfuhr, stürzten uns die Schwestern entgegen.

»Martha, Martha«, riefen beide schon von weitem. »Er ist da!«

Und nochmals am Wagenschlag:

»Er ist da, Martha!«

»Wer?«

»Friedrich, dein Mann.«

8

Ja – so war es. Erst gestern, spät am Abend war Friedrich mit einem Verwundetentransport von Böhmen nach Wien und von dort hierhergebracht worden. Er hatte eine Kugel in das Bein bekommen, eine Wunde, die ihn augenblicklich dienstunfähig und pflegebedürftig machte, die jedoch gänzlich ungefährlich war.

Aber auch die Freude ist schwer zu ertragen. Die mir von meinen Schwestern so unvorbereitet zugeworfene Nachricht »Friedrich ist da« wirkte ebenso wie die Schrecknisse der vergangenen Tage: Sie raubte mir die Besinnung.

Man musste mich aus dem Wagen in das Schloss tragen und zu Bett bringen. Hier verbrachte ich – war es die Nachwirkung des Narkotikums, war es die Heftigkeit des Freudenschlages? – mehrere Stunden in bald schlafender, bald delirierender Bewusstlosigkeit. Als ich zu mir kam und mich in meinem Bette sah, da glaubte ich, dass ich aus einem schweren Traum erwachte und von Grumitz gar nicht fortgekommen war. Der Brief Bressers, mein Entschluss, nach Böhmen abzureisen, meine Erlebnisse dortselbst, die Rückfahrt, die angekündigte Heimkehr Friedrichs: Alles nur geträumt ...

Ich blickte auf. Am Fuße des Bettes stand meine Kammerjungfer.

»Ist mein Bad bereit?«, fragte ich. »Ich will aufstehen.«

Jetzt stürzte aus einer Ecke des Zimmers Tante Marie hervor:

»Ach Martha, armer Schatz, bist du endlich wach und bei Sinnen – Gott sei Dank! Ja, ja, steh auf – und ja, ja, nimm dein Bad, das wird wohltun, wenn man so von Straßen- und Eisenbahnstaub bedeckt ist wie du ...«

»Eisenbahnstaub – was meinst du denn?«

»Schnell, steh auf. Friedrich vergeht schon vor Ungeduld, dich zu sehen.«

»Friedrich, mein Friedrich!«

Wie oft hatte ich in den letzten Tagen diesen Namen so schmerzlich ausgerufen – aber jetzt war es ein Jubelruf; denn nunmehr hatte ich verstanden: Es war kein Traum; ich war fortgewesen und heimgekehrt und sollte den Gatten wiedersehen!

Eine Viertelstunde später trat ich bei ihm ein. Allein. Ich hatte mir ausgebeten, dass niemand mit mir komme. Bei unserem Wiederfinden sollte kein Dritter anwesend sein.

»Friedrich!«

»Martha!«

Ich war auf das Ruhebett hingestürzt, auf dem er lag und schluchzte an seiner Brust.

9

Es war dies das zweite Mal im Leben, dass mir der geliebte Gatte aus den Gefahren des Krieges zurückgegeben ward.

O die Seligkeit, ihn wiederzuhaben! Wie kam ich, gerade ich dazu, mitten aus der Schmerzensflut, in der so viele untergegangen, an ein sicheres, glückliches Ufer gelangt zu sein? Wohl denen, die in solcher Lage freudig den Blick zum Himmel heben und dem Lenker oben warmen Dank emporsenden; durch diesen Dank, den sie, weil er demütig gesprochen wird, auch für demütig halten, von dem sie gar nicht ahnen, wie anmaßend und selbstüberhebend er im Grunde ist, fühlen sie sich entlastet; damit haben sie für den ihnen verliehenen Vorzug, den sie Huld und Gnade nennen, nach ihrer Meinung genügend quittiert. Ich war dazu nicht imstande. Wenn ich an die Elenden dachte, die ich an jenen Jammerstätten gesehen, und an die beklagenswerten Mütter und Frauen, deren Lieben von demselben Schicksal, das mich begünstigt hatte, in Qual und Tod gestürzt worden, da konnte ich unmöglich so unbescheiden sein, diese Begegnung als eine göttlich beabsichtigte anzunehmen, für die ich berechtigt wäre, zu danken. Mir fiel ein, wie neulich einmal Frau Walter, unsere Haushälterin, mit einem Besen über einen Schrank fuhr, worauf eine Schar zuckerwitternder Ameisen wimmelte – so fegte das Schicksal über die böhmischen Schlachtfelder weg; die armen schwarzen Arbeiterinnen waren zumeist zerdrückt, getötet, verstreut, nur einige blieben unversehrt. Wäre es wohl von diesen vernünftig und angemessen gewesen, wenn sie der Frau Walter dafür innigen Dank emporgesendet hätten? Nein, ich konnte durch die Freude des Wiedersehens, so groß diese auch war, das Weh aus meinem Herzen nicht bannen – ich konnte nicht und wollte nicht. Zu helfen war ich nicht imstande gewesen; verbinden, pflegen, warten – wie jene barmherzigen Schwestern, wie die tapfere Frau Simon es getan – dazu hatten meine Kräfte nicht gereicht. Aber die Barmherzigkeit, die aus Mitgefühl besteht, die habe ich den armen Mitgeschöpfen doch angedeihen lassen, und die durfte ich nicht in egoistischem Vergnügen ihnen wieder entziehen – ich durfte nicht *vergessen*.

Aber wenn auch nicht frohlocken und danken – *lieben*, den Wiedergefundenen hundertfach zärtlich in mein Herz schließen: Das durfte ich wohl …

»O Friedrich, Friedrich!«, wiederholte ich unter Tränen und Liebkosungen. »Habe ich dich wieder!«

»Und du wolltest mich suchen und pflegen? Wie heldenhaft und wie töricht, Martha!«

»Töricht, ja – das sehe ich ein. Die rufende Stimme, die mich fortzog, war Einbildung, war Aberglaube, denn du riefst mich nicht. Aber heldenhaft? Nein. Wenn du wüsstest, wie feig ich mich dem Elend gegenüber erwies! Ich habe Entsetzliches gesehen, Friedrich, was ich nie vergessen werde. O unsere schöne Welt, wie kann man sie nur so verderben, Friedrich? Eine Welt, in der zwei Wesen einander so lieben können wie ich und du, in der solches Feuerglück lodern kann wie unser Einssein – wie mag die nur so töricht sein, die Flammen des tod- und jammerbringenden Hasses zu schüren?«

»Ich habe auch etwas Entsetzliches gesehen, Martha – etwas, das ich nie vergessen kann. Denke dir – auf mich losstürzend, mit gehobener Klinge – es war während eines Kavalleriegefechts bei Sadowa – auf mich losstürzend – Gottfried von Tessow.«

»Tante Korneliens Sohn?«

»Derselbe. Er hat mich zur rechten Zeit erkannt und senkte die bereits hiebbereite Waffe …«

»Da hat er eigentlich gegen seine Pflicht gehandelt, wie? Einen Feind seines Königs und Vaterlandes verschont – unter dem nichtigen Vorwand, dass derselbe ein lieber Freund und Vetter sei …«

»Das arme Bürschchen! Kaum hatte er den Arm sinken lassen, so sauste ein Säbel über seinen Kopf … Es war mein Nebenmann, ein junger Offizier, der seinen Oberstleutnant schützen wollte und …«

Friedrich hielt inne und bedeckte sein Gesicht mit beiden Händen.

»Getötet?«, fragte ich schaudernd.

Er nickte.

»Mama, Mama!«, kam es vom Nebenzimmer her und die Tür wurde aufgerissen. Es war meine Schwester Lilli, den kleinen Rudolf an der Hand.

»Verzeih, dass ich euer Wiedersehens-Tête-à-Tête störe, aber dieser da verlangt gar zu stürmisch nach seiner Mama.«

Ich eilte dem Kind entgegen und presste es leidenschaftlich an mein Herz. – Ach die arme, arme Tante Kornelie!

10

Noch am selben Tag kam der aus Wien telegrafisch gerufene Chirurg im Schlosse an und nahm Friedrichs Wunde in Behandlung. Sechs Wochen äußerste Ruhe – und die Heilung würde eine vollständige sein.

Dass mein Mann den Dienst quittieren würde, das stand nun bei uns beiden fest. Natürlich konnte dies erst nach Beendigung des Krieges ausgeführt werden. Übrigens konnte man den Krieg füglich als beendet betrachten. Nach dem Verzicht auf Venedig war der Konflikt mit Italien beseitigt. Napoleons Freundschaft war gewonnen und man würde imstande sein, mit dem nordischen Sieger einen glimpflichen Frieden abzuschließen. Unser Kaiser selbst wünschte sehnlichst, dem unglücklichen Feldzug ein Ende zu machen und wollte nicht noch seine Hauptstadt einer Belagerung aussetzen. Die preußischen Siege im übrigen Deutschland, so der am 16. Juli stattgefundene Einzug der Preußen in Frankfurt a. M., verliehen dem Gegner einen gewissen Nimbus, der – wie alle Erfolge – auch bei uns zu Lande Bewunderung erzwang und eine Art Glauben weckte, dass es eine geschichtliche Mission sei, welche da von den Preußen mittels gewonnener Schlachten ausgeführt wurde. Das Wort »Frieden« war nun einmal gefallen, und da konnte auf dessen Verwirklichung ebenso sicher gerechnet werden, wie man in Zeiten, wo die Drohung des Krieges einmal ausgesprochen, über kurz oder lang auf den Ausbruch des Krieges rechnen muss. Selbst mein Vater gab jetzt zu, dass unter den obwaltenden Umständen ein Aufheben der Feindseligkeiten angemessen wäre.

Die Armee war geschwächt, die Überlegenheit des Zündnadelgewehrs musste anerkannt werden und ein Vormarsch der feindlichen Truppen nach der Hauptstadt, die Beschießung Wiens und nebstbei auch die Zerstörung von Grumitz – das waren Eventualitäten, welche auch meinem kampflustigen Herrn Papa nicht sonderlich zulächelten. Sein Vertrauen in die Unbesiegbarkeit der österreichischen Truppen war durch die Tatsachen denn doch stark erschüttert worden; und es ist überhaupt eine Neigung des menschlichen Geistes, von den laufenden Ereignissen anzunehmen, dass sie serienweise auftreten: dass auf Erfolg wieder Erfolg, auf Unglück wieder Unglück folgen müsse. Besser also, in der Unglücksserie innehalten – die Zeit der Genugtuung und der Rache würde schon kommen ...

Rache und immer wieder Rache? Jeder Krieg muss einen Besiegten aufweisen und wenn dieser nur in einem nächsten Krieg Genugtuung finden kann, einem nächsten, der natürlich wieder einen Genugtuung heischenden Besiegten schaffen wird – wann nimmt das ein Ende? Wie kann Gerechtigkeit erlangt, wann altes Übel gesühnt werden, wenn als Sühnemittel immer wieder neues Unrecht angewendet wird? Keinem vernünftigen Menschen wird es einfallen, Tintenflecken mit Tinte, Ölflecken mit Öl wegputzen zu wollen – nur Blut, das soll immer wieder mit Blut ausgewaschen werden!

Die in Grumitz obwaltende Stimmung war allgemein eine düstere. In der Ortschaft herrschte Panik: »Die Preußen kommen, die Preußen kommen« war auch hier – trotz der von mancher Seite gehegten Friedenshoffnungen – immer noch die ausgegebene Angstparole, und die Leute verpackten und vergruben ihre Kostbarkeiten; auch bei uns im Schlosse hatten Tante Marie und Frau Walter dafür gesorgt, dass das Familiensilber in ein geheimes Versteck gebracht werde. Lilli war in steter Sorge um Konrad, von welchem jetzt seit einigen Tagen die Nachrichten ausgeblieben waren; mein Vater fühlte sich in seiner patriotischen Ehre gekränkt, und wir beide, Friedrich und ich, trotz des still in unseren Herzen ruhenden Glückes über unsere Wiedervereinigung, waren von dem miterlebten, so heftig mitempfundenen Unglück der Zeit aufs Schmerzlichste erschüttert.

Und von allen Seiten floss diesem Schmerze immer wieder neue Nahrung zu. In sämtlichen Zeitungsberichten, in allen Briefen aus Verwandten- und Bekanntenkreisen nichts als Klage und Trauer. Da war ein Brief von Tante Kornelie, welche ihr Unglück noch nicht kannte, worin sie in so rührenden Worten von der Furcht sprach, ihr einziges Kind etwa verlieren zu müssen – ein Brief, über den wir bittere Tränen vergossen. Und wenn wir abends im Kreise beisammen saßen, da gab es nicht heiteres, scherzgewürztes Geplauder, Musik, Kartenspiel und anregende Lektüre, sondern immer nur – gesprochen oder gelesen – Geschichten von Jammer und Tod. Wir lasen nichts anderes als Zeitungen, und diese waren mit »Krieg« und nichts als »Krieg« gefüllt, und was wir sprachen, bezog sich meist auf die Erfahrungen, welche Friedrich und ich von den böhmischen Schlachtfeldern zurückgebracht hatten. Meine Abreise dahin wurde mir zwar von allen sehr übelgenommen, dennoch lauschten sie gespannt, wenn ich von den dortigen, teils selbsterlebten, teils mitgeteilten Ereignissen erzählte. Rosa schwärmte für Frau Simon und schwor, falls der Krieg andauern sollte, sich der sächsischen Samariterin anzuschließen. Dagegen protestierte natürlich unser Vater:

»Mit Ausnahme der barmherzigen Schwestern und der Marketenderinnen hat kein Frauenzimmer im Krieg was zu suchen ... Ihr seht ja, wie untauglich unsere Martha sich erwiesen hat. Das war ein unverzeihlicher Streich von dir, du tolles Kind – dein Mann sollte dich nachträglich dafür züchtigen.«

Friedrich streichelte meine Hand.

»Ja, eine Torheit war's – aber eine schöne.«

Wenn ich von den Schrecknissen, die ich selber gesehen oder die mir meine Reisegefährten mitgeteilt, in gar zu unverhüllter Weise sprach, wurde ich oft von Tante Marie oder von meinem Vater rügend unterbrochen:

»Wie kann man so abscheuliche Dinge wiederholen?«

Oder:

»Schämst du dich nicht, als Frau, als zarte Dame, so hässliche Worte in den Mund zu nehmen?«

Als ich gar eines Abends von den Verstümmelten sprach und das Los derer beklagte, die im Namen des Mannesmuts, der Manneszucht und der Mannesehre in den Krieg getrieben, von dort zurückkehren müssen, ihrer Mannheit auf ewig beraubt ...

»Martha! Vor den Mädchen!!!«, stöhnte Tante Marie im Tone der höchsten sittlichen Entrüstung.

Da riss mir die Geduld:

»O über eure Prüderie – und o über eure zimperliche Wohlanständigkeit! Geschehen dürfen alle Gräuel, aber nennen darf man sie nicht. Von Blut und Unrat sollen die zarten Frauen nichts erfahren und nichts erwähnen, wohl aber die Fahnenbänder sticken, welche das Blutbad überflattern werden; davon dürfen Mädchen nichts wissen, dass ihre Verlobten unfähig gemacht werden können, den

Lohn ihrer Liebe zu empfangen, aber diesen Lohn sollen sie zur Kampfesanfeuerung versprechen. Tod und Tötung hat nichts Unsittliches für euch, ihr wohlerzogenen Dämchen – aber bei der bloßen Erwähnung der Dinge, welche die Quellen des fortgepflanzten Lebens sind, müsst ihr errötend wegschauen. Das ist eine grausame Moral, wisst ihr das? Grausam und feig! Dieses Wegschauen – mit dem leiblichen und mit dem geistigen Auge – ist an dem Beharren so vielen Elends und Unrechts schuld! Wer nur erst den Mut hätte, hinzuschauen, wo Mitgeschöpfe in Leid und Elend schmachten und den Mut hätte, über das Geschaute nachzudenken …«

»Ereifere dich nicht«, unterbrach Tante Marie. »Wir können doch nicht, so viel wir auch zuschauen und nachdenken wollten, das Übel von der Erde wegschaffen – dieselbe ist nun einmal ein Jammertal und wird es immer bleiben.«

»Das wird sie nicht«, entgegnete ich und behielt so doch das letzte Wort.

11

»Die Gefahr, dass Frieden geschlossen wird, rückt immer näher«, klagte eines Tages mein Bruder Otto.

Wir saßen eben wieder um den Familientisch, Friedrich auf seinem Ruhebett daneben, und es hatte jemand aus der Zeitung die Nachricht vorgelesen, dass Benedetti in Böhmen angekommen sei – offenbar mit der Sendung betraut, Friedensvorschläge zu unterbreiten.

Nichts fürchtete mein kleiner Bruder so sehr, als dass der Krieg ein frühzeitiges Ende nehme und dass es ihm nicht beschieden wäre, den Feind aus dem Land zu jagen. Es war nämlich aus Wiener-Neustadt die Nachricht erfolgt, dass, falls die Feindseligkeiten wieder aufgenommen würden, bei der nächsten Ausmusterung nicht nur die Zöglinge des letzten, sondern auch mehrere des vorletzten Jahrganges sogleich in aktiven Dienst treten dürften. Diese Aussicht versetzte den jungen Helden in Entzücken. Gleich aus der Akademie in den Krieg – welche Wonne! Ähnlich freut sich eine Pensionsschülerin hinaus in die Welt – auf den ersten Ball. Sie hat tanzen gelernt – der Neustädter Schüler lernte schießen und fechten; sie sehnt sich, unter einem angezündeten Kronleuchter, in festlicher Toilette, bei Orchesterklang ihre Kunst zu entfalten, und er sehnt sich nicht minder nach der schmucken Uniform und nach dem großen Kanonenkotillon.

Der Vater war über dieses soldatische Feuer seines Lieblings natürlich hoch erfreut:

»Sei ruhig, mein tapferer Junge«, erwiderte er auf Ottos Seufzer über den drohenden Frieden und klopfte ihm beifällig auf die Schulter, du hast ein langes Leben vor dir. Wenn auch jetzt der Feldzug zu Ende wäre, in den nächsten Jahren muss es doch wieder losgehen.«

Ich sagte nichts. Seit meinem letzten Ausfall gegen Tante Marie hatte ich, auf Friedrichs Weisung, den Vorsatz gefasst und ausgeführt, die leidigen Streitereien über das Thema Krieg möglichst zu vermeiden. Es konnte ja zu nichts führen als zu Bitterkeiten; und seitdem ich die Spuren der grausigen Geißel mit eigenen Augen gesehen, hatte sich mein Hass und meine Verachtung des Krieges so vertieft, dass mir jede Verteidigung desselben wie eine persönliche Beleidigung in die Seele schnitt. Mit Friedrich waren wir einig: Er würde austreten; und darüber war ich auch im Klaren: Mein Sohn Rudolf würde in keine militärische Anstalt getan, wo die ganze Erziehung darauf eingerichtet ist – und folgerichtig eingerichtet sein *muss* –, in den Jünglingen die Sehnsucht nach kriegerischen Taten zu wecken. Ich forschte meinen Bruder einmal aus, was denn so die Ansichten seien, welche den Schülern in Bezug auf den Krieg beigebracht werden. Aus seinen Antworten ging ungefähr Folgendes hervor: Der Krieg wird als ein notwendiges Übel hingestellt (also doch *Übel* – ein Zugeständnis dem Geiste der Zeit), zugleich aber als der vorzüglichste Erwecker der schönsten menschlichen Tugenden, die da sind: Mut, Entsagungskraft und Opferwilligkeit, als der Spender des größten Ruhmesglanzes und schließlich als der wichtigste Faktor der Kulturentwicklung. Die gewaltigen Eroberer und Gründer der sogenannten Weltreiche – die Alexander, Cäsar, Napoleon – werden als die erhabensten Beispiele menschlicher Größe angeführt und der Bewunderung empfohlen; die Erfolge und Vorteile des Krieges werden auf das Lebhafteste herausgestrichen, während man die in seinem Gefolge unabweisbar eintretenden

Nachteile – Verrohung, Verarmung, moralische und physische Entartung – gänzlich mit Stillschweigen übergeht.

Nun ja; nach demselben System ward ja auch im Mädchenunterricht vorgegangen; dadurch war in meinem kindlichen Gemüt die Bewunderung für die Kriegslorbeeren entstanden, die mich einst beseelte. War ich doch selber von Bedauern erfüllt gewesen, dass mir nicht, wie den Knaben, die Möglichkeit winkt, solche Lorbeeren zu pflücken – konnte ich es nun einem Knaben verargen, dass ihn diese Möglichkeit mit Freude und Ungeduld erfüllte?

Und so antwortete ich denn nichts auf Ottos Klageruf, sondern setzte ruhig meine Lektüre fort. Ich las wie gewöhnlich eine Zeitung und diese war – auch wie gewöhnlich – mit Berichten vom Kriegsschauplatz gefüllt.

»Da ist eine interessante Korrespondenz eines Arztes, der den Rückzug unserer Truppen mitgemacht hat. Soll ich laut lesen?«, fragte ich.

»Den Rückzug?«, rief Otto. »Das möchte ich lieber nicht hören. Ja, wenn es die Geschichte vom Rückzug des verfolgten Feindes wäre …«

»Es nimmt mich überhaupt Wunder«, bemerkte Friedrich, »dass jemand etwas von einer mitgemachten Flucht erzählt; das ist eine Kriegsepisode, über welche die Beteiligten zu schweigen pflegen.«

»Ein geordneter Rückzug ist noch keine Flucht«, fiel mein Vater ein. »Da hatten wir einmal im Jahre 49 – es war unter Radetzky …«

Ich kannte die Geschichte und hinderte deren Abrollung, indem ich unterbrach.

»Dieser Bericht war an eine medizinische Wochenschrift eingesendet, daher nicht für militärische Kreise bestimmt. Hört zu.«

Und ohne weiter um Erlaubnis zu fragen, las ich die Stelle vor:

»Um vier Uhr fingen unsere Truppen zu retirieren an. Wir Ärzte waren noch vollauf beschäftigt mit dem Verbinden der Verwundeten – deren Zahl einige hundert –, welche noch der Abfertigung harrten. Plötzlich sprengte Kavallerie auf uns heran und stürmte neben und hinter uns über Hügel und Felder – gleichzeitig Artillerie- und Fuhrwesenwagen – gegen Königgrätz zu. Viele Kavalleristen stürzten und wurden von den nachstürmenden Pferden völlig zerstampft. Wagen fielen um und zerdrückten die sich dazwischendrängenden Fußgänger. Wir wurden vom Verbandplatze, der plötzlich verschwand, auseinandergeworfen. Man rief uns zu: ›Rettet euch‹. Inmitten dieses Geschreies hörte man noch den Donner der Kanonen und Granatsplitter fielen in unsere Massen. So wurden wir von der Menge fortgedrückt, ohne zu wissen, wohin. Ich hatte mit dem Leben abgeschlossen. Meine alte Mutter ... meine heißgeliebte Braut, lebt wohl! – Plötzlich hatten wir Wasser vor uns; rechts einen Eisenbahndamm, links einen Hohlweg, vollgestopft mit schwerfälligen Requisitions- und Verwundetenwagen, und hinter uns noch eine unabsehbare Reihe von Reitern. Wir wateten durch das Wasser. Jetzt kam Befehl, die Stränge der Pferde abzuschneiden, die Pferde zu retten und die Wagen zurückzulassen. Auch die Wagen mit den Verwundeten? Ja – auch die. Wir Fußgänger waren der Verzweiflung nahe; wir wateten wiederholt bis über die Knie im Wasser, in der Angst, jeden Augenblick niedergestoßen zu werden und zu ertrinken. Endlich gelangten wir in einen Bahnhof, der wieder ganz verrammelt war. Viele durchbrachen die Verrammlung, die anderen sprangen darüber hinweg – ich lief mit Tausenden Infanteristen hinterher. Jetzt kamen mir zu einem Fluss – durchwateten ihn;

dann sprangen wir über Pallisaden, gingen abermals bis an den Hals über einen zweiten Fluss, kletterten über Anhöhen hinauf, sprangen über gefällte Bäume und langten um ein Uhr nachts in einem Wäldchen an, wo wir vor Erschöpfung und Fieber niedersanken. Um drei Uhr marschierten wir – das heißt, ein Teil von uns, ein anderer Teil von uns musste zurückbleiben, da zu sterben – noch triefend vor Nässe und Kälte weiter. Die Dörfer alle leer – keine Menschen, keine Lebensmittel, nicht einmal Trinkwasser – die Luft verpestet. Tote auf den zerstampften Getreidefeldern, kohlschwarze Körper, die Augen aus den Höhlen …«

»Genug, genug!«, schrien die Mädchen.

»Solche Sachen sollte die Zensur gar nicht erlauben«, bemerke mein Vater. »Es könnte einem die Freude an dem Soldatenleben verleiden …«

»Und besonders die Freude an dem Krieg, das wäre wirklich schade«, schaltete ich halblaut ein.

»Überhaupt«, fuhr er fort, »die Fluchtepisoden sollten diejenigen, welche dabei waren, anständigerweise verschweigen, denn es ist wahrlich keine Ehre, ein allgemeines *sauve qui peut* mitgemacht zu haben. Der Wicht, der mit dem Rufe ›Rettet euch‹ das erste Signal zum Reißaus gibt, sollte sofort niedergeschossen werden. Ein Feiger ruft es und tausend Tapfere werden dadurch demoralisiert und müssen mitlaufen.«

»Gerade so«, entgegnete Friedrich, »wie wenn ein Tapferer ›Vorwärts!‹ ruft, tausend Feige voranstürmen müssen, und dabei auch wirklich von momentaner Tapferkeit durchglüht werden. Es lassen sich die Menschen überhaupt nicht so scharf in Mutige und Mutlose trennen, sondern ein jeder hat seine mehr oder minder couragierten sowie mehr oder minder feigen Augenblicke. Und besonders, wo es sich um Scharen handelt, hängt jeder Einzelne von dem Zustand seiner Gefährten ab. Wir sind Herdengeschöpfe und werden von Herdengefühlen beherrscht. Wo ein Schaf hinüberspringt, springen die anderen nach; wo einer »Hurra« schreiend voransprengt, schreien die anderen nachsprengend mit; und wo einer die Flinte ins Korn wirft, um zu laufen, laufen die anderen nach. In dem einen Fall wird die »tapfere Truppe« laut gepriesen, im zweiten wird über ihr Vorgehen geschwiegen, und es sind doch dieselben Leute. Ja, dieselben Menschen sind es, die je nach der Masseneinwirkung mutig oder mutlos sich gebärden und fühlen. Nicht als anhaftende Eigenschaften sind Tapferkeit und Furcht zu betrachten, vielmehr als Gemütszustände, gerade so wie Fröhlichkeit und Trauer. Ich bin während meines ersten Feldzuges einmal in den Wirbel einer solchen wilden Flucht geraten. In den offiziellen Aufzeichnungen des Generalstabes wurde das Ding zwar als »wohlgeordneter Rückzug« mit einigen Worten abgetan – es war aber eine richtige Deroute. Das tobte und kollerte und raste fort, in namenloser Verwirrung: Die Waffen, die Tornister, die Tschakos und die Mäntel wurden weggeschleudert – kein Kommandowort mehr zu hören – keuchend, schreiend, verzweiflungsgepeitscht stoben die aufgelösten Bataillone dahin, der nachsprengende und nachfeuernde Feind hinterher. Das ist unter den vielen grausamen Phasen des Krieges die grausamste: wenn die beiden Gegner nicht als Kämpfer, sondern als Jäger und Wild fungieren. Hier kommt für den Jäger die roheste Mordlust, für das Wild die bitterste Todesfurcht zum Vorschein. Gehetzt und furchtgespornt, geraten die Verfolgten in eine Art Delirium; all die anerzogenen Gefühle und

Gesinnungen, welche den in den Kampf sich Stürzenden beleben – Vaterlandsliebe, Ehrgeiz, Tatendurst –, die gehen dem Fliehenden verloren. Ihn erfüllt nur noch ein zu ganzer Gewalt entfesselter Trieb, und zwar der heftigste, der ein lebendes Wesen beherrschen kann: der Selbsterhaltungstrieb. Dieser steigert sich, je näher die Gefahr, bis zum höchsten Paroxysmus der Qual. Auch wer solches niemals durchgemacht, kann – wenn er die Extasen der Liebeswonnen kennt – sich einen Begriff von jener Schmerzenswut machen. Was für den auf das Äußerste aufgestachelten Gattungstrieb der Augenblick der Wollust ist, das ist für den Erhaltungstrieb auf dem anderen Ende der Skala der Augenblick, da das erschöpfte Wild unter den Fängen der Meute zusammenbricht.«

»Aber Tilling«, kam es nun wieder in vorwurfsvollem Tone von Tante Marie – »vor den Mädchen! Worte wie Wol…«

»Und vor einem Jüngling«, fügte mein Vater ebenso vorwurfsvoll hinzu, »vor einem angehenden Soldaten Worte wie Todesfurcht …«

Friedrich zuckte die Achseln:

»Ich würde raten, aus dem Lexikon vor allem das Wort Natur zu streichen.«

12

Friedrichs Genesung machte sichere Fortschritte. Auch die fiebernde Welt draußen schien ihrer Gesundung näher zu kommen: Immer öfter und immer lauter ward das Wort Friede gesprochen. Der Vormarsch der Preußen, welche auf ihrem Wege keinen Widerstand mehr fanden und über Brünn – dessen Schlüssel der Bürgermeister dem König Wilhelm überreicht hatte – ruhig gegen Wien zogen, glich eher einem militärischen Spaziergang als einem Kriegszug – und am 26. Juli wurde denn auch richtig zu Nikolsburg ein Waffenstillstand mit Friedenspräliminarien abgeschlossen.

Eine große Freude erlebte mein Vater an der eingelaufenen Nachricht von Admiral Tegethoffs Sieg bei Lissa. Italienische Schiffe in die Luft gesprengt – welche Genugtuung! Ich konnte mich an dem Entzücken nicht so recht beteiligen. Überhaupt konnte ich nicht recht verstehen, warum diese Seeschlachten noch geliefert wurden. Aber so viel ist gewiss: Über das Ereignis brach – nicht nur bei meinem Vater, sondern in allen Wiener Blättern – der hellste Jubel aus. Der Ruhm eines kriegerischen Sieges ist etwas durch jahrtausendelange Tradition zu solcher Größe Aufgebauschtes, dass auf die Kunde eines solchen für das ganze Volk ein Stolzanteil entfällt. Wenn irgendwo ein vaterländischer General einen fremden General geschlagen hat, so wird jedem einzelnen Angehörigen des betreffenden Staates gratuliert, und da jeder hört, dass sich alle anderen freuen, so freut sich schließlich in der Tat ein jeder. »Herdengefühle« würde das Friedrich genannt haben.

Ein anderes politisches Ereignis jener Tage war, dass sich Österreich nunmehr dem Genfer Vertrage anschloss.

»Nun – bist du jetzt zufrieden?«, fragte mein Vater, als er diese Nachricht gelesen. »Siehst du ein, dass der Krieg, den du immer eine Barbarei nennst, mit der fortschreitenden Zivilisation immer humaner wild? Ich bin ja auch für das menschliche Kriegführen: Den Verwundeten gebührt die sorgfältigste Pflege und alle mögliche Erleichterung – schon aus strategischen Gründen, welche schließlich in Kriegssachen doch das Wichtigste sind: Durch eine gehörige Behandlung der Kranken können sehr viele in kurzer Zeit wieder kampffähig und in die Reihen zurückversetzt werden.«

»Du hast recht, Papa: Wieder brauchbares Material – das ist die Hauptsache ... Aber nach den Dingen, die ich gesehen, kann kein Rotes Kreuz ausreichen – und hätte es zehnmal mehr Leute und Mittel, um das Elend abzuwehren, welches eine Schlacht im Gefolge hat.«

»Abwehren freilich nicht, aber mildern. Was sich nicht verhüten lässt, muss man eben zu mildern trachten.«

»Die Erfahrung lehrt, dass eine ausreichende Milderung nicht möglich ist. Ich wollte daher, der Satz würde umgekehrt: Was sich nicht mildern lässt, soll man verhüten!«

Es fing bei mir an, eine fixe Idee zu werden: Die Kriege müssen aufhören. Und jeder Mensch muss beitragen, was er nur immer kann, auf dass die Menschheit diesem Ziele näherrücke. Die Bilder wurde ich nicht mehr los, die ich da oben in Böhmen geschaut. Besonders des Nachts, wenn ich aus festem Schlafe auffuhr, fühlte ich jenes wunde Weh im Herzen, und zugleich im Gewissen eine Pflichtmahnung, als erteilte mir jemand den Befehl: »Verhindere, verhüte, dulde es nicht!« Erst wenn ich vollends wach geworden und mich besann, was ich war, kam mir die Einsicht meiner Ohnmacht: Was soll denn ich verhindern und verhüten können? Da könnte mir einer ebenso gut angesichts des flut- und sturmdrohenden Meeres befehlen: Dulde es nicht! Schöpfe es aus!

Die Pläne, welche wir miteinander, Friedrich und ich, für die Zukunft schmiedeten, waren folgende: Nach Beendigung des Krieges Austritt aus dem Militärdienst und Zurückziehung nach einem kleinen, billigen Ort, wo Friedrichs Obersten-Pension und meine Zulage genügen konnten, unseren kleinen Haushalt zu bestreiten. Wir freuten uns auf dieses einsame, selbstständige Beisammensein wie ein paar junge Verliebte. Durch die zuletzt durchgemachten Ereignisse hatten wir wieder so recht gelernt, dass wir uns gegenseitig die Welt bedeuteten. Der kleine Rudolf war übrigens aus dieser Gemeinschaft nicht ausgeschlossen. Seine Erziehung sollte als eine Hauptaufgabe unsere geplante Existenz ausfüllen. Nicht müßig und zwecklos wollten wir die Tage dahinleben; da hatten wir unter anderem eine ganze Liste von Studien aufgestellt, die wir gemeinschaftlich pflegen wollten. Unter den Wissenschaften war es namentlich ein Zweig der Rechtswissenschaft, nämlich das Völkerrecht, dem sich Friedrich ganz besonders zu widmen vornahm. Er beabsichtigte, fern von allen utopistischen und sentimentalen Theorien die praktische, die reale Seite des Völkerfriedens zu untersuchen. Durch die Lektüre Buckles – zu welcher ich ihm den Anstoß gegeben –, durch die Bekanntmachung mit den neuesten naturwissenschaftlichen Errungenschaften, welche ihm durch die Bücher Darwins, Büchners und anderer offenbart worden, hatte sich ihm die Überzeugung erschlossen, dass die Welt einer neuen Erkenntnisphase entgegen geht; und diese Erkenntnis in möglichster Fülle sich anzueignen, das schien ihm nunmehr – neben den Freuden der Häuslichkeit – Lebensinhalt genug.

Mein Vater, der von unseren Absichten vorläufig nichts wusste, machte ganz andere Zukunftspläne für uns:

»Du wirst jetzt ein junger Oberst sein, Tilling, und in zehn Jahren bist du sicher General. Bis dahin wird schon wieder ein Krieg ausbrechen und du kannst das Kommando eines ganzen Armeekorps oder – wer weiß? – die Würde eines Generalissimus erlangen, und es wird dir vielleicht das große Glück beschieden, Österreichs Waffen wieder zu ihrem vollen – momentan verdunkelten – Glanz zu verhelfen. Wenn wir einmal das Zündnadelgewehr oder vielleicht noch ein wirksameres System eingeführt haben, dann werden wir die Herren Preußen schon drunterkriegen.«

»Wer weiß«, meinte ich, »vielleicht wird die Feindschaft mit Preußen aufhören, vielleicht schließen wir einst mit ihnen ein Bündnis …«

Mein Vater zuckte die Achseln.

»Wenn nur die Frauen nicht über Politik reden wollten!«, sagte er verächtlich. »Nach dem Vorgefallenen müssen wir die Übermütigen züchtigen, wir müssen den annektierten Staaten wieder zu ihrem zertretenen Recht verhelfen, das erfordert unsere Ehre und das Interesse unserer europäischen Machtstellung. Freundschaft – Allianz mit diesen Frevlern? Nimmermehr. Außer sie kämen demütig gekrochen.«

»In diesem Fall«, bemerkte Friedrich, »würde man wohl den Fuß auf ihren Nacken setzen; Bündnisse sucht und schließt man nur mit jenen, die einem imponieren oder die gegen einen gemeinschaftlichen Feind Schutz leisten können. In der Staatskunst ist Egoismus das oberste Prinzip.«

»Nun ja«, gab mein Vater zurück, »wenn das Ego Vaterland heißt, so ist solchem Egoismus doch alles andere unterzuordnen, so ist doch alles erlaubt und geboten, was dem Interesse dieses Ichs dienlich erscheint.«

»Es ist nur zu wünschen«, entgegnete Friedrich, »dass im Verkehr der Gemeinwesen dieselbe erhöhte Gesittung erlangt wird, welche im Verkehr der Einzelnen den rohen, faustrechtlichen Ich-Kultus verdrängt hat, und die Einsicht immer mehr Platz greife, dass die eigenen Interessen auch ohne Schädigung der fremden, vielmehr im Verein mit diesen, am wirksamsten zu fördern sind.«

»Was?«, fragte mein Vater, die Hand ans Ohr legend.

Natürlich mochte Friedrich seinen langen Satz nicht wiederholen und erläutern – und die Diskussion war zu Ende.

13

Ich komme morgen ein Uhr nach Grumitz, Konrad.«

Den Jubel kann man sich vorstellen, den diese Depesche bei Lilli hervorrief. So entzückt und freudig wird wohl kein anderer Ankömmling empfangen wie einer, der aus dem Kriege heimkehrt. Freilich war es in diesem Falle nicht auch, wie es in den betreffenden Balladen und Kupferstichen am liebsten dargestellt wird, »die Heimkehr des Siegers«; aber die menschlichen Gefühle der liebenden Braut ließen sich von den patriotischen nicht beeinträchtigen, und hätte Vetter Konrad die Stadt Berlin »genommen« – ich glaube, es hätte dies die Herzlichkeit von Lillis Empfang nicht zu steigern vermocht.

Ihm natürlich wäre es lieber gewesen, wenn er mit siegenden Truppen heimgekehrt wäre; wenn er dazu beigetragen hätte, seinem Kaiser die Provinz Schlesien zu erobern. Indessen: Überhaupt sich geschlagen zu haben, ist ja für den Soldaten schon eine Ehre, auch wenn er der Geschlagene – ja, sogar der Gefallene ist; Letzteres ist ganz besonders rühmlich. So erzählte Otto, dass in der Wien-Neustädter Akademie auf einer Ehrentafel die Namen aller jener Zöglinge eingetragen sind, welchen der Vorzug zuteilwurde, vor dem Feinde zu bleiben. – Es ist dies eine, besonders bei den Ahnen, sehr geschätzte Eigenschaft. Je mehr man in seiner Familie Vorfahren aufweisen kann, die in Schlachten ihr Leben gelassen haben, desto stolzer ist der Enkel darauf, desto mehr Wert kann er auf seinen Namen, desto weniger Wert darf er auf sein Leben legen. Um sich getöteter Ahnen würdig zu zeigen, muss man an der Töterei seine helle Freude haben.

Mein Bruder Otto war auch von Neide ganz erfüllt. Dieser aus der Blut- und Feuertaufe zurückgekehrte Krieger, der in seiner Husarenuniform von jeher schon so ritterlich ausgesehen und jetzt auch noch mit einer ehrenvollen Schramme über dem Kinn geziert war, der mitten im Kugelregen gewesen, der vielleicht so manchem Feind den Garaus gegeben – der erschien ihm jetzt von einem heldenhaften Nimbus umstrahlt.

»Es war keine glückliche Kampagne, das muss ich zugeben«, sprach Konrad. »Dennoch habe ich ein paar herrliche Erinnerungen davon mitgebracht.«

»Erzähle, erzähle«, drängten Lilli und Otto.

»Ich kann da nicht viel Einzelheiten erzählen – das Ganze liegt hinter mir wie ein Taumel. Das Pulver steigt einem ganz sonderbar zu Kopfe. Eigentlich beginnt der Rausch oder das Fieber – das kriegerische Feuer mit einem Wort – schon beim Abmarsch. Zwar ist der Abmarsch vom Liebchen schwergefallen – es war eine Stunde, welche das Herz mit weichem Weh erfüllte –, aber wenn man einmal draußen ist mit den Kameraden, dann heißt es: Jetzt wird an die höchste Aufgabe gegangen, welche das Leben an den Mann stellen kann, nämlich das geliebte Vaterland zu verteidigen ... Als dann die Spielleute den Radetzky-Marsch intonierten und die seidenen Falten der Fahnen im Winde flatterten … – ich muss gestehen, in diesem Augenblick hätt ich nicht umkehren mögen, auch in den Arm der Liebe nicht ... Da fühlte ich, dass ich dieser Liebe nur dann würdig wäre, wenn ich da draußen an der Seite der Brüder meine Pflicht getan. Dass wir zum Siege marschierten, bezweifelten wir nicht. Was wussten wir von den abscheulichen Spitzkugeln? Die allein waren an den Niederlagen schuld – ich sag euch, die schlugen in unsere Reihen ein wie Hagel ... Und auch schlechte Führung hatten wir – der Benedek, ihr werdet sehen, wird noch vor ein Kriegsgericht gestellt. Attackieren hätten wir sollen ... Wenn ich jemals Feldherr würde, meine Taktik wäre: Angreifen, immer angreifen, ins feindliche Land einfallen ... Das ist ja auch nur eine Art, und zwar die schwerere, der Verteidigung.

Muss es sein – komm zuvor, komm zuvor,

Im rücksichtslosen Angriff liegt der Sieg.

sagt der Dichter. Doch mir hatte der Kaiser den Oberbefehl nicht übergeben, also bin ich auch an den taktischen Misserfolgen unschuldig. Die Generäle sollen sehen, wie sie sich mit ihrem obersten Kriegsherrn und wie mit ihrem eigenen Gewissen abfinden – wir Offiziere und Truppen haben unsere Pflicht getan; es hieß sich schlagen und wir haben uns geschlagen. Und das ist ein eigenes Hochgefühl ... Schon die Erwartung, schon diese Spannung, wenn man auf den Feind stößt und wenn es heißt: Jetzt geht es los ... Dieses Bewusstsein, dass in dem Augenblicke ein Stück Weltgeschichte sich abspielt. Und dann der Stolz, die Freude am eigenen Mut – rechts und links der Tod, der große, geheimnisvolle, dem man männlich trotzt ...«

»Ganz wie der arme Gottfried Tessow«, murmelte Friedrich für sich. »Nun ja – es ist ja dieselbe Schule.«

Konrad fuhr mit Eifer fort:

»Das Herz schlägt höher, die Pulse fliegen, es erwacht – und das ist die eigentliche Verzückung – es erwacht die Kampflust, es lodert die Wut – der Feindeshass – und zugleich die brennendste Liebe für das bedrohte Vaterland, und das Voranstürmen, das Dreinhauen wird zur Wonne. Man fühlt sich in eine andere Welt versetzt als die, in der man aufgewachsen, eine Welt, in der all die gewohnten Gefühle und Anschauungen in ihr Gegenteil verwandelt worden sind: Das Leben wird zum Plunder, Töten wird zur Pflicht. Die Ehre, das Heldentum, die großartigste Selbstaufopferung sind allein noch übrig, alle anderen Begriffe sind in dem Gewirre untergegangen. Dazu der Pulverdampf, das Kampfgeschrei ... Ich sage euch, es ist ein Zustand, der sich mit nichts anderem vergleichen lässt. Höchstens kann einem dieses selbe Feuer auf der Tiger- oder Löwenjagd durchlodern, wenn man der wildgewordenen Bestie gegenübersteht und ...«

»Ja«, unterbrach Friedrich, »der Kampf mit dem toddräuenden Feind, der heiße, sehnende und stolze Wunsch, ihn zu überwinden, erfüllt mit einer eigenen Wollust – *pardon*, Tante Marie – wie ja alles, was das Leben erhält oder weitergibt, von der Natur durch Freudenlohn gesichert wird. So lange der Mensch von wilden – vier- und zweibeinigen – Angreifern bedroht war und sich nur durch Erlegung derselben das Leben fristen konnte, ward ihm der Kampf zur Wonne. Wenn uns Kulturmenschen im Kriege mitunter noch dieselbe Lust durchrieselt, so ist dies eine angeerbte Reminiszenz. Und damit jetzt, wo es in Europa weder Wilde noch Raubtiere gibt, uns jene Wonne nicht ganz entgehe, haben wir uns künstliche Angreifer geschaffen. Da heißt es: Pass auf – ihr habt blaue Röcke und die dort drüben haben rote Röcke; sobald dreimal in die Hände geklatscht wird, verwandeln sich für euch die Rotröcke in Tiger, während für jene ihr Blauröcke zu wilden Bestien werdet. Alle Achtung: Eins, zwei, drei – Sturm geblasen – Attacke getrommelt – jetzt kann's losgehen – fresst euch gegenseitig auf! Und haben sich zehntausend oder hunderttausend Kunsttiger unter Kampfeswonne-Geheul bei Xdorf aufgefressen, so gibt das die »historisch«

zu werden bestimmte Xdorfer Schlacht; die Händeklatscher versammeln sich alsdann um einen grünen Kongresstisch in Xstadt, regeln auf der Karte verschobene Grenzmarken, feilschen über Kontributionsbeträge, unterschreiben ein Papier, welches in die Geschichtsjahrbücher als der Xstädter Frieden eingetragen wird, klatschen abermals dreimal in die Hände und sagen den übriggebliebenen Rot- und Blaujacken: Umarmt euch, Menschenbrüder!«

14

In der Umgebung waren überall Preußen einquartiert, und jetzt sollte auch Grumitz an die Reihe kommen.

Obgleich der Waffenstillstand schon in Kraft und der Friede beinahe gesichert war, so hegte die Bevölkerung noch allgemein Angst und Misstrauen. Die Idee, dass die Pickelhauben-Tiger sie zerreißen würden, wenn sie könnten, war den Leuten nicht so leicht wegzunehmen; die drei Handschläge von Nikolsburg hatten die Wirkung der drei Handschläge der Kriegserklärung noch nicht aufzuheben vermocht und nicht ausgereicht, um dem Landvolk in den »Preußen« wieder Menschenbrüder sehen zu machen. Der bloße Name des gegnerischen Volkes bekommt zu Kriegszeiten eine ganze Schar von hassenswerten Nebenbedeutungen – ist nicht mehr der Gattungsname einer augenblicklich bekriegten Nation, er wird synonym mit »Feind« und fasst allen Abscheu in sich, den dieses Wort ausdrückt.

So geschah es, dass die Leute in der Gegend zitterten wie vor einbrechenden Wölfen, wenn ein preußischer Quartiermeister daherkam, um Unterkunft für einen Truppenteil zu schaffen. Bei manchen äußerte sich neben der Furcht auch der Hass, und diese wähnten, eine patriotische Pflicht zu erfüllen, wenn sie einem Preußen was zuleide taten – wenn sie aus einem Versteck heraus dem »Feind« eine Flintenkugel sandten. Es war dies öfters vorgekommen, und wenn man den Schuldigen fasste, wurde er ohne viel Umstände hingerichtet. Diese Beispiele bewirkten, dass die Leute ihren Hass verbissen und die einquartierten Soldaten ohne

Widerstand aufnahmen. Dann gewahrten sie zu ihrem nicht geringen Erstaunen, dass der »Feind« eigentlich aus lauter gutmütigen, freundlichen und ehrlich zahlenden Mitmenschen bestand.

Eines Morgens – es war in den ersten Tagen des August – saß ich im Erker des Bibliothekszimmers und schaute durch die offenen Fenster hinaus. Von hier hatte man einen weiten Fernblick über die Gegend. Mir war's, als sähe ich von weitem einen Reitertrupp, der sich auf der Landstraße nach unserer Richtung bewegte.

»Preußische Einquartierung«, war mein erster Gedanke. Ich setzte ein im Erker stehendes Fernrohr zurecht und schaute nach dem betreffenden Punkt. Richtig: Eine Gruppe von ungefähr zehn Reitern mit wehenden schwarzweißen Fähnlein an den Lanzenspitzen. Darunter ein Fußgeher – im Jagdanzug. Warum ging der so zwischen den Pferden? Ein Gefangener? Das Glas war nicht scharf genug – ich konnte nicht erkennen, ob der vermeintliche Gefangene nicht etwa einer unserer Forstbeamten war.

Doch es hieß, die Schlossbewohner von dem kommenden Verhängnis in Kenntnis zu setzen. Ich verließ eilig das Bibliothekszimmer, um meinen Vater und Tante Marie aufzusuchen. Ich fand sie beide im Salon:

»Die Preußen kommen, die Preußen kommen!«, meldete ich atemlos.

Man ist immer froh, eine wichtige Nachricht als Erster mitteilen zu können.

»Hol sie der Teufel«, war meines Vaters wenig gastliche Äußerung, während Tante Marie das Richtige traf, indem sie sagte:

»Ich will sogleich der Frau Walter Befehle zu den nötigen Vorbereitungen geben.«

»Und wo ist Otto?«, fragte ich. »Den muss man benachrichtigen und ihn warnen, dass er nicht etwa seinen Preußenhass leuchten lasse, dass er mit den Gästen nicht unhöflich sei.«

»Otto ist nicht zu Hause«, antwortete mein Vater. »Er ist heute früh auf Rebhühner ausgegangen. Du hättest ihn sehen sollen, wie schmuck ihm der Jagdanzug steht. Das wird ein prächtiger Bursche – an dem habe ich meine Freude.«

Indessen wurde es im Hause laut; man hörte hastige Schritte und aufgeregte Stimmen.

»Sie kommen schon, die Windbeutel!«, seufzte mein Vater.

Die Tür wurde aufgerissen und Franz, der Kammerdiener, stürzte herein:

»Die Preußen, die Preußen!«, rief er in dem Tone, wie man »Feuer, Feuer!« ruft.

»Die werden uns nicht fressen«, bemerkte mein Vater mürrisch.

»Aber sie bringen einen mit«, fuhr der Mann mit zitternder Stimme fort. »Einen Grumitzer – ich weiß nicht wer – der auf sie geschossen hat – und wer soll auf solches Pack nicht gern schießen? Aber der ist verloren.«

Jetzt vernahm man den Laut von Pferdegetrampel mit Stimmengewirr vermengt. Wir traten auf den Flur und schauten durch die nach dem Hof gehenden Fenster. Soeben kamen die Ulanen hereingeritten und in ihrer Mitte – mit trotzigem, bleichem Gesicht – Otto, mein Bruder.

Der Vater stieß einen Schrei aus und eilte die Treppe hinab. Mir stand das Herz still. Was da bevorstand, war entsetzlich. Wenn Otto wirklich auf die preußischen Soldaten geschossen hatte – und das sah ihm sehr ähnlich – ich vermochte den Fall gar nicht auszudenken ...

Dem Vater nachzugehen, fehlte mir der Mut. Trost und Beistand in allen Kümmernissen suchte ich stets nur bei Friedrich. Also raffte ich mich auf, um mich in Friedrichs Zimmer zu begeben. Ehe ich jedoch dahingelangte, kam mein Vater wieder zurück und Otto hinter ihm. An ihren Mienen sah ich, dass die Gefahr vorüber war.

Das Verhör hatte Folgendes ergeben: Der Schuss war zufällig losgegangen. Als die Ulanen herangeritten kamen, wollte Otto sie von der Nähe sehen; er lief querfeldein, stolperte, fiel am Straßengraben nieder und dabei entlud sich sein Gewehr. Im ersten Augenblick war die Aussage des jungen Jägers von den Leuten bezweifelt worden; sie nahmen ihn in ihre Mitte und brachten ihn als ihren Gefangenen in das Schloss. Als sich aber herausstellte, dass der Jüngling der Sohn des Generals Althaus und selber ein Militärzögling sei, ließen sie seine Rechtfertigung gelten.

»Der Sohn eines Soldaten und selber angehender Soldat wird auf gegnerische Soldaten wohl im ehrlichen Kampfe, nicht aber zur Zeit der Waffenruhe und nicht meuchlings schießen.«

Auf diese Worte meines Vaters hin hatte der preußische Unteroffizier den jungen Menschen freigegeben.

»Und bist du wirklich unschuldig?«, fragte ich Otto. »Bei deinem Preußenhass würde es mich nicht wundern, wenn …«

Er schüttelte den Kopf.

»Ich werde hoffentlich im Leben noch genug Gelegenheit haben«, antwortete er, »ein paar solchen draufzuschießen – aber nicht aus dem Hinterhalt – nicht, ohne auch meine Brust ihren Kugeln auszusetzen.«

»Brav, mein Junge!«, rief mein Vater, von diesen Worten entzückt.

Ich konnte das Entzücken nicht teilen. Alle diese Phrasen, in welchen mit dem Leben – dem der anderen und dem eigenen – so geringschätzig und prahlerisch herumgeworfen wird, haben mir einen widerlichen Klang. Doch war ich von Herzen froh, dass die Sache so abgelaufen. Wie entsetzlich wäre es doch für meinen armen Vater gewesen, wenn diese Leute den vermeintlichen Missetäter ohne weitere Umstände gleich abgestraft hätten. Da würde der unselige Krieg, von dem unser Haus bisher verschont geblieben, es doch noch ins Unglück gestürzt haben ...

Die betreffende Abteilung war richtig gekommen, Quartier zu machen. Schloss Grumitz war ausersehen, zwei Oberste und sechs Offiziere des preußischen Heeres zu beherbergen. Im Dorf sollte die Mannschaft untergebracht werden. Zwei Mann wurden im Schlosshof als Wache aufgestellt.

Ein paar Stunden nach den Quartiermachern zogen die unfreiwilligen und ungeladenen Gäste schon bei uns ein. Wir waren seit mehreren Tagen auf den Fall vorbereitet gewesen und Frau Walter hatte dafür gesorgt, dass alle Gastzimmer und Betten bereitstanden. Auch der Koch hatte genügende Vorräte herbeigeschafft, und der Keller barg eine erkleckliche Anzahl voller Fässer und alter Flaschen: Den Herren Preußen sollte es bei uns an nichts fehlen.

15

Als sich an diesem Tage die Schlossgesellschaft auf das Zeichen der Tischglocke im Salon versammelte, bot dieser ein glänzendes und lebensfrohes Bild. Die Herren – bis auf Minister »Allerdings«, welcher augenblicklich unser Gast war – sämtlich in Uniform, die Damen in Putz. Seit langer Zeit hatten wir uns zum ersten Mal wieder »aufgedonnert«; Lori namentlich – die kokette Lori –, welche am selben Tag von Wien gekommen war, hatte auf die Nachricht hin, dass fremde Offiziere anwesend seien, ihre schönste Toilette ausgepackt und sich mit frischen Rosen geschmückt. Gewiss war es darauf abgesehen, dem einen oder anderen Vertreter des feindlichen Heeres den Kopf zu verdrehen. Nun, meinethalben mochte sie sämtliche preußische Bataillone erobern – aber Friedrich unbehelligt lassen ... Lilli, die glückliche Braut, trug ein lichtblaues Kleid; Rosa – wahrscheinlich auch sehr froh, wieder einmal jungen Kavalieren sich zeigen zu können – war in rosa Musselin gehüllt; nur ich, in der Ansicht, dass Kriegszeit, auch wenn man niemanden zu betrauern hat, immer Trauerzeit sei, hatte eine schwarze Toilette angelegt.

Ich erinnere mich noch an den eigentümlichen Eindruck, den es mir machte, als ich an jenem Tag den Salon, in welchem die übrigen schon versammelt waren, betrat. Glanz, Heiterkeit, vornehmer Luxus – die geputzten Frauen, die schmucken Uniformen: welcher Kontrast zu den noch vor so kurzer Zeit gesehenen Bildern von Jammer, Schmutz und Schrecken. Und die Glänzenden, Heiteren, Vornehmen selber sind es ja, welche freiwillig den Jammer in

Szene setzen, welche nichts tun wollen, ihn abzuschaffen, welche im Gegenteil ihn glorifizieren und mit ihren Goldborten und Sternen den Stolz bekunden, den sie darein setzen, die Träger und Stützen des Jammersystems zu sein!

Mein Eintritt unterbrach die in den verschiedenen Gruppen geführte Unterhaltung, da mir nun unsere preußischen Gäste sämtlich vorgestellt werden mussten; – zumeist vornehm klingende Namen auf »ow« und auf »witz«; viele »von« und sogar ein Prinz – ein Heinrich, ich weiß nicht der wievielte, aus dem Hause Reuß.

Ich saß zwischen einem stattlichen Obersten auf -ow und einem schlanken Leutnant auf -itz. Lilli selbstverständlich an der Seite ihres Bräutigams; Rosa war von dem prinzlichen Heinrich zu Tisch geführt worden, und der bösen Lori war es doch wieder gelungen, meinen Friedrich zum Nachbar zu haben. Nur zu! Eifersüchtig würde ich doch nicht werden: Er war ja »mein« Friedrich ...

Es wurde sehr viel und sehr heiter gesprochen. Die »Preußen« fühlten sich offenbar höchst vergnügt, nach den durchgemachten Strapazen und Entbehrungen wieder einmal an wohlbesetzter Tafel und in guter Gesellschaft zu festen; und das Bewusstsein, dass der überstandene Feldzug ein siegreicher gewesen, trug jedenfalls dazu bei, ihre Stimmung zu heben. Aber auch wir, die Besiegten, ließen von Groll und Beschämung nichts merken und bemühten uns, die möglichst liebenswürdigen Hauswirte zu spielen. Meinem Vater musste dies zwar – wie ich seine Gesinnung kannte – einige Überwindung kosten, aber er führte seine Rolle mit musterhafter Courtoisie durch. Der Niedergeschlagenste war Otto. Seinem in der letzten Zeit genährten Preußenhass, seiner Sehnsucht, den Feind aus dem Land zu jagen, ging es sichtlich gegen den Strich, diesem selben Feind nun höflichst Pfeffer und Salz hinüberreichen zu müssen, statt ihn mit dem Bajonett durchbohren zu dürfen.

Dem Thema Krieg wurde im Gespräch sorgfältig ausgewichen; die Fremden wurden von uns behandelt, als wären sie unsere Gegend zufällig besuchende Vergnügungsreisende, und sie selbst vermieden es noch ängstlicher, auf die Sachlage – dass sie nämlich als unsere Überwinder hier hausten – anzuspielen. Mein junger Leutnant versuchte sogar recht angelegentlich, mir den Hof zu machen. Er schwor auf Ehre und auf Taille, dass es nirgends so gemütlich sei wie in Österreich, und dass daselbst (mit seitwärts abgeschossenem Zündnadelblick) die reizendsten Frauen der Welt zu finden seien. Ich leugne nicht, dass ich mit dem schmucken Marssohne auch ein wenig kokettierte; es geschah, um der Lori Griesbach und ihrem Nachbar zu zeigen, dass ich gegebenen Falles mich einigermaßen rächen könnte ... Aber der da drüben blieb ebenso ruhig – wie ich es im Grunde meines Herzens eigentlich auch war. Vernünftiger und zweckmäßiger wäre es jedenfalls gewesen, wenn mein »schneidiger« Leutnant seine mörderischen Augengeschosse auf die schöne Lori gezielt hätte. Konrad und Lilli, in ihrer Eigenschaft als Verlobte, wechselten ganz auffällig verliebte Blicke und flüsterten und stießen heimlich miteinander ihre Gläser an und was dergleichen Salonturteltauben-Manöver mehr sind. Und, wie mir schien, noch eine dritte *Flirtation* begann da sich zu entspinnen. Der deutsche Prinz nämlich – Heinrich der Soundsovielte – unterhielt sich auf das Angelegentlichste mit meiner Schwester Rosa, und dabei malte sich in seinen Zügen unverhohlene Verwunderung.

Nach aufgehobener Tafel begab man sich in den Salon zurück, in welchem jetzt der angesteckte Kronleuchter ein festliches Licht verbreitete.

Die Terrassentür stand offen. Draußen war die laue Sommernacht von mildem Mondlichte durchflutet. Ich trat hinaus. Das Nachtgestirn warf seine Strahlen funkelnd auf den im Hintergrunde ausgedehnten Teich. War das wirklich derselbe Mond, welcher mir vor kurzer Zeit den an eine Kirchhofsmauer gelehnten, von kreischendem Raubgevögel umkreisten Leichenhaufen gezeigt hatte? Und waren das dieselben Leute drinnen – eben öffnete ein preußischer Offizier den Flügel, um ein Mendelssohnsches Lied ohne Worte vorzutragen –, die vor kurzem noch mit dem Säbel um sich schlugen, um Menschenschädel zu spalten?

Nach einer Weile kamen auch Prinz Heinrich und Rosa heraus. Sie sahen mich nicht in meiner dunklen Ecke und gingen an mir vorüber. Jetzt standen sie, an das Geländer gelehnt, nah, sehr nah nebeneinander. Ich glaube sogar, der junge Preuße – der Feind – hielt die Hand meiner Schwester in der seinen. Sie sprachen leise, dennoch drang einiges von des Prinzen Rede zu mir herüber:

»Holdseliges Mädchen ... plötzliche, sieghafte Leidenschaft ... Sehnsucht nach häuslichem Glück ... Würfel gefallen ... aus Barmherzigkeit nicht »nein«! ... Flöße ich Ihnen denn Abscheu ein?«

Rosa schüttelt verneinend den Kopf. Da führt er ihre Hand an seine Lippen und versuchte, den Arm um ihre Mitte zu schlingen. Sie, die Wohlerzogene, entwindet sich rasch.

Ach, mir wäre es beinah lieber gewesen, wenn mir der sanfte Mondstrahl da einen Liebeskuss beleuchtet hätte ... Nach all den Bildern des Hasses und des bitteren Jammers, die ich vor kurzem hatte schauen müssen, wäre mir jetzt ein Bild von Liebe und süßer Luft wie etwas Vergütung erschienen.

»Ach – du bist es, Martha!«

Jetzt war Rosa meiner gewahr geworden – zuerst sehr erschrocken, dass jemand diese Szene belauscht, dann aber beruhigt, dass nur ich es war.

Im höchsten Grade verlegen und bestürzt war jedoch der Prinz. Er trat an mich heran.

»Ich habe Ihrer Schwester soeben meine Hand angeboten, gnädige Frau. Legen Sie gütigst ein Wort für mich ein! Meine Handlungsweise wird Ihnen beiden etwas rasch und kühn erscheinen. Zu einer anderen Zeit würde ich wohl auch überlegter und bescheidener vorgegangen sein – aber in den letzten Wochen habe ich es mir angewöhnt, schnell und keck voranzusprengen – da war kein Zögern und Zagen erlaubt ... Und was ich im Kriege geübt, das habe ich jetzt unwillkürlich in der Liebe wieder ausgeführt. Verzeihen Sie – und seien Sie mir gnädig. Sie schweigen, Komtesse? Verweigern Sie mir Ihre Hand?«

»Meine Schwester kann doch nicht auch so rasch über ihr Schicksal entscheiden«, kam ich Rosa, welche tiefbewegt und abgewandten Hauptes dastand, zu Hilfe. »Ob unser Vater seine Einwilligung zur Heirat mit einem ›Feinde‹ geben, ob Rosa die so plötzlich eingeflößte Neigung auch erwidern wird – wer kann das heute wissen?«

»Ich weiß es«, antwortete sie und reichte dem jungen Manne beide Hände hin.

Er aber riss sie stürmisch an sein Herz.

»O, ihr närrischen Kinder!«, sagte ich und zog mich leise einige Schritte zurück bis zur Saaltür, um zu wachen, dass niemand herauskomme.

16

Am folgenden Tag ward die Verlobung gefeiert.

Mein Vater leistete keinen Widerstand. Ich hätte geglaubt, dass sein Preußenhass es ihm unmöglich machen würde, einen der feindlichen Krieger und Sieger in seine Familie aufzunehmen; aber sei es, dass er die individuelle von der nationalen Frage gänzlich trennte, sei es, dass der Ehrgeiz die Oberhand gewann und eine Verbindung mit dem fürstlichen Hause Reuß ihm schmeichelte; sei es endlich, dass die so romantisch geäußerte plötzliche Liebe der jungen Leute ihn rührte: Kurz, er sprach ein ziemlich freiwilliges Ja.

Weniger einverstanden war Tante Marie.

»Unmöglich!«, war ihr erster Ausruf. »Der Prinz ist ja lutherischer Konfession.«

Aber schließlich tröstete sie sich mit der Aussicht, dass Rosa ihren Gatten wahrscheinlich bekehren werde.

Im Herzen Ottos grollte es am tiefsten.

»Wie, wollt ihr«, sprach er, »wenn wieder Krieg ausbricht, dass ich meinen Schwager aus dem Lande verjage?«

Aber auch ihm wurde die famose Theorie von dem Unterschiede zwischen Nation und Individuum erläutert und – zu meinem Staunen, denn ich habe sie nie begriffen – er begriff sie.

Wie schnell und leicht man doch unter freudigen Umständen das durchgemachte Elend vergisst! Zwei Liebespaare – oder drei, denn Friedrich und ich, die Vermählten, schwärmten nicht viel weniger füreinander als die Verlobten – also so viele Liebespaare in der kleinen Gesellschaft, das ergab doch eine glücksgehobene Stimmung. Schloss Grumitz war in den folgenden paar Tagen eine Stätte der Heiterkeit und Lebenslust.

Allmählich fühlte auch ich die Schreckensbilder der vergangenen Wochen aus meinem Gedächtnis entweichen. Nicht ohne Gewissensbiss wurde ich gewahr, wie mein vor kurzer Zeit noch so brennender Mitschmerz in manchen Augenblicken ganz entschwand. Von der Außenwelt klang wohl noch immer Trauriges herüber: die Klagen der Leute, die in dem Kriege Hab und Gut oder teure Häupter verloren; Nachrichten von drohenden Finanzkatastrophen, von ausbrechenden Seuchen. Die Cholera, hieß es, habe sich unter den preußischen Mannschaften gezeigt – sogar in unserem Dorfe wurde ein Fall signalisiert – freilich ein zweifelhafter:

»Es wird die Ruhr sein – die tritt ja jeden Sommer auf«, tröstete man sich.

Nur immer verjagen die trüben Gedanken und die bösen Befürchtungen: »Es ist nichts« – »es ist vorbei« – »es wird nichts kommen« – das ist so leichtgedacht. Man braucht nur eine heftig schüttelnde Kopfbewegung zu machen und die unliebsamen Vorstellungen sind verscheucht ...

»Hörst du, Martha«, sagte mir eines Tages die glückliche Braut, »dieser Krieg war freilich etwas Schauderhaftes, aber ich muss ihn doch noch segnen. Wäre ich ohne ihn so maßlos glücklich geworden, wie ich es jetzt bin? Hätte ich Heinrich jemals kennengelernt? Und er – hätte er jemals eine so liebende Braut gefunden?«

»Nun gut, liebe Rosa, ich will gern diese Auffassung mit dir teilen: Es mögen eure zwei beglückten Herzen gegen die vielen Tausende gebrochenen in die Waagschale fallen ...«

»Nicht nur um Einzelschicksale handelt es sich, Martha. Auch im Großen und Ganzen bringt der Krieg – für jene, die siegen – einen großen Gewinn, also einem ganzen Volke. Man muss Heinrich darüber reden hören. Er sagt, Preußen stehe jetzt groß da – in dem Heere herrsche allgemeiner Jubel und begeisterte Dankbarkeit und Liebe zu den Feldherren, die es zum Siege geführt. Dadurch ward der deutschen Gesittung, dem Handel – oder sagte er dem deutschen Wohlstand, ich weiß nicht mehr genau – die historische Mission ... kurz, man muss ihn reden hören.«

»Warum spricht dein Bräutigam nicht lieber von eurer Liebe statt von politischen und militärischen Dingen?«

»O, wir sprechen von allem – und alles, was er sagt, klingt mir wie Musik. Ich fühle es ihm so gut nach, dass er stolz und selig ist, diesen Krieg für König und Vaterland mitgefochten ...«

»Und sich dabei als Beute ein so verliebtes Bräutchen geholt zu haben«, ergänzte ich.

Dem Vater gefiel sein künftiger Schwiegersohn sehr gut – und wem hätte der prächtige junge Mensch nicht gefallen sollen? Er erteilte ihm jedoch seine Sympathie und seinen Segen unter allerlei Verwahrungen und Vorbehalt:

»Sie sind mir als Mensch und Soldat und als Prinz in jeder Hinsicht schätzenswert, lieber Reuß«, so sagte er zu wiederholten Malen und in verschiedenen Redewendungen. »Aber als preußischer Offizier kann ich Sie natürlich nicht leiden, und ich behalte mir – trotz aller Familienverbindung – das Recht vor, nichts so sehr zu wünschen wie einen kommenden Krieg, in welchem Österreich die jetzige Überrumpelung tüchtig heimzahlt. Die politische Frage ist von der persönlichen ganz zu trennen. Mein Sohn wird einst – Gott walte, dass ich's erlebe – gegen das Land Preußen zu Felde ziehen; ich selbst, wenn ich nicht zu alt wäre und wenn mein Kaiser mich dazu beriefe, übernähme gleich ein Kommando, um Wilhelm I. und besonders, um Ihren arroganten Bismarck zu bekriegen. Dies verschlägt nicht, dass ich die militärischen Tugenden der preußischen Armee und die strategische Kunst ihrer Führer anerkenne und dass ich es ganz natürlich finden würde, wenn Sie im nächsten Feldzug, an der Spitze eines Bataillons, unsere Hauptstadt erstürmen wollten und das Haus anzünden ließen, in welchem Ihr Schwiegervater wohnt – kurz …«

»Kurz, die Konfusion der Gefühle ist eine heillose«, unterbrach ich einmal eine solche Rhapsodie. »Die Widersprüche und Gegensätze verschlingen einander darin wie die Infusorien in einem faulenden Wassertropfen. So geht es immer, wenn widerstreitende Begriffe zusammengepfercht werden. Ein Ganzes hassen und seine Teile lieben; – als Mensch so und als Landesangehöriger so denken wollen – das geht nicht: entweder – oder. Da lobe ich mir den Botokudenhäuptling: Der empfindet für die Anhänger eines anderen Stammes – von denen er nicht einmal weiß, dass sie »Individuen« sind – weiter nichts als den Wunsch, sie zu skalpieren.«

»Aber Martha, mein Kind, solche wilden Gefühle passen doch nicht zu dem gesitteten und humaner gewordenen Stand unserer Kultur.«

»Sage lieber, der Stand unserer Kultur passt nicht zu der aus alten Zeiten uns überkommenen Wildheit. So lange diese, das heißt, solange der Kriegsgeist nicht abgeschüttelt ist, lässt sich unsere vielgepriesene »Humanität« nicht vernünftig vertreten. Denn du wirst doch deine eben gehaltene Rede, in welcher du dem Prinzen

Heinrich versicherst, dass du ihn als Schwiegersohn lieben und als Preußen hassen willst, als Mensch hochschätzen und als Oberleutnant verabscheuen, dass du ihm gern deinen väterlichen Segen gibst und zugleich ihm das Recht einräumst, gelegentlich auf dich zu schießen – verzeih, lieber Vater, aber diese Rede wirst du doch nicht für vernünftig ausgeben?«

»Was sagst du? Ich versteh kein Wort ...«

Die beliebte Schwerhörigkeit hatte sich wieder rechtzeitig eingestellt.

17

Nach wenigen Tagen wurde es wieder still auf Grumitz. Unsere Einquartierung musste abziehen und auch Konrad wurde zu seinem Regiment befohlen. Lori Griesbach und der Minister waren schon früher abgereist.

Die Hochzeit meiner beiden Schwestern ward auf den Oktober verlegt. Beide sollten am selben Tage in Grumitz getraut werden. Prinz Heinrich wollte den Dienst verlassen; jetzt nach diesem glorreichen Feldzuge, in welchem er sich Beförderung geholt, konnte er dies leicht tun, um sich auf seinen Lorbeeren und auf seinen Besitzungen auszuruhen.

Der Abschied der zwei Liebespaare war ein schmerzlicher und glücklicher zugleich. Man versprach, sich täglich zu schreiben, und die sichere Aussicht auf das nahe Glück ließ das Scheideweh nicht recht aufkommen.

Sichere Aussicht auf Glück? Die gibt es eigentlich nie – doch zu Kriegszeiten am allerwenigsten. Da schwebt das Unglück so dicht wie Heuschreckenschwärme in der Luft, und die Chancen, auf einem Fleckchen zu stehen, welches von der niedergehenden Geißel verschont bleibt, sind gar geringe.

Freilich – der Krieg war aus. Das heißt, man hatte erklärt, dass der Frieden geschlossen sei. Ein Wort genügt, die Schrecknisse zu entfesseln, und da meint man wohl auch, ein Wort könne genügen, dieselben sogleich wieder aufzuheben – doch dies vermag kein Machtspruch. Die Feindseligkeiten werden eingestellt, aber die Feindseligkeit dauert fort. Der Samen für künftige Kriege ist gestreut und die Frucht des eben beendeten Krieges entfaltet sich weiter: Elend, Verwilderung, Seuchen. Ja, da half kein Leugnen und Nicht-dran-denken mehr: Die Cholera wütete im Lande.

Es war am Morgen des 8. August. Wir saßen alle um den Frühstückstisch unter der Veranda und lasen unsere eben eingelaufenen Postsachen. Die zwei Bräute fielen über die an sie gerichteten Liebesbriefe her – ich blätterte in den Zeitungen. Aus Wien die Nachricht:

Die Cholera-Sterbefälle mehren sich bedenklich; nicht nur in den Militär-, auch in den Zivilspitälern sind schon viele Erkrankungen signalisiert, die als echte cholera asiatica bezeichnet werden müssen, und die energischsten Maßregeln werden allenthalben ergriffen, um der Verbreitung der Epidemie zu steuern.

Ich wollte die Stelle laut vorlesen, als Tante Marie, welche den Brief einer Freundin aus einem Nachbarschlosse in den Händen hielt, erschreckt aufschrie:

»Entsetzlich! Betti schreibt mir, dass in ihrem Hause zwei Personen an der Cholera gestorben sind und jetzt auch ihr Mann erkrankt sei.«

»Exzellenz, der Lehrer wünscht Sie zu sprechen.«

Hinter dem Diener trat auch schon der Gemeldete heran. Er sah bleich und verstört aus:

»Herr Graf, ich zeige ergebenst an, dass ich die Schule schließen muss. Gestern sind zwei Kinder erkrankt und heute – gestorben.«

»Die Cholera?«, riefen wir.

»Ich denke wohl ... Wir müssen´s beim Namen nennen. Die sogenannte »Ruhr«, welche unter den Soldaten, die hier einquartiert wurden, ausbrach und der schon zwanzig Mann erlegen sind – es war die Cholera. Im Dorf herrscht großer Schrecken, denn der Doktor, der aus der Stadt hierhergekommen, hat unverhohlen gesagt, dass die schreckliche Krankheit nunmehr zweifellos die hiesige Bevölkerung ergriffen hat.«

»Was ist das?«, fragte ich aufhorchend. »Man hört läuten.«

»Das ist das Sterbeglöckchen, Frau Baronin«, antwortete der Schulmeister. »Es wird wohl wieder jemand in den letzten Zügen liegen ... Der Doktor hat erzählt, dass in der Stadt die Sterbeglocke gar nicht mehr aufhört zu klingen.«

Wir blickten einander alle in der Runde an – stumm und bleich. Hier war er also wieder – der Tod – und jeder von uns sah dessen knöcherne Hand nach dem Haupte eines Teuren ausgestreckt.

»Fliehen wir!«, schlug Tante Marie vor.

»Fliehen, wohin?«, entgegnete der Lehrer. »Ringsum ist ja das Übel schon verbreitet.«

»Weit, weit weg – über die Grenze.«

»Da wird wohl ein Kordon errichtet werden, über den man nicht hinauskann.«

»Das wäre ja entsetzlich! Man wird doch die Leute nicht hindern, ein verseuchtes Land zu verlassen?«

»Gewiss – die gesunden Gegenden werden sich gegen Einschleppung verwahren.«

»Was tun, was tun?!«

Und Tante Marie rang die Hände.

»Den Willen Gottes abwarten«, antwortete mein Vater mit einem tiefen Seufzer. »Du bist doch sonst so bestimmungsgläubig, Marie – ich verstehe deine Fluchtsehnsucht nicht. Eines jeden Menschen

Schicksal erreicht ihn, wo er immer sei ... Aber immerhin – mir wäre es auch lieber, wenn ihr Kinder abreisen würdet, und du Otto, dass du mir kein Obst mehr anrührst.«

»Ich werde sogleich an Bresser telegrafieren«, sagte Friedrich, »dass er uns Desinfektionsmittel sende.«

Was dann später folgte, ich kann es nicht mehr in seinen Einzelheiten erzählen, denn die Frühstücksepisode war die letzte, die ich zu jener Zeit in die roten Hefte eingetragen. Nur aus dem Gedächtnis kann ich die Ereignisse der nächsten Tage berichten. Furcht und Bangen erfüllte uns alle, alle. Wer könnte zur Zeit der Epidemie nicht zittern, wenn man unter teuren Wesen lebt? Über dem lieben Haupte eines jeden schwebt ja das Damoklesschwert – und auch selber sterben, so furchtbar und so unnütz sterben – wem sollte der Gedanke nicht Grauen einflößen? Der Mut besteht höchstens darin, nicht daran zu denken.

Fliehen? Diese Idee war mir auch gekommen – besonders meinen kleinen Rudolf in Sicherheit zu bringen ...

Mein Vater, trotz allem Fatalismus, bestand auf der Flucht der anderen. Am kommenden Tage sollte die ganze Familie fort. Nur er wollte bleiben, um seine Hausleute und die Einwohnerschaft des Dorfes in der Gefahr nicht zu verlassen. Friedrich erklärte auf das Bestimmteste, auch bleiben zu wollen, und da war mein Entschluss gleichfalls gefasst: Von des Gatten Seite würde ich freiwillig nimmer weichen.

Tante Marie mit den beiden Mädchen und mit Otto und Rudolf sollten schleunigst abreisen. Wohin? Das war noch nicht bestimmt – vorläufig nach Ungarn, so weit wie möglich. Die Bräute widersetzten sich durchaus nicht, sondern halfen emsig packen ... Sterben – wenn in naher Zukunft die Erfüllung heißer Liebessehnsucht, das heißt verzehnfachte Lebenswonne winkt, das hieße ja zehnfach sterben.

Die Koffer wurden in den Speisesaal gebracht, damit, unter der Beihilfe aller, die Arbeit schneller vonstattengehe. Ich brachte einen Pack von Rudolfs Kleidern auf dem Arm herbei.

»Warum tut das nicht deine Jungfer?«, fragte der Vater.

»Ich weiß nicht, wo die Netti steckt. Ich klingelte ihr schon mehrere Mal, doch sie kommt nicht ... So bediene ich mich selber.«

»Du verdirbst deine Leute«, sagte mein Vater aufgebracht, und er gab einem anwesenden Diener Befehl, das Mädchen überall zu suchen und augenblicklich hierher zu führen.

Nach einer Weile kam der Ausgesandte zurück – mit verstörter Miene.

»Die Netti liegt in ihrem Zimmer. Sie ist ... sie hat ... sie ist ...«

»Kannst du nicht sprechen?«, donnerte ihn mein Vater an. »Was ist sie?«

»Schon – ganz schwarz.«

Ein Schrei kam aus unser aller Munde. Und so war es denn da – das grause Gespenst – in unserem Hause selber ...

Was nun tun? Konnte man das unglückliche Mädchen hilflos sterben lassen? Aber wer sich ihr nahte, holte sich fast sicher den Tod – und nicht nur sich: Er gab ihn dann wieder den anderen weiter. Ach, so ein Haus, in welches die Seuche eingezogen, das ist, als wäre es von Räubern umzingelt oder als stände es in Flammen – überall, an allen Ecken und Enden, auf jedem Schritt und Tritt grinst der Tod.

»Hole augenblicklich den Arzt«, befahl mein Vater zunächst. »Und ihr, Kinder, beschleunigt eure Abfahrt.«

»Der Herr Doktor ist seit einer Stunde nach der Stadt zurückgefahren«, antwortete der Diener auf meines Vaters Weisung.

»Weh ... mir wird übel!«, kam es jetzt von Lilli, welche bis in die Lippen erbleichte und sich an eine Sessellehne anklammerte.

Wir sprangen ihr bei.

»Was hast du? Sei nicht töricht ... Das ist die Angst ...«

Aber es war nicht die Angst, es war kein Zweifel: Wir mussten die Unglückliche auf ihr Zimmer bringen, wo sie sogleich von heftigen Erbrechungen und den übrigen Symptomen ergriffen wurde – es war an diesem Tage der zweite Cholerafall im Schlosse.

Entsetzlich war es anzusehen, was die arme Schwester litt. Und kein Doktor da! Friedrich war der Einzige, der, so gut es ging, das Amt eines solchen versah. Er ordnete das Nötige an: warme Umschläge, Senfteig auf den Magen und an die Beine, Eisstückchen, Champagner. Nichts half. Die für leichte Choleraanfälle ausreichenden Mittel, hier konnten sie nicht retten. Wenigstens gaben sie der Kranken und den Umstehenden den Trost, dass etwas geschah. Nachdem die Anfälle nachgelassen, kamen die Krämpfe an die Reihe – ein Zucken und Zerren der ganzen Gestalt, dass die Knochen krachten. Die Unselige wollte jammern – sie konnte nicht, denn die Stimme versagte. Die Haut wurde bläulich und kalt, der Atem stockte.

Mein Vater rannte händeringend auf und nieder. Einmal stellte ich mich ihm in den Weg:

»Das ist der Krieg, Vater«, sagte ich. »Willst du den Krieg nicht verfluchen?«

Er schüttelte mich ab und gab keine Antwort.

Nach zehn Stunden war Lilli tot. Netti, das Stubenmädchen, war schon früher gestorben – allein auf ihrem Zimmer; wir alle waren um Lilli beschäftigt gewesen, und von der Dienerschaft hatte sich niemand in die Nähe der »schon ganz Schwarzen« gewagt …

18

Mittlerweile war Doktor Bresser angekommen. Die telegrafisch verlangten Medikamente brachte er selber. Ich hätte ihm die Hand küssen mögen, als er unerwartet in unsere Mitte trat, um den alten Freunden seine aufopfernden Dienste zu weihen. Er übernahm sofort den Oberbefehl des Hauses. Die zwei Leichen ließ er in eine entfernte Kammer schaffen, sperrte die Zimmer ab, in welchen die Armen gestorben, und unterzog uns alle einer kräftigen desinfizierenden Prozedur. Ein intensiver Karbolgeruch erfüllte nunmehr alle Räume, und heute noch, wenn mir dieser Geruch entgegenweht, steigen jene Cholera-Schreckenstage vor meinem Geiste auf.

Die geplante Flucht musste ein zweites Mal unterbleiben. Schon stand am Tage nach Lillis Tode der Wagen bereit, welcher Tante Marie, Rosa, Otto und meinen Kleinen fortführen sollte, als der Kutscher – von dem unsichtbaren Würger erfasst, wieder vom Kutschbock absteigen musste.

»Also will ich euch fahren«, sagte mein Vater, als ihm diese Nachricht gebracht wurde. »Schnell – ist alles bereit?«

Rosa trat vor.

»Fahrt«, sagte sie. »Ich muss bleiben. Ich ... folge der Lilli.«

Und sie sprach wahr. Bei Tagesanbruch wurde auch diese zweite junge Braut in die Leichenkammer gebracht.

Natürlich war in dem Schrecken dieses neuen Unglücksfalles die Abreise der anderen nicht ausgeführt worden.

Mitten in meinem Schmerze, meiner tobenden Angst, ergriff mich auch wieder der tiefste Zorn gegen jene Riesentorheit, welche solches Übel freiwillig heraufbeschwört. Mein Vater war, als sie Rosas Leichnam hinausgetragen, in die Knie gefallen, den Kopf an die Mauer ...

Ich trat hin und packte ihn beim Arm.

»Vater«, sagte ich», »das ist der Krieg.«

Keine Antwort.

»Hörst du, Vater? Jetzt oder nie: Willst du den Krieg verfluchen?«

Er aber raffte sich auf.

»Du erinnerst mich daran ... Dieses Unglück will mit Soldatenmut getragen werden. Nicht ich allein! Das ganze Vaterland hat Blut- und Tränenopfer bringen müssen.«

»Was hat denn dem Vaterland dein und deiner Brüder Leid gefrommt? Was frommen ihm die verlorenen Schlachten, was diese beiden geknickten Mädchenleben? Vater – o, tue mir die Liebe: Fluche dem Krieg! Sieh her« – ich zog ihn zum Fenster hin: Eben wurde auf einem Karren ein schwarzer Sarg in den Hof gerollt – »Das ist für unsere Lilli – und morgen ein gleicher für unsere Rosa ... und übermorgen vielleicht ein dritter – und warum, warum?!«

»Weil Gott es so gewollt, mein Kind ...«

»Gott – immer Gott! Dass sich doch alle Torheit, alle Wildheit, alle Gewalttätigkeit der Menschen stets hinter diesem Schilde birgt! Gottes Wille.«

»Lästere nicht, Martha, jetzt lästere nicht, da Gottes strafende Hand so sichtbar ...«

Ein Diener kam herbeigerannt.

»Exellenz, der Tischler will den Sarg nicht in die Kammer tragen, wo die Komtessen liegen – und niemand traut sich hinein.«

»Auch du nicht, Feigling?«

»Ich kann nicht allein …«

»So werde ich dir helfen. Ich will meine Tochter selber ...«

Und er schritt zur Tür.

»Zurück!«, schrie er mich an, da ich ihm folgen wollte. »Du darfst mir nicht auch noch sterben ... Und denke an dein Kind!«

Was tun? Ich schwankte. Das ist das Quälendste in solchen Lagen – nicht einmal zu wissen, wo die Pflicht liegt. Leistet man den Kranken und den Toten die Liebesdienste, zu welchen das Herz drängt, so schleppt man den Keim des Übels wieder weiter und bringt den anderen, den noch Verschonten, die Gefahr. Man wollte sich opfern, weiß aber, dass man mit diesem Wagnis auch andere hinzuopfern wagt.

Über solches Dilemma kann nur eines hinaushelfen: Mit dem Leben abschließen – nicht nur mit dem eigenen, sondern auch mit demjenigen seiner Teuren –, annehmen, dass alle zu Grunde gehen, und eins dem anderen, solange es geht, in den Leidensstunden beistehen. Rücksicht, Vorsicht – das alles muss aufhören: Zusammen! An Bord eines untergehenden Schiffes – Rettung gibt es keine – halten wir uns umfangen bis zum letzten Augenblick – und schöne Welt, ade!«

Diese Resignation war über uns alle gekommen. Die Fluchtpläne hatte man aufgegeben; jeder ging an jedes Kranken und jedes Toten Lager; sogar Bresser versuchte nicht mehr, uns dieses Verhalten – das einzig menschliche – zu wehren. Seine Nähe, sein energisches, rastloses Schalten gab uns das einzige Sicherheitsgefühl – wenigstens war unser sinkendes Schiff nicht ohne Kapitän.

Ach, diese Choleraseuche in Grumitz! Über zwanzig Jahre sind seither vergangen, aber noch schaudert es mir durch Mark und

Bein, wenn ich daran zurückdenke. Tränen, Wimmern, herzzerreißende Sterbeszenen – der Karbolgeruch, das Knochenknarren der Krampfbefallenen, die ekelhaften Symptome, das unaufhörliche Geklingel des Totenglöckleins, die Begräbnisse – nein: Verscharrungen, denn in solchen Fällen gibt es keinerlei Trauerpomp –, die ganze Lebensordnung aufgegeben: keine Mahlzeiten – die Köchin war gestorben – kein Schlafengehen des Nachts – hier und da ein stehend eingenommener Bissen, und in den Morgenstunden ein sitzendes Einnicken. Draußen, wie eine Ironie der gleichgültigen Natur, das herrlichste Sommerwetter, fröhlicher Amselschlag, üppiges Farbenglühen der Blumenbeete ... Im Dorfe ununterbrochenes Sterben – die zurückgebliebenen Preußen alle tot.

»Ich bin heute dem Totengräber begegnet«, erzählte Franz, der Kammerdiener, wie er mit einem leeren Wagen vom Friedhof zurückfuhr.

»Wieder ein paar hinausgeschafft?«, habe ich ihn gefragt.

»Ja, wieder sechs oder sieben ... Jeden Tag so ein halbes Dutzend, manchmal auch mehr ... Es kommt auch vor, dass einer oder der andere im Wagen drin noch a bissl muckst – aber tut nix: Nur 'nein in die Gruben mit die Preußen!«

Am folgenden Tag starb der Unmensch selber und ein anderer musste sein Amt – zurzeit das angestrengteste im Ort – übernehmen. Die Post brachte nur Trübes; von überall her Nachrichten über das Wüten der Seuche und Liebesbriefe – ewig unbeantwortet bleibende Liebesbriefe – von dem nichts ahnenden Prinzen Heinrich. An Konrad hatte ich, um ihn auf das Fürchterliche vorzubereiten, eine Zeile geschickt:

»Lilli sehr krank.«

Er konnte nicht augenblicklich kommen – der Dienst hielt ihn zurück. Erst am vierten Tage kam der Unselige ins Haus gestürzt:

»Lilli?«, rief er. »Ist es wahr?«

Unterwegs hatte er das Unglück erfahren.

Wir bejahten.

Er blieb unheimlich still und tränenlos.

»Ich habe sie viele Jahre geliebt«, sprach er nur leise vor sich hin.

Dann laut:

»Wo liegt sie? Auf dem Friedhofe? Ich will sie besuchen ... Lebt wohl. sie erwartet mich ...«

»Soll ich mitkommen?«, frug ihn jemand.

»Nein, ich gehe lieber allein.«

Er ging – und wir sahen ihn nicht wieder. Am Grabe der Braut hat er sich eine Kugel durch den Kopf gejagt.

So endete Konrad Graf Althaus, Oberleutnant im 4. Husarenregiment, im siebenundzwanzigsten Lebensjahre.

Zu einer anderen Zeit hätte die Tragik dieses Vorfalls viel erschütternder gewirkt, aber jetzt: Wie viele junge Offiziere hatte der Krieg unmittelbar weggerafft – diesen mittelbar. Und in dem Augenblick, als wir von der Tat erfuhren, war in unserer Mitte ein neues Unglück ausgebrochen, das unsere ganze Herzensangst in Anspruch nahm: Otto – meines armen Vaters angebeteter einziger Sohn – war von dem Würgeengel gepackt.

Die ganze Nacht und den folgenden Tag dauerte sein Leiden – unter wechselndem Hoffen und Verzagen – um sieben Uhr abends war alles vorbei.

Mein Vater warf sich auf die Leiche mit einem so markerschütternden Schrei, dass es das ganze Haus durchdröhnte. Wir hatten Mühe, ihn von dem Toten fortzureißen. Ach, und dieser Schmerzensjammer, der jetzt folgte: Heulende, brüllende, röchelnde Laute der Verzweiflung waren es, die der alte Mann stunden- und stundenlang ausstieß ... Sein Sohn, sein Stolz, sein Otto, sein alles!

Auf diese Ausbrüche folgte plötzlich starre, stumme Apathie. Dem Begräbnis seines Lieblings hatte er nicht beiwohnen können. Er lag auf einem Sofa regungslos und – beinahe schien es – bewusstlos. Bresser ordnete an, dass er entkleidet und zu Bett gebracht werde. Nach einer Stunde schien er sich zu beleben. Tante Marie, Friedrich und ich waren an seiner Seite. Er schaute eine Zeitlang mit fragendem Blick herum, dann setzte er sich auf und versuchte zu sprechen. Doch brachte er kein Wort hervor und rang mit schmerzverzerrtem Gesicht nach Atem. Da begann es ihn zu schütteln und zu werfen, als wäre er von jenen schauerlichen Krämpfen befallen, welche die letzten Symptome der Cholera sind, und doch hatten sich vorher keine der anderen Erscheinungen bei ihm gezeigt. Endlich brachte er ein Wort hervor:

»Martha.«

Ich fiel kniend an der Bettseite nieder.

»Vater, mein teurer, armer Vater!«

Er erhob seine Hand über meinem Scheitel.

»Dein Wunsch«, sprach er mühsam, »sei erfüllt: Ich flu…– ich verfluche …«

Er konnte nicht weiterreden und sank in die Kissen zurück.

Mittlerweile war Bresser herbeigekommen und gab auf unser ängstliches Fragen Bescheid: Ein Herzkrampf hatte meinen Vater getötet.

»Das Fürchterlichste ist«, sagte Tante Marie, nachdem wir ihn begraben, »dass er mit einem Fluch auf den Lippen verschied.«

»Lass das gut sein, Tante«, beruhigte ich sie. »Wenn dieser Fluch erst von aller – aller Lippen fiele, so wäre das der Menschheit größter Segen.«

19

Das war die Cholerawoche von Grumitz! In einem Zeitraum von sieben Tagen zehn Bewohner des Schlosses dahingerafft: Mein Vater, Lilli, Rosa, Otto, meine Jungfer Netti, die Köchin, der Kutscher und zwei Stalljungen. Im Dorfe starben in derselben Zeit über achtzig Personen.

Wenn man das so trocken hersagt, klingt es wie eine beachtenswerte statistische Notiz; wenn es in einem erzählenden Buche steht – wie ein übertreibendes Fantasiespiel des Autors. Aber es ist weder so trocken wie das eine noch so schauerromantisch wie das andere – es ist kalte, greifbare, trauerreiche Wirklichkeit.

Nicht Grumitz allein war in unserer Gegend so hart mitgenommen worden. Wer in den Annalen der nachbarlichen Ortschaften und Schlösser nachblättern will, könnte daselbst viele ähnliche Fälle von Massenunglück finden. Da ist zum Beispiel – in der Nähe des Städtchens Horn – das Schloss Stockern. Von der Familie, die es bewohnte, sind in der Zeit vom 9. bis 13. August 1866, gleichfalls nach Abmarsch der preußischen Einquartierung, vier Mitglieder – der zwanzigjährige Rudolf, dessen Schwestern Emilie und Bertha, Onkel Candid – und außerdem fünf Personen Dienerschaft der Seuche erlegen. Die jüngste Tochter, Pauline von Engelshofen, blieb verschont. Dieselbe hat sich in der Folge mit einem Baron Suttner vermählt – auch sie erzählt heute noch mit Schaudern von der Cholerawoche in Stockern.

Es war damals eine solche Trauer- und Sterberesignation über mich gekommen, dass ich stündlich erwartete, der Tod – in dessen

Zeichen das Land seit zwei Monaten stand – werde nun mich selber und meine anderen dahinraffen. Mein Friedrich, mein Rudolf: Ich beweinte sie schon im Voraus.

Bei alledem, mitten in meinem Harme, hatte ich doch süße Augenblicke. Das war, wenn ich an meines Gatten Brust gelehnt, von ihm liebend umschlungen, mein Leid an seinem treuen Herzen ausweinen durfte. Wie sanft er da nicht Trost-, aber Worte des Mitschmerzes und der Liebe zu mir sprach; es wurde mir dabei so warm und weit ums eigne Herz ... Nein, die Welt ist nicht so schlecht, musste ich unwillkürlich denken, die Welt ist nicht ganz Jammer und Grausamkeit: Es lebt in ihr das Mitleid und die Liebe ... Freilich erst in einzelnen Seelen, nicht als allgültiges Gesetz und als obwaltender Normalzustand – aber doch vorhanden; und so wie diese Regungen uns zwei durchglühen, mit ihrer milden Rührung selbst diese Schmerzenszeit versüßend – so wie sie noch in vielen anderen Seelen wohnen, so werden sie einst zum Durchbruch gelangen und das allgemeine Verlangen der Menschenfamilie beherrschen. Die Zukunft gehört der Güte.

Wir verbrachten den Rest des Sommers in der Nähe von Genf. Es war Doktor Bressers Überredungskunst doch gelungen, uns zur Flucht aus der verseuchten Gegend zu bewegen. Anfangs sträubte ich mich dagegen, die Gräber der Meinen so rasch zu verlassen und war überhaupt von solcher Todesergebung erfüllt, dass ich ganz apathisch geworden und jeden Fluchtversuch für unnütz hielt; aber schließlich musste Bresser dennoch siegen, als er mir vorhielt, dass es meine Mutterpflicht sei, den kleinen Rudolf so gut wie möglich der Gefahr zu entreißen.

Dass wir als Zufluchtsort die Schweiz gewählt, geschah auf Friedrichs Wunsch. Er wollte sich mit den Männern bekannt machen, welche das Rote Kreuz ins Leben gerufen, und an Ort und Stelle über den Verlauf der Konferenzen sowie über die weiteren Ziele der Konvention sich unterrichten.

Seinen Abschied vom Militärdienst hatte Friedrich eingereicht, und vorläufig, bis zur Erledigung des Gesuches, einen halbjährigen Urlaub erhalte. Ich war nun reich geworden, sehr reich. Der Tod meines Vaters und meiner drei Geschwister hatte mich in den Besitz von Grumitz und des sämtlichen Familienvermögens gesetzt.

»Sieh her«, sagte ich zu Friedrich, als mir vom Notar die Besitzdokumente übermittelt wurden. »Was würdest du dazu sagen, wenn ich den Krieg nun preisen wollte wegen dieses durch seine Folgen mir zugefallenen Vorteils?«

»Dann wärst du meine Martha nicht! Doch ich verstehe, was du sagen willst. Der herzlose Egoismus, der sich über materiellen Gewinn zu freuen vermag, welcher aus dem Verderben anderer sprosst – diese Regung, die der Einzelne, wenn er wirklich niedrig genug ist, sie zu fühlen, doch sorgfältig zu verbergen trachtet, zu der bekennen sich stolz und offen Nationen und Dynastien: Tausende sind unter unsäglichem Leid zu Grunde gegangen – aber wir haben dadurch an Territorium, an Macht gewonnen: Dem Himmel sei Dank für den glücklichen Krieg.«

Wir lebten sehr still und zurückgezogen in einer kleinen, am Ufer des Sees gelegenen Villa. Ich war von den durchgemachten Ereignissen so gedrückt, dass ich durchaus mit keinem fremden Menschen Umgang haben wollte. Friedrich respektierte meine Trauer und versuchte gar nicht, das banale Mittel »Zerstreuung« dagegen vorzuschlagen. Ich war es den Grumitzer Gräbern schuldig – das sah mein zartfühlender Gatte wohl ein –, ihnen eine Zeitlang in aller Stille nachzuweinen. Die der schönen Welt so rasch und grausam Entrissenen sollten nicht auch noch der Erinnerungsstätte, die sie in meinem trauernden Herzen hatten, ebenso rasch und kalt beraubt werden.

Friedrich selber ging oft in die Stadt, um dort den Zweck seines hiesigen Aufenthaltes, das Studium der Rote-Kreuz-Frage zu betreiben. Von den Ergebnissen dieses Studiums habe ich keine klare Erinnerung mehr; ich führte damals kein Tagebuch, und so ist mir meist wieder entfallen, was mir Friedrich von seinen betreffenden Erfahrungen mitteilte. Nur eines Eindruckes erinnere ich mich deutlich, den mir die ganze Umgebung machte: die Ruhe, die Unbefangenheit, die heitere Geschäftigkeit aller Leute, die ich zufällig sah – als lebte man mitten in friedlichster, gemütlichster Zeit. Fast nirgends ein Echo von dem stattgehabten Krieg, höchstens in anekdotischem Tone, wie wenn derselbe ein interessantes Ereignis mehr abgegeben hätte, das neben dem übrigen Europaklatsch vorteilhaft Gesprächsstoff lieferte; als hätte das grausige Kanonendonnern auf den böhmischen Schlachtfeldern nichts Tragischeres an sich als eine neue Wagnersche Oper.

Das Ding gehörte nunmehr der Geschichte an, hatte einige Landkarten-Umänderungen zur Folge – aber dessen Schauerlichkeit war aus dem Bewusstsein geschwunden, in das der Unbeteiligten vielleicht niemals gedrungen ... Vergessen, verschmerzt, verwischt. Ebenso die Zeitungen – ich las zumeist französische Blätter: – alles Interesse auf die für 1867 sich vorbereitende Pariser Weltausstellung, auf die Hoffeste in Compiègne, auf literarische Persönlichkeiten (es tauchten ein paar neue vielbestrittene Talente auf: Flaubert, Zola), auf Theaterereignisse wie eine neue Oper von Gounod, eine von Offenbach der Hortense Schneider zugedachte Glanzrolle u. dgl. gerichtet. Das kleine pikante Duell, welches die Preußen und Österreicher ausgefochten, das war schon eine etwas verjährte Angelegenheit ... O, was drei Monate zurückliegt oder dreißig Meilen entfernt ist, was nicht im Bereich des Jetzt und des Hier sich abspielt, dort reichen die kurzen Fühlhörnchen des menschlichen Herzens und des menschlichen Gedächtnisses nicht hin.

Gegen Mitte Oktober verließen wir die Schweiz. Wir begaben uns nach Wien zurück, wo die Abwicklung der Verlassenschaftsangelegenheiten meine Anwesenheit erheischte. Nach Erledigung dieser Geschäfte beabsichtigten wir, uns auf längere Zeit in Paris niederzulassen. Friedrich führte im Sinn, der Idee der Friedensliga nach Kräften die Wege zu ebnen, und er war der Ansicht, dass die bevorstehende Weltausstellung die beste Gelegenheit biete, einen Kongress der Friedensfreunde zu veranstalten; auch hielt er Paris für den geeignetsten Ort, eine internationale Sache wirksam zu vertreten.

»Das Kriegshandwerk habe ich niedergelegt«, sagte er, »und zwar habe ich das aus einer im Kriege selber gewonnenen Überzeugung getan. Für diese Überzeugung nun will ich wirken. Ich trete in den Dienst der Friedensarmee. Freilich noch ein ganz kleines Heer, dessen Streiter keine andere Wehr und Waffen haben als den Rechtsgedanken und die Menschenliebe. Doch alles, was in der Folge groß geworden, hat klein und unscheinbar begonnen.«

»Ach«, seufzte ich dagegen, »es ist ein hoffnungsloses Beginnen. Was willst du Einzelner erreichen gegen jenes mächtige, jahrtausendalte, von Millionen Menschen verteidigte Bollwerk?«

»Erreichen? Ich? Wahrlich, so unvernünftig bin ich nicht, zu hoffen, dass ich persönlich eine Umgestaltung herbeiführen werde. Ich sagte ja nur, dass ich in die *Reihen* der Friedensarmee eintreten wolle. Habe ich etwa, als ich im Kriegsheer stand, gehofft, dass ich das Vaterland retten, dass ich eine Provinz erobern würde? Nein, der Einzelne kann nur *dienen*. Mehr noch; er muss dienen. Wer von einer Sache durchglüht ist, der kann nicht anders als für sie wirken, als für sie sein Leben einsetzen – wenn er auch weiß, wie wenig dieses Leben an und für sich zum Siege beitragen kann. Er dient, weil er muss: Nicht nur der Staat – auch die eigene Überzeugung, wenn sie begeistert ist, legt eine Wehrpflicht auf.«

»Du hast recht. Und wenn endlich Millionen Begeisterter dieser Wehrpflicht genügen, dann muss jenes von seinen Verteidigern verlassene, Jahrtausende alte Bollwerk auch zusammenfallen.«

Von Wien aus machte ich eine Pilgerfahrt nach Grumitz – dessen Herrin ich nun geworden. Doch ich betrat gar nicht das Schloss. Nur auf dem Friedhof legte ich vier Kränze nieder und fuhr wieder zurück.

Nachdem meine wichtigsten Geschäfte geordnet waren, schlug Friedrich eine kleine Reise nach Berlin vor, um der beklagenswerten Tante Kornelie einen Besuch zu machen. Ich willigte ein. Für die Dauer unserer Abwesenheit übergab ich meinen kleinen Sohn der Aufsicht Tante Mariens. Letztere war durch die Ereignisse der Grumitzer Cholerawoche unbeschreiblich niedergedrückt. Ihre ganze

Liebe, ihr ganzes Lebensinteresse übertrug sie jetzt auf meinen kleinen Rudolf. Ich hoffte auch, dass es sie ein wenig zerstreuen und aufrichten werde, das Kind eine Zeitlang bei sich zu haben.

Am 1. November verließen wir Wien. In Prag unterbrachen wir unsere Reise, um zu übernachten. Tags darauf, statt die Reise nach Berlin fortzusetzen, machten wir eine neue Pilgerfahrt.

»Allerseelentag!«, sagte ich, als mein Blick auf das Datum eines mit dem Frühstück in unser Hotelzimmer gebrachten Zeitungsblattes fiel.

»Allerseelen«, wiederholte Friedrich. »Wieviel arme Tote hier auf den nahen Schlachtfeldern, denen nicht einmal dieser Gräber-Ehrentag zugutekommt – weil sie keine Gräber haben ... Wer wird sie besuchen?«

Ich sah ihn eine Weile schweigend an. Dann halblaut:

»Willst du?«

Er nickte. Wir hatten uns verstanden, und eine Stunde später waren wir auf dem Weg nach Chlum und Königgrätz.

20

Es dämmerte schon, als wir in Chlum ankamen und von da, Arm in Arm, in schweigendem Schauer, dem nahen Schlachtfelde zuschritten. Es fiel ein mit ganz kleinen Schneeflocken gemischter Nebel, und die kahlen Äste der Bäume bogen sich unter dem schrill klagenden Pfeifen eines kalten Novemberwindes. Massen von Gräbern und Massengräber rings umher. Aber ein *Friedhof*? Nein. Da hatte man keine müden Lebenspilger zur Ruhe friedlich hingebettet, da wurden mitten in ihrem jugendlichen Lebensfeuer, in ihrer vollsten Manneskraft strotzende Zukunftsanwärter gewaltsam niedergeworfen und mit Grabeserde überschaufelt. Verschüttet, erstickt, auf ewig stumm gemacht – alle die brechenden Herzen, die blutig zerfetzten Glieder, die bitterlich weinenden Augen – die wilden Verzweiflungsschreie, die vergeblichen Gebete ...

Einsam war es auf diesem Kriegsacker nicht. Viele, viele hatte der Allerseelentag hierhergebracht – aus Freundes- und aus Feindesland –, welche gekommen waren, auf der Stätte niederzuknien, wo ihr Liebstes gefallen. Schon der Zug, mit dem wir gekommen, war mit anderen Trauernden gefüllt gewesen – und so hatte ich schon mehrere Stunden lang um mich jammern und klagen gehört.

»Drei Söhne – drei Söhne ... einer schöner und besser und lieber als der andere – habe ich bei Sadowa verloren!«, erzählte uns ein ganz gebrochen aussehender alter Mann.

Noch mehrere andere der Wagengenossen mischten ihre Klagen dazu: um den Bruder, den Gatten, den Vater. Aber von allen diesen hat mir keiner solchen Eindruck gemacht wie das tränenlose, dumpfe »Drei Söhne, drei Söhne!« des armen Alten.

Auf dem Felde selbst sah man von allen Seiten, auf allen Wegen schwarze Gestalten gehen oder knien – oder mühsam weiterschwanken, mitunter laut aufschluchzend zusammenbrechen. Es waren nur wenig Einzelgräber da, nur wenig Inschrift tragende Kreuze oder Steine. Wir bückten uns und entzifferten, so gut das Dämmerlicht es noch gestattete, einige Namen.

Major von Reuß vom 2. preußischen Garderegiment.

»Vielleicht ein Verwandter vom Bräutigam unserer armen Rosa«, bemerkte ich.

Graf Grünne – verwundet 3. Juli – gestorben 5. Juli ...

Was mag er in den zwei Tagen gelitten haben! Ob das wohl ein Sohn des Grafen Grünne war, der vor dem Krieg den bekannten Satz geäußert: »Mit nassen Fetzen werden wir die Preußen verjagen?« Ach, wie wahnwitzig und frevlerisch, wie schrill misstönig klingt doch jedes vor dem Kriege gesprochene Aufreizungswort, wenn man sich's an solcher Stelle wiederholt! Worte – weiter nichts – Prahlworte, Hohnworte, Drohworte – gesprochen, geschrieben und gedruckt – die nur haben dieses Feld bestellt ...

Wir gehen weiter. Überall mehr oder minder hohe, mehr oder minder breite Erdhügel ... Auch da, wo der Boden nicht erhaben ist, auch unter unseren Füßen modern vielleicht Soldatenleichen …

Immer dichter rieselt der Nebel.

»Friedrich – setze doch deinen Hut auf. Du wirst dich erkälten.«

Friedrich aber blieb unbedeckt – und ich wiederholte meine Mahnung kein zweites Mal.

Unter den Leidtragenden, die hier umherwandelten, befanden sich auch viele Offiziere und Soldaten; wahrscheinlich solche, die den heißen Tag von Königgrätz selber mitgemacht und jetzt an die Stelle gepilgert waren, wo ihre gefallenen Kameraden ruhten.

Jetzt waren wir an den Platz gelangt, wo die meisten Krieger – Freund und Feind nebeneinander – begraben lagen. Der Platz war – wie ein Kirchhof – umfriedigt. Hierher strömte die größte Anzahl der Trauernden, denn auf dieser Stelle war es am wahrscheinlichsten, dass die von ihnen Beweinten da begraben seien. An dieser Umfriedigung knieten und schluchzten die Beraubten, hier hingen sie ihre Kränze und ihre Grablaternen auf.

Ein großer schlanker Mann, von vornehmer jugendlicher Gestalt, in einen Generalsmantel gehüllt, kam auf den Tumulus zu. Die anderen wichen vor der Stelle ehrerbietig zurück, und ich hörte einige Stimmen flüstern:

»Der Kaiser ...«

Ja, es war Franz Joseph. Der Landesherr, der oberste Kriegsherr war es, der da am Allerseelentag gekommen war, für seine toten Landeskinder, für seine gefallenen Krieger ein stilles Gebet zu verrichten. Auch er stand unbedeckten, gebeugten Hauptes da, in schmerzerfüllter Ehrerbietung von der Majestät des Todes. Lange, lange blieb er unbeweglich. – Ich konnte mein Auge nicht von ihm wenden. Was mochten für Gedanken durch seine Seele ziehen – was für Gefühle durch sein Herz, welches doch – das wusste ich – ein gutes und ein weiches Herz war? Es überkam mich, als könnte ich ihm nachfühlen, als könnt ich gleichzeitig mit ihm die Gedanken denken, die seinen gesenkten Kopf durchkreuzten:

Ihr, meine armen Tapferen ... gestorben ... und wofür? ... Wir haben ja nicht gesiegt ... mein Venedig! Verloren ... so vieles, so vieles verloren ... auch euer junges Leben ... Und ihr habt es so opfermutig hergegeben ... für mich ... O, könnte ich es euch zurückgeben! Ich, für mich, habe ja das Opfer nicht begehrt – für euch, für euer Land, ihr meine Landeskinder, seid ihr in diesen Krieg geführt worden ... Und nicht durch mich ... wenn es auch auf meinen Befehl geschehen – hab ich denn nicht befehlen *müssen*? Nicht meinetwillen sind die Untertanen da – nein, ihretwillen bin ich auf den Thron berufen ... und jede Stunde wäre ich bereit, für meines Volkes Wohl zu sterben ... O, hätte ich meinem Herzensdrang gefolgt und nimmer »ja« gesagt, wenn sie alle um mich herum riefen: »Krieg, Krieg!« Doch konnte ich mich widersetzen? Gott ist mein Zeuge, ich konnte nicht ... Was mich drängte, was mich zwang – ich weiß es selbst nicht mehr genau – nur so viel weiß ich – es war ein unwiderstehlicher Druck von außen – von euch selber, ihr toten Soldaten ... O wie traurig, traurig, traurig – was habt ihr nicht alles gelitten, und jetzt liegt ihr hier und auf anderen Wahlstätten – von Kartätschen und Säbelhieben, von Cholera und Typhus hingerafft ... O, hätte ich »nein« sagen können ... du hast mich darum gebeten, Elisabeth ... O *hätte* ich's gesagt! Der Gedanke ist unerträglich, dass ... ach, es ist eine elende, unvollkommene Welt ... zu viel, zu viel des Jammers! ...

Immer noch, während ich so für ihn dachte, haftete mein Auge an seinen Zügen, und jetzt – ja es war »zu viel, zu viel des Jammers« – jetzt bedeckte er sein Gesicht mit beiden Händen und brach in heftiges Weinen aus.

So geschehen am Allerseelentag 1866 auf dem Totenfelde von Sadowa.

FÜNFTES BUCH

FRIEDENSZEIT

1

Die Stadt Berlin fanden wir in hellem Jubel. Jeder Ladenschwengel und jeder Eckensteher trug ein gewisses Siegesbewusstsein zur Schau. »Wir haben die anderen drunter gekriegt!«, das scheint doch eine sehr erhebende und unter der ganzen Bevölkerung verteilbare Empfindung zu sein. Dennoch, in den Familien, die wir aufsuchten, fanden wir so manche tief niedergeschlagene Leute, solche nämlich, welche einen unvergesslichen Toten auf den deutschen oder böhmischen Schlachtfeldern liegen hatten. Am meisten fürchtete ich mich, Tante Kornelie wiederzusehen. Ich wusste, dass ihr herrlicher Sohn Gottfried ihr Abgott, ihr alles gewesen, und ich konnte den Schmerz ermessen, der die arme beraubte Mutter jetzt erdrücken musste – ich brauchte mir nur vorzustellen, dass mein Rudolf, wenn ich ihn großgezogen hätte ... nein, *den* Gedanken wollte ich gar nicht ausdenken.

Unser Besuch war angesagt. Mit Herzklopfen betrat ich Frau von Tessows Wohnung. Schon im Vorzimmer bekundete sich die im Hause herrschende Trauer. Der Diener, der uns einließ, trug schwarze Livree; im großen Empfangszimmer, dessen Sitzmöbel mit Überzügen bedeckt waren, war kein Feuer angezündet und die Spiegel und Bilder an den Wänden waren sämtlich mit Flor verhängt. Von hier wurde uns die Tür von Tante Korneliens Schlafzimmer geöffnet, wo sie uns erwartete. Dasselbe, ein sehr großer, durch einen Vorhang – hinter welchem das Bett stand – geteilter Raum, diente Tante Kornelie jetzt als beständiger Aufenthalt; sie verließ nie mehr das Haus, außer um allsonntäglich in den Dom zu gehen – und nur selten das Zimmer, nur täglich eine Stunde, welche sie in Gottfrieds gewesenem Studierkabinett verbrachte. In diesem Zimmer war alles auf derselben Stelle stehen und liegen geblieben, wie er es am Tage seiner Abreise verlassen. Sie führte uns im Laufe unseres Besuches hinein und ließ uns einen Brief lesen, den er auf seine Mappe gelegt:

Meine einzige, liebe Mutter! Ich weiß ja, meine herzliebste Du, dass Du nach meiner Abreise hierherkommen wirst – und da sollst Du dieses Blatt finden. Der persönliche Abschied ist vorbei. Desto mehr wird es Dich freuen und überraschen, noch ein Zeichen zu entdecken, noch ein letztes Wort von mir zu hören, und zwar ein frohes, hoffnungsvolles. Sei guten Muts: Ich komme wieder. Zwei so aneinanderhängende Herzen wie die unseren wird das Schicksal nicht auseinanderreißen. Meine Bestimmung ist es, jetzt einen glücklichen Feldzug zu überstehen, Sterne und Kreuze zu erringen – und dann: Dich zur sechsfachen Großmutter zu machen. Ich küsse Deine Hand, ich küsse Deine liebe sanfte Stirn – o Du aller Mütterchen Angebetetstes.

Dein Gottfried

Als wir bei Tante Kornelie eintraten, war dieselbe nicht allein. Ein Herr in langem schwarzem Rocke, auf den ersten Blick als Pastor erkenntlich, saß ihr gegenüber.

Die Tante erhob sich und kam uns entgegen; der Pastor stand gleichfalls von seinem Sitze auf, blieb aber im Hintergrunde stehen.

Was ich erwartet hatte, geschah: Als ich die alte Frau umarmte, brachen wir beide, sie und ich, in lautes Schluchzen aus. Auch Friedrich blieb nicht trockenen Auges, indem er die Trauernde an sein Herz drückte. Gesprochen wurde in dieser ersten Minute gar nichts. Was man in solchen Augenblicken – beim ersten Wiedersehen nach einem schweren Unglücksfall – zu sagen hat, das drücken Tränen vollständig aus …

Sie führte uns an ihren Sitzplatz zurück und wies uns nebenstehende Sessel an. Dann, nachdem sie die Augen getrocknet:

»Mein Neffe, Oberst Baron Tilling – Herr Militäroberpfarrer und Konsistorialrat Mölser«, stellte sie vor.

Stumme Verneigungen wurden gewechselt.

»Mein Freund und geistlicher Berater«, ergänzte sie, »der es sich angelegen sein lässt, mich in meinem Schmerze aufzurichten.«

»Dem es aber leider noch nicht gelungen ist, Ihnen die richtige Ergebung, die richtige Freudigkeit des Kreuztragens beizubringen, geschätzte Freundin«, sagte jener. »Warum musste ich eben einen neuerlichen, so mattherzigen Tränenerguss sehen?«

»Ach, verzeihen Sie mir! Als ich meinen Neffen und seine liebe junge Frau zum letzten Mal sah, da war mein Gottfried …«

Sie konnte nicht weiterreden.

»Da war Ihr Sohn noch auf dieser sündigen Welt, allen Versuchungen und Gefahren ausgesetzt, während er jetzt in den Schoß des Vaters eingegangen ist, nachdem er den rühmlichsten, seligsten Tod für König und Vaterland gefunden hat. Sie, Herr Oberst«, wandte er sich nun an meinen Mann, »die Sie mir eben auch als Soldat vorgestellt wurden, können mir helfen, dieser gebeugten Mutter den Trost zu geben, dass das Schicksal Ihres Sohnes ein Beneidenswertes ist. Sie müssen es wissen, welche Todesfreudigkeit den tapferen Krieger beseelt – der Entschluss, sein Leben auf dem Altar des Vaterlandes zum Opfer zu bringen, verklärt ihm alles Scheideweh, und wenn er im Sturm der Schlacht, beim

Donner der Geschütze sinkt, so erwartet er, zu der großen Armee versetzt zu werden und dabei zu sein, wenn der Herr der Heerscharen droben Heerschau hält. Sie, Herr Oberst, sind unter jenen zurückgekehrt, welchen die göttliche Vorsehung den gerechten Sieg verliehen …«

»Verzeihen Sie, Herr Konsistorialrat – ich habe in österreichischen Diensten gestanden.«

»O, ich dachte ... Ah so ...«, entgegnete der andere ganz verwirrt. »Auch eine prächtige, tapfere Armee, die österreichische.«

Er stand auf.

»Doch ich will nicht länger stören ... Die Herrschaften wollen gewiss von Familienangelegenheiten sprechen. Leben Sie wohl, gnädige Frau – in einigen Tagen will ich wiederkommen ... Bis dahin erheben Sie Ihre Gedanken zu dem Allerbarmer, ohne dessen Wille kein Haar von unserem Haupte fällt und welcher jenen, die ihn lieben, alle Dinge zum Besten dienen lässt, auch Trübsal und Leid, auch Not und Tod. Ich empfehle mich ergebenst.«

Meine Tante schüttelte ihm die Hand:

»Hoffentlich sehe ich Sie bald? Recht bald, ich bitte …«

Er verneigte sich gegen uns alle und wollte der Türe zuschreiten. Friedrich aber hielt ihn auf:

»Herr Konsistorialrat – dürfte ich eine Bitte an Sie richten?«

»Sprechen Sie, Herr Oberst.«

»Ich entnehme Ihren Reden, dass Sie ebenso sehr von religiösem wie von militärischem Geiste durchdrungen sind. Da könnten Sie mir einen großen Gefallen erweisen …«

Ich horchte gespannt auf. Wo wollte Friedrich nur hinaus?

»Meine kleine Frau hier«, fuhr er fort, »ist nämlich mit allerlei Skrupel und Zweifel erfüllt. Sie meint, dass vom christlichen Standpunkte aus der Krieg nicht recht zulässig sei. Ich weiß zwar das Gegenteil – denn nichts hält mehr zusammen als der Priester- und der Soldatenstand – aber mir fehlt die Beredsamkeit, dies meiner Frau klarzumachen. Würden Sie sich nun herbeilassen, Herr Konsistorialrat, uns morgen oder übermorgen eine Stunde der Unterredung zu schenken, um …«

»O, sehr gern«, unterbrach der Geistliche. »Wollen Sie mir Ihre Adresse …?«

Friedrich gab ihm seine Karte und es wurde sogleich Tag und Stunde des erbetenen Besuches festgesetzt.

Hierauf blieben mir mit der Tante allein.

»Gewährt dir der Zuspruch dieses Freundes wirklich Trost?«, fragte sie Friedrich.

»Trost? Den gibt es für mich hienieden nicht mehr. Aber er spricht so viel und so schön von den Dingen, von welchen ich jetzt am liebsten höre – von Tod und Trauer, von Kreuz und Opfer und Entsagung ... Er schildert die Welt, die mein armer Gottfried verlassen musste und von welcher auch ich mich wegsehne, als ein solches Tal des Jammers, der Verderbnis, der Sünde, des zunehmenden Verfalles ... und da erscheint es mir denn weniger traurig, dass mein Kind abberufen worden. – Er ist ja im Himmel und hier auf dieser Erde …«

»Walten oft Höllengewalten, das ist wahr – das habe ich jetzt wieder in der Nähe gesehen«, erwiderte Friedrich nachdenklich.

Hierauf wurde er von der armen Frau über die beiden Feldzüge ausgefragt, wovon er den einen mit – den anderen gegen – Gottfried mitgemacht.

Er musste hundert Einzelheiten anführen und konnte dabei der beraubten Mutter denselben Trost geben, den er einst mir aus dem italienischen Kriege gebracht: nämlich, dass der Betrauerte eines raschen und schmerzlosen Todes gestorben sei. Es war ein langer, trauriger Besuch. Auch die ganzen Einzelheiten der schaurigen Cholerawoche habe ich da wiedererzählt und meine Erlebnisse auf den böhmischen Schlachtfeldern. Eh' wir sie verließen, führte uns die Tante noch in Gottfrieds Zimmer, wo ich beim Durchlesen des oben angeführten Briefes – von dem ich mir später eine Abschrift erbat – von Neuem bittere Tränen vergießen musste.

»Jetzt erkläre mir«, sagte ich zu Friedrich, als wir unseren vor Frau von Tessows Wohnung wartenden Wagen bestiegen, »warum du den Konsistorialrat …«

»Zu einer Konferenz mit dir gebeten? Verstehst du nicht? Das soll mir als Studienmaterial dienen. Ich will wieder einmal hören – und diesmal notieren – mit welchen Argumenten die Priester den Völkermord verteidigen. Als Führerin des Streites habe ich dich vorgeschoben. Einer jungen Frau geziemt es besser, vom christlichen Standpunkte aus Zweifel über die Berechtigung des Krieges zu hegen als einem ›Herrn Oberst‹.«

»Du weißt aber, dass wir solche Zweifel nicht vom religiösen, sondern vom humanen Standpunkt …«

»Diesen müssen wir dem Herrn Konsistorialrat gegenüber gar nicht hervorkehren, sonst würde die Streitfrage auf ein anderes Feld verlegt. Die Friedensbestrebungen der Freidenkenden leiden an keinem inneren Widerspruch, und gerade den Widerspruch, welcher zwischen den Satzungen der Christenliebe und den Geboten der Kriegsführung besteht, wollte ich von einem militärischen Oberpfarrer – d. h. also von einem Vertreter christlichen Soldatentums – erläutern hören.«

Der Geistliche stellte sich pünktlich ein. Offenbar war ihm die Aussicht verlockend, eine belehrende und bekehrende Predigt vorbringen zu können. Ich hingegen blickte der Unterredung mit etwas peinlichen Gefühlen entgegen, denn es fiel mir darin eine unaufrichtige

Rolle zu. Aber zum Wohle der Sache, welcher Friedrich fortan seine Dienste geweiht, konnte ich mir schon einige Überwindung auferlegen und mich mit dem Satze trösten: Der Zweck heiligt das Mittel.

Nach den ersten Begrüßungen – wir saßen alle drei auf niederen Lehnstühlen in der Nähe des Ofens – begann der Konsistorialrat also:

»Lassen Sie mich auf den Zweck meines Besuches eingehen, gnädige Frau. Es handelt sich darum, aus Ihrer Seele einige Skrupel zu bannen, welche nicht ohne scheinbare Berechtigung sind, welche aber leicht als Sophismen dargelegt werden können. Sie finden z. B., dass das Gebot Christi, man solle seine Feinde lieben, und ferner der Satz: ›Wer das Schwert nimmt, soll durch das Schwert umkommen‹ in Widerspruch zu den Pflichten des Soldaten stehen, der ja doch bemächtigt ist, den Feind an Leib und Leben zu schädigen …«

»Allerdings, Herr Konsistorialrat, dieser Widerspruch scheint mir unlöslich. Es kommt auch noch das ausdrückliche Gebot des Dekalogs hinzu: ›Du sollst nicht töten.‹«

»Nun ja – auf der Oberfläche beurteilt, liegt hierin eine Schwierigkeit; aber wenn man in die Tiefe dringt, so schwinden die Zweifel. Was das fünfte Gebot anbelangt, so würde es richtiger heißen (und ist auch in der englischen Bibelausgabe so übertragen): ›Du sollst nicht *morden.*‹ Die Tötung zur Notwehr ist aber kein Mord. Und der Krieg ist ja doch nur die Notwehr im Großen. Wir können und müssen, der sanften Mahnung unseres Erlösers gemäß, die Feinde lieben; aber das soll nicht heißen, dass wir offenbares Unrecht und Gewalttätigkeiten nicht sollten abwehren dürfen.«

»Dann kommt es also immer darauf hinaus, dass nur Verteidigungskriege gerecht seien, und ein Schwertstreich nur dann geführt werden darf, wenn der Feind ins Land fällt? Die gegnerische Nation aber geht von demselben Grundsatz aus – wie kann da überhaupt der Kampf beginnen? In dem letzten Kampfe war es Ihre Armee, Herr Konsistorialrat, welche zuerst die Grenze überschritt und …«

»Wenn man den Feind abwehren will, meine Gnädige – wozu man das heiligste Recht hat, so ist es durchaus nicht nötig, die günstige Zeit zu versäumen und erst zu warten, bis er uns ins Land gefallen, sondern es muss unter Umständen dem Landesherrn freistehen, dem Gewaltsamen, Ungerechten zuvorzukommen. Dabei befolgt er eben das geschriebene Wort: ›Wer das Schwert nimmt, soll durch das Schwert umkommen.‹ Er stellt sich als Gottes Diener und Rächer über den Feind, indem er trachtet, denjenigen, der gegen ihn das Schwert nimmt, durch das Schwert umkommen zu lassen.«

»Da muss irgendwo ein Trugschluss stecken«, sagte ich kopfschüttelnd. »Diese Gründe können doch unmöglich, für *beide* Parteien gleich rechtfertigend sein …«

»Was ferner den Skrupel betrifft«, fuhr der Geistliche fort, ohne meine Anrede zu beachten, »dass der Krieg an und für sich Gott missfällig sei, so fällt dieser bei jedem bibelfesten Christen weg, denn die Heilige Schrift zeigt zur Genüge, dass der Herr dem Volke Israel selber befohlen hat, Kriege zu führen, um das Gelobte Land zu erobern, und er verlieh seinem Volke Sieg und Segen dazu. 4. Mose 21, 14 ist die Rede von einem eigenen Buche der Kriege Jehovas. Und wie oft wird in den Psalmen die Hilfe gerühmt, die Gott seinem Volke im Kriege angedeihen ließ. Kennen Sie nicht Salomos Spruch (22, 31):

Das Ross steht gerüstet für den Tag der Schlacht,

Aber von dem Herrn kommt der Sieg.

Im 44. Psalm dankt und lobt David den Herrn, seinen Hort, der ›seine Hände lehrt streiten und seine Fäuste kriegen‹.«

»So herrscht denn der Widerspruch zwischen dem Alten und dem Neuen Testament: Der Gott der alten Hebräer war ein kriegerischer, aber der sanfte Jesus verkündete die Botschaft des Friedens und lehrte Nächsten- und Feindesliebe?«

»Auch im Neuen Testament spricht Jesus im Gleichnis Lukas 14, 31 ohne jeglichen Tadel von einem König, der sich mit einem anderen König in den Krieg begeben will. Wie oft gebraucht auch der Apostel Paulus Bilder aus dem Kriegsleben. Er sagt (Römer 13, 4), dass die Obrigkeit das Schwert nicht umsonst trägt, sondern Gottes Diener und ein Rächer ist über den, der Böses tut.«

»Nun also – dann liegt in der Heiligen Schrift selber der Widerspruch, den ich meine. Indem Sie mir zeigen, dass derselbe in der Bibel auch zu finden ist, räumen Sie ihn nicht weg.«

»Da sieht man die oberflächliche und zugleich anmaßende Urteilsweise, welche die eigene, schwache Vernunft über Gottes Wort erheben will. Widerspruch ist etwas Unvollkommenes, Ungöttliches; indem ich also nachweise, dass ein Ding in der Bibel vorkommt, ist der Beweis erbracht, dass es in sich – mag es der menschlichen Einsicht noch so unverständlich sein – keinen Widerspruch enthalten kann.«

»Wenn nicht vielmehr durch das Vorhandensein des Widerspruchs der Nachweis geführt wäre, dass die betreffenden Stellen unmöglich göttlichen Ursprungs sind.«

Diese Antwort schwebte mir auf den Lippen, doch habe ich sie unterdrückt, um das Streitobjekt nicht gänzlich zu verrücken.

»Sehen Sie, Herr Konsistorialrat«, mischte sich jetzt Friedrich in das Gespräch, »noch viel kräftiger als Sie hat ein Oberststückhauptmann im 17. Jahrhundert die Zulässigkeit der Kriegsgräuel durch Berufung auf die Bibel dargetan. Ich habe mir das Schriftstück aufgehoben und auch meiner Frau schon vorgelesen; sie wollte sich aber mit dem darin ausgesprochenen Geiste nicht befreunden. Ich gestehe, mir kommt das Ding auch etwas – stark vor ... und ich möchte gern Ihre Ansicht darüber hören. Wenn Sie erlauben, so bringe ich das Dokument.«

Er holte aus einem Schubfach ein Papier hervor, entfaltete es und las:

Der Krieg ist von Gott selbst inventieret und den Menschen gelehret worden. Den ersten Soldaten setzte Gott ein mit einem zweischneidigen Schwert vor das Paradies, um dem ersten Rebellen, Adam, solches zu verbieten. Im Deuteronomium ist zu lesen, wie Gott sein Volk durch Moses zum Sieg encouragieren lässt und ihnen sogar seine Priester als Avantgarde gibt.

Das erste Stratagema ward der Stadt Hai beigebracht. In diesem Judenkrieg musste die Sonne zwei ganze Tage aneinander am Firmament stehend leuchten, damit der Krieg und die Victori konnte persequieret und viele Tausende erschlagen und die Könige aufgehängt werden.

Alle Kriegsgräuel sind vor Gott gebilligt, denn die ganze Heilige Schrift ist voll davon und beweiset genugsam, dass der rechtmäßige Krieg von Gott selbst inventieret, dass also ein jeder Mensch von gutem Gewissen in demselben dienen, leben und sterben kann. Seine Feinde mag er verbrennen oder versengen, schinden, niederstoßen oder in Stücke zerhauen – es ist alles recht –, mögen andere daran judizieren, was sie wollen: Gott hat nichts verboten, sondern die grausamsten Manieren, Menschen umzubringen, gebilliget.

Die Prophetin Deborah nagelte dem Kriegsobersten Sissara den Kopf am Erdboden an. Gideon, der von Gott verordnete Führer des Volkes, rächt sich an den Obersten zu Senhot, die ihm etwas Proviant verweigert hatten, soldatisch: Galgen und Rad, Schwert und Feuer waren zu schlecht, sie wurden mit Dornen gedroschen und zerrissen – gleichwohl war es recht vor den göttlichen Augen. Der königliche Prophet David, ein Mann nach dem Herzen Gottes, inventierte die grausamsten Martern über die schon überwundenen Kinder Ammon zu Rabboth: Er ließ sie mit Säbeln zerschneiden, mit eisernen Wagen über sie fahren, zerschnitt sie mit Messern, zog sie hierdurch, wie man Ziegelsteine formieret, und also tat er in allen Städten der Kinder Ammon. Ferner hat …

»Das ist gräulich, das ist abscheulich!«, unterbrach der Oberpfarrer. »Nur einem rohen Söldling aus der verwilderten Zeit des Dreißigjährigen Krieges sieht es gleich, solche Beispiele aus der Bibel heranzuziehen, um darauf die Berechtigung der Grausamkeit gegen den Feind zu stützen. Wir verkünden jetzt ganz andere Lehren: Im Kriege darf weiter nichts erstrebt werden als die Unschädlichmachung des Gegners – bis zum Tode – ohne böswillige Absicht gegen das Leben eines Einzelnen. Tritt solche Absicht oder gar Mordlust und Grausamkeit gegen Wehrlose ein, dann ist das Töten im Kriege gerade so unmoralisch und unzulässig wie im Frieden. Ja, in vergangenen Jahrhunderten, wo Landsknechtsführer und fahrendes Volk den Krieg als Handwerk betrieben, da konnte der Oberststückhauptmann solches schreiben; aber heutzutage wird nicht für Sold und Beute und nicht ohne zu wissen, gegen wen und warum zu Felde gezogen, sondern für die höchsten idealen Güter der Menschheit – für Freiheit, Selbstständigkeit, Nationalität – für Recht, Glaube, Ehre, Zucht und Sitte …«

»Sie, Herr Konsistorialrat«, warf ich ein, »sind jedenfalls sanfter und menschlicher als der Stückhauptmann; Sie haben daher aus der Bibel keine Belege beizubringen für die Statthaftigkeit der Gräuel, an welchen unsere mittelalterlichen Vorfahren und vermutlich noch mehr die alten Hebräer ihre Lust hatten; aber es ist doch dasselbe Buch und derselbe Jehova, der nicht sanfter geworden sein kann, von dem aber jeder nur so viel Bestätigung sich holt, als es zu seiner Anschauung passt.«

Auf dieses hin erhielt ich eine kleine Strafpredigt über meinen Mangel an Ehrerbietung dem Worte Gottes gegenüber und über meinen Mangel an Urteil bei dessen Auslegung.

Es gelang mir jedoch, das Gespräch wieder auf unser eigentliches Thema zurückzuleiten, und jetzt erging sich der Konsistorialrat in lange, diesmal ununterbrochen bleibende Ausführungen über den Zusammenhang zwischen soldatischem und christlichem Geiste; er sprach von der religiösen Weihe,

»die dem Fahneneid innewohnt, wenn die Standarten mit Musikbegleitung feierlich in die Kirche getragen werden unter der Ehrenbedeckung zweier Offiziere mit gezogenem Degen; da tritt der Rekrut zum ersten Mal öffentlich mit Helm und Seitengewehr auf und zum ersten Mal folgt er der Fahne seines Truppenteils, die jetzt entfaltet ist vor dem Altare des Herrn, zerfetzt wie sie ist und geschmückt mit dem Ehrenzeichen der Schlachten, in der sie getragen worden.«

Er sprach von der allsonntäglichen kirchlichen Fürbitte:

»Beschütze das königliche Kriegsheer und alle treuen Diener des Königs und des Vaterlandes. Lehre sie, wie Christen ihres Eides gedenken, und lass dann ihre Dienste gesegnet sein zu deiner Ehre und des Vaterlandes Besten. ›Gott mit uns‹ ist ja auch die Inschrift auf der Gürtelschnalle, mit der der Infanterist sein Seitengewehr sich umgürtet, und diese Losung soll ihm Zuversicht geben. Ist Gott mit uns – wer mag wider uns sein? Da sind auch die allgemeinen Landes-, Buß- und Bettage, die beim Beginn eines Krieges ausgeschrieben werden, damit das Volk im Gebete des Herrn Hilfe erflehe, zugleich in der getrosten Hoffnung auf seinen Beistand und im Vertrauen auf den durch diesen Beistand zu erlangenden glücklichen Ausgang. Welche Weihe liegt für den ausziehenden Krieger darin – wie mächtig hebt dies seine Kampfes- und Todesfreudigkeit! Er kann getrost, wenn ihn sein König ruft, in die Reihen der Kämpfer treten und auf Sieg und Segen für die gerechte Sache rechnen; Gott der Herr wird dieselben unserem Volke ebenso wenig entziehen wie einst seinem Volke Israel, wenn wir nun zu ihm betend die Arbeit des Kampfes tun. Der innige Zusammenhang zwischen Gebet und Sieg, zwischen Frömmigkeit und Tapferkeit ergibt sich leicht – denn was kann mehr Freudigkeit im Angesicht des Todes gewähren als die Zuversicht, wenn im Schlachtgewühl die letzte Stunde schlägt, vor dem himmlischen Richter Gnade zu finden? Treue und Glauben in Verbindung mit Mannhaftigkeit und Kriegstüchtigkeit gehören zu den ältesten Traditionen unseres Volkes.«

In diesem Tone ging es noch lange fort: bald in öliger Milde, gesenkten Hauptes, mit sanftem Tonfall von Liebe, Himmel, Demut, »Kindlein«, Heil und »köstlichen Dingen«; bald mit militärischer Kommandostimme, bei stolz in die Brust geworfener Haltung, von strenger Sitte und strammer Zucht – scharf und schneidig – Schwert und Wehr. Das Wort »Freude« wurde nicht anders als in den Zusammensetzungen Todes-, Kampfes- und Sterbensfreudigkeit gebraucht. Vom feldprobstlichen Standpunkt scheinen eben Töten und Getötetwerden als die vornehmsten Lebensfreuden zu gelten. Alles Übrige ist erschlaffende, sündhafte Lust. Auch Verse wurden deklamiert. Zuerst das Körnersche:

Vater, du führe mich,
Führ mich zum Siege, führ mich zum Tode!
Herr, ich erkenne deine Gebote.
Herr, wie du willst, so führe mich,
Gott, ich erkenne dich!

Dann das alte Volkslied aus dem Dreißigjährigen Kriege:

Kein sel'ger Tod ist in der Welt,
Als wie vom Feind erschlagen,
Auf grüner Au, im freien Feld,
Darf nicht hören groß Wehklagen.
Im engen Bett, da einer allein
Muss an den Todesreih'n,
Hier aber find't er Gesellschaft sein –
Fallen wie Kraut im Maien.

Ferner das Lenausche Lied vom kriegslustigen Waffenschmied:

Friede hat das Menschenleben
Still verwahrlost, sanft verwüstet,
Wie er seiner Tat sich brüstet,
Alles hängt voll Spinneweben ...
Ha! Nun fährt der Krieg dazwischen,
Klafft und gähnt auch manche Wunde,

Gähnt man selt'ner mit dem Munde,
Kampf und Tod die Welt erfrischen.

Und schließlich noch das Wort Luthers:

Sehe ich den Krieg an als ein Ding, das Weib, Kind, Haus, Hof, Gut und Ehre schützt und Frieden damit erhält und bewahrt, so ist er eine gar köstliche Sache.

»Nun ja – sehe ich den Panther als eine Taube an, so ist der Panther ein gar sanftes Tierchen«, bemerkte ich ungehört.

Gern hätte ich auch auf seine poetischen Ergüsse die Worte Bodenstedts entgegnet:

Ihr mögt von Kriegs- und Heldenruhm
So viel und wie ihr wollt verkünden,
Nur schweigt von eurem Christentum,
Gepredigt aus Kanonenschlünden.
Bedürft ihr Proben eures Muts,
So schlagt euch wie die Heiden weiland.
Vergießt so viel ihr müsst des Bluts,
Nur redet nicht dabei vom Heiland.
Noch gläubig schlägt das Türkenheer
Die Schlacht zum Ruhme seines Allah,
Wir haben keinen Odin mehr,
Tod sind die Götter der Walhalla.
Seid was ihr wollt, doch ganz und frei
Auf dieser Seite wie auf jener,
Verhasst ist mir die Heuchelei
Der kriegerischen Nazarener.

Aber unser »kriegerischer Nazarener« sah nicht, was in meinem Geiste vorging; er ließ sich in seinem Redefluss nicht irre machen, und als er sich empfahl, da hatte er das Bewusstsein, mich zweier Dinge überführt zu haben: dass der Krieg vom christlichen Standpunkte aus ein gerechtfertigter – und an und für sich eine köstliche Sache sei. Durch diesen rhetorischen Sieg seiner Berufspflicht nachgekommen zu sein und damit dem fremden Herrn Obersten einen beträchtlichen Dienst erwiesen zu haben, war ihm sichtlich sehr befriedigend, denn als er sich zum Gehen erhob und wir ihm unseren Dank für die bereitwillige Bemühung aussprachen, erwiderte er abwehrend:

»Es ist an mir, Ihnen zu danken, mir die Gelegenheit geboten zu haben, durch mein schwaches Wort, dessen ganze Wirksamkeit dem vielfach herangezogenen Worte Gottes zuzuschreiben ist, solche Zweifel zu verscheuchen, welche sowohl der Christin als der Soldatenfrau nur quälend sein mussten. Der Friede sei mit Ihnen!«

»Ach!«, stöhnte ich, nachdem er sich entfernt hatte. »Das war eine Qual!«

»Ja, das war es«, bestätigte Friedrich. »Besonders unsere Unaufrichtigkeit war mir nicht behaglich – die falsche Voraussetzung nämlich, unter welcher wir ihn zur Entfaltung seiner Beredsamkeit bewogen haben. Einen Augenblick drängte es mich, ihm zu sagen: Halten Sie ein, hochwürdiger Herr, ich selber hege die gleichen Ansichten gegen den Krieg wie meine Frau, und was Sie sprechen, soll mir nur dazu dienen, die Schwäche Ihrer Argumente näher zu untersuchen. Aber ich schwieg. Wozu eines redlichen Mannes Überzeugung – eine Überzeugung, die noch dazu die Grundlage seines Lebensberufes ist – verletzen?«

»Überzeugung? Bist du dessen sicher? Glaubt er wirklich, die Wahrheit zu sprechen, oder betört er seine Soldatengemeinde absichtlich, wenn er ihr den sicheren Sieg verspricht, durch den Beistand eines Gottes, von dem er doch wissen muss, dass er von dem Feinde geradeso angerufen wird? Diese Berufungen auf ›unser Volk‹, auf ›unsere‹ als die einzig gerechte Sache, die zugleich Gottes Sache ist, die waren doch nur möglich zu einer Zeit, da ein Volk von allen übrigen Völkern abgeschlossen, sich für das einzig Daseinsberechtigte, das einzig Gottgeliebte hielt. Und dann diese Vertröstungen auf den Himmel, um desto leichter die Hingebung des irdischen Lebens zu erlangen, alle diese Zeremonien – Weihen, Eide, Gesänge –, welche in der Brust des in den Krieg Befohlenen die so beliebte ›Todesfreudigkeit‹ erwecken sollen, ist das nicht …«

»Alles hat zwei Seiten, Martha«, unterbrach Friedrich. »Weil wir den Krieg verwünschen, erscheint uns alles, was ihn stützt und verschönt, was seine Schrecken verschleiert, hassenswert.«

»Ja, natürlich, denn dadurch wird das Gehasste erhalten.«

»Nicht dadurch allein ... Alte Einrichtungen stehen mit tausend Fasern festgewurzelt, und solang sie da waren, war's doch auch gut, dass diejenigen Gefühle und Gedanken bestanden, durch die sie verschönt – durch die sie nicht nur erträglich, sondern sogar beliebt gemacht wurden. Wieviel armen Teufeln half jene anerzogene ›Todesfreudigkeit‹ über das Sterbensweh hinweg; wieviel fromme Seelen bauen vertrauensvoll auf die ihnen vom Prediger zugesicherte Gotteshilfe; wieviel unschuldige Eitelkeit und stolzes Ehrgefühl ward nicht durch jene Zeremonien geweckt und befriedigt, wieviel Herzen schlugen nicht höher bei den Klängen jener Gesänge? Von allem Leid, das der Krieg über die Menschen gebracht hat, ist doch wenigstens jenes Leid abzurechnen, welches wegzusingen und wegzulügen den Kriegsbarden und den Feldgeistlichen gelungen ist.«

3

Wir wurden von Berlin sehr plötzlich wieder abberufen. Eine Depesche meldete mir, dass Tante Marie schwer erkrankt sei und uns zu sehen wünsche.

Ich fand die alte Frau von den Ärzten aufgegeben.

»Jetzt ist die Reihe an mir«, sagte sie. »Eigentlich gehe ich recht gern ... Seit mein armer Bruder und seine drei Kinder hinweggerafft wurden, hat es mich ohnehin auf dieser Welt nicht mehr gefreut – von diesem Schlag konnte ich mich nie mehr erholen. Drüben werde ich die anderen wiederfinden ... Konrad und Lilli sind dort auch vereint ... Es war ihnen nicht bestimmt, auf Erden vereint zu werden.«

»Wäre zu rechter Zeit abgerüstet worden ...«, wollte ich zu widersprechen beginnen, aber ich hielt mich zurück: Mit dieser Sterbenden konnte ich doch keinen Streit anheben und doch nicht an ihrer Lieblingstheorie »Bestimmung« zu rütteln versuchen.

»Ein Trost ist mir«, fuhr sie fort, »dass wenigstens du glücklich zurückbleibst, liebe Martha. Dein Mann ist aus zwei Feldzügen zurückgekehrt – die Cholera hat euch verschont – es hat sich deutlich erwiesen, dass ihr bestimmt seid, miteinander alt zu werden ... Trachte nur, aus dem kleinen Rudolf einen guten Christen und einen guten Soldaten heranzuziehen, damit sein Großvater noch da oben seine Freude an ihm haben möge.«

Auch darüber schwieg ich lieber, dass ich fest entschlossen war, aus meinem Sohne keinen Soldaten zu machen.

»Ich werde unaufhörlich für euch beten ... damit ihr lange und zufrieden lebt.«

Natürlich hob ich den Widerspruch nicht auf, dass eine »unverrückbare Bestimmung« durch den Einfluss unaufhörlichen Betens zum Guten gelenkt werden solle, doch unterbrach ich die Arme, indem ich sie bat, sich mit Sprechen nicht anzustrengen, und erzählte ihr, um sie zu zerstreuen, von unseren Schweizer und Berliner Erlebnissen. Ich berichtete, dass wir auch mit Prinz Heinrich zusammengekommen und dass derselbe in seinem Schlosspark dem Andenken der ebenso schnell gewonnenen wie wieder verlorenen Braut ein Marmordenkmal aufrichten lasse.

Nach drei Tagen, ergeben und gefasst, mit den selbstverlangten, andächtig empfangenen Sterbesakramenten versehen, entschlief meine arme Tante Marie; und so waren denn alle die Meinen, alle, in deren Mitte ich aufgewachsen, von der Erde geschieden ... In ihrem Testament war als Universalerbe ihres kleinen Vermögens mein Sohn Rudolf eingesetzt und zum Vormund Minister »Allerdings« bestellt.

Dieser Umstand brachte mich nun in häufige Berührung mit diesem einstigen Freunde meines Vaters. Er war auch ziemlich der Einzige, der unser Haus besuchte. Die tiefe Trauer, in welche mich die Grumitzer Unglückswoche versetzt hatte, brachte es selbstverständlich mit sich, dass ich ganz zurückgezogen lebte. Unser Plan, nach Paris zu übersiedeln, konnte erst ausgeführt werden, wenn alle meine Geschäfte in Ordnung gebracht waren, was jedenfalls noch einige Monate in Anspruch nehmen musste.

Unser Freund, der Minister, welcher beinahe unseren einzigen Umgang bildete, hatte in der letzten Zeit seinen Abschied genommen oder bekommen – das habe ich nie ergründen können –, kurz, er hatte sich ins Privatleben zurückgezogen, liebte es aber noch immer, sich mit Politik zu beschäftigen. Er wusste stets das Gespräch auf dieses sein Lieblingsthema zu lenken, und wir gaben ihm auch willig die Replik. Da sich Friedrich jetzt so eifrig mit dem Studium des Völkerrechts befasste, so war ihm jede Diskussion willkommen, welche dieses Gebiet streifte. Nach dem Speisen pflegten die beiden Herren sich in ein langes politisches Gespräch zu vertiefen, wobei mein Mann es jedoch vermied, dieses Gespräch in die ihm so verhasste Kannegießerei ausarten zu lassen, sondern bemüht war, dasselbe auf verallgemeinernde Standpunkte zu lenken. Hierin konnte ihm »Allerdings« allerdings nicht immer folgen, denn in seiner Eigenschaft als eingewurzelter Diplomat und Bürokrat hatte er sich angewöhnt, die sogenannte »praktische Politik« oder »Realpolitik« zu betreiben – ein Ding, welches ja nur auf die nächstliegenden Sonderinteressen gerichtet ist und von den theoretischen Fragen der Gesellschaftskunde nichts weiß.

Ich saß daneben, mit einer Handarbeit beschäftigt und mischte mich nicht in das Gespräch, was dem Herrn Minister ganz natürlich schien, denn bekanntlich ist für Frauen die Politik »viel zu hoch«; er war überzeugt, dass ich dabei an andere Dinge dachte, während ich – im Gegenteil – sehr aufmerksam zuhörte, da es meines Amtes war, mir so gut wie möglich den Wortlaut dieser Dialoge in das Gedächtnis zu prägen, um dieselben hernach in die roten Hefte einzutragen. Friedrich machte von seinen Gesinnungen kein Hehl, obwohl er wusste, welche undankbare Rolle es ist, gegen das allgemein Geltende sich aufzulehnen und Ideen zu vertreten, solange dieselben noch in jenem Stadium sind, wo sie – wenn nicht als umstürzlerisch verdammt – so doch als fantastisch verlacht werden.

»Ich kann Ihnen heute eine interessante Nachricht mitteilen, lieber Tilling«, sagte der Minister eines Nachmittags mit wichtiger Miene. »Man geht in Regierungskreisen, das heißt im Kriegsministerium, mit der Idee um, auch bei uns die allgemeine Wehrpflicht einzuführen.«

»Wie? Dasselbe System, welches vor dem Krieg bei uns so allgemein geschmäht und verspottet wurde? ›Bewaffnete Schneidergesellen‹ und so weiter?«

»Allerdings hatten wir vor kurzer Zeit ein Vorurteil dagegen – aber es hat sich bei den Preußen doch bewährt, das müssen Sie zugestehen. Und eigentlich – vom moralischen Standpunkt, selbst vom demokratischen und liberalen Standpunkt, für welchen Sie mitunter zu schwärmen scheinen – ist es doch eine gerechte und erhebende Sache, wenn jeder Sohn des Vaterlandes, ohne Rücksicht auf Stand und Bildungsstufe, die gleichen Pflichten zu erfüllen hat. Und vom strategischen Standpunkt: Hätte das kleine Preußen jemals siegen können, wenn es die Landwehr nicht gehabt hätte – und wäre diese bei uns schon eingeführt gewesen, wären wir jemals besiegt worden?«

»Das heißt also, wenn wir ein größeres Material gehabt hätten, so hätte dem Feinde das seine nichts genützt. Ergo– wenn überall die Landwehr eingeführt wird, ist sie für niemanden mehr zum Vorteil. Das Kriegsschauspiel wird mit mehr Figuren gespielt, die Partie hängt aber doch wieder von dem Glück und der Geschicklichkeit der Spieler ab. Ich setze den Fall, alle europäischen Mächte führen die allgemeine Wehrpflicht ein, so bliebe das Machtverhältnis genau dasselbe – der Unterschied wäre nur der, dass, um zur Entscheidung zu gelangen, statt Hunderttausende Millionen hingeschlachtet werden müssten.«

»Finden Sie es aber gerecht und billig, dass nur ein Teil der Bevölkerung sich opfere, um die höchsten Güter der anderen zu verteidigen, und diese anderen, zumal wenn sie reich sind, ruhig zu Hause bleiben dürfen? Nein, nein – mit dem neuen Gesetz wird das aufhören. Da gibt es kein Loskaufen mehr – da muss jeder mittun. Und gerade die Gebildeten, die Studenten, solche, die etwas gelernt haben, die geben intelligente und daher auch sieghafte Elemente ab.«

»Bei dem Gegner sind dieselben Elemente vorhanden – also heben sich die durch gebildete Unteroffiziere zu gewinnenden Vorteile auf. Dagegen bleibt – gleichfalls auf beiden Seiten – der Verlust an unschätzbarem geistigen Material, welches dem Lande dadurch entzogen wird, dass die Gebildetsten – diejenigen, welche durch Erfindungen, Kunstwerke oder wissenschaftliche Forschungen die Kultur gefördert hätten – in Reih und Glied als Zielscheiben feindlicher Geschütze aufgestellt werden.«

»Ach was – zu dem Erfindungenmachen und Kunstwerkproduzieren und Schädelknochen-Untersuchungen – alles Dinge, welche die Machtstellung des Staates um kein Quentchen vergrößern – dazu bleibt den Leuten noch immer Zeit. Sie brauchen ja nicht ihr ganzes Leben lang dienen – aber ein paar Jahre strammer Zucht, die tun sicherlich allen gut und machen sie zur Ausübung ihrer übrigen Bürgerpflichten nur desto befähigter. Blutsteuer müssen wir nun einmal zahlen – also soll sie unter allen gleich verteilt werden.«

»Wenn durch diese Verteilung auf den Einzelnen weniger käme, so hätte das etwas für sich. Das wäre aber nicht der Fall – die Blutsteuer würde da nicht verteilt, sondern vermehrt. Ich hoffe, das Projekt dringt nicht durch. Es ist unabsehbar, wohin das führte. Eine Macht wollte dann die andere an Heeresstärke überbieten, und endlich gäbe es keine Armeen mehr, sondern nur bewaffnete Völker. Immer mehr Leute würden zum Dienst herangezogen, immer länger würde die Dauer der Dienstzeit, immer größer die Kriegssteuerkosten, die Bewaffnungskosten ... Ohne miteinander zu fechten, würden sich die Nationen durch Kriegsbereitschaft alle selber zu Grunde richten.«

»Aber lieber Tilling, Sie denken zu weit!«

»Man kann niemals zu weit denken. Alles, was man unternimmt, muss man bis zu seinen letzten Konsequenzen – wenigstens so weit, wie der Geist reicht, auszudenken wagen. Wir verglichen vorhin den Krieg mit dem Schachspiel – auch die Politik ist ein solches, Exzellenz, und das sind gar schwache Spieler, welche nicht weiterdenken als einen Zug, und sich schon freuen, wenn sie sich so gestellt haben, dass sie einen Bauer bedrohen. Ich will den Gedanken der sich unablässig steigernden Wehrmacht und der Verallgemeinerung der Dienstpflicht sogar noch weiter ausspinnen bis zu der äußersten Grenze – bis zu jener nämlich, wo das Maß übergeht. Wie dann, wenn, nachdem die größten Massen und die äußersten Altersgrenzen erreicht sind, es einer Nation einfiele, auch Regimenter von Frauen aufzustellen? Die anderen müssten es nachahmen. Und in der Bewaffnung – in den Zerstörungsmitteln – wo wäre da die Grenze? O dieses wilde, blinde In-den-Abgrund-rennen!«

»Beruhigen Sie sich, lieber Tilling ... Sie sind ein rechter Fantast. Sagen Sie mir ein Mittel, den Krieg abzuschaffen, so wäre es allerdings ganz gut. Nachdem aber das nicht möglich ist, so muss doch jede Nation trachten, sich darauf so gut wie möglich vorzubereiten, um sich in dem unausweichlichen Kampf ums Dasein (so heißt das

Schlagwort des jetzt so modernen Darwin, nicht wahr?) die größte Gewinnchance zu sichern.«

»Wenn ich die Mittel, Kriege aufzuheben, vorschlagen wollte, so würden Sie mich noch einen ärgeren Fantasten schelten, einen sentimentalen, von ›Humanitätsschwindel‹ (so heißt doch das beliebte Schlagwort der Kriegspartei?) angekränkelten Träumer!«

»Allerdings könnte ich Ihnen nicht verhehlen, dass zur Erreichung eines solchen Ideals aller praktischer Untergrund fehlt. Man muss mit den vorhandenen Faktoren rechnen. Dazu gehören die menschlichen Leidenschaften, Rivalitäten, die Verschiedenheit der Interessen, die Unmöglichkeit, sich über alle Fragen zu einigen …«

»Ist auch nicht nötig: wo die Zwistigkeiten beginnen, hat ein Schiedsgericht – nicht aber die Gewalt – zu entscheiden!«

»Einem Tribunal werden sich die souveränen Staaten, werden sich die Völker niemals fügen wollen.«

»Die Völker? Die Potentaten und Diplomaten wollen es nicht. Aber das Volk, man frage es nur, bei ihm ist der Friedenswunsch glühend und wahr, während die Friedensbeteuerungen, die von den Regierungen ausgehen, häufig Lüge, gleißnerische Lüge sind – oder wenigstens von den anderen Regierungen grundsätzlich als solche aufgefasst werden. Das heißt ja eben ›Diplomatie‹. Und immer mehr und mehr werden die Völker nach Frieden rufen. Sollte die allgemeine Wehrpflicht sich verbreiten, so würde in demselben Maße die Kriegsabneigung zunehmen. Eine Klasse von für ihren Beruf begeisterter Soldaten ist noch denkbar: durch ihre Ausnahmestellung, die als eine Ehrenstellung gilt, die ihr für die damit verbundenen Opfer Ersatz geboten; aber wenn die Ausnahme aufhört, hört auch die Auszeichnung auf. Es schwindet die bewundernde

Dankbarkeit, welche die Heimgebliebenen den zu ihrem Schutze Hinausgezogenen weihen – weil es ja Heimgebliebene überhaupt keine mehr gibt. Die kriegsliebenden Gefühle, die dem Soldaten immer untergeschoben – und damit auch häufig erweckt werden, die werden dann seltener angefacht; denn wer sind diejenigen, die am Heldenmütigsten tun, die am heftigsten von kriegerischen Großtaten und Gefahren schwärmen? Diejenigen, die davor schön sicher sind – die Professoren, die Politiker, die Bierhauskannegießer – der Chor der Greise, wie im ›Faust‹. Nach dem Verlust der Sicherheit wird dieser Chor verstummen. Ferner: Wenn nicht nur jene dem Militärdienst sich widmen, die ihn lieben und loben, sondern auch alle jene zwangsweise dazu herangezogen werden, die ihn verabscheuen, so muss dieser Abscheu zur Geltung kommen. Dichter, Denker, Menschenfreunde, sanfte Leute, furchtsame Leute: alle diese werden von ihrem Standpunkte aus das aufgezwungene Handwerk verdammen!«

»Sie werden diese Gesinnung aber wohlweislich verschweigen, um nicht für feige zu gelten – um sich höheren Orts nicht der Ungnade auszusetzen.«

»Schweigen? Nicht immer. So wie ich rede – obwohl ich lange geschwiegen habe – so werden die anderen auch mit der Sprache herausrücken. Wenn die Gesinnung reift, wird sie zum Wort. Ich Einzelner bin vierzig Jahre alt geworden, bis meine Überzeugung die Kraft gewann, sich im Ausdruck Luft zu machen. Und so wie ich zwei oder drei Jahrzehnte gebraucht – so werden die Massen vielleicht zwei oder drei Generationen gebrauchen, aber reden werden sie endlich doch.«

4

Neujahr 67!

Wir feierten Silvester ganz allein, mein Friedrich und ich. Als es zwölf Uhr schlug:

»Erinnerst du dich des Trinkspruches«, fragte ich seufzend, »den mein armer Vater voriges Jahr um diese Stunde ausgebracht? Ich wage es gar nicht, dir jetzt Glück zu wünschen – die Zukunft birgt mitunter so unerwartet Fürchterliches in ihrem Schoß, und noch kein Mensch hat solches abzuwenden vermocht ...«

»So benutzen wir die Jahreswende, Martha, um, statt vorauszudenken, zurückzuschauen in das eben verflossene Jahr. Was hast du, meine arme tapfere Frau da alles leiden müssen! So viele deiner Lieben begraben ... und jene Schreckenstage auf den böhmischen Schlachtfeldern ...«

»Ich bedaure nicht, die dortigen Gräuel gesehen zu haben – wenigstens kann ich nunmehr mit der ganzen Kraft meiner Seele an deinen Bestrebungen teilnehmen.«

»Wir müssen deinen – *unseren* Rudolf dazu erziehen, diese Bestrebungen weiterzuführen; in seiner Zeit wird vielleicht ein sichtbares Ziel am Horizont aufsteigen, in unserer schwerlich. – Wie die Leute auf den Straßen lärmen: Die bejubeln doch wieder das neue Jahr, trotz der Leiden, welche ihnen das – ebenso eingejubelte – alte gebracht. O, diese vergesslichen Menschen!«

»Schilt sie nicht zu sehr ob ihrer Vergesslichkeit, Friedrich. Mir fängt auch schon an, das vergangene Leid wie traumhaft aus dem Gedächtnis zu entflattern, und was ich gegenwärtig empfinde, ist das Glück der Gegenwart, das Glück, dich zu haben, Einziger! Ich glaube auch – wir wollen zwar nicht von der Zukunft sprechen – aber ich glaube, wir haben eine schöne Zukunft vor uns ... Einig, liebend, selbstständig, reich – wie viele herrliche Genüsse kann uns das Leben noch bieten! Wir werden reisen, die Welt kennenlernen, die so schöne Welt ... Schön, solange Frieden herrscht, und der kann jetzt viele, viele Jahre andauern ... Sollte doch wieder Krieg ausbrechen, so bist du nicht mehr daran beteiligt ... Auch Rudolf ist nicht bedroht, da er nicht Soldat werden soll.«

»Wenn aber, wie Minister Allerdings berichtet, jeder Mensch militärpflichtig sein wird ...«

»Ach, Unsinn. – Was ich also sagen wollte: Wir reisen, wir ziehen uns in Rudolf einen Mustermenschen auf, wir verfolgen unser edles Ziel der Friedenspropaganda, und wir – lieben uns!«

Er zog mich an sich und küsste mich auf den Mund. Es war das erste Mal nach all der Trennungs-, Schreckens- und Trauerzeit, dass sich der milden Zärtlichkeit seiner Liebkosungen wieder eine Flamme beimischte – eine Flamme, die mich mit süßer Glut umloderte. Vergessen waren Krieg, Cholera, Allerseelen in dieser seligen Silvesternacht und – unser am 1. Oktober 1867 geborenes Töchterchen haben wir Sylvia getauft.

Der Fasching desselben Jahres brachte wieder Bälle und Vergnügungen aller Art. Natürlich nicht für uns – meine Trauer hielt mich von solchen Dingen fern. Was mich aber wunderte, war, dass nicht die ganze Gesellschaft solchem rauschenden Treiben entsagte. Es musste doch beinah in jeder Familie ein Verlustfall vorgekommen sein; aber, wie es scheint, man setzte sich darüber hinaus. Zwar blieben einige Häuser geschlossen, namentlich in der Aristokratie, aber an Tanzgelegenheiten fehlte es der Jugend nicht, und natürlich waren die beliebtesten Tänzer diejenigen, welche von den italienischen oder böhmischen Schlachtfeldern heimgekehrt; und am meisten gefeiert wurden die Marineoffiziere – namentlich die Mitkämpfer bei Lissa. In Tegethoff, den jugendlichen Admiral, war die halbe Damenwelt verliebt. »Custozza« und »Lissa«, das waren überhaupt die beiden Trümpfe, welche in jedem Gespräch über den abgelaufenen Krieg ausgespielt wurden. Daneben Zündnadelgewehr und Landwehr – zwei Institutionen, welche schleunigst eingeführt werden sollten, und künftige Siege waren uns verbürgt. Siege – wann und gegen wen? Darüber sprach man sich nicht aus; aber der Revanchegedanke, der jede verlorene Partie – wenn es auch nur eine Kartenpartie ist – zu begleiten pflegt, der schwebte über allen Kundgebungen der Politiker. Wenn wir auch selber nicht gegen Preußen losziehen würden, vielleicht würden es andere auf sich nehmen, uns zu rächen. Allem Anschein nach wollte Frankreich mit unseren Überwindern anbinden, und da könnte ihnen so manches heimgezahlt werden – das Ding hatte in diplomatischen Kreisen sogar schon einen Namen: »La revanche de Sadowa.« So teilte uns Minister Allerdings befriedigt mit.

Es war zu Anfang des Frühjahrs, dass wieder so ein gewisser »schwarzer Punkt« am Horizont aufstieg – eine sogenannte »Frage«. Auch die Nachrichten von französischen Rüstungen verschafften den Konjektural-Politikern das so beliebte »Krieg in Sicht«. Die Frage hieß diesmal die Luxemburger.

Luxemburg? Was war denn das wieder so Weltwichtiges? Da musste ich erst wieder Studien anstellen wie einst über Schleswig-Holstein. Mir war der Name eigentlich nur aus Suppés »Flotte

Bursche« geläufig, worin bekanntlich ein »Graf von Luxemburg sein ganzes Geld verputzt, putzt, putzt ...« Das Ergebnis meiner Forschungen war Folgendes:

Luxemburg gehörte nach den Verträgen von 1814 und 1816 (ah, da haben wir's: Verträge – da lässt sich schon ein Völkerprozess daraus ableiten – eine hübsche Einrichtung, diese Verträge) dem König der Niederlande und zugleich dem Deutschen Bunde. Preußen hatte in der Hauptstadt das Besatzungsrecht. Nun hatte aber Preußen im Juni 1866 seine Teilnahme am alten Bund gekündigt, wie sollte es jetzt mit dem Besatzungsrecht gehalten werden? Das war sie, die Frage. Der Prager Frieden hatte ja ein neues System in Deutschland eingesetzt, und mit diesem war die Zusammengehörigkeit mit Luxemburg aufgehoben – warum behielten dann die Preußen ihr Besatzungsrecht? »Allerdings«– das war verwickelt und konnte am vorteilhaftesten und gerechtesten durch Abschlachtung neuer Hunderttausende geschlichtet werden – das muss doch jeder »einsichtige« Politiker zugeben. Dem holländischen Volke hat niemals etwas an dem Besitz des Großherzogtums gelegen; auch dem König Wilhelm III. lag nichts daran, und er hätte es gern für eine Summe in seine Privatkasse an Frankreich abgegeben. Da begannen nun *geheime* Verhandlungen zwischen dem König und dem französischen Kabinett. Recht so: Geheimnis ist ja der Kern aller Diplomatie. Die Völker dürfen von den Streitigkeiten nichts wissen – kommen diese erst zum Austrage, so haben sie das Recht, dafür zu bluten. Warum und wofür sie sich schlagen – das ist Nebensache.

Ende März erst macht der König die Nachricht offiziell, und am selben Tage, als er sein Einverständnis nach Frankreich telegrafiert, wird der preußische Gesandte im Haag davon unterrichtet.

Darauf beginnen Unterhandlungen mit Preußen. Dieses beruft sich auf die Garantie der Verträge von 1859, auf Grundlage deren das Königreich Holland bestand. Die öffentliche Meinung (öffentliche Meinung? Wohl die Leitartikelschreiber) in Preußen ist entrüstet, dass das alte deutsche Reichsland losgerissen werden soll; im Norddeutschen Reichstag – am 1. April – werden über diesen Gegenstand feurige Interpellationen gestellt. Bismarck bleibt zwar über Luxemburg kalt, veranstaltet jedoch bei dieser Gelegenheit Rüstungen gegen Frankreich, was natürlich wieder französische Gegenrüstungen zur Folge hat. Ach, wie ich diese Melodie schon kenne! Damals zitterte ich sehr, dass ein neuer Brand in Europa ausbreche. An Schürern fehlte es nicht: in Paris Cassagnac und Emile de Girardin, in Berlin Menzel und Heinrich Leo. Ob denn solche Kriegshetzer nur eine entfernte Ahnung haben von der Riesenhaftigkeit ihres Verbrechertums? Ich glaube kaum. Um jene Zeit war es – ich habe das erst viele Jahre später erzählen gehört –, dass Professor Simon dem Kronprinzen Friedrich von Preußen gegenüber die schwebende Frage äußerte:

»Wenn Frankreich und Holland bereits abgeschlossen haben, so bedeutet das den Krieg.«

Worauf der Kronprinz mit heftiger Erregung und Bestürzung erwiderte:

»Sie haben den Krieg nicht gesehen ... Hätten Sie ihn gesehen, so würden Sie das Wort nicht so ruhig aussprechen. Ich habe ihn gesehen, und ich sage Ihnen, es ist *die größte Pflicht*, wenn es irgend möglich ist, den Krieg zu vermeiden.«

Und diesmal wurde er vermieden. In London trat eine Konferenz zusammen, welche am 11. Mai zu dem erwünschten friedlichen

Resultate führte. Luxemburg ward als neutral erklärt und Preußen zog seine Truppen fort. Die Friedensfreunde atmeten auf, aber es gab Leute genug, welche sich über diese Wendung ärgerten. Nicht der Kaiser der Franzosen – dieser wünschte den Frieden – aber die französische »Kriegspartei«. Auch in Deutschland erhoben sich Stimmen, welche das Verhalten Preußens verurteilten: »Aufopferung eines Bollwerks», »Wie Furcht aussehende Nachgiebigkeit« und dergleichen mehr. Auch jede Privatperson, welche auf den Rechtsspruch des Gerichtes hin auf irgendeinen Besitz verzichtet, zeigt solche Nachgiebigkeit – wäre es besser, sie beugte sich keinem Tribunal und schlüge mit den Fäusten drein? Was die Londoner Konferenz erreicht, das könnte in solchen strittigen Fragen immer erreicht werden, und den Staatenlenkern wäre jene Vermeidung immer möglich, die der nachmalige Friedrich III., Friedrich der Edle, die *größte Pflicht* genannt.

5

Im Mai begaben wir uns nach Paris, um die Ausstellung zu besuchen.

Ich hatte die Weltstadt noch nicht gesehen und war von der Pracht und dem Leben derselben ganz geblendet. Namentlich damals – das Kaiserreich stand auf seinem höchsten Glanzpunkte und sämtliche Kronenträger Europas hatten sich da zusammengefunden – bot Paris ein Bild fröhlichster und friedenssicherster Herrlichkeit. Nicht wie die Hauptstadt eines Landes, sondern wie die Hauptstadt der Internationalität erschien mir damals die – drei Jahre später von ihrem östlichen Nachbar bombardierte – Stadt. Alle Völker der Erde hatten sich in dem großen Champ de Mars-Palaste zu dem friedlichen – einzig nützlichen, weil schaffenden und nicht zerstörenden – Kampf des Wettbewerbs versammelt; so viel Kunstwerke und Gewerbewunder waren hier zusammengetragen, dass sich in jedem Beschauer der Stolz regen musste, in so vorgeschrittener, immer noch weiteren Fortschritt versprechender Zeit zu leben. Und neben diesem Stolz musste natürlich auch der Vorsatz entstehen, den Gang solcher genussspendenden Kulturentwicklung nicht mehr durch brutales Vernichtungswüten zu hemmen. Diese hier als Gäste des Kaisers und der Kaiserin versammelten Könige, Fürsten und Diplomaten konnten doch bei all den ausgetauschten Höflichkeiten, Freundlichkeiten, Glückwünschen nicht daran denken, nächstens mit ihren Gastgebern oder untereinander Todesgeschosse zu tauschen? Nein: Ich atmete auf. Dieses ganze blendende Ausstellungsfest schien mir die Bürgschaft, dass jetzt eine Ära von langen, langen Friedensjahren begonnen. Höchstens gegen einen Mongolenüberfall oder so etwas dergleichen konnten diese zivilisierten Leute noch das Schwert ziehen, aber gegeneinander? – Das erlebten wir wohl nimmermehr. Was mich in dieser Auffassung bestärkte, war die Mitteilung, die mir über einen Lieblingsplan des Kaisers gemacht wurde: *Allgemeine Abrüstung*. Ja, das stand bei Napoleon III. fest – ich habe es aus dem Munde seiner nächsten Verwandten und Vertrauten: Bei nächster passender Gelegenheit würde er sämtlichen europäischen Regierungen den Vorschlag unterbreiten, ihren Heeresstand auf ein Minimum herabzusetzen. Das ließ sich hören – das war wohl eine vernünftigere Idee als diejenige einer allgemeinen Heeresverstärkung. Damit wäre die bekannte Forderung Kants erfüllt, welche in Paragraf 3 der »Präliminar-Artikel zum ewigen Frieden« formuliert ist:

Stehende Heere sollen mit der Zeit ganz aufhören. Dieselben bedrohen andere Staaten unaufhörlich mit Krieg durch die Bereitschaft, immer dazu gerüstet zu scheinen, reizen diese an, sich einander in Menge der Gerüsteten, die keine Grenzen kennt (o prophetischer Weisenblick!) zu übertreffen, und indem durch die darauf gewendeten Kosten der Friede endlich noch drückender wird als ein kurzer Krieg, so sind sie selbst Ursachen von Angriffskriegen, um diese Last loszuwerden.

Welche Regierung konnte einen Vorschlag, wie der Franzose ihn plante, ablehnen, ohne sich als eroberungssüchtig zu entlarven? Welches Volk würde gegen solche Ablehnung nicht revoltieren? Der Plan musste gelingen.

Friedrich teilte meine Zuversicht nicht.

»Vor allem bezweifle ich«, sagte er, »dass Napoleon diesen Vorsatz auch aufrichtig hegt. Und wenn auch: Der Druck der

Kriegspartei würde ihn an der Ausführung hindern. Überhaupt werden die Throninhaber an der Betätigung solcher, aus der Schablone fallender großer Willensmeinungen von ihrer Umgebung immer gehindert. Zweitens lässt sich einem lebenden Wesen nicht so mir nichts, dir nichts befehlen, dass es aufhöre zu sein. Da setzt es sich zur Wehr.«

»Von welchem lebenden Wesen sprichst du?«

»Von der Armee. Dieselbe ist ein Organismus und als solcher lebensentfaltungs- und selbsterhaltungskräftig. Gegenwärtig steht dieser Organismus gerade in seiner Blüte, und wie du siehst – das allgemeine Wehrsystem soll ja auch in anderen Ländern eingeführt werden – ist er eben im Begriffe, sich mächtig auszubreiten.«

»Und dennoch willst du dagegen ankämpfen?«

»Ja, aber nicht, indem ich hintrete und ihm sage: Stirb, Ungeheuer! Denn auf das hin würde mir besagter Organismus kaum den Gefallen erweisen, sich tot hinzustrecken. Sondern ich kämpfe dagegen, indem ich für ein anderes, noch ganz schwach aufkeimendes Lebensgebilde eintrete, welches, indem es an Kraft und Ausdehnung zunimmt, das andere verdrängen soll. Dass ich in solchen naturwissenschaftlichen Metaphern spreche, daran bist du ursprünglich schuld, Martha. Du warst es, welche mich zuerst verleitete, die Werke der modernen Naturforscher zu studieren. Dadurch ist mir die Einsicht aufgegangen, dass auch die Erscheinungen des sozialen Lebens nur dann in ihrer Entstehung verstanden und in ihrem künftigen Verlauf vorausgesehen werden können, wenn man sie als unter dem Einfluss ewiger Gesetze stehend auffasst. Davon haben die meisten Politiker und hohen Würdenträger keinen blauen Dunst – das löbliche Militär schon gar nicht. Vor einigen Jahren wäre es mir auch nicht in den Sinn gekommen.«

Wir wohnten im Grand-Hotel auf dem Boulevard des Capucines. Dasselbe war zumeist mit Engländern und Amerikanern gefüllt. Landsleute trafen wir nur wenige: Der Österreicher ist nicht reiselustig. Wir suchten übrigens auch keinen Anschluss: Meine Trauer war noch nicht abgelegt, und wir hegten keinen Wunsch nach geselliger Unterhaltung. Meinen Sohn Rudolf hatte ich natürlich bei mir. Er war jetzt acht Jahre alt und ein wunderbar gescheites Männchen. Wir hatten einen jungen Engländer aufgenommen, der bei dem Kleinen halb Hofmeister-, halb Kindermädchenstelle vertrat.

Zu unseren langen Stationen im Ausstellungspalast, sowie auch unseren zahlreichen Ausflügen in die Umgebung konnten wir den Rudi doch nicht immer mitnehmen, und die Zeit des Lernens war ja auch schon für ihn gekommen.

Neu – neu – neu war mir diese ganze hier erschlossene Welt! All die von den vier Himmelsgegenden zusammengekommenen Menschen, von überall her die reichsten und vornehmsten; diese Feste, dieser Aufwand, dieses Gewimmel ... Ich war förmlich betäubt davon. Aber so interessant und genussreich es mir auch war, diese überraschenden und überwältigenden Eindrücke in mich aufzunehmen, so sehnte ich mich im Stillen doch wieder aus dem Getöse hinaus nach irgendeinem abgelegenen, friedlichen Plätzchen, wo ich mit Friedrich und meinem Kinde – meinen *Kindern*, ich sah ja wieder Mutterfreuden entgegen – in ruhiger Zurückgezogenheit hätte leben können. Es ist doch sonderbar – ich finde es in den roten Heften öfters bestätigt –, wie in der Abgeschlossenheit die Sehnsucht nach Ereignissen und Taten, nach Erlebnissen und

Vergnügungen entsteht und mitten in diesen wieder die Sehnsucht nach Einsamkeit und Ruhe.

Von der großen Welt hielten wir uns fern. Nur bei unserem Gesandten Metternich hatten wir einen Besuch abgestattet und dabei erwähnt, dass wir unserer Familientrauer wegen keine Einführung bei Hofe und in die Gesellschaft wünschten. Dagegen suchten wir die Bekanntschaft einiger hervorragender politischer und literarischer Persönlichkeiten; teils aus persönlichem Interesse und zu geistiger Anregung, teils im Hinblick auf Friedrichs »Dienst«. Trotz der geringen Hoffnungen, die er auf einen greifbaren Erfolg seiner Bestrebungen hatte, verlor er diese niemals aus dem Auge, und er setzte sich mit verschiedenen einflussreichen Personen in Verkehr, von welchen er Förderung seiner Sache oder mindestens Auskunft über deren Stand erhalten konnte.

Wir haben uns damals ein eigenes Büchelchen angelegt – wir nannten es »Friedenspolitik« –, in welches sämtliche, auf diesen Gegenstand bezügliche Urkunden, Notizen, Artikel usw. abschriftlich eingetragen wurden. Auch die Geschichte der Friedensidee, soweit wir von derselben Kenntnis erlangten, haben wir da zu Protokoll gebracht. Daneben die Aussprüche verschiedener Philosophen, Dichter, Juristen und Schriftsteller über »Krieg und Frieden«. Es war bald zu einem stattlichen Bändchen herangewachsen, und im Laufe der Zeit – ich habe diese Buchführung bis auf den heutigen Tag fortgesetzt – sind sogar mehrere Bändchen daraus geworden. Wenn man das mit den Bibliotheken vergleicht, die mit Werken strategischen Inhalts gefüllt sind, mit den ungezählten Tausenden von Bänden, welche Kriegsgeschichte, Kriegsstudium und Kriegsverherrlichung enthalten, mit den militärwissenschaftlichen und militärtechnischen Lehrbüchern und Leitfäden über Rekrutenabrichtung und Ballistik, mit den Schlachtenchroniken und Generalstabsberichten, Soldatenliedern und Kriegsgesängen – ja, dann freilich könnte einen der Vergleich mit den paar Heftchen Friedensliteratur kleinmütig machen; vorausgesetzt, dass man die Kraft und den Gehalt – namentlich den Zukunftsgehalt – eines Dinges nach dessen Ausdehnung bemessen wollte. Wenn man aber bedenkt, dass *eine* Samenkapsel in sich die virtuelle Möglichkeit birgt, einen Wald entstehen zu machen, der ganze, über weite Felder ausgedehnte Unkrautmassen verdrängen wird; und ferner bedenkt, dass die Idee im Reiche des Geistes dasselbe ist wie das Samenkorn im Reiche der Pflanzen – dann braucht man um die Zukunft einer Idee nicht besorgt zu sein, weil sich bisher die Geschichte ihrer Entfaltung in einem kleinen Heftchen aufzeichnen lässt.

Ich will hier einige Stellen anführen, wie sie unser Friedensprotokoll im Jahre 1867 aufwies. Auf der ersten Seite stand ein gedrängter historischer Überblick:

Vierhundert Jahre vor Christus schrieb Aristophanes eine Komödie: »Der Frieden«, in welcher eine humanitäre Tendenz vertreten ist.

Die griechische – später nach Rom verpflanzte – Philosophie vertritt das Streben nach »menschlicher Einheit« – von Sokrates an, welcher sich »Weltbürger« nennt, bis zu Terenz, dem »nichts Menschliches fremd«, und zu Cicero, der die *caritas generis humani* als den höchsten Grad der Vollkommenheit hinstellt.

Im ersten Jahrhundert unserer Zeitrechnung erscheint Virgil und sein berühmtes 4. Hirtengedicht, welches der Welt den ewigen Frieden voraussagt unter dem mythologischen Gewande des wiedererstandenen goldenen Zeitalters.

Im Mittelalter versuchten die Päpste öfters, sich als Schiedsrichter zwischen den Staaten einzusetzen, aber vergebens.

Im 15. Jahrhundert kam ein König auf die Idee, eine Friedensliga zu bilden. Es war dies Georg Podiebrad von Böhmen, der den Kämpfen von Kaiser und Papst ein Ende machen wollte: Er wandte sich dieserhalb an Ludwig XI. von Frankreich, welcher auf diesen Vorschlag jedoch nicht einging.

Zum Schluss des 16. Jahrhunderts fasste König Heinrich IV. von Frankreich den Plan einer europäischen Staatenföderation. Nachdem er sein Land von den Schrecken der Religionskriege befreit, wollte er für alle Zukunft die Duldung und den Frieden gesichert sehen. Er wollte die sechzehn Staaten, welche Europa bildeten (Russland und die Türkei zählten noch zu Asien), in einen Bund vereint wissen. Jeder dieser sechzehn Staaten hätte zwei Abgeordnete zu einem »Europäischen Reichstag« zu schicken gehabt; diesem aus 32 Mitgliedern bestehenden Reichstag wäre die Aufgabe zugefallen, den religiösen Frieden zu gewährleisten und alle internationalen Konflikte zu schlichten. Wenn nur jeder Staat sich verpflichtete, den Entschlüssen des Reichstages sich unterzuordnen, so war damit jedes Element eines zukünftigen europäischen Krieges verschwunden. Der König teilte diesen Plan seinem Minister Sully mit, der denselben begeistert aufnahm und sofort mit den anderen Staaten zu verhandeln begann. Schon war Elisabeth von England, schon der Papst und Holland und mehrere andere gewonnen; nur das Haus Österreich würde Widerstand geleistet haben, weil ihm territoriale Konzessionen abgefordert worden wären, in die es nicht gebilligt hätte. Ein Feldzug wäre nötig gewesen, um diesen Widerstand zu brechen. Die Hauptarmee hätte Frankreich gestellt, welches von vornherein auf jede Gebietserweiterung verzichtete. Einziger Zweck des Feldzugs und einzige dem Hause Österreich aufzulegende Friedensbedingung wäre der Beitritt zum Staatenbund gewesen. Schon waren die Vorbereitungen getroffen und Heinrich IV. wollte sich selber an die Spitze des Heeres stellen, als er am 13. Mai 1610 unter der Mordwaffe eines wahnsinnigen Mönches fiel.

Keiner von seinen Nachfolgern und kein sonstiger Souverän hat diesen glorreichen Plan zur Erlangung des Völkerglückes wieder aufgenommen. Die Regenten und Politiker blieben dem alten Kriegsgeist treu; aber die Denker aller Länder ließen die Friedensidee nicht mehr fallen.

Im Jahre 1647 wird die Sekte der Quäker gebildet, deren Grundlage die Verdammung des Krieges bildet. Im selben Jahre veröffentlicht William Penn sein Werk über den zukünftigen Frieden Europas, in dem er sich auf den Plan Heinrichs IV. stützt. Zu Anfang des 18. Jahrhunderts erscheint das berühmte Buch *La paix perpetuelle* von dem Abbé de St. Pierre. Gleichzeitig entwickelt denselben Plan ein Landgraf von Hessen, und Leibniz schreibt einen günstigen Kommentar dazu.

Voltaire macht den Ausspruch:

»Jeder europäische Krieg ist ein Bürgerkrieg.«

Mirabeau, in der denkwürdigen Sitzung vom 25. August 1790, sagt folgende Worte:

»Vielleicht ist der Augenblick nicht mehr entfernt, da die Freiheit, als unumschränkte Herrscherin der beiden Welten, den Wunsch der Philosophen erfüllen wird: die Menschheit von dem Verbrechen des Krieges zu befreien und den ewigen Frieden zu verkünden. Dann wird das Glück der Völker das einzige Ziel des Gesetzgebers sein, der einzige Ruhm der Nationen.«

Im Jahre 1795 schreibt einer der größten Denker aller Zeit, Immanuel Kant, seine Abhandlung *Zum ewigen Frieden*. Der englische Publizist Bentham schließt sich den immer zunehmenden Reihen der Friedensvertreter – Fourrier, Saint-Simon u. a. – mit Begeisterung an; Beranger dichtet *Die heilige Allianz der Völker*; Lamartine *La Marseillaise de la Paix*. In Genf stiftete der Graf Cellon einen Friedensverein, in dessen Namen er mit allen europäischen Herrschern in propagandistische Korrespondenz tritt. Aus Amerika, Massachusetts, kommt der »gelehrte Grobschmied« Elihu Burritt daher und streut seine »Olivenblätter« und seinen *Funken vom Amboss* in Millionen Exemplaren in die Welt und führt 1849 den Vorsitz in einer Versammlung der englischen Friedensfreunde. In dem Pariser Kongress, welcher dem Krimkrieg ein Ende machte, hielt die Friedensidee ihren Einzug in der Diplomatie, indem dem Vertrage eine Klausel beigesetzt ward, welche bestimmt, dass die Mächte sich verpflichten, bei künftigen Konflikten sich vorangehenden Vermittlungen zu unterstellen. Diese Klausel enthält eine dem Prinzip des Schiedsgerichts dargebrachte Anerkennung – befolgt wurde sie aber nicht.

Im Jahre 1863 schlug die französische Regierung den Mächten vor, einen Kongress zu veranstalten, bei welchem die Grundlage zu allgemeiner Abrüstung und zu einverständlicher Verhütung künftiger Kriege gelegt werden sollte.

Recht spärlich sind die Eintragungen, die zu jener Zeit mein Protokoll füllten! Das ist später anders geworden. Sie beweisen aber, dass die Möglichkeit des Weltfriedens schon von alters her ins Auge gefasst worden war. Nur vereinzelt, von großen Zwischenräumen getrennt, erhoben sich die Stimmen und verhallten – nicht nur unbeachtet, sondern zumeist auch ungehört. Mit allen Entdeckungen, allem Fortschritt, allem Wachstum geht's nicht anders:

Naht von ferne sich der Frühling,
Zwitschert's da und dort hervor,
Rückt er weiter in das Land ein,
Schmettert's laut im großen Chor.
So im weiten Kreis der Zeit
Flüstert's lang schon da und dort,
Kommt der richtige Moment,
Stimmen alle ein sofort.

Märzrot

6

Und wieder nahte meine schwere Stunde.

Ein Mädchen! Unser stiller Wunsch ward erfüllt! Die Freuden, die man an einem Sohne hat, die würde uns ja der kleine Rudolf bieten; jetzt konnten wir dazu auch noch diejenigen Freuden erleben, welche so ein aufblühendes Töchterchen seinen Eltern verschafft. Dass sie ein Ausbund von Schönheit, von Anmut, von Holdseligkeit sein würde, unsere kleine Sylvia, daran zweifelten wir keinen Augenblick.

Wie wir beide nun über der Wiege dieses Kindes selber kindisch wurden, was für süße Albernheiten wir da sprachen und trieben, das will ich gar nicht zu erzählen versuchen. Andere als verliebte Eltern verständen es doch nicht, und alle solche sind wohl selber grad so toll gewesen.

Es folgte jetzt eine Zeit für uns, in der wir glücklich alles andere außerhalb unseres häuslichen Himmels vergaßen. Die Schrecken der Cholerawoche nahmen in meinem Gedächtnis immer mehr die Gestalt eines entschwundenen bösen Traumes an, und auch Friedrichs Energie in Verfolgung seines Zieles ließ einigermaßen nach. Es war aber auch entmutigend: Überall, wo er mit jenen Ideen anklopfte – Achselzucken, mitleidiges Lächeln, wenn nicht gar Zurechtweisung. Die Welt will, wie es scheint, nicht nur betrogen, sondern auch unglücklich gemacht werden. Sowie man ihr Vorschläge unterbreitet, das Elend und den Jammer fortzuschaffen, so heißt das »Utopie, kindischer Traum«, und sie will nichts hören.

Dennoch ließ Friedrich sein Ziel nicht gänzlich aus den Augen. Er vertiefte sich immer mehr in das Studium des Völkerrechts, setzte sich in brieflichen Verkehr mit Bluntschli und anderen Gelehrten dieses Zweiges. Gleichzeitig – und zwar mit mir in Gemeinschaft – betrieb er auch fleißig andere, namentlich naturwissenschaftliche Studien. Er plante, über den Gegenstand »Krieg und Frieden« ein größeres Werk zu schreiben. Doch ehe er sich an die Ausführung machte, wollte er durch lange und eingehende Forschungen sich dazu rüsten und schulen.

»Ich bin zwar ein alter k. k. Oberst«, sagte er, »und die meisten meiner Alters- und Ranggenossen würden es verschmähen, sich mit Lernen abzugeben. Man hält sich gewöhnlich für unbändig gescheit, wenn man ein ältlicher Mann in Amt und Würden ist; ich selber vor einigen Jahren hatte auch solchen Respekt vor meiner Person ... Nachdem sich mir aber plötzlich ein neuer Gesichtskreis aufgetan, nachdem ich einen Einblick in den modernen Geist gewann, da überkam mich das Bewusstsein meiner Unwissenheit ... Nun ja, von alledem, was jetzt auf allen Gebieten an neuer Erkenntnis gewonnen worden, davon hat man ja in meiner Jugend gar nichts – oder vielmehr das Gegenteil gelernt. Da muss ich jetzt – trotz der Silberfäden an den Schläfen – wieder von vorne anfangen.«

Den Winter nach Sylvias Geburt verbrachten wir in aller Stille in Wien. Im folgenden Frühjahr bereisten wir Italien. Die Welt kennenlernen gehörte ja auch zu unserem neuen Lebensprogramm. Frei und reich waren wir, nichts hinderte uns, es auszuführen. Kleine Kinder sind zwar auf Reisen ein wenig lästig, aber wenn man genügendes Personal von Bonnen und Wärterinnen mitführen kann, so lässt es sich schon machen. Ich hatte eine alte Dienerin zu mir genommen, welche einst meine und meiner Schwester Kindsfrau gewesen, dann einen Wirtschaftsbeamten geheiratet hatte und jetzt verwitwet war. Diese »Frau Anna« war meines vollstens Vertrauens würdig, und in ihren Händen konnte ich meine kleine Sylvia mit voller Beruhigung zurücklassen, wenn wir – Friedrich und ich – auf mehrere Tage unser Hauptquartier verließen, um Ausflüge zu machen. Ebenso gut war Rudolf bei Mr. Foster, seinem Hofmeister, aufgehoben. Doch geschah es häufig, dass wir den achtjährigen kleinen Mann mit uns nahmen. Schöne, schöne Zeiten! Schade, dass ich damals die roten Hefte so stark vernachlässigte. Gerade da hätte ich so viel des Schönen, Interessanten und Heiteren eintragen können; aber ich habe es unterlassen, und so sind mir die Einzelheiten jener Jahre meist aus dem Gedächtnis entschwunden – nur in großen Zügen kann ich mir noch ein Bild davon zurückrufen.

In das »Friedensprotokoll« fand ich Gelegenheit, eine erfreuliche Eintragung zu machen. Es war dies nämlich ein Zeitungsartikel, gezeichnet B. Desmoulins, worin der französischen Regierung der Vorschlag gemacht wird, sich an die Spitze der europäischen Staaten zu stellen, indem sie das Beispiel gäbe, abzurüsten.

So wird sich Frankreich das Bündnis und die aufrichtige Freundschaft aller Staaten sichern, welche dann aufhören würden, sich vor Frankreich zu fürchten, dessen Mithilfe sie benötigten. So würde sich allgemeine Entwaffnung von selber einstellen, das Prinzip der Eroberung wäre auf immer aufgegeben und die Konföderation der Staaten würde ganz natürlich einen obersten Gerichtshof internationaler Gerechtigkeit bilden, welcher imstande sein wird, auf dem Weg des Schiedsrichteramtes alle Streitigkeiten zu schlichten, welche der Krieg niemals zu entscheiden vermocht. Indem es so handelte, würde Frankreich die einzige reelle und einzige dauerhafte Kraft – nämlich das Recht – auf seine Seite gebracht, und dem Menschengeschlecht auf ruhmreiche Weise eine neue Ära eröffnet haben. (*Opinion Nationale*, 25. Juli 1868.)

Beachtung hat dieser Artikel natürlich wieder nicht gefunden.

Im Winter 1868 bis 1869 kehrten wir nach Paris zurück, und diesmal – auch von dieser Seite wollten wir das Leben kennenlernen – stürzten wir uns in die »große Welt«.

Es war ein etwas ermüdendes, aber für einige Zeit doch recht genussreiches Treiben. Wir hatten – um ein Zuhause zu haben – uns ein kleines möbliertes Hotel im Viertel der Champs Elisées gemietet, wo wir unseren zahlreichen Bekannten, bei denen wir täglich zu irgendwelchen Festen geladen waren, auch manchmal »revanche« bieten konnten. Von unserem Gesandten beim Tuilerienhofe eingeführt, waren wir für den ganzen Winter zu den Montagen der Kaiserin vergeben; außerdem standen uns die Häuser sämtlicher Botschafter offen sowie die Salons der Prinzessin Mathilde, der Herzogin von Mouchy, der Königin Isabella von Spanien und so weiter. Auch viele literarische Größen lernten wir kennen – den größten freilich nicht, denn dieser, ich meine Viktor Hugo, lebte in der Verbannung; doch sind wir Renan, Dumas Vater und Sohn, Octave Feuillet, George Sand, Arsène Houssaye und einigen anderen begegnet. Bei dem Letztgenannten haben wir auch einen Maskenball mitgemacht. Wenn der Verfasser der *Grandes dames* in seinem prachtvollen kleinen Hotel der Avenue Friedland eines seiner venezianischen Feste gab, so war es Gewohnheit, dass daselbst die wirklich großen Damen unter dem Schutze der Maske sich in der Nähe die »kleinen Damen« – bekannte Schauspielerinnen u. dgl. – besahen, welche hier ihre Diamanten und ihren Witz funkeln ließen.

Wir waren auch sehr fleißige Theaterbesucher. Mindestens dreimal wöchentlich verbrachten wir die Abende entweder in der italienischen Oper, wo Adelina Patti – eben mit dem Marquis de Caux verlobt – die Zuhörerschaft entzückte, oder im Théâtre Français, oder auch in einem kleineren Boulevard-Theater, um Hortense Schneider als Großherzogin von Gerolstein oder andere Operetten- und Vaudeville-Berühmtheiten zu sehen.

Es ist doch sonderbar, wie, wenn man in diesen Wirbel des Glanzes und der Unterhaltungen gestürzt ist, einem diese kleine »große Welt« plötzlich so schrecklich wichtig vorkommt und die darin waltenden Gesetze von Eleganz und »Chic« eine Art ganz ernsthaft genommener Pflichten auferlegen. Im Theater einen geringeren Platz einnehmen als eine Prozeniumsloge; in den Bois mit einem Wagen sich zeigen, dessen Gespann nicht tadellos wäre; auf den Hofball gehen, ohne eine von Worth »unterschriebene« 2.000-Franken-Toilette zu tragen; sich zu Tische setzen (*Madame la baronne est servis ...*), auch wenn man keine Gäste hat, ohne sich von dem würdevoll amtierenden *maître d'hôtel* und einigen Lakaien die feinsten Gerichte und edelsten Weine auftragen zu lassen: – das wären alles arge Verstöße.

Wie leicht geschieht es einem, wenn man von dem Räderwerk solcher Existenz erfasst worden, dass man alle seine Gedanken und Gefühle auf dieses im Grunde gedanken- und gefühllose Treiben verwendet; dass man darüber vergisst, Anteil zu nehmen an dem Gang der wirklichen Welt draußen – ich meine das Universum – und an dem Bestande der eigenen Welt da drinnen – ich meine das häusliche Glück. Mir wäre es vielleicht so ergangen – aber davor schützte mich Friedrich. Er war nicht der Mann dazu, sich von dem Strudel der Pariser *haute vie* hinreißen und verschlingen zu lassen. Er vergaß über der Welt, in der wir uns bewegten, weder das Universum noch unseren Herd. Ein paar Vormittagsstunden blieben uns nach wie vor der Lektüre und der Familie geweiht, und so brachten wir das größte Kunststück fertig, neben dem Vergnügen auch das Glück zu pflegen.

Für uns Österreicher hegte man in Paris viel Sympathie. Oft wurde in politischen Gesprächen auf eine »Revanche de Sadowa« angespielt, so gewiss, als müsste die uns vor zwei Jahren geschehene Unbill wieder gutgemacht werden. Als ob sich überhaupt derlei wieder gutmachen ließe! Wenn Schläge nicht anders zu tilgen sind als wieder durch Schläge – dann kann das Ding ja niemals aufhören. Gerade meinem Manne und mir, weil dieser beim Militär gewesen und den böhmischen Feldzug mitgemacht, gerade uns glaubten die Leute nichts Angenehmeres und Höflicheres sagen zu können als eine hoffnungsvolle Anspielung auf die bevorstehende Sadowa-Rache, welche bereits als ein geschichtliches, das »europäische Gleichgewicht« sicherndes und durch politisch-diplomatische Vorkehrungen gesichertes Ereignis behandelt wurde. Eine bei nächster Gelegenheit den »Preußen« zu gebende Schlappe war eine völkerpädagogische Notwendigkeit. Die Sache würde nicht tragisch ausfallen ... nur so etwas den Übermut gewisser Leute dämpfen. Vielleicht genügte zu diesem Zwecke auch schon die an der Wand hängende Peitsche: Sollte der Übermütige etwa kecke Anwandlungen bekommen, so war er ja gewarnt, dass sie auf ihn heruntersausen werde – die *Revanche de Sadowa.*

Wir lehnten natürlich solche Tröstungen entschieden ab. Altes Unglück wird durch neues Unglück nicht verwischt, ebenso wenig wie altes Unrecht durch neues Unrecht getilgt werden kann. Wir versicherten, dass wir keinen anderen Wunsch hegten, als den nunmehrigen Frieden nicht mehr gebrochen zu sehen.

Dasselbe war – so behauptete er wenigstens – auch der Wunsch Napoleons III. Wir verkehrten so viel mit Personen, welche dem Kaiser ganz nahestanden, dass wir genügend Gelegenheit hatten, dessen politische Gesinnungen, wie er sie in vertraulichen Aussprüchen laut werden ließ, kennenzulernen. Nicht nur, dass er den momentanen Frieden wünschte, er hegte den Plan, *den Mächten allgemeine Abrüstung vorzuschlagen.* Aber um dieses auszuführen, fühlte er sich augenblicklich nicht sicher genug im Innern des Landes. Eine große Unzufriedenheit kochte und gärte unter der Bevölkerung, und in der nächsten Nähe des Thrones gab es eine Partei, welche darzustellen bemüht war, dass dieser Thron nicht anders zu festigen wäre als durch einen glücklichen Krieg; so eine kleine Triumphpromenade am Rhein, und der Glanz und Bestand der napoleonischen Dynastie wäre gesichert. »Il faut faire grand«, meinten diese Ratgeber. Dass der Krieg, welcher im vorigen Jahre über die Luxemburger Frage in Aussicht stand, vereitelt worden, war jenen sehr unlieb; die beiderseitigen Rüstungen waren schon so schön gediehen, und jetzt wäre das Ding überstanden ... Aber auf die Länge sei ein Kampf zwischen Frankreich und Preußen doch unvermeidlich. – Unaufhörlich drang von solchen Dingen zu uns. Dergleichen ist man ja gewöhnt, in den Zeitungen anschlagen zu hören – so regelmäßig wie die Brandung an der Küste. Dabei braucht man noch nicht an den Sturm zu denken; man lauscht ganz ruhig der Musikkapelle, die am Strande ihre lustigen Weisen spielt – die Brandung gibt nur einen leisen, unbeachteten Grundbass dazu ab.

7

Das glänzende, von Vergnügungsmühen überbürdete Treiben erreichte seinen Höhepunkt in den Frühlingsmonaten. Da kamen noch die langen Bois-Fahrten in offenem Wagen, die verschiedenen Gemäldeausstellungen, Gartenfeste, Pferderennen, Picknickausflüge hinzu – und bei alledem nicht weniger Theater, nicht weniger Visiten, nicht weniger Diners und Soireen als mitten im Winter. Wir begannen schon stark, uns nach Ruhe zu sehnen. Diese Art Leben hat eigentlich nur dann den wahren Reiz, wenn Koketterie- und Liebschaftsgeschichten damit verbunden sind. Mädchen, welche eine Partie suchen, Frauen, die sich den Hof machen lassen, und Männer, die Abenteuer wünschen – für solche bietet jedes neue Fest, bei welchem man dem Gegenstand seiner Träume begegnen kann, ein lebhaftes Interesse – aber Friedrich und ich? Dass ich meinem Gatten unwandelbar treu war, dass ich mit keinem Blick einem anderen gestattete, sich mir mit verwegenen Hoffnungen zu nahen – das erzähle ich ohne jeglichen Tugendstolz. Es ist doch ganz selbstverständlich.

Ob ich unter anderen Verhältnissen auch all den Verlockungen widerstanden hätte, denen in solchem Vergnügungswirbel hübsche junge Frauen ausgesetzt sind – das kann ich ja nicht wissen; wenn man aber eine so tiefe und vollbeglückte Liebe im Herzen trägt, wie ich sie für meinen Friedrich empfand, da ist man gegen alle Gefahr gepanzert. Und was ihn anbelangt: War er mir treu? Ich kann nur so viel sagen: Ich hab' es nie bezweifelt.

Als der Sommer ins Land gezogen kam, der *grand-prix* vorüber war und die verschiedenen Mitglieder der Gesellschaft Paris zu verlassen begannen – die einen nach Trouville und Dieppe, nach Biarritz und Vichy, die anderen nach Baden-Baden, die Dritten auf ihre Schlösser – Prinzessin Mathilde nach St. Gratien, der Hof nach Compiègne –, da wurden wir mit Aufforderungen, das gleiche Reiseziel zu wählen, und mit Einladungen nach den Landsitzen bestürmt; aber wir waren durchaus nicht gesonnen, die eben durchgemachte Luxus- und Vergnügungskampagne des Winters auch noch ins Sommerliche zu übertragen.

Nach Grumitz wollte ich vorderhand nicht zurückkehren: ich fürchtete zu sehr das Wiedererwachen der schmerzlichen Erinnerungen; auch hätten wir dort – der vielen Verwandten und Nachbarschaften wegen – nicht die gewünschte Einsamkeit gefunden.

So wählten wir denn abermals als Aufenthaltsort einen stillen Winkel der Schweiz. Wir versprachen unseren Pariser Freunden, im nächsten Winter wiederzukommen, und traten vergnügt wie ferienreisende Schüler unsere Sommerfahrt an.

Was nun folgte, war wirklich eine Erholungszeit. Lange Spaziergänge, lange Lesestunden, lange Spielstunden mit den Kindern und keine Eintragungen in die roten Hefte – Letzteres ein Zeichen von Sorglosigkeit und Seelenruhe.

Auch Europa schien damals so ziemlich sorgenlos und ruhig zu sein. Wenigstens sah man nirgends »schwarze Punkte«. Selbst von der berühmten *Revance de Sadowa* hörte man nichts mehr verlauten.

Den größten Verdruss, den ich damals empfand, der war mir durch die seit einem Jahr bei uns in Österreich eingeführte allgemeine Wehrpflicht bereitet. Dass mein Rudolf einst werde Soldat sein *müssen* – das konnte ich nicht fassen. Und da fantasieren die Leute von Freiheit!

»Ein Jahr ›Freiwilliger‹«, tröstete mich Friedrich, »das ist nicht viel.«

Ich schüttelte den Kopf.

»Und wäre es nur ein Tag! Keinen Menschen sollte man zwingen können, ein Amt, das er hasst, auch nur einen Tag zu bekleiden, denn an diesem Tag muss er das Gegenteil von dem, was er fühlt, zur Schau tragen, muss beschwören, das mit Freuden zu tun, was er verabscheut – kurz, er muss lügen – und meinen Sohn wollte ich vor allem zur Wahrhaftigkeit erziehen.«

»Dann hätte er um ein paar hundert Jahre später geboren werden müssen, Liebste!«, erwiderte Friedrich. »Ganz wahr kann nur ein freier Mann sein, und mit diesen beiden – Wahrheit und Freiheit – ist's noch schlecht bestellt in unseren Tagen, das wird mir – je mehr ich mich in mein Studium vertiefe – desto klarer.«

Jetzt, in unserer Weltabgeschiedenheit, hatte Friedrich zu seinen Arbeiten doppelte Muße und er oblag denselben mit wahrem Feuereifer.

So glücklich und zufrieden wir in der Einsamkeit lebten, so blieben wir doch bei dem Entschlusse, den folgenden Winter wieder in Paris zu verbringen. Diesmal aber nicht in der Absicht, uns zu belustigen, sondern um für unsere Lebensaufgabe praktisch zu wirken. Dabei hegten wir zwar nicht die Zuversicht, etwas zu erreichen – aber wenn einem auch nur die Möglichkeit des Schattens einer Chance geboten scheint, für eine Sache, die man als die edelste Sache der Welt erkannt hat, etwas leisten zu können, so empfindet man es als unabweisbare Pflicht, diese Chance zu versuchen.

Wir hatten nämlich, wenn wir in unseren traulichen Gesprächen die Pariser Erinnerungen rekapitulierten, auch jenes Planes des Kaisers Napoleon gedacht, der uns durch die Mitteilungen seiner Vertrauten zu Ohren gekommen – des Planes, den Mächten Abrüstung vorzuschlagen. Daran knüpften wir unsere Hoffnungen und unsere Projekte. Friedrichs Forschungen hatten ihm die Memoiren Sullys in die Hände gespielt, in welchem der Friedensplan Heinrichs IV. mit allen Einzelheiten verzeichnet stand. Davon wollten wir dem Kaiser der Franzosen eine Abschrift zukommen lassen; zugleich würden wir versuchen, durch unsere Verbindungen in Österreich und Preußen diese beiden Regierungen auf die Vorschläge der französischen Regierung vorzubereiten; ich konnte dies durch Minister Allerdings bewerkstelligen, und Friedrich besaß in Berlin einen Verwandten, der in einflussreicher politischer Stellung und bei Hofe sehr gut angeschrieben war.

Im Dezember, als wir nach Paris übersiedeln wollten, wurden wir jedoch daran gehindert. Unser Schatz – unsere kleine Sylvia erkrankte. Das waren bange Stunden! Natürlich traten da Napoleon III. und Heinrich IV. in den Hintergrund: unser Kind im Sterben!

Aber es starb nicht. Nach zwei Wochen war alle Gefahr vorbei. Nur untersagte uns der Arzt, mit der Kleinen während der ärgsten Winterkälte zu reisen. Wir verschoben demnach unsere Abfahrt auf den Monat März.

Diese Krankheit und diese Genesung – die Gefahr und die Rettung – wie hatten die unsere Herzen erschüttert und dieselben – ich hätte dies nicht mehr für möglich gehalten – einander wieder nähergebracht! Gemeinschaftliches Zittern vor einem grässlichen Unglück, welches man besonders wegen der Verzweiflung des anderen fürchtet, und gemeinschaftlich geweinte Freudentränen, wenn dieses Unglück abgewendet, das vermag gar mächtig zwei Seelen in eine zu verschmelzen.

SECHSTES BUCH

1870/71

1

Vorahnungen? Die gibt es nicht. Paris hätte sonst, als wir an einem sonnigen Nachmittag des März 1870 dort anlangten, mir keinen so heiteren, lustversprechenden Eindruck machen können. Man weiß es heute, was damals in kürzester Frist derselben Stadt für Schrecknisse bevorstanden – aber mich beschlich nicht das mindeste trübe Vorgefühl.

Wir hatten schon im Voraus – durch den Agenten John Arthur – dasselbe kleine Palais gemietet, welches wir im letzten Jahre bewohnt, und an der Einfahrt desselben erwartete uns auch unser vorjähriger *maître d'hôtel.* Als wir, um zu unserer Wohnung zu gelangen, über die elysäischen Felder fuhren – es war eben die Bois-Stunde –, da begegneten wir mehreren unserer alten Bekannten und tauschten fröhliche Wiedersehensgrüße. Die vielen kleinen Veilchenkarren, welche um diese Jahreszeit in den Straßen von Paris herumgerollt werden, füllen die Luft mit tausend Frühlingsversprechungen; die Sonnenstrahlen funkelten und spielten regenbogenfarbig in den Springbrunnen des Rundplatzes und hefteten kleine Fünkchen an die Wagenlaternen und das Pferdegeschirr der zahlreichen Gefährte. Unter anderem fuhr auch die schöne Kaiserin in einem *à la Daumont* bespannten Wagen an uns vorbei und winkte, mich erkennend, einen Gruß mit der Hand.

Es gibt so einzelne Bilder und Szenen, die sich in das Gedächtnis einfotografieren und -fonografieren, samt den sie begleitenden Empfindungen und einigen gleichzeitig gesprochenen Worten. »Schön ist doch dieses Paris!«, rief damals Friedrich aus – und meine Empfindung war ein »kindisches Sichfreuen« auf den kommenden Aufenthalt. Hätte ich gewusst, was mir, was dieser ganzen, in Glanz und Heiterkeit getauchten Stadt bevorstand …

Diesmal vermieden wir es, uns wie im verflossenen Jahre in den Strudel weltlicher Vergnügungen zu werfen. Wir erklärten, keine Balleinladungen annehmen zu wollen, und hielten uns von den großen Empfängen fern. Auch das Theater besuchten wir nicht mehr so häufig – nur wenn irgendein Stück besonderes Aufsehen machte –, und so kam es, dass wir die meisten Abende allein oder in Gesellschaft weniger Freunde in unserem Heim verbrachten.

Was unsere Pläne in Bezug auf des Kaisers Abrüstungsidee betraf, so kamen wir schlecht damit an. Napoleon III. hatte zwar seine Idee nicht ganz aufgegeben, aber der jetzige Moment – hieß es – sei zu deren Ausführung ungeeignet. In der Umgebung des Thrones war man sich bewusst, dass dieser Thron nicht auf gar festen Füßen stand; eine große Unzufriedenheit kochte und gärte im Volk, und um diese niederzuhalten, wurden alle Polizei- und Zensurmaßregeln verschärft – was nur umso größere Unzufriedenheit zur Folge hatte. Das Einzige, so sagten gewisse Leute, was der Dynastie neuen Glanz und Bestand geben könnte, wäre ein glücklicher Feldzug ... Dazu lag freilich keine nahe Aussicht vor, aber von Abrüstung sprechen wäre ganz und gar gefehlt; dadurch würde ja der ganze Nimbus der Bonaparte zerstört, welcher ja auf dem Ruhmeserbe des großen Napoleon beruhte. Außerdem war uns auch auf unsere Anfragen aus Preußen und Österreich kein ermunternder Bescheid geworden. Man war da in die Ära der Vergrößerung der Wehrmacht (das Wort »Armee« begann aus der Mode zu kommen) getreten, und da fiele das Wort Abrüstung als grober Misston hinein. Im

Gegenteil, um die Segnungen des Friedens zu erhalten, musste man die »Wehrkraft« nur recht steigern – den Franzosen war nicht zu trauen ... den Russen auch nicht ... den Italienern schon gar nicht; die fielen gleich über Triest und Trient her, wenn sich Gelegenheit dazu böte – kurz, nur schön fleißig das Landwehrsystem pflegen.

»Die Zeit ist nicht reif«, sagte Friedrich, wenn wir solche Mitteilungen erhielten. »Und die Hoffnung, dass ich in Person das Reisen der Zeit beschleunigen könne oder gar die ersehnten Früchte daran sprießen sehe, die muss ich vernünftigerweise wohl aufgeben ... Was ich beitragen kann, ist gar winzig. Aber von der Stunde an, da ich dieses Winzige als meine Pflicht erkannt, ist es mir doch zum Größten geworden – also harre ich aus.«

Wenn auch vorläufig das Entwaffnungsprojekt ins Wasser gefallen war, eine Beruhigung hatte ich doch: Es war kein Krieg in Sicht. Die bei Hofe und auch in der Bevölkerung vorhandene Kriegspartei, welche da meinte, dass die »Dynastie in Blut aufgefrischt« werden sollte und dass dem Lande wieder ein Portiönchen Ruhm erwachsen müsse, die musste auf Angriffspläne und auf den verlockenden »kleinen Feldzug um die Rheingrenze« verzichten. Denn Frankreich besaß keine Verbündeten; im Lande herrschte große Trockenheit, Futtermangel war vorausgegangen, man musste die Militärpferde verkaufen, nirgends eine schwebende »Frage«, das Rekrutenkontingent ward vom gesetzgebenden Körper herabgesetzt, kurz – der Friede Europas ist gesichert.

Gesichert. Ich freute mich über dieses Wort. In allen Zeitungen ward es wiederholt, und viele Tausende freuten sich mit mir. Was kann es denn für die meisten Menschen Besseres geben als gesicherten Frieden? Wieviel diese Sicherheit aber wert war, das wissen wir heute alle. Und das hätten wir auch schon damals wissen können, dass derlei staatsmännische Versicherungen – welchen das Publikum immer wieder mit gleich naivem Vertrauen lauscht – doch keine, gar keine Bürgschaft enthalten. Die europäische Lage weist keine »schwebende Frage« auf, darum ist der Friede gesichert – welche schwache Logik! Die Fragen können ja jeden Augenblick herangeschwebt kommen; erst wenn man für diesen Fall ein anderes Mittel in Bereitschaft hielte als den Krieg, erst dann wäre man gegen den Krieg gesichert.

Wieder zerstreute sich die Pariser Gesellschaft nach allen Windrichtungen. Wir aber blieben – Geschäfte halber – zurück. Es hatte sich uns nämlich ein außerordentlich vorteilhafter Ankauf geboten. Durch die plötzliche Abreise eines Amerikaners war ein kleines, erst halbvollendetes Hotel in der Avenue de l'Imperatrice feil geworden, und zwar um einen Preis, der nicht viel mehr betrug als die zur Ausschmückung und Einrichtung des Objektes bereits verwendete Summe. Da wir nun einmal die Absicht hatten, auch in Zukunft einige Monate des Jahres in Paris zu verbringen, und da der betreffende Kauf zugleich ein vortreffliches Geschäft war, so schlossen wir den Handel ab. Die Fertigstellung wollten wir selber überwachen, und zu diesem Behuf blieben wir in Paris. Die Ausschmückung eines eigenen Nestes ist zudem eine so genussreiche Arbeit, dass wir dafür die Unannehmlichkeit, den Sommer in der Stadt zu bleiben, gern auf uns nahmen.

Übrigens blieb uns auch in geselliger Beziehung noch Ansprache genug. Das Schloss der Prinzessin Mathilde, St. Gratien, ferner Schloss Mouchy, dann Baron Rothschilds Besitzung, Ferrières, und noch mehrere andere Sommersitze unserer Bekannten lagen in der

Nähe von Paris, und ein- oder zweimal wöchentlich statteten wir bald da, bald dort einen Besuch ab.

Es war im Salon der Prinzessin Mathilde, dass ich zum ersten Mal von der »Frage« hörte, die zur »schwebenden« werden sollte.

Die Gesellschaft saß nach dem Gabelfrühstück auf der Terrasse mit dem Ausblick nach dem Park. Wer alles da war? Dessen kann ich mich nicht mehr entsinnen – nur zwei der anwesenden Persönlichkeiten sind mir im Gedächtnis geblieben: Taine und Renan. Die geistvolle Herrin von St. Gratien liebte es, sich mit literarischen und wissenschaftlichen Größen zu umgeben.

Die Unterhaltung war eine sehr rege, und ich kann mich erinnern, dass es meist Renan war, der das Wort führte, geistsprühend und witzig. Wie man unglaublich hässlich sein kann und dabei doch unglaublichen Zauber ausüben, davon ist der Verfasser des *Lebens Jesu* ein merkwürdiges Beispiel.

Jetzt fiel das Gespräch auch auf Politik. Für den spanischen Thron werde ein Kandidat gesucht. Ein Prinz von Hohenzollern solle die Krone erhalten ... Ich hatte kaum hingehorcht, denn was konnte es mir, was konnte es allen hier Gleichgültigeres geben als der spanische Königsthron und derjenige, der darauf zu sitzen käme? Doch da sagte jemand:

»Ein Hohenzoller? Das wird Frankreich nicht dulden.«

Das Wort schnitt mir in die Seele, denn was heißt dieses »nicht dulden«? Wenn das im Namen eines Landes gesagt wird, so sieht man im Geiste die dieses Land personifizierende Riesenjungfrauen-Statue mit trotzig zurückgeworfenem Kopfe und mit der Hand am Schwertesknauf.

Doch es wurde bald wieder auf ein anderes Gesprächsthema übergegangen. Wie folgenschwer diese spanische Thronfolge noch werden sollte, das ahnte unter uns noch niemand. Ich auch nicht, natürlich. Mir war nur das anmaßende »das wird Frankreich nicht dulden« als ein Misston im Gedächtnis haften geblieben, und damit zugleich die ganze umgebende Szenerie.

Von nun an sollte die spanische Thronfolge immer lauter und aufdringlicher werden. Täglich wurde der Raum größer, den sie in den Zeitungen und in den Salongesprächen einnahm, und ich weiß, dass sie mich in hohem Grade langweilte; diese Hohenzollern-Kandidatur: Man konnte bald gar nichts anderes mehr hören. Und mit einer Entrüstung wurde davon gesprochen, als könnte Frankreich nichts Beleidigenderes widerfahren; die meisten durchschauten es als eine von Preußen ausgehende Provokation zum Kriege. Es ist doch klar, hieß es, Frankreich konnte die Sache nicht dulden; wenn also die Hohenzollern darauf bestehen, so ist das die reine Herausforderung. Das verstand ich nicht. Übrigens war ich ohne Sorge. Wir erhielten Briefe aus Berlin, worin uns von wohlunterrichteter Seite mitgeteilt wurde, dass man bei Hofe nicht den mindesten Wert darauf lege, dass die spanische Krone einem Hohenzollern zufalle. Wir beschäftigten uns demnach weit mehr mit unserem Hausbau als mit der Politik. Aber allmählich wurden wir doch aufmerksam. So wie vor dem Sturm ein gewisses Blätterrascheln durch den Wald geht, so raschelt es vor dem Krieg von gewissen Stimmen durch das Volk. »*Nous aurons la guerre, nous aurons la guerre!*«, tönte es durch die Pariser Luft. Da erfasste mich unsägliches Bangen. Nicht um die meinen – denn wir Österreicher waren ja vorläufig aus dem Spiele; im Gegenteil: Uns sollte ja möglicherweise »Satisfaktion« geboten werden – die bekannte Sadowa-Rache. Aber wir hatten es verlernt, den Krieg vom nationalen Standpunkt aus zu betrachten, und was er vom menschlichen, vom edelmenschlichen ist – das weiß man ja. Das drücken folgende Worte aus, die ich einst aus dem Munde Guy de Maupassants gehört:

Quand je songe seulement à ce mot ›la guerre‹ – il me vient un effacement, comme si l'on me parlait de sorcellerie, d'inquisition, d'une chose lointaine, finie, abominable, contre nature.[12]

Als die Nachricht eintraf, dass Prim dem Prinzen Leopold die Krone angetragen, hielt der Herzog von Grammont im Parlament eine mit großem Beifall aufgenommene Rede:

»Wir mischen uns nicht in fremde Angelegenheiten, aber wir glauben nicht, dass die Achtung vor den Rechten eines Nachbarstaates uns verpflichtet, zu dulden, dass eine fremde Macht, indem sie einen ihrer Prinzen auf den Thron Karls V. setzt, zu unserem Schaden das bestehende Gleichgewicht der Kräfte von Europa störe und die Interessen, die Ehre Frankreichs in Gefahr bringe.«

Ich kenne ein Märchen von George Sand, genannt *Gribouille.* Dieser Gribouille hat die Eigenheit, wenn Regen droht, sich aus Furcht vor dem Nasswerden in den Fluss zu stürzen. Wenn ich höre, dass der Krieg angetragen wird, um drohenden Gefahren vorzubeugen, so muss ich immer an Gribouille denken. Wohl hätte ein ganzer Hohenzollernstamm sich auf Karls V. und noch auf verschiedene andere Throne setzen können, ohne Frankreichs Interessen und Frankreichs Ehre nur den tausendsten Teil von dem

12) »Wenn ich nur an dieses Wort Krieg denke, überkommt mich ein Schrecken, als würde man mir von Hexerei, Inquisition, einer fernen, endgültigen, abscheulichen, widernatürlichen Sache erzählen.«

Schaden zuzufügen, der ihnen aus dem klugen »Das können wir nicht dulden« erwachsen ist.

»Dieser Fall«, fuhr der Redner fort, »wir hegen die feste Zuversicht, wird nicht eintreten. Wir rechnen in dieser Beziehung auf die Weisheit des deutschen und auf die Freundschaft des spanischen Volkes. Sollte es anders kommen – dann, meine Herren, werden wir wissen, stark durch Ihre Unterstützung und die der Nation, unsere Pflicht ohne Schwanken und ohne Schwäche zu tun.« (Stürmisches Bravo.)

Von da ab beginnt die Kriegshetze in der Presse. Besonders ist es Girardin[13], welcher seine Landsleute nicht genug anfeuern kann, die unerhörte Kühnheit, welche in dieser Thronkandidatur liege, gehörig zu züchtigen. Es wäre gegen alle Würde Frankreichs, wenn es da nicht sein Veto einlegte ... Freilich, Preußen wird nicht nachgeben, denn es ist ihm daran gelegen, dem Wahnsinnigen, den Krieg heraufzubeschwören. Durch seine Erfolge von 1866 berauscht, glaubt es, jetzt auch über den Rhein seine Sieges- und Raubzüge machen zu dürfen – aber da sind wir da, Gott sei Dank, solche Gelüste den übermütigen Spitzhelmen zu vertreiben. ... In diesem Tone geht es fort. Napoleon III. zwar, wie wir durch ihm nahestehende Personen erfahren, wünscht nach wie vor die Erhaltung des Friedens; aber in seiner Umgebung finden die meisten, dass ein Krieg jetzt unvermeidlich sei, dass – da man im Volke ohnehin mit der Regierung unzufrieden – das Beste, was man tun könne, um sich den Respekt des ruhmsüchtigen Landes zu sichern, ein »glücklicher Krieg« wäre.

---

13) Émile de Girardin (1806 – 1881), Verleger, Journalist, Schriftsteller und Abgeordneter.

Nun wird bei anderen europäischen Kabinetten über die Angelegenheit angefragt. Jedes erklärt, dass es den Frieden wünsche. In Deutschland wird ein Manifest veröffentlicht, welches unter anderem auch von Liebknecht unterzeichnet ist, worin es heißt, »der bloße Gedanke an einen deutsch-französischen Krieg sei ein Verbrechen«. Bei dieser Gelegenheit erfahre ich und kann es in mein Friedensprotokoll eintragen, »dass eine Verbindung mit Hunderttausenden von Mitgliedern existiert, welche die Abschaffung aller Vorurteile des Standes und der Nation zum Programmpunkt erhoben hat«.

Benedetti erhält die Mission, den König von Preußen aufzufordern, dass dieser dem Prinzen Leopold die Annahme der Krone verbiete. König Wilhelm befand sich augenblicklich zur Kur in Ems – Benedetti begibt sich dahin und erhält am 9. Juli eine Audienz.

Wie wird der Ausgang sein? Ich erwarte die Nachricht mit Zittern.

Die Antwort des Königs lautet einfach: dass er einem volljährigen Prinzen nichts verbieten könne.

Diese Antwort versetzte die Kriegspartei in triumphierende Freude:

»Also man will es darauf ankommen lassen? Man will uns bis aufs Äußerste reizen? Das Haupt des Hauses sollte einem Mitglied desselben nichts verbieten und gebieten können? Lächerlich! Das ist offenbar abgemachtes Komplott: Die Hohenzollern wollen sich in Spanien festsetzen und dann von Osten und Süden unser Land überfallen. Und das sollten wir abwarten? Die Demütigung sollten wir uns gefallen lassen, dass man unseren Protest nicht beachtet? Nimmermehr: Wir wissen, was die Ehre, was der Patriotismus uns gebieten.«

Immer lauter und lauter, immer unheimlicher rascheln die Sturmesvorboten. Da, am 12. Juli, kommt eine Botschaft, die mich mit Entzücken erfüllt: Don Salusto Olozaga zeigt offiziell der französischen Regierung an, dass Prinz Leopold von Hohenzollern, um keinen Vorwand zu einem Krieg zu bieten, auf die Annahme der angebotenen Krone verzichtet.

Nun, Gottlob: Die ganze »Frage« war ja damit einfach weggeräumt. Die Nachricht wird um 12 Uhr mittags in der Kammer mitgeteilt und Ollivier[14] erklärt, dass dies das Ende des Streites sei. Am selben Tag wurden jedoch (offenbar die Ausführung früherer Befehle) Truppen und Material nach Metz dirigiert, und in derselben Sitzung macht Clement Duvernois folgende Interpellation:

»Was haben wir für Bürgschaften, dass Preußen nicht wieder ähnliche Verwicklungen heraufbeschwört wie diese spanische Kronkandidatur? Dem muss vorgebeugt werden.«

Schon wieder regt sich Gribouille: Es könnte – vielleicht einmal – ein leiser Regen uns nass zu machen drohen – also schnell in den Fluss gesprungen. Abermals wird Benedetti nach Ems geschickt, diesmal den König von Preußen aufzufordern, dass er dem Prinzen Leopold ein- für allemal und für alle Zukunft verbiete, auf die Kandidatur zurückzukommen. Kann wohl auf solches Vorschreiben-wollen einer Handlung, zu welcher der Aufgeforderte nicht einmal befugt ist, etwas anderes erfolgen als ungeduldiges Achselzucken! Das mussten diejenigen doch wissen, welche die Anforderung stellten.

Am 15. Juli wieder eine denkwürdige Sitzung. Ollivier verlangt einen Kredit von fünfhundert Millionen für den Krieg. Der König

---

14) Émile Ollivier (1825 – 1913), 1869/70 französischer Ministerpräsident.

von Preußen habe sich geweigert, den französischen Botschafter zu empfangen, und dies durch eine Note der Regierung angezeigt. Die Linke verlangt diese Note zu sehen. Die Majorität verbietet tumultuarisch und durch Abstimmung die Vorzeigung des (wahrscheinlich gar nicht existierenden) Dokuments. Diese Majorität bewilligt alles, was die Regierung für den Krieg fordert. Solch patriotische Opferwilligkeit, die da ohne Zaudern das Verderben bewilligt, wird natürlich wieder mit den bereitliegenden Phrasenklischees gehörig bewundert.

16. Juli. England macht Versuche, den Krieg zu hindern: Vergebens ... Ja, gäbe es eingesetzte Schiedsgerichte – wie leicht und einfach wäre da ein so geringfügiger Konflikt behoben.

19. Juli. Der französische Geschäftsträger in Berlin überreicht der preußischen Regierung die Kriegserklärung.

Kriegserklärung. Die vier Silben sprechen sich ganz gelassen aus. Was ist's auch weiter? Der Beginn einer außenpolitischen Aktion, und so nebenbei eine halbe Million Todesurteile.

Auch dieses Aktenstück habe ich in die roten Hefte eingetragen:

Die Regierung Sr. Majestät des Kaisers der Franzosen konnte den Plan, einen preußischen Prinzen auf den spanischen Thron zu erheben, nur als ein Unternehmen gegen die territoriale Sicherheit Frankreichs betrachten und hat sich daher genötigt gesehen, von Sr. Majestät dem Könige von Preußen die Versicherung zu verlangen, dass eine ähnliche Kombination mit seiner Zustimmung nicht wieder vorkommen werde. Da Se. Majestät diese Zustimmung verweigert und im Gegenteil unserem Gesandten erklärt hat, er gedenke sich für dieses Vorkommnis die Möglichkeit vorzubehalten, die Umstände zu befragen, so hat die kaiserliche Regierung in dieser Erklärung des Königs einen Hintergedanken erkennen müssen, welcher für Frankreich und für das europäische

Gleichgewicht bedrohlich ist. Diese Erklärung hat einen noch schwereren Charakter erhalten durch die Mitteilung, welche dem Kabinett gemacht wurde, von der Weigerung, den Gesandten des Kaisers zu empfangen und mit ihm neue Auseinandersetzungen einzuleiten. Infolgedessen hat die französische Regierung es für ihre Pflicht gehalten, ohne Verzug an die Verteidigung (ja, ja, Verteidigung – niemals Angriff) ihrer verletzten Würde, ihrer verletzten Interessen zu denken und entschlossen zu diesem Zwecke alle Maßregeln zu ergreifen, welche von der ihr geschaffenen Lage geboten werden, betrachtet sie sich von jetzt an als im Zustand des Krieges mit Preußen.

Zustand des Krieges ... Bedenkt derjenige, der auf dem grünen Tuch seines Schreibtisches dieses Wort zu Papier bringt, dass er seine Feder in Flammen getaucht hat, in blutige Tränen, in Seuchengift?

Also wegen eines für einen vakanten Thron gesuchten Königs und infolge einer zwischen zwei Monarchen gepflegten Unterhandlung war diesmal der Sturm entfesselt? Sollte Kant doch recht haben mit seinem ersten Definitivartikel zum ewigen Frieden:

Die bürgerliche Verfassung in jedem Staate soll republikanisch sein?

Allerdings fielen durch Verwirklichung dieses Artikels manche Kriegsursachen weg, denn die Geschichte zeigt, wie viele Feldzüge dynastischer Fragen willen unternommen wurden, und alle Einsetzung monarchischer Gewalt beruht ja nur auf glücklicher Kriegsführung. Indessen: Auch Republiken sind kriegerisch. Der Geist ist es, der alte, wilde, der in den Völkern – seien sie nun in dieser oder jener Form regiert – Hass und Rauflust und Siegesehrgeiz anfacht.

2

Ich erinnere mich, welch eine ganz eigentümliche Stimmung mich selber in jener Zeit erfasste, da der deutsch-französische Krieg sich vorbereitete und dann losbrach. Diese Gewitterschwüle vorher, dieses gewaltige Sturmwehen nach der Erkältung ... Die ganze Bevölkerung war in Fieber, und wer kann solcher Epidemie sich entziehen? Natürlich – nach altem Brauch – wurde der Beginn des Feldzuges schon als Siegeszug betrachtet, das ist ja so patriotische Pflicht. »À Berlin – à Berlin!«, jubelte es durch die Straßen und von den Imperialen der Omnibusse herab; die Marseillaise an allen Ecken und Enden: »Le jour de gloire est arrivé!« In jeder Theatervorstellung musste die erste Schauspielerin oder Sängerin im Jeanne d'Arc-Kostüm vor die Rampe treten und fahnenschwingend dieses Kampflied singen, welches vom Publikum stehend angehört und bisweilen mitgesungen wurde.

Wenn ein Krieg ausgebrochen ist, so spalten sich alle Anhänger der neutralen Staaten in zwei Lager; die einen nehmen für diesen, die anderen für jenen Teil Partei: Es ist wie eine große schwebende Wette, bei der jeder mithält.

Wir beide, Friedrich und ich, mit wem sollten wir sympathisieren, wem den Sieg wünschen? Als Österreicher waren wir »patriotisch« vollkommen berechtigt, unsere Überwinder aus dem vorigen Kriege diesmal als Überwundene sehen zu wollen. Ferner ist es auch naturgemäß, dass man jenen, in deren Mitte man lebt, von deren Gefühlen man unwillkürlich angesteckt wird, die größere Sympathie zuwendet – und wir waren ja von Franzosen umgeben.

Dennoch: Friedrich war preußischer Abkunft, und waren nicht auch mir die Deutschen, deren Sprache ja die meine ist, stammverwandter als ihre Gegner? Außerdem: War die Kriegserklärung nicht von den Franzosen aus so nichtigem Grunde – nein, nicht Grunde: Vorwande – ausgegangen, mussten wir daher nicht einsehen, dass die Sache der Preußen die gerechte war, dass diese nur als Verteidiger und dem Zwang gehorchend in den Kampf zogen? Und war die Einmütigkeit nicht erhebend, mit welcher die vor kurzem noch sich befehdenden Deutschen sich jetzt zusammenscharten? Sehr richtig hatte König Wilhelm in seiner Thronrede vom 19. Juli gesagt:

Das deutsche und das französische Volk, beide die Segnungen christlicher Gesinnung und steigenden Wohlstandes gleichmäßig genießend, waren zu einem heilsameren Wettkampfe berufen als zu dem blutigen der Waffen. Doch die Machthaber Frankreichs haben es verstanden, das wohlberechtigte, aber reizbare Selbstgefühl unseres großen Nachbarvolkes durch berechnete Missleitung für persönliche Interessen und Leidenschaften auszubeuten.

Kaiser Napoleon erließ seinerseits folgende Proklamation:

Angesichts der anmaßenden Ansprüche Preußens haben wir Einsprache getan. Diese ist verspottet worden. Vorgänge folgten, welche Verachtung für uns zeigten. Unser Land ist dadurch tief aufgeregt, und augenblicklich erschallt das Kriegsgeschrei von einem Ende Frankreichs zum anderen. Es bleibt uns nichts mehr übrig, als unsere Geschicke dem Lose, welches die Waffen werfen, zu überlassen. Wir bekriegen nicht Deutschland, dessen Unabhängigkeit wir achten. Wir haben die besten Wünsche dafür, dass die Völker, welche das große deutsche Volkstum ausmachen, frei über ihre Geschicke verfügen. Was uns betrifft, so verlangen wir die Ausrichtung eines Standes der Dinge, welcher unsere Sicherheit verbürge und unsere Zukunft sicherstelle. Wir wollen einen dauerhaften Frieden erlangen, begründet auf die wahren Interessen der Völker; wir wollen, dass dieser elende Zustand aufhöre, bei dem alle Nationen ihre Hilfsquellen aufwenden, um sich gegenseitig zu bewaffnen.

Welche Lektion, welche gewaltige Lektion spricht aus diesem Schriftstück, wenn man es mit den folgenden Ereignissen zusammenhält! Also um Sicherheit, um dauernden Frieden zu erlangen, wurde dieser Feldzug von Frankreich unternommen? Und was ist daraus entstanden? – *L'année terrible* und dauernde Feindschaft. Nein, nein: Mit Kohle lässt sich nicht weiß färben, mit *Asa foetida* nicht Wohlgeruch verbreiten und mit Krieg nicht Frieden sichern. Dieser »elende Zustand«, auf den Napoleon anspielte, wie hat der seither sich noch verschlimmert! Es war dem Kaiser Ernst, voller Ernst mit dem Plane, eine europäische Abrüstung anzubahnen; ich habe es durch seine nächsten Verwandten mit Bestimmtheit erfahren; aber die Kriegspartei hat ihn gedrängt, gezwungen – und er gab nach ... Dennoch konnte er sich nicht enthalten, in der Kriegsproklamation selber seine Lieblingsidee anklingen zu lassen. Es sollte deren Verwirklichung nur hinausgeschoben sein. »Nach dem Feldzug – nach dem Siege ...«, sagte er sich zum Trost. Es ist anders gekommen.

Auf welcher Seite also unsere Sympathien standen? Wenn man dazu gelangt, den Krieg an und für sich zu verabscheuen, wie das bei Friedrich und mir der Fall war, so kann das echte, naive Passionieren für den Ausgang eines Feldzuges nicht mehr eintreten; die einzige Empfindung ist eben die: Hätte er nur nie begonnen, dieser Feldzug, und wäre er nur schon aus!

Ich glaubte nicht, dass der Krieg lange dauern und bedeutende Folgen haben werde. Zwei oder drei gewonnene Schlachten hier oder dort und man würde sicherlich parlamentieren und dem Ding ein Ende machen. Um was schlug man sich denn eigentlich? Um gar nichts. Das Ganze war mehr eine Art Waffenpromenade, von den Franzosen aus ritterlicher Abenteuerlust, von den Deutschen aus tapferer Verteidigungspflicht unternommen; ein paar getauschte Säbelhiebe und die Gegner würden sich wieder die Hände reichen ... Törin, die ich war! Als ob die Folgen eines Krieges im Verhältnis zu den Ursachen seines Entstehens blieben. Der *Verlauf* ist es, der die Folgen bestimmt.

Gern hätten wir Paris verlassen, denn der ganze von der Bevölkerung gezeigte Enthusiasmus berührte uns höchst peinlich. Aber der Weg nach Osten war nunmehr versperrt; auch hielt uns der Bau unseres Hauses zurück – kurz: Wir blieben. Geselligen Umgang hatten wir beinahe keinen mehr. Alles, was nur konnte, hatte Paris geflohen, und unter den obwaltenden Umständen dachte auch unter den Zurückgebliebenen keiner daran, Einladungen auszuteilen. Nur einige unserer Bekannten aus literarischen Kreisen, die noch anwesend waren, suchten wir öfters auf. Gerade in dieser Phase des beginnenden Krieges war es Friedrich interessant, die betreffenden Urteile und Ansichten der hervorragenden Geister kennenzulernen. Da war ein ganz junger Schriftsteller, der später zu solcher Berühmtheit gelangte, Guy de Maupassant, von dessen Äußerungen, die mir aus der Seele gesprochen waren, ich einige in die roten Hefte eintrug:

Der Krieg – sich schlagen! Erwürgen, niedermetzeln! Und wir besitzen heute – zu unserer Zeit mit unserer Kultur, mit dem so ausgedehnten

Wissen, auf so hoher Stufe der Entwicklung, auf der wir angelangt zu sein glauben – wir besitzen Schulen, wo man lernt zu töten – auf recht große Entfernung zu töten, eine recht große Anzahl auf einmal.

Das Wunderbare ist, dass die Völker sich dagegen nicht erheben, dass die ganze Gesellschaft nicht revoltiert bei dem bloßen Worte Krieg.

Jeder, der regiert, ist ebenso verpflichtet, den Krieg zu vermeiden, wie ein Schiffskapitän verpflichtet ist, den Schiffbruch zu vermeiden. Wenn ein Kapitän sein Schiff verloren hat, wird er vor ein Gericht gestellt und verurteilt, falls man erkennt, dass er sich Nachlässigkeit zuschulden kommen ließ. Warum wird die Regierung nach jedem erklärten Kriege nicht gerichtet? Wenn die Völker das verständen, wenn sie sich weigerten, ohne Grund sich töten zu lassen – dann wäre es mit dem Kriege aus.

Und Ernest Renan ließ sich also vernehmen:

Ist es nicht herzzerreißend, zu denken, dass alles, was wir Männer der Wissenschaft in fünfzig Jahren aufzubauen bestrebt waren, mit einem Schlage zusammengestürzt ist: die Sympathien zwischen Volk und Volk, das gegenseitige Verständnis, das fruchtbare Zusammenarbeiten. Wie tötet ein solcher Krieg die Wahrheitsliebe! Welche Lüge, welche Verleumdung des einen Volkes wird nun nicht aufs Neue in den nächsten fünfzig Jahren von dem anderen mit Begierde geglaubt werden und sie für unabsehbare Zeiten voneinander trennen! Welche Verzögerung des europäischen Fortschrittes! In hundert Jahren werden wir nicht wieder aufrichten können, was diese Menschen an einem Tage heruntergerissen haben.

Ich hatte auch Gelegenheit, einen Brief zu lesen, den Gustave Flaubert in jenen ersten Julitagen, als eben der Krieg ausgebrochen war, an George Sand geschrieben hat:

Ich bin verzweifelt über die Dummheit meiner Landsleute. Die unverbesserliche Barbarei der Menschheit erfüllt mich mit tiefer Trauer. Dieser Enthusiasmus, der von keiner Idee beseelt ist, macht, dass ich sterben möchte, um ihn nicht mehr zu sehen. Der gute Franzose will sich schlagen: 1., weil er sich durch Preußen herausgefordert glaubt; 2., weil der natürliche Zustand des Menschen die Wildheit ist; 3., weil der Krieg ein mystisches Element in sich hat, das die Menschen fortreißt. Sind wir wieder zu den Rassenkämpfen gekommen? Ich fürchte es ... Die schrecklichen Schlachten, die sich vorbereiten, haben nicht einmal einen Vorwand für sich. Es ist die Lust, sich zu schlagen, um sich zu schlagen. Ach, wäre ich doch bei den Beduinen!

Am 28. Juli erließ Napoleon III. vom Hauptquartier in Metz folgende Urkunde. Auch diese habe ich eingetragen – nicht etwa aus geteilter Bewunderung, sondern aus Zorn über das ewig gleich hohle Phrasenwerk.

Wir verteidigen Ehre und Boden des Vaterlandes. Wir werden siegen. Nichts ist zu viel für die ausharrenden Anstrengungen der Soldaten Afrikas, der Krim, Chinas, Italiens und Mexikos. Noch einmal werdet ihr beweisen, was eine französische Armee vermag, die von Vaterlandsliebe durchglüht ist. Welchen Weg immer wir außerhalb unserer Grenzen einschlagen, wir finden dort die ruhmreichen Spuren unserer Väter. Wir werden uns ihrer würdig zeigen. Von unseren Erfolgen hängt das Schicksal der Freiheit und der Zivilisation ab. Soldaten – tue jeder seine Pflicht und der Gott der Schlachten wird mit uns sein.

»Le Dieu des armées« durfte natürlich nicht fehlen. Dass die Führer besiegter Heere schon hundertmal dasselbe gesprochen, das hindert die anderen nicht, bei jedem neuen Feldzug wieder dasselbe zu sprechen und damit dasselbe Vertrauen zu wecken. Gibt es etwas Kürzeres und Schwächeres als das Gedächtnis der Völker?

Am 31. Juli verlässt König Wilhelm Berlin und erlässt nachstehendes Manifest:

Indem ich heute zur Armee gehe, um mit ihr für die Ehre und für die Erhaltung unserer höchsten Güter zu kämpfen, erlasse ich eine Amnestie für politische Verbrecher. Mein Volk weiß mit mir, dass Friedensbruch und Feindschaft nicht auf unserer Seite waren. Aber herausgefordert, sind wir entschlossen, gleich unseren Vätern und in fester Zuversicht auf Gott den Kampf zu bestehen zur Errettung des Vaterlandes.

Notwehr, Notwehr – das ist die einzig statthafte Art des Tötens; daher rufen beide Gegner: »Ich wehre mich.« Ist das nicht Widersinn? – Über beiden waltet eine dritte Macht, die Macht des überkommenen alten Kriegsgeistes. Nur gegen den sich zu wehren, sollten alle sich verbünden ...

Neben den obigen Manifesten finde ich in meinen roten Heften eine Eintragung, mit dem sonderbaren Titel überschrieben:

Hätte Ollivier die Tochter Meyerbeers geheiratet, wäre da der Krieg ausgebrochen?

Die Sache verhielt sich so: Unter unseren Pariser Bekannten befand sich auch der Literat Alexander Weill, und dieser war es, der obige Frage aufwarf, indem er uns Nachstehendes erzählte:

»Meyerbeer suchte einen talentvollen Mann für seine zweite Tochter, und seine Wahl fiel auf meinen Freund Emil Ollivier. Ollivier ist Witwer. Er hat in erster Ehe die Tochter Liszts geheiratet, die der berühmte Pianist von der Gräfin d'Agoult hatte, mit der er lange Zeit im ehelichen Verhältnis lebte. Diese Ehe war sehr glücklich und Ollivier hatte den Ruf eines tugendhaften Ehemannes. Er besaß kein Vermögen, aber als Redner und Staatsmann war er schon berühmt. Meyerbeer wollte ihn persönlich kennenlernen, und zu diesem Zwecke gab ich – es war im April des Jahres 1864 – einen großen Ball, dem die meisten Zelebritäten der Kunst und der Wissenschaft beiwohnten und wo natürlich Ollivier, der von mir von der Absicht Meyerbeers unterrichtet war, die erste Rolle spielte. Er gefiel Meyerbeer. Die Sache war nicht leicht in Gang zu bringen. Meyerbeer kannte die unabhängige Originalität seiner zweiten Tochter, die nie einen anderen Gatten als den ihrer freien Wahl ehelichen würde. Es wurde verabredet, dass Ollivier nach Baden komme, um dort dem Mädchen zufällig vorgestellt zu werden, als Meyerbeer plötzlich vierzehn Tage nach diesem Ball starb. Ollivier war es – erinnern Sie sich? –, der ihm im Nordbahnhof eine Trauer- und Lobrede hielt. Nun behaupte ich – ja, ich bin dessen sicher: Hätte Ollivier die Tochter Meyerbeers geheiratet, der Krieg zwischen Frankreich und Deutschland wäre nicht ausgebrochen! Hier meine plausiblen Beweise. Zunächst hätte Meyerbeer, der das Kaisertum bis zur Verachtung hasste, nie seinem Tochtermann erlaubt, Minister des Kaisers zu werden. Man weiß, dass, wenn Ollivier der Kammer gedroht hätte, eher seine Demission zu geben, als den Krieg zu erklären, dieselbe Kammer nie den Krieg erklärt hätte. Der gegenwärtige Krieg ist das Werk dreier intimer Stuben- und Geheimminister der Kaiserin mit Namen: Jerome David, Paul de Cassagnac und Duc de Gramont. Die Kaiserin, von dem Papste aufgereizt, dessen religiöse Puppe sie ist, wollte diesen Krieg, an dessen Sieg sie nicht zweifelte, um die Nachfolge ihres Sohnes zu sichern. Sie sagte: »C'est ma guerre à moi et à mon fils!«, und die drei obengenannten päpstlichen »Anabaptisten« waren ihre geheimen Werkzeuge, um den Kaiser, der keinen Krieg wollte, und die Kammer durch falsche und verhehlte Depeschen aus Deutschland zum Krieg zu zwingen!«

»Das nennt man Diplomatie!«, unterbrach ich schaudernd.

»Hören Sie weiter«, fuhr Alexander Weill fort. »Den 15. Juli sagte mir Ollivier, den ich auf der Place de la Concorde antraf: ›Der Friede ist gesichert – eher gäbe ich meine Demission.‹ Woher nun kam es, dass derselbe Mann einige Tage später, statt seine Demission zu geben, den Krieg selbst erklärte?«

»Leichten Herzens!«, rief ich mit neuem Schauer.

»Hier liegt ein Geheimnis, das ich aufklären kann. Der Kaiser, für den das Geld nie einen anderen Wert hat, als um Liebe und Freundschaft sich zu erkaufen – er glaubt, ganz Frankreich wäre feil, die Männer wie die Weiber –, hat die Gewohnheit, wenn er einen Minister annimmt, der nicht reich ist, ihn durch ein Geschenk von einer Million Franken näher an sich zu fesseln. Solange der Kaiser zauderte, erklärte sich Ollivier, mit der goldenen Kette an seinen Meister gefesselt, neutral – eher für den Frieden. Sobald aber der Kaiser von seiner Frau und den drei ultramontanen Anabaptisten überrumpelt ward, erklärte sich auch Ollivier für den Krieg und entseelte sich lebendig mit ›leichtem Herzen‹ und – voller Tasche.«

3

»O Monsieur, o Madame – welches Glück, welche große Nachricht!«

Mit diesen Worten stürzten eines Tages Friedrichs Kammerdiener und hinter ihm der Koch in unser Zimmer.

»Was gibt's?«

»An der Börse ist eine Depesche angeschlagen: Wir haben gesiegt. Die Armee des Königs von Preußen ist so gut wie vernichtet. Die Stadt schmückt sich mit dreifarbigen Fahnen – es soll heute Abend illuminiert werden.«

Im Laufe des Nachmittags stellt sich jedoch heraus, dass die Nachricht eine falsche – ein Börsenmanöver – war. Ollivier hält von seinem Balkon aus eine Ansprache an die Menge.

Nun – desto besser. Wenigstens würde man nicht beleuchten müssen. Diese Freudenkundgebungen anlässlich »vernichteter Armeen« – d. h. anlässlich zahlloser zerrissener Leben und gebrochener Herzen – das hätte in mir auch wieder den Flaubertschen Wunsch erweckt:

Ach, wäre ich doch bei den Beduinen!

Am 7. August Unglücksbotschaft. Der Kaiser eilt aus St. Cloud nach dem Kriegsschauplatz. Der Feind ist ins Land gedrungen. Die Blätter können ihrer Entrüstung über die »Invasion« nicht heftig genug Ausdruck geben. Der Ruf »À Berlin!« bedeutete doch auch beabsichtigten Einfall – doch *daran* war nichts Entrüstendes; dass aber die östlichen Barbaren in das schöne, gottgeliebte Frankreich einzufallen sich unterstanden: Das war schier Wildheit, Frevel – dem musste rasch gesteuert werden.

Der interimistische Kriegsminister erlässt ein Dekret, dass alle rüstigen Bürger von dreißig bis vierzig Jahren, welche der Nationalgarde noch nicht angehören, derselben sofort einverleibt werden müssen. Es bildet sich ein Ministerium der Landesverteidigung. Die bewilligte Kriegsanleihe von fünfhundert wird auf tausend Millionen erhöht. Ganz herzerfrischend ist es, wie opferfähig die Leute über das Geld und das Leben der anderen stets verfügen.

Und jetzt deutscherseits Sieg auf Sieg ...

Die Physiognomie der Stadt Paris und ihrer Einwohner verändert sich. Statt der stolzen, prahlerischen, kampfesfrohen Laune tritt Bestürzung und grimmiger Zorn ein. Immer mehr verbreitet sich das Gefühl, dass eine Vandalenhorde über das Land niedergegangen – etwas Schreckhaftes, Unerhörtes, wie etwa eine Heuschreckenwolke oder sonst eine Naturplage. Dass sie mit ihrer Kriegserklärung die Plage selber heraufbeschworen, dass sie dieselbe für unerlässlich hielten, damit ja nicht etwa ein Hohenzoller in ferner Zukunft auf die Idee kommen könne, um den spanischen Thron zu werben – das hatten sie vergessen. Über den Feind kommen entsetzliche Märchen in Umlauf. »Die Ulanen, die Ulanen« – das hat einen fantastisch-dämonischen Klang, beinahe, als hieße es »das wilde Heer«. In der Einbildung der Leute nimmt diese Truppengattung ein teuflisches Wesen an. Wo immer von der deutschen Kavallerie ein kühner Streich ausgeführt wird, wird er den Ulanen zugeschrieben – eine Art Halbmenschen, ohne Sold, darauf angewiesen, von Beute zu leben. Neben den Schauergerüchten entstehen aber auch wieder Triumphgerüchte. Das Erfolglügen gehört mit zu den Chauvinistenpflichten. Natürlich: Der Mut muss aufrechterhalten werden. Das Gebot der Wahrhaftigkeit – wie so viele andere Sittengebote – verliert seine Gültigkeit im Kriege. Aus der Zeitung *Le Volontaire* diktierte mir Friedrich folgende Stelle für meine roten Hefte:

Bis zum 16. August haben die Deutschen schon 144.000 Mann verloren, der Rest ist dem Verhungern nahe. Aus Deutschland ziehen die letzten Reserven herbei: alte Männer von 60 Jahren mit Feuersteingewehren, an der rechten Seite eine ungeheure Tabaksdose, an der linken eine noch größere Schnapsflasche, im Munde eine lange tönerne Pfeife; keuchend unter der Last des Tornisters, auf welchem die Kaffeemühle und in welchem der Fliedertee nicht fehlen darf, ziehen sie hustend und sich schnäuzend vom rechten an das linke Rheinufer, diejenigen verfluchend, welche sie den Umarmungen ihrer Enkel entrissen haben, um sie dem sicheren Tode entgegenzuführen.

Was die deutscherseits gebrachten Siegesnachrichten anbelangt – so sind dies die bekannten preußischen Lügen.

Am 20. August verkündet Graf Palikao in der Kammer, dass drei gegen Bazaine vereinte Armeekorps in die Steinbrüche von Jaumont geworfen wurden. Zwar weiß niemand, was das für Steinbrüche seien und wo selbe gelegen sind; und wie sich die drei Armeekorps darin verhalten, das macht sich auch niemand klar; aber von Mund zu Mund geht die frohe Botschaft:

»Sie wissen schon? In den Steinbrüchen ...«

»Ja, ja, von Jaumont.«

Keiner äußert einen Zweifel oder eine Frage: Es ist, als ob alle aus der Gegend von Jaumont gebürtig wären und die armeeverschlingenden Steinbrüche so gut kennten wie ihre Tasche.

Um diese Zeit tauchte auch das Gerücht auf, der König von Preußen sei aus Verzweiflung über den Zustand seines Heeres verrückt geworden.

Man hört nur noch Ungeheuerlichkeiten. Die Aufregung, das Fieber der Bevölkerung nimmt stündlich zu. Der Krieg hat aufgehört, als Waffenspaziergang betrachtet zu werden; man fühlt, dass die losgelassenen Gewalten jetzt Furchtbares über die Welt bringen – es ist nur noch von vernichteten Heeren, von wahnsinnigen Führern, von teuflischen Horden, von Kampf bis aufs Messer die Rede. Ich höre es donnern und grollen – was sich da erhebt, ist der Sturm der Wut und der Verzweiflung. Der Kampf um Bazeilles bei Sedan wird geschildert, als wären dort von den Bayern die unmenschlichsten Gräuel verübt worden.

»Glaubst du das«, fragte ich Friedrich. »Glaubst du das von den gutmütigen Bayern?«

»Es mag ja sein. Ob Bayer oder Türke, ob Deutscher, Franzose oder Indianer: Der sich seines Lebens wehrende und zum Töten ausholende Krieger hat allemal aufgehört, ›menschlich‹ zu sein. Was in ihm geweckt und gewaltsam aufgestachelt worden, ist ja eben die Bestie.«

4

Metz gefallen ... So lautete an jenem Tage die zwar noch verfrühte, aber einige Zeit später doch zur Wahrheit gewordene Nachricht, die in der Stadt wie ein einziger großer Schreckensschrei widerhallte.

Mir ist die Nachricht von der Einnahme einer Festung eher eine Erleichterung bringende Botschaft, denn ich denke: Das gibt doch eine Entscheidung. Und nur danach nur – dass die blutige Partie *aus* sei – geht mein Sehnen. Aber nein: Nichts ist entschieden – es sind ja noch mehr Festungen da. Nach einer Niederlage heißt es nur, sich aufraffen und doppelt kräftig entgegenhauen – das Glück der Waffen kann ja wechseln. Jawohl, bald dort, bald hier kann der Vorteil sein; wäre dabei nur nicht auf beiden Seiten der sichere Jammer, der sichere Tod.

Trochu[15] fühlt sich veranlasst, den Mut der Bevölkerung durch eine neue Proklamation zu heben, und beruft sich darin auf einen alten Wahlspruch der Bretagne:

»Mit Gottes Hilfe für das Vaterland.«

Das klingt mir nicht eben neu – ich muss Ähnlichem schon in anderen Proklamationen begegnet sein. Es verfehlt eben seine Wirkung nicht: Die Leute sind begeistert. Jetzt heißt es, Paris in eine Festung umwandeln.

Paris eine Festung? Ich kann den Gedanken nicht fassen. Die Stadt, welche Viktor Hugo »la ville lumière« genannt, welche der

15) Louis Jules Trochu (1815 – 1896), General und während der ersten Wochen der Belagerung von Paris 1870/71 Präsident des Nationalen Verteidigungsrates.

Anziehungspunkt der ganzen zivilisierten, reichen, Kunst- und Lebensgenuss suchenden Welt ist, der Ausgangspunkt des Glanzes, der Mode, des Geistes – diese Stadt will sich nun »befestigen«, das heißt, sich zum Zielpunkt feindlicher Angriffe, zur Scheibe der Beschießung machen, sich allem Verkehr abschließen und sich der Gefahr aussetzen, in Brand geschossen oder ausgehungert zu werden? Und das tun diese Leute mit Opfermut, mit Freudeneifer, als gelte es die Vollbringung des nützlichsten, edelsten Werkes? Mit fieberhafter Hast wird an die Arbeit geschritten. Es müssen Wälle für die Aufstellung von Mannschaften gebaut werden und Schießscharten eingeschnitten; ferner vor den Toren Gräben ausgehoben, Zugbrücken angelegt, Deckwerke neu errichtet, Kanäle überbrückt und mit Brustwehren angeschüttet, Pulvermagazine gebaut und auf der Seine eine Flottille von Kanonenbooten aufgestellt werden. Welches Fieber von Tätigkeit, welcher Aufwand von Anstrengung und Fleiß; welche riesige Kosten von Arbeit und Geld! Wie das alles, für Werke der Gemeinnützigkeit verwendet, erfreulich und erhebend wäre – aber für den Zweck der Schadenzufügung, der Vernichtung – welche nicht einmal Selbstzweck, sondern strategischer Schachzug ist – es ist unfasslich!

Um einer voraussichtlich langen Belagerung widerstehen zu können, verproviantiert sich die Stadt. Bis jetzt – allen Erfahrungen gemäß – hat es noch keine uneinnehmbaren Festungen gegeben; die Kapitulation ist stets nur eine Frage der Zeit. Und immer wieder werden Festungen errichtet, immer wieder werden sie mit Vorräten versehen, trotz der mathematischen Unmöglichkeit, sich auf die Dauer vor Aushungerung zu schützen.

Die getroffenen Maßregeln sind großartig. Es werden Mühlen eingerichtet und Viehparks angelegt, aber schließlich muss der

Augenblick doch kommen, wo das Korn ausgeht und das Fleisch verzehrt ist. Aber so weit denkt man nicht; bis dahin ist der Feind über die Grenze zurückgedrängt oder im Lande vernichtet. Der vaterländischen Armee schließt sich ja das ganze Volk an. Alles meldet sich zum Dienst oder wird dazu herangezogen; so werden zur Besatzung von Paris sämtliche Feuerwehrleute des Landes berufen. In der Provinz mag es unterdessen brennen – was liegt daran? So kleine Unglücksfälle verschwinden, wo es sich um ein National-*Desastre* handelt. Am 17. August sind schon 60.000 Pompiers in die Hauptstadt eingerückt. Auch die Matrosen werden einberufen, und täglich bilden sich neue Truppenkörper unter verschiedenen Namen: *volontaires, éclaireurs, franctieurs.*

In immer beschleunigterer Bewegung folgten einander nun die Ereignisse. Aber nur noch kriegerische Ereignisse. Alles andere ist aufgehoben. Rings um uns wird nichts anderes mehr gedacht als *»mort aux Prussiens«*. Ein Sturm des wilden Hasses sammelt sich an; noch ist er nicht losgebrochen, aber man hört ihn rauschen. In allen offiziellen Kundgebungen, in allem Gassenlärm, in allen öffentlichen Vorkehrungen – immer nur das eine Ziel: *»Tod den Preußen«*. All diese Truppen, regelmäßige und unregelmäßige, diese Munitionen, diese nach den Befestigungen drängenden Arbeiter mit ihren Werkzeugen und Karren, diese Waffentransporte; alle,s was man sieht und was man hört, das deutet in Formen und in Tönen, das blitzt und poltert, das funkelt und tost *»mort aux Prussiens«*. – Oder mit anderen Worten – dann klingt es freilich wie ein Ruf der Liebe und durchglüht auch weiche Herzen: *»pour la patrie!«* – Aber es ist dennoch dasselbe.

Ich fragte Friedrich:

»Du bist doch preußischer Abstammung – wie berühren dich diese von allen Seiten laut werdenden feindlichen Gesinnungen?«

»Dieselbe Frage hast du schon im Jahre 1866 an mich gerichtet – und damals antwortete ich dir wie auch heute, dass ich unter diesen Hassesäußerungen nicht als Landesangehöriger, sondern als Mensch leide. Fasse ich die Gesinnungen der Leute hier vom nationalen Standpunkt auf, so kann ich ihnen nur Recht geben; sie nennen es *la haine sacrée de l'ennemi*, heiliger Hass auf den Feind – und diese Regung bildet einen wichtigen Bestandteil des kriegerischen Patriotismus. In diesem einen Gedanken gehen sie nun auf: ihr Land von dem feindlichen Einfall wieder zu befreien. Dass sie die Einfallenden auch durch ihre Kriegserklärung gerufen – das vergessen sie. Sie haben es ja auch nicht selber getan, sondern ihre Regierung, welcher sie aufs Wort geglaubt, dass sie es tun musste, und jetzt verlieren sie keine Zeit mit Vorwürfen, mit Erwägungen, wer das Unglück heraufbeschworen; es ist nun einmal da, und alle Kraft, alle Begeisterung wird darauf verwendet, es wieder abzuwenden oder mit sorglosem Opfermut vereint zu Grunde zu gehen. Glaube mir, es liegt viel edle Liebesfähigkeit in uns Menschenkindern, schade nur, dass wir sie in den alten Feindschaftsgleisen vergeuden ... Und drüben, die gehassten, die einfallenden, die ›östlichen Barbaren‹ – was tun die? Sie sind herausgefordert worden, und sie dringen in das Land derjenigen ein, welche das ihre zu überfallen drohten: ›À Berlin, à Berlin!‹ Erinnerst du dich noch, wie dieser Ruf die ganze Stadt durchschallte, sogar von den Dächern der Omnibusse herab?«

»Nun marschieren jene ›nach Paris!‹ Warum rechnen ihnen das die ›À Berlin‹-Rufer als Verbrechen an?«

»Weil es keine Logik und keine Gerechtigkeit geben kann in jenem Nationalgefühl, dessen oberster Grundsatz der ist: Wir sind wir – das heißt die Ersten, die anderen sind Barbaren.«

So kam es – ich sehe es aus allen unseren in den roten Heften eingetragenen Gesprächen aus jenen Tagen – dass wir an gar nichts anderes dachten, denken konnten als an den Verlauf des gegenwärtigen Völkerduells.

Unser Glück, unser armes Glück – wir hatten es, aber wir durften es nicht genießen. Ja, alles besaßen wir, was uns einen lieblichen Himmel auf Erden schaffen konnte: grenzenlose Liebe, Reichtum, Rang, den herrlich sich entwickelnden Knaben Rudolf, unser Herzenspüppchen Sylvia, Unabhängigkeit, reges Interesse an der Welt des Geistes ... Aber das alles war wie hinter einen Vorhang gestellt. Wie durften, wie konnten wir an unseren Freuden uns laben, während um uns alles litt und zitterte, schrie und tobte?

»Ein theatralischer Mensch, dieser Trochu«, berichtete mir Friedrich eines Tages, es war am 25. August. »Was wurde heute für ein Effekt-Coup ausgeführt? Darauf verfällst du nimmer.«

»Die Frauen zum Militärdienst einberufen?«, riet ich.

»Um Frauen handelt es sich wohl, aber sie sind nicht einberufen – im Gegenteil.«

»Also die Marketenderinnen abgeschafft – oder die barmherzigen Schwestern?«

»Noch immer nicht erraten. Abschaffung ist zwar dabei – und Marketenderinnen, insofern sie den Becher der Lust reichen, und barmherzig – in gewissem Sinn – sind die Abgeschafften auch; kurz – ohne weitere Scharade: Die Demimonde wird ausgewiesen.«

»Und das hat der Kriegsminister verfügt? Welcher Zusammenhang?«

»Ich finde auch keinen, aber die Leute sind über die Maßregel entzückt. Einmal sind sie immer froh, wenn *etwas geschieht*: Von jeder neuen Verordnung erwarten sie eine Wendung, wie manche Kranke, die jedes angewandte Mittel als mögliches Heilmittel begrüßen. Wenn das Laster aus der Stadt getrieben ist – meinen die Frommen – wer weiß, ob dann der Himmel nicht wieder seine Huld über die Bewohner ergießt? Und jetzt, da man sich auf die ernste, entbehrungsvolle Zeit der Belagerung vorbereitet, was sollen da die tollen, verschwenderischen Hetären? So erscheint den meisten – die Betroffenen ausgenommen – die Maßregel als eine würdevolle moralische und nebstbei noch eine patriotische, da eine große Anzahl dieser Frauen Fremde sind. Engländerinnen, Südländerinnen, ja sogar Deutsche – vielleicht Spioninnen darunter! Nein, nein, jetzt hat die Stadt nur Platz für ihre eigenen Kinder und nur für ihre tugendhaften Kinder!«

Am 28. August kam es noch schlimmer. Wieder eine Ausweisung: Binnen drei Tagen hatten alle Deutschen Paris zu verlassen.

Das Gift, das tödliche, langwirkende, welches in dieser Maßregel lag, davon hatten die Rezeptschreiber wohl keine Ahnung: Damit war der Deutschenhass geweckt. Wie lange dieses Unglück noch über den Krieg hinaus furchtbare Früchte tragen sollte – das weiß ich heute. Von da ab waren Frankreich und Deutschland – diese zwei großen, blühenden, herrlichen Länder nicht mehr zwei Nationen, deren Heere einen ritterlichen Zweikampf ausfochten: In das ganze Volk drang der Hass für das ganze gegnerische Volk. Die

Feindschaft ward zu einer Institution erhoben, die sich nicht auf die Dauer des Krieges beschränkt, sondern als »Erbfeindschaft« ihren Bestand unter kommenden Geschlechtern sichert.

Ausgewiesen – binnen drei Tagen die Stadt verlassen müssen –: ich hatte Gelegenheit zu sehen, wie hart, wie unendlich hart dieser Befehl manche brave, harmlose Familie traf. Unter den Geschäftsleuten, welche uns zu der Ausstattung unseres Heims Waren lieferten, befanden sich mehrere Deutsche: ein Wagenfabrikant, ein Tapezierer und ein Kunsttischler. Seit zehn bis zwanzig Jahren in Paris niedergelassen, wo sie einen häuslichen Herd gegründet, wo sie sich durch Heirat mit Parisern verschwägert hatten, wo sie alle ihre geschäftlichen Verbindungen besaßen – und jetzt mussten sie fort, binnen drei Tagen fort, ihr Haus verschließen; alles verlassen, was ihnen lieb und gewohnt war; ihr Vermögen, ihre Kundschaft, ihren Erwerb einbüßen – Bestürzt kamen die armen Wichte zu uns gerannt und teilten uns das Unglück mit, das sie betroffen; auch die Arbeit, die sie eben für uns zu liefern im Begriffe waren, musste eingestellt, die Werkstätte geschlossen werden. Händeringend und mit Tränen in den Augen klagten sie uns ihr Leid:

»Ich habe einen kranken alten Vater«, sagte der eine, »und meine Frau sieht täglich ihrer Niederkunft entgegen, und in drei Tagen müssen wir fort!«

»Ich habe keinen Sou im Hause«, jammerte der andere. »Alle meine Kunden, die mir Geld schulden, werden nicht so schnell ihre Verpflichtungen einhalten, und ich selbst kann nun meine Arbeiter, welche Franzosen sind, nicht auszahlen – noch acht Tage und ich hätte eine große Bestellung erledigt, die mich zum wohlhabenden Mann gemacht hätte – und jetzt muss ich alles im Stiche lassen ...«

Und warum, *warum* war alles das über die Armen hereingebrochen? Weil sie einer Nation angehörten, deren Heer erfolgreich seine Pflicht tat, oder weil, um in die Ursachenkette weiter zurückzugreifen, ein Hohenzoller vielleicht in Zukunft einen angetragenen spanischen Thron anzunehmen sich einfallen lassen könnte ... Nein, auch dieses »weil« ist nicht bei der letzten Ursache angelangt, dasselbe deckt nur den Vorwand, nicht die Ursache zu jenem Kriege.

»Kaiser Napoleon hat seinen Degen übergeben.«

Die Nachricht überwältigte uns. Da war denn richtig eine große, geschichtliche Katastrophe eingetreten. Die französische Armee geschlagen – ihr Führer schwach und matt, so war die Partie denn aus – von Deutschland glänzend gewonnen.

»Aus, aus!«, jubelte ich. »Gäbe es schon Leute, die das Recht hätten, sich Weltbürger zu nennen, die könnten heute ihre Fenster beleuchten; gäbe es schon Tempel der Humanität, aus *diesem* Anlass müssten *Tedeums* gesungen werden – die Schlächterei ist aus!«

»Frohlocke nicht zu früh, mein Schatz«, mahnte Friedrich. »Dieser Krieg hat schon lange nicht mehr den Charakter einer auf dem Brette der Schlachtfelder gekämpften Partie – die ganze Nation kämpft mit. Für eine vernichtete Armee werden zehn neue aus dem Boden gestampft.«

»Nein, nein – ich hoffe, der Krieg ist jetzt zu Ende.«

»Wenn auch, was ich bezweifle – es sind die Saaten zu künftigen Kriegen gestreut, und wäre es nur die Saat des Hasses, welche die Ausweisung der Deutschen enthält. So etwas wirkt weit über das lebende Geschlecht hinaus.«

Der 4. September. Wieder ein Gewaltakt, ein Leidenschaftsausbruch – und zugleich wieder ein Heilmittel zur Rettung des Vaterlandes: Der Kaiser wird abgesetzt. Frankreich erklärt sich als Republik. Was Napoleon III. und seine Armee getan: Es gilt nicht. Fehltritte, Verrat, Feigheit – das alles haben einige Personen, der Kaiser und seine Generäle, verbrochen; das hat nicht Frankreich getan, dafür ist es nicht verantwortlich. Indem der Thron gestürzt ward, hat man die Blätter, worauf Metz und Sedan verzeichnet stehen, einfach aus dem Buche von Frankreichs Geschichte herausgerissen. Jetzt erst wird das Land selber Krieg führen, wenn Deutschland es wagt, die verruchte Invasion fortzusetzen ...

»Wie aber, wenn Napoleon gesiegt hätte?«, fragte ich, als mir Friedrich obige Mitteilungen gemacht.

»Dann hätten sie seinen Sieg und seinen Ruhm als des Landes Sieg und Ruhm aufgefasst.«

»Ist das gerecht?«

»Kannst du dir diese Frage denn nicht abgewöhnen?«

Meine Hoffnung, dass die Katastrophe von Sedan den Feldzug zu seinem Ende gebracht, musste ich bald schwinden sehen. Alles um uns gebärdete sich kriegerischer als je. Die Luft war mit wildem Groll und heißer Rachgier geladen. Groll gegen den Feind und beinahe ebenso gegen die gestürzte Dynastie. Die Schmähreden, die Pamphlete, die jetzt auf Kaiser und Kaiserin und auf die unglücklichen Feldherren regneten, die Verdächtigungen und Verleumdungen, der Schimpf, der Spott – es war ekelerregend. Da glaubte die rohe Menge die ganze Niederlage vom Lande auf ein paar Menschen abzuwälzen; und nun diese Menschen zu Boden lagen, bewarf man sie mit Kot und Steinen – und jetzt erst würde das Land es zeigen, dass es unüberwindlich sei.

Die Vorbereitungen zur Verschanzung von Paris werden eifrig fortgesetzt. Die Gebäude in dem Gefechtsbereich der Haupt-Enceinte werden geräumt oder gar eingerissen. Die Umgebung wird zur Einöde. Truppen von Menschen ziehen von draußen mit ihrem Haushalt in die Stadt. O, diese traurigen Züge von Wagen und Packpferden und beladenen Menschen, die da die Trümmer ihrer aufgestörten Herde durch die Straßen wälzen! Das hatte ich schon einmal in Böhmen gesehen, wo das arme Landvolk vor dem siegenden Feinde floh, und nun musste ich in der fröhlichen, glänzenden Weltstadt das gleiche Jammerbild erschauen – es waren dieselben ängstlichen, trüben Mienen, dieselbe Mühseligkeit und Hast, dasselbe Weh.

Endlich wieder einmal eine gute Nachricht: Durch englische Vermittlung angeregt, wird in Ferrières eine Zusammenkunft zwischen Jules Favre und Bismarck veranstaltet. Da würde man doch zu einer Einigung, zu einem Friedensschluss gelangen!

Im Gegenteil! Die Kluft wird jetzt erst recht offenbar. Schon seit einiger Zeit wird von den deutschen Zeitungen die Besitznahme von Elsass-Lothringen befürwortet. Man will das ehemals deutsche Land sich wieder einverleiben. Das historische Argument für den Anspruch auf diese Provinzen zeigt sich nur teilweise haltbar, daneben wird das strategische Argument vorgebracht: »als Bollwerk bei voraussichtlichen zukünftigen Krisen unentbehrlich.« Und bekanntlich sind ja die strategischen Gründe die hochwichtigsten, unumstößlichsten – daneben darf sich ein ethischer Grund erst in zweiter Linie geltend machen. Andererseits: Die Kriegspartie war von Frankreich verloren worden; war es nicht billig, dass dem Gewinner ein Preis zufiel? Hätten im Falle ihres Erfolges die

Franzosen nicht die Rheinprovinzen sich aneignen wollen? Wenn der Ausgang eines Krieges nicht für den einen oder den anderen Teil Gebietserweiterung zur Folge haben soll, wozu wird dann überhaupt Krieg geführt?

Unterdessen lässt das siegreiche Heer im Vormarsche sich nicht abhalten: Die Deutschen sind schon vor den Toren von Paris. Die Abtretung Elsass-Lothringens wird offiziell verlangt. Dagegen erhebt sich der bekannte Ausspruch: »Keinen Zoll unseres Territoriums – keinen Stein unserer Festungen!«

Ja, ja – tausend Leben, nur keinen Zoll Erde. Das ist der Grundgedanke des patriotischen Geistes.

»Man will uns demütigen«, riefen die französischen Patrioten. »Eher wird sich das erbitterte Paris unter seinen Trümmern begraben.«

Fort, fort!, entscheiden wir jetzt. Wozu ohne Notwendigkeit in einer belagerten Stadt verbleiben, wozu unter Leuten leben, die von keinen anderen als Hass- und Rachegedanken erfüllt sind, die uns mit scheelen Blicken und oft mit geballten Fäusten betrachten, wenn sie uns deutsch reden hören? Freilich ohne Schwierigkeiten konnten wir jetzt nicht mehr aus Paris, aus Frankreich hinaus; man hatte überall Gefechtsgebiete zu passieren, der Eisenbahnverkehr war für Privatreisende häufig verschlossen, unseren Neubau im Stich lassen, war auch nicht angenehm, aber gleichviel: Unseres Bleibens war nicht mehr. – Eigentlich waren wir schon viel zu lange dageblieben; die Erregungen, die ich in letzter Zeit durchgemacht, hatten mich so stark erschüttert, dass meine Nerven darunter litten. Ich wurde häufig von Schüttelfrost und ein paarmal auch von Weinkrämpfen befallen.

Schon waren unsere Koffer verpackt und alles zur Abfahrt bereit, als ich wieder einen Anfall bekam, diesmal so heftig, dass ich ins Bett gebracht werden musste. Der herbeigeholte Arzt erklärte, dass ein Nervenfieber oder gar eine Gehirnentzündung im Anzug sei und man vorläufig nicht daran denken dürfe, mich den Strapazen einer Reise auszusetzen.

Ich lag lange, lange Wochen danieder. Nur eine sehr traumhafte Erinnerung ist mir von dieser ganzen Zeit geblieben. Und sonderbar: eine süße Erinnerung. Ich war doch schwer krank und Trauriges und Schauriges trug in dem Orte meines Aufenthaltes – eine belagerte Stadt – unaufhörlich sich zu, und dennoch, wenn ich daran zurückdenke: Es war eine eigentümlich freudenvolle Zeit. Freuden, ja, so recht intensive Freuden, wie Kinder sie zu empfinden pflegen. Die Gehirnkrankheit, die fast immerwährende Abwesenheit oder doch nur halbe Anwesenheit des Bewusstseins machte, dass alles Denken und Urteilen, alles Erwägen und Überlegen aus meinem Kopf geschwunden war und nur ein vager Daseinsgenuss zurückblieb, wie solcher – wie gesagt – von Kindern, namentlich von zärtlich gewarteten Kindern, empfunden wird ... An zärtlicher Wartung fehlte es mir nicht. Der Gatte, besorgt und liebend, unermüdlich, war Tag und Nacht um mich. Auch die Kinder brachte er häufig an mein Lager. Was mein Rudolf mir alles vorerzählte! Ich verstand es meist nicht, aber seine liebe Stimme erklang mir wie Musik; und das Zwitschern unserer kleinen Sylvia, unserer Herzenspuppe, wie süß belustigte mich erst das. Da gab es hundert kleine Scherze und Einverständnisse zwischen Friedrich und mir über das Gebaren unserer Tochter ... Worin diese Scherze bestanden, das weiß ich auch nicht mehr; aber ich weiß, dass ich lachte und mich freute – ganz unbändig. Jeder der gewohnten Späße schien mir der Gipfel der Witzigkeit und je öfter wiederholt, desto witziger und köstlicher. Und mit welcher Wonne ich die gereichten Tränkchen schlürfte: da bekam ich täglich zur bestimmten Stunde eine Limonade – so etwas Göttertrunkähnliches habe ich während meines ganzen gesunden Lebens nicht gekostet – und allabendlich eine opiumhaltige Arznei, deren sanft einschläfernde, in *bewussten* Schlummer wiegende Wirkung mich mit einem Gefühle seliger Ruhe durchrieselte. Dabei wusste ich, dass der geliebte Mann an meiner Seite war, mich hütend und wahrend als seines Herzens teuerster Schatz. Der Krieg, der draußen vor den Toren wütete, von dem wusste ich beinahe nichts mehr; und wenn mir doch zuweilen eine Erinnerung davon aufblitzte, so betrachtete ich das Ding als etwas so Fernliegendes, so mich durchaus nicht Berührendes, als spielte es sich in China oder auf einem anderen Planeten ab. Meine Welt war hier in diesem Krankenzimmer – in diesem Rekonvaleszentenzimmer vielmehr, denn ich fühlte mich genesen – dem Glück entgegen.

Dem Glücke? Nein. Mit der Genesung kam auch das Verständnis wieder und das Begreifen des Grässlichen, das uns umgab. Wir waren in einer belagerten, hungernden, frierenden, jammererfüllten Stadt. Der Krieg wütete noch fort.

Inzwischen war der Winter hereingebrochen, eisigkalt. Jetzt erfuhr ich erst, was während meiner langen Bewusstlosigkeit alles vorgefallen. Die Hauptstadt des »Bruderlandes«, Straßburg, die »wunderschöne«, die »echt deutsche«, die »kerndeutsche Stadt« ist beschossen worden; ihre Bibliothek zerstört; im Ganzen fielen 193.722 Schüsse – vier oder fünf in der Minute.

Straßburg ist *genommen.*

Das Land gerät in wilde Verzweiflung – jene Verzweiflung, welche in Raserei und Wahnsinn ausartet. Man schlägt im Nostradamus nach, um darin Prophezeiungen der jetzigen Ereignisse zu finden, und neue Seher lassen sich mit Weissagungen vernehmen. Ärger noch: *Besessene* treten auf – es ist wie ein Rückfall in mittelalterliche, höllenfeuer-durchzuckte Geistesnacht ...

»Könnte ich zu den Beduinen!«, rief Gustav Flaubert. »Könnte ich in das halbbewusste Traumland meiner Krankheit zurück!«, so klagte ich. Jetzt war ich wieder gesund und musste all das erfahren und erfassen, was Grauenvolles um uns vorging. Da begannen wieder die Eintragungen in die roten Hefte und ich finde folgende Notizen vor:

1. Dezember. Trochu setzt sich auf den Höhen von Champigny fest.

2. Dezember. Hartnäckiges Gefecht um Brie und Champigny.

5. Dezember Die Kälte wird immer strenger. Ach, die zitternden, blutenden, armen Wichte, die draußen im Schnee gebettet – sterben. *Auch hier in der Stadt wird furchtbar an Kälte gelitten. Der Verdienst ist auf null gesunken. Kein Feuerungsmaterial zu beschaffen. Was gäbe mancher drum, wenn er nur ein paar Stückchen Holz da hätte – und wäre es der gewisse Thron von Spanien ...*

21. Dezember. Ausfall aus Paris.

25. Dezember. Eine kleine Abteilung preußischer Kavallerie wird aus den Häusern der Ortschaften Trov und Sougé mit Flintenschüssen begrüßt (das ist Patriotenpflicht). General Kraatz befiehlt die Züchtigung dieser Ortschaften (das ist Kommandantenpflicht) und lässt brennen. »Anzünden« lautet das Kommandowort, und die Leute – vermutlich sanfte, gutmütige Burschen – gehorchen (das ist

Soldatenpflicht) und legen den Brand an. Die Flammen schlagen zum Himmel und die armen Heimstätten stürzen krachend ein über Mann und Weib und Kind – über fliehende, weinende, brüllende und brennende Menschen und Tiere.

O du fröhliche, o du selige, o du heilige Weihnachtszeit!

5

Soll Paris nur ausgehungert werden oder auch beschossen? Gegen letztere Annahme sträubt sich das Kulturgewissen. Diese *ville lumière*, dieser Anziehungspunkt aller Völker, diese glänzende Stätte der Künste – mit ihren unersetzlichen Reichtümern und Schätzen bombardieren wie die erste beste Zitadelle? Nicht denkbar; die ganze neutrale Presse protestiert dagegen. Die Presse der Kriegspartei in Berlin hingegen ermuntert dazu: Das sei das einzige Mittel, den Krieg zu Ende zu führen und die Seinestadt zu *erobern* – welcher Ruhm! Die Proteste übrigens sind es gerade, welche gewisse Kreise in Versailles bestimmen, diese strategische Maßregel – weiter ist ja eine Beschießung doch nichts – zu ergreifen. Und so geschah es, dass ich unterm 28. Dezember mit zitternden Zügen niederschrieb:

Es ist da ... Wieder ein dumpfer Schlag ... Eine Pause – und wieder ...

Weiter schrieb ich nicht. Aber ich erinnere mich genau der Empfindungen jenes Tages. In dem »Es ist da« lag neben dem Schrecken eine gewisse Befreiung, eine Erleichterung, ein Nachlassen der beinah schon unerträglich gewordenen Nervenanspannung. Was man so lange teils erwartet und befürchtet, teils für menschenunmöglich gehalten – es war nun da.

Wir saßen beim Gabelfrühstück (das heißt, wir aßen Brot und Käse – die Lebensmittel waren schon karg), Friedrich, Rudolf, der Hofmeister und ich, als der erste Schlag erdröhnte. Wir alle erhoben betroffen die Köpfe und wechselten Blicke. Sollte dies ...?

Aber nein – es war vielleicht ein zugefallenes Haustor oder sonst etwas. Nun war ja alles still. Wir nahmen das unterbrochene

Gespräch wieder auf, ohne nur des Gedankens zu erwähnen, welchen jener Ton in uns erweckt hatte. Da – nach drei bis vier Minuten – kam er wieder. Friedrich sprang auf:

»Das ist die Beschießung«, sagte er und eilte ans Fenster.

Ich folgte ihm. Von der Straße drang ein Gemurmel herauf, Gruppen hatten sich gebildet: Die Leute standen und horchten oder wechselten erregte Worte. Jetzt kam unser Kammerdiener in das Zimmer gestürzt – zugleich erklang eine neue Salve.

»Oh monsieur et madame – c'est le bombardement!«

Zu der offenen Tür herein drängten nunmehr sämtliche anderen Diener und Dienerinnen bis herab zum Küchenjungen. Bei solchen Katastrophen – Kriegs-, Feuer- oder Wassernot – da fallen alle gesellschaftlichen Schranken, da laufen alle Bedrohten zusammen. Viel mehr als vor dem Gesetze, mehr noch als vor dem Tode – der in seinen Bestattungszeremonien solche Standesunterschiede kennt –, fühlen sich alle gleich vor der Gefahr. *C'est le bombardement – c'est le bombardement*! Jeder, der zu uns in das Zimmer herbeigeeilt kam, stieß diesen selben Ruf aus.

Es war entsetzlich – und dennoch, ich erinnere mich genau meiner Empfindung: ein gewisses bewunderndes Erschauern, eine Art Genugtuung, etwas so Gewaltiges zu erleben, mittendrin zu sein in dieser schicksalsschweren Begebenheit und vor der eigenen Lebensgefahr dabei nicht zu erbeben. Die Pulse schlugen mir, ich fühlte etwas wie – wie soll ich's nennen? – Stolz des Mutes.

6

Das Ding war übrigens weniger schauervoll, als es im ersten Augenblick schien. Keine brennenden Gebäude, keine angstschreienden Menschenhaufen, keinen unaufhörlich die Luft durchschwirrenden Bombenhagel – sondern immer nur dieses dumpfe, ferne, von langen und längeren Zwischenräumen getrennte Rollen. Man fing nach einiger Zeit beinahe an, sich daran zu gewöhnen. Die Pariser wählten als Spaziergangsziel solche Punkte, von welchen aus man die Kanonenmusik besser hören konnte. Hier und da fiel ein Geschoss auf die Straße und platzte, aber wie selten kam einer dazu, zufällig in der Nähe zu sein. Zwar fielen manche tödlichen Bomben herab, aber in der Millionenstadt hörte man von diesen Fällen nur so vereinzelt, wie man auch sonst gewohnt ist, unter den Lokalnachrichten seiner Zeitung verschiedene Unglücksfälle zu vernehmen, ohne dass es einem besonders nahe ginge: »Ein Maurer von einem vierstockhohen Gerüst gefallen« oder »eine anständig gekleidete Frauensperson sich über das Brückengeländer in den Fluss gestürzt« u. dgl. m. Der eigentliche Kummer, der eigentliche Schrecken der Bevölkerung, das war nicht das Bombardement, das waren der Hunger, die Kälte, die Not. Aber eine solche Nachricht von einem unheilbringenden Geschoss hat mich tief erschüttert. Dieselbe kam in Form einer schwarzumrandeten Traueranzeige ins Haus:

Herr und Frau N. geben Nachricht von dem Tode ihrer zwei Kinder François (8 Jahre alt) und Amélie (4 Jahre), welche eine durch das Fenster fliegende Bombe erschlagen hat. Um stille Teilnahme wird gebeten.

»Stille« Teilnahme! Ich stieß einen lauten Schrei aus, nachdem ich das Blatt überflogen. Ein Gedanke, ein mit Blitzesschnelle vor meinem inneren Auge erscheinendes Bild zeigte mir den ganzen Jammer, der in dieser schlichten Traueranzeige lag ... Ich sah *unsere* beiden Kinder, Rudolf und Sylvia – nein, es war nicht auszudenken!

Die Nachrichten, die man erhält, sind spärlich; alle Postkommunikation natürlich unterbrochen, nur durch Brieftauben und Luftballons wird mit der Außenwelt verkehrt. Die Gerüchte, die allenthalben auftauchen, sind der widersprechendsten Art. Man meldet siegreiche Ausfälle, oder man verbreitet die Kunde, dass der Feind schon im Begriffe sei, Paris zu erstürmen, um es an allen Ecken anzuzünden und dem Erdboden gleichzumachen; oder man versichert, dass, ehe man einen Deutschen in die Mauern dringen ließe, die Kommandanten der Forts sich selber und ganz Paris in die Luft sprengen würden. Es wird erzählt, dass die sämtliche Bevölkerung des Landes, namentlich aus dem Süden, über die Belagerer im Rücken herfällt, um ihnen den Rückzug abzuschneiden und sie bis auf den letzten Mann zu vernichten.

Neben den falschen Nachrichten gelangen auch einige wahre – deren Richtigkeit sich später bestätigte – bis zu uns. So von einer auf der Straße von Grand Luce dicht an Le Mans ausgebrochenen Panik, wobei Gräueltaten sich zutrugen: Außer Rand und Band gekommene Soldaten warfen Verwundete aus den bereitstehenden Eisenbahnwaggons, um an deren Stelle Platz zu nehmen.

Von Tag zu Tag wird es schwerer, Lebensmittel zu beschaffen. Die Fleischvorräte sind erschöpft; es gibt schon längst keine Rinder und

Schafe mehr in den angelegten Viehparks; bald sind auch alle Pferde verzehrt, und es beginnt die Periode, wo die Hunde und Katzen, die Ratten und Mäuse, schließlich auch die Tiere des *jardin des plantes*, selbst der so beliebte, arme Elefant als Speise dienen müssen. Brot ist beinah nicht mehr zu erlangen. Stunden- und stundenlang müssen die Leute vor den Bäckerläden in der Reihe harren, um ihre kleine Ration zu bekommen, doch die meisten gehen leer aus. Erschöpfung und Krankheiten machen reiche Todesernte. Während gewöhnlich in der Woche 1.100 Menschen starben, weisen die Pariser Sterbelisten jetzt wöchentlich 4–5.000 auf. Täglich also ungefähr 400 unnatürliche Todesfälle – das heißt also *Morde*. Wenn auch der Mörder kein Einzelner war, sondern ein unpersönliches Ding, nämlich der *Krieg*, so sind es darum nicht minder Morde. Wen traf die Verantwortung? Etwa jene parlamentarischen Großsprecher, welche in ihren Hetzreden mit stolzem Pathos erklärten – wie dies Girardin in der Sitzung vom 15. Juli getan –, dass sie »die Verantwortung eines Krieges vor der Geschichte auf sich nähmen«? Können denn eines Menschen Schultern stark genug sein, solche Verbrechenslast zu tragen? Gewiss nicht. Es fällt auch niemandem ein, die Prahler nachträglich beim Wort zu nehmen.

Eines Tages, es war um den 20. Januar herum, kam Friedrich, von einem Gang durch die Stadt heimgekehrt, mit erregter Miene in mein Zimmer.

»Nimm dein Eintragebuch zur Hand, meine eifrige Geschichtsschreiberin!«, rief er mir zu. »Heute gibt es einen wichtigen Posten.«

Und er warf sich in einen Sessel.

»Welches meiner Bücher?«, fragte ich. »Das Friedensprotokoll?«

Friedrich schüttelte den Kopf:

»O, mit dem ist's wohl für lange Zeit vorbei. Der Krieg, der jetzt gefochten wird, ist zu gewaltiger Natur, um nicht kriegerisch fortzuwirken. Auf der Seite der Besiegten hat er einen solchen Vorrat von Hass- und Rachesaaten ausgestreut, dass daraus eine künftige Kampfernte hervorwachsen muss, und andererseits hat er für den Sieger solche großartige umwälzende Erfolge zustande gebracht, dass dort eine gleich große Saat von kriegerischem Stolze aufgehen wird.«

»Was ist denn so Bedeutendes geschehen?«

»König Wilhelm wurde in Versailles zum deutschen Kaiser ausgerufen. Es gibt jetzt *ein* Deutschland – ein einiges Reich – und ein mächtiges Reich. Das gibt einen neuen Abschnitt in der sogenannten Weltgeschichte. Und du kannst dir denken, wie in dem neuen, aus Massenarbeit hervorgegangenen Reiche diese Arbeit hoch in Ehren gehalten sein wird. Die beiden vorgeschrittensten Kulturländer des Festlandes sind es also hinfort, welche den Kriegsgeist pflegen werden – das eine, um den erhaltenen Schlag zurückzugeben, das andere, um die errungene Machtstellung zu bewahren. Klappe dein Friedensprotokoll nur zu – auf lange Zeit hinaus stehen wir unter dem blutigen und eisernen Zeichen des Mars!«

»Deutscher Kaiser!«, rief ich. »Das ist wahrlich großartig.«

Und ich ließ mir die Einzelheiten dieses Ereignisses erzählen.

»Ich kann doch nicht umhin, Friedrich«, sagte ich, »mich über diese Nachricht zu freuen. So ist die ganze Schlachtarbeit doch nicht verloren gewesen, wenn daraus ein neues großes Reich hervorgegangen.«

»Vom französischen Standpunkt aber doppelt verloren ... Und wir beide hätten wohl das Recht, diesen Krieg nicht einseitig – von der deutschen Seite – zu betrachten. Und dennoch, ich gebe dir zu, dass die erreichte Vereinigung des zerstückelten Deutschlands eine schöne Sache ist; dass diese Bereitwilligkeit der übrigen deutschen Fürsten, dem greisen Sieger die Kaiserkrone zu reichen, etwas Begeisterndes, Bewundernswertes hat. Es ist nur schade, dass eine solche Vereinigung nicht aus friedlichem, sondern aus kriegerischem Werke hervorgegangen ist. Wie also, wenn Napoleon III. die Herausforderung des 19. Juli nicht abgesendet hätte, wäre da in den Deutschen nicht genug Vaterlandsliebe, nicht genug Volkskraft, nicht genug Einigkeit gelegen, um aus sich heraus dasjenige zu bilden, worauf sie jetzt ihren Nationalstolz setzen werden: »Ein einig Volk von Brüdern?« Jetzt werden sie jubeln – des Dichters Wunsch ist erfüllt. Dass sie vor kurzen vier Jahren einander in den Haaren gelegen, dass es für Hannoveraner, Sachsen, Frankfurter, Nassauer und so weiter keinen ärgeren Hassbegriff gab als »Preußen« – das wird zum Glück vergessen sein. Dafür aber der Deutschenhass hierzulande, wie wird der nunmehr gedeihen!«

Mir schauderte.

»Das bloße Wort Hass …«, begann ich.

»… ist dir verhasst? Du hast recht. Solange dieses Gefühl nicht recht- und ehrlos gemacht wird, so lange gibt es keine menschliche Menschheit. Der Religionshass ist überwunden, aber der Völkerhass bildet noch einen Teil der bürgerlichen Erziehung. Und doch gibt es nur ein veredelndes, ein beglückendes Gefühl hienieden – das ist die Liebe. Nicht wahr, Martha, davon wissen *wir* etwas zu erzählen?«

Ich lehnte meinen Kopf an seine Schulter und blickte zu ihm auf, während er mir zärtlich das Haar aus der Stirn strich.

»Wir wissen«, fuhr er fort, »wie süß es ist, wenn im Herzen so viel Liebe wohnt – füreinander, für unsere Kleinen, für alle Brüder der großen Menschenfamilie, denen man so gern, so gern das drohende Leid ersparen wollte ... Aber sie wollten nicht.«

»Nein, nein Friedrich – so umfassend ist mein Herz doch nicht. Die Hassenden alle kann ich nicht lieben.«

»Aber doch bemitleiden?«

In dieser Weise plauderten wir lange weiter. Ich weiß es noch heute so genau, weil ich damals öfters – neben den kriegerischen Ereignissen – auch Bruchstücke unserer daran geknüpften Gespräche in die roten Hefte eintrug. An jenem Tag haben wir auch wieder einmal von der Zukunft gesprochen: Jetzt würde Paris kapitulieren müssen, der Krieg hatte ein Ende – und dann konnten wir wieder mit gutem Gewissen glücklich sein.

Da überschauten wir die Gewährleistungen unseres Glücks. In den acht Jahren unserer Ehe nicht ein hartes, nicht ein unfreundliches Wort – so viel miteinander durchgelitten und durchgenossen – so war unsere Liebe, unser Einssein derart befestigt, dass eine Abnahme nicht mehr zu fürchten war. Im Gegenteil! Nur stets inniger würden wir uns aneinanderschließen – jedes neue gemeinschaftliche Erlebnis gäbe zugleich ein neues Band ab. Wenn wir erst ein paar weißhaarige alte Leutchen geworden – mit welcher Freude konnten wir da auf die ungetrübte Vergangenheit zurückblicken, welch goldig milder Lebensabend lag dann noch vor uns!

Dieses Bild von dem glücklichen alten Pärchen, das wir einst abgeben sollten, hatte ich mir so oft und lebhaft vorgestellt, dass es sich mir ganz deutlich eingeprägt und sogar im Traum sich wiederholte wie etwas wirklich Geschehenes. Mit verschiedenen

Einzelheiten: Friedrich mit einem Samtkäppchen und einer Gartenschere ... Ich weiß selber nicht warum, denn niemals hatte er Lust zur Gärtnerei gezeigt, und von einem Hauskäppchen war schon gar nie die Rede gewesen; ich mit einem sehr kokett gesteckten schwarzen Spitzentuche auf dem silberweißen Haar, und als Umgebung eine von der untergehenden Sommersonne warm erleuchtete Parkpartie; dazu lächelnd getauschte freundliche Blicke und Worte:

»Weißt du noch? ... Erinnerst du dich, damals als ...«

7

Viele der vorangehenden Blätter habe ich mit Schaudern und mit Überwindung geschrieben. Nicht ohne inneres Entsetzen vermochte ich die Auftritte zu schildern, die ich auf meiner Fahrt nach Böhmen und während der Cholerawoche in Grumitz mitgemacht. Ich habe es getan, um einer Pflichtmahnung zu gehorchen. Ein geliebter Mund hat mir einst den feierlichen Befehl erteilt:

»Falls ich früher sterbe, musst du meine Aufgabe übernehmen, für das Friedenswerk zu wirken.«

Wäre mir dieses bindende Geheiß nicht geworden, nimmer hätte ich es über mich gebracht, die Schmerzenswunden meiner Erinnerungen so schonungslos aufzureißen. Jetzt bin ich aber bei einem Erlebnis angelangt, das ich berichten, nicht aber schildern will – nicht kann.

Nein, ich kann nicht, kann nicht!

Ich habe es versucht: Zehn halbgeschriebene, zerrissene Blätter liegen auf dem Boden neben meinem Schreibtisch – ein Herzkrampf befiel mich – die Gedanken stockten oder kreisten wild in meinem Hirn – – ich musste die Feder wegwerfen und weinen, bitter, heftig, kläglich weinen wie ein Kind.

Jetzt, einige Stunden später, nehme ich meine Aufgabe wieder vor. Aber auf die Beschreibung der Einzelheiten nachstehenden Geschehnisses, auf Mitteilung dessen, was ich dabei empfunden – muss ich verzichten.

Die Tatsache genügt:

Friedrich – mein Einziger! – ward infolge eines bei ihm gefundenen Berliner Briefes der Spionage verdächtigt ... von einer fanatischen Rotte umringt – »*à mort – à mort le Prussien!*« – vor ein Patriotentribunal geschleppt – am 1. Februar 1871 standrechtlich erschossen.

EPILOG

1889

1

Als ich zum ersten Mal wieder zu Bewusstsein gelangte, war der Friede geschlossen – die Kommune überstanden. Monatelang hatte ich – von meiner treuen Frau Anna gepflegt – in einer Krankheit dahingelebt, ohne zu wissen, dass ich lebe. Und was es für eine Krankheit war – ich weiß es heute noch nicht. Meine Umgebung nannte es zartsinnig Typhus; ich glaube aber, dass es einfach – Wahnsinn war.

So ganz dunkel erinnerte ich mich, dass die letzte Zeit mit Vorstellungen von knatternden Schüssen und lodernden Bränden gefüllt war; vermutlich vermengten sich da mit meinen Fantasien die in meiner Gegenwart besprochenen Ereignisse der Wirklichkeit, nämlich die Kämpfe zwischen Versaillern und Kommunarden, die Brandlegung der Petroleusen.

Dass, als ich meine Vernunft wiedererlangte und mit dieser auch das Verständnis meines tiefen Unglücks, ich mir kein Leid angetan oder dass der Schmerz mich nicht tötete, das lag wohl in dem Besitze meiner Kinder. Durch diese konnte, für diese musste ich leben. Noch vor meiner Krankheit – an dem Tage selber, an dem das Schreckliche über mich hereingebrochen – hat mich Rudolf am Leben erhalten. Ich war laut jammernd auf die Knie gesunken, indem ich wiederholte:

»Sterben – sterben! ... Ich muss sterben!«

Da umfassten mich zwei Arme und ein bittendes schmerzhaft ernstes, wunderliebes Knabengesicht sah mich an.

»Mutter!«

Bis dahin hatte mich mein Kleiner nie anders als »Mama« genannt. Dass er in diesem Augenblick – zum ersten Mal – das Wort »Mutter« gebraucht, das sagte mir in zwei Silben: »Du bist nicht allein – du hast einen Sohn, der deinen Schmerz teilt, der dich über alles liebt und ehrt, der niemand hat auf dieser Welt, als dich – verlass dein Kind nicht, Mutter!«

Ich presste das teure Wesen an mein Herz; und um ihm zu zeigen, dass ich verstanden hatte, stammelte auch ich:

»Mein Sohn, mein Sohn!«

Zugleich erinnerte ich mich meines Mädchens – *seines* Mädchens, und mein Entschluss zu leben war gefasst.

Aber der Schmerz war zu unerträglich: Ich verfiel in geistige Nacht. Und nicht nur dieses eine Mal. Im Laufe der Jahre – in immer längeren Zwischenräumen – blieb ich Rückfällen von Tiefsinn unterworfen, von welchen mir dann in genesenem Zustande gar keine Erinnerung blieb. Jetzt, seit mehreren Jahren, bin ich schon ganz frei davon. Frei von der *bewusstlosen* Schwermut heißt das, nicht aber von bewussten Anfällen bittersten Seelenschmerzes. Achtzehn Jahre sind seit dem 1. Februar 1871 vergangen, aber der tiefe Groll und die Trauer, welche die Tragödie jenes Tages mir eingeflößt, die kann keine Zeit – und lebte ich hundert Jahre – verwischen. Wenn auch in letzter Zeit die Tage immer häufiger sich einstellen, da ich, von den Begebenheiten der Gegenwart eingenommen, an das vergangene Unglück nicht denke, da ich sogar die Freude meiner Kinder so lebhaft mitempfinde, dass mich selber noch etwas wie Lebensfreude durchwallt, so vergeht doch keine Nacht – keine –, in der mich mein Elend nicht erfasste. Das ist etwas ganz Eigentümliches, das ich schwer beschreiben kann, und das nur solche verstehen werden, welche Ähnliches an sich erfahren haben. Es deutet wie auf ein Doppelleben der Seele. Wenn auch das *eine* Bewusstsein, im wachen Zustande, von den Dingen der Außenwelt so eingenommen sein kann, dass es zeitweilig vergisst, so gibt es in der Tiefe meiner Persönlichkeit noch ein zweites Bewusstsein, welches jene schreckliche Erinnerung immer mit dem gleichen treuen Schmerz bewahrt. Und dieses Ich – wenn das andere eingeschlafen – macht sich dann geltend, rüttelt das andere gleichsam auf, um ihm sein Leid mitzuteilen. Allnächtlich – es dürfte immer um dieselbe Stunde sein – erwache ich mit einem unsäglichen Wehgefühl ... Das Herz krampft sich zusammen und mir ist, als sollte ich bitter weinen, kläglich schluchzen. Das dauert so einige Sekunden, ohne dass das aufgeweckte Ich noch weiß, warum jenes andere unglückliche gar so unglücklich ist ... Das nächste Stadium ist dann ein weltumfassendes Mitleid, ein voll schmerzlichsten Erbarmen geseufztes: »O ihr armen, armen Menschen!« Da nun sehe ich unter hageldichten Mordgeschossen aufschreiende Gestalten zusammenbrechen – und jetzt erst erinnere ich mich, dass auch mein Liebstes so zusammenbrach ...

Aber im Traume, sonderbar: Da weiß ich nie etwas von meinem Verlust. Da geschieht es häufig, dass ich mit Friedrich spreche und verkehre, als wäre er noch am Leben. Ganze Auftritte aus der Vergangenheit – aber keine trüben – spielen sich dabei ab: das Wiedersehen nach Schleswig-Holstein, die Scherze an Sylvias Wiege, unsere Fußtouren in den Schweizer Bergen, unsere Studienstunden über geliebten Büchern und hier und da jenes gewisse Bild im Abendsonnenschein, wo mein weißhaariger Mann mit seiner Gartenschere die Rosenzweige stutzt ...

»Nicht wahr«, lächelt er mir zu, »wir sind ein glückliches altes Paar?«

Meine Trauerkleider habe ich niemals abgelegt – selbst am Hochzeitstage meines Sohnes nicht. Wer einen solchen Mann geliebt, besessen und verloren – so verloren –, dessen Liebe muss auch »stärker sein als der Tod«, dessen Rachegroll kann nimmer erkalten.

Aber wen trifft dieser Zorn? An wem sollte ich Rache üben? Die Menschen, welche die Tat vollbracht, trifft nicht die Schuld. Der allein Schuldige ist der *Geist* des Krieges und diesem nur könnte mein – allzu schwaches – Verfolgungswerk gelten.

Mein Sohn Rudolf stimmt mit meinen Gesinnungen überein – was ihn aber nicht hindert, natürlich, alljährlich die Waffenübungen mitzumachen, und was ihn nicht hindern kann, wenn morgen der über unseren Häuptern schwebende europäische Riesenkrieg ausbricht, an die Grenze zu marschieren. Und dann werde ich es vielleicht noch einmal sehen müssen, wie mein Teuerstes auf der Welt dem Moloch hingeopfert – wie ein liebgesegneter Herd, an welchem meinem Alter Ruhe und Friede winkt, in Trümmer geschlagen wird.

Werde ich *das* noch erleben müssen und dann unwiederbringlich dem Wahnsinn verfallen? Oder werde ich den Triumph der Gerechtigkeit und Menschlichkeit noch sehen, der jetzt, gerade jetzt in weitverzweigten Bündnissen und in allen Schichten der Völker so sehnsuchtskräftig nach Betätigung ringt?

Die roten Hefte – mein Tagebuch – weisen keine weiteren Eintragungen auf. Unter das Datum 1. Februar 1871 habe ich ein großes Kreuz gemacht, und damit schloss auch meine Lebensgeschichte ab. Nur das sogenannte Protokoll, ein blaues Heft, welches Friedrich mit mir angelegt und in das wir die Phasen der Friedensidee aufgezeichnet haben, ist seither mit einigen Notizen bereichert worden.

In den ersten Jahren, welche dem deutsch-französischen Krieg folgten, hätte ich – abgesehen von meinem geisteskranken Zustande – kaum Gelegenheit gehabt, eine Friedenskundgebung zu verzeichnen. Die zwei einflussreichsten Nationen des Festlandes schwelgten in Kriegsgedanken: die eine im stolzen Rückblick auf die errungenen Siege, die andere in sehnender Erwartung einer bevorstehenden Revanche. Allmählich legte sich der Wogengang dieser Gefühle. Diesseits des Rheins wurden die Standbilder der Germania etwas weniger angejubelt und jenseits diejenigen der Stadt Straßburg mit weniger Trauerfloren geschmückt. Da, nach zehn Jahren, konnte die Stimme der Friedensjünger wieder gehört werden. Bluntschli, der große Völkerrechts-Gelehrte – derselbe, mit welchem mein Verlorener sich in Verbindung gesetzt – war es, der bei verschiedenen Würdenträgern und Regierungen sich deren Ansicht über den Völkerfrieden einholte. Damals fiel des schweigsamen »Schlachtendenkers« bekannter Ausspruch:

Der ewige Frieden ist ein Traum – und nicht einmal ein schöner Traum.

»Je nun: Wenn Luther den Papst gefragt hätte, was er von einem Abfall von Rom hält, die Antwort würde da auch nicht reformationsfreundlich ausgefallen sein«, schrieb ich damals neben Moltkes Worte in das blaue Heft.

Heute gibt es fast niemand mehr, der diesen Traum nicht träumte oder der dessen Schönheit nicht zugeben wollte. Und auch Wache gibt es – ganz helle Wache –, welche die Menschheit aus dem langen Schlaf der Barbarei erwecken wollen und tatkräftig, zielbewusst sich zusammenscharen, um die *weiße Fahne* aufzupflanzen. Ihr Schlachtruf ist »Krieg dem Kriege«, ihr Losungswort – das einzige Wort, welches noch imstande wäre, das dem Ruin entgegenrüstende Europa zu erlösen – heißt: »Die Waffen nieder!« Allerorts – in England und Frankreich, in Italien, in den nordischen Ländern, in Deutschland, in der Schweiz, in Amerika – haben sich Vereinigungen gebildet, deren Zweck es ist, durch den Zwang der öffentlichen Meinung, durch den gebieterischen Druck des Volkswillens die Regierungen zu bewegen, ihre zukünftigen Streitigkeiten einem internationalen Schiedsgericht zu übermitteln und so ein für alle Mal an Stelle der rohen Gewalt das Recht einzusetzen. Dass dies kein Traum, keine »Schwärmerei« ist, beweisen die Tatsachen: Alabama, die Karolineninseln und mehrere andere »Fragen« wurden auf diese Art schon beigelegt. Und nicht nur Leute ohne Macht und Stellung – wie einst der arme Grobschmied – sind es nunmehr, welche sich zu diesem Friedenswerk zusammentun, nein: Parlamentsmitglieder, Bischöfe, Gelehrte, Senatoren, Minister stehen auf den Listen. Dazu noch jene Partei, deren Anhänger schon nach Millionen zählen, die Partei der Arbeiter, des *Volkes*, auf deren Programm unter den wichtigsten Forderungen der »Völkerfrieden« obenan steht. – Mir ist das alles bekannt (die Mehrzahl der Leute erfährt es nicht), weil ich mit jenen Persönlichkeiten im Verkehr geblieben bin, mit welchen Friedrich im Hinblick auf sein edles Ziel Verbindungen angeknüpft hatte. Was ich durch diese über die Erfolge und Pläne der Friedensgesellschaften erfahren, das wird getreulich in das »Protokoll« eingetragen.

Die letzte dieser Eintragungen ist folgender Brief, den auf eine diesbezügliche Anfrage der Präsident der in London ihren Hauptsitz habenden Liga an mich geschrieben hat:

Internationale Vereinigung für Schiedsgerichtsbarkeit und Frieden. London 41, Äußerer Tempel Juli 1889

Gnädige Frau.

Sie haben mich mit einer Anfrage über die gegenwärtige Lage der großen Sache beehrt, der Sie Ihr Leben geweiht haben. Hier ist meine Antwort: Zu keiner Zeit in der Weltgeschichte stand die Sache des Friedens so hoffnungsvoll wie heute. Es will scheinen, dass nun endlich die lange Nacht des Totschlags und der Zerstörung aufhören soll, und wir, die wir auf der Berghöhe der Menschheit stehen, glauben, dass wir die ersten Strahlen des Himmelreichs auf Erden sehen. Es mag sonderbar klingen, dass wir dies zu einer Zeit sagen, da die Welt wie nie zuvor mit bewaffneten Männern angefüllt ist und mit Schreckensmaschinen, die zu ihrem fluchwürdigen Werke bereitstehen; aber wenn die Dinge zum Schlimmsten gelangt sind, beginnen sie, sich zum Besseren zu wenden. In der Tat, der Ruin, den diese Riesenheere nach sich ziehen, bringt allgemeine Konsternation hervor, und bald müssen die bedrückten Völker sich erheben und mit einer Stimme ihren Lenkern zurufen: »Rettet uns und rettet unsere Kinder von der Hungersnot, die uns droht, wenn die Dinge so fortgehen! Rettet die Zivilisation und alle Errungenschaften, welche in ihren Namen von großen und weisen Männern vollbracht worden sind! Rettet die Welt vor einem Rückfall in Barbarei, Raub und Schrecken!

»Welche Anzeichen gibt es«, fragen Sie, »dass solche besseren Zeiten herankommen?«

Nun denn, frage ich als Erwiderung, ist nicht die eben in Paris stattgehabte Begegnung der Delegierten von mehr als hundert Gesellschaften behufs Erklärung internationaler Eintracht und Einsetzung eines Zustandes der Gerechtigkeit und Gesetzlichkeit an Stelle des

Gewaltzustandes, nicht ein in der Geschichte noch nie dagewesenes Ereignis? Haben wir da nicht Männer aus allen Nationen versammelt gesehen, die mit Begeisterung und Einstimmigkeit praktische Vorschläge zu dem großen Ziele durchgearbeitet haben? Haben wir nicht auch – zum ersten Mal in der Geschichte – einen Kongress von Parlamentsmitgliedern verschiedener Staaten gesehen, welche sich zugunsten von Verträgen erklärten, denen sich alle zivilisierten Staaten anzuschließen hätten und durch welche sie sich verbindlich machten, die Schlichtung ihrer Streitigkeiten dem Schiedsspruch eines autorisierten Tribunals zu überantworten, statt ihre Zuflucht zu Massenmord zu nehmen?

Überdies: Diese Parlamentarier haben sich verpflichtet, alljährlich in irgendeiner europäischen Stadt zusammenzutreten, um jeden zu Missverständnissen oder Konflikten Anlass gebenden Fall zu untersuchen, und ihren Einfluss auf die Regierungen zugunsten von gerechten und friedlichen Lösungen geltend zu machen. Das sind doch – dies muss der ärgste Pessimist auch zugeben – Anzeichen einer Zukunft, in welcher der Krieg als die verbrecherischste Torheit betrachtet werden wird, welche die Menschheitsgeschichte aufzuweisen hat.

Genehmigen Sie, gnädige Frau, die Versicherung meiner tiefsten Verehrung.

Ihr ergebener
Hodgson Pratt.

Die interparlamentarische Konferenz, auf welche Hodgson Pratt anspielt – die erste derartige Versammlung, welche die Geschichte aufweist –, ward von Jules Simon präsidiert. Hier ein Bruchstück aus seiner Eröffnungsrede:

Ich bin glücklich, in diesen Räumen die autorisierten Vertreter der Friedensfreunde verschiedener Nationen gegenwärtig zu sehen. Eine gewisse Anzahl hat sich eingefunden. Ich wollte, es wäre eine Menge, oder ich wollte auch, die Zahl wäre kleiner, aber es wäre dies statt eines freiwilligen ein offizieller diplomatischer Kongress. Aber was wir nicht mit Gesetzeskraft verfügen können, dazu können wir doch wirksam beitragen. Als Vertreter der verschiedenen Staaten können wir von der größten Gewalt, die es gibt – nämlich die Gewalt, die uns von unseren Wählern übertragen ist –, den vortrefflichsten Gebrauch machen.

Sie sollen es wissen, meine Herren, die Majorität unseres Landes ist friedensfreundlich. Lassen Sie mich denn in Übereinstimmung mit den Franzosen Sie alle aus tiefstem Herzensgrunde willkommen heißen usw. usw.

Die bei dieser Konferenz anwesenden Mitglieder der dänischen, spanischen und italienischen Parlamente haben beschlossen, im Verlauf der nächsten Sessionen ihren betreffenden Regierungen den Antrag auf Einsetzung internationaler Schiedsgerichte vorzubringen. Die nächste interparlamentarische Konferenz soll im Juli 1890 in London zusammentreten.

Auch ein Fürstenmanifest findet sich in dem blauen Heft, datiert März 1888, ein Manifest, aus welchem endlich – mit altem Herkommen brechend – statt des kriegerischen ein friedlicher Geist hervorleuchtete. Aber der Edle, der jene Worte an sein Volk erlassen, der Sterbende, der mit dem Aufwand seiner letzten Kraft nach dem Zepter griff, das er handhaben wollte, als wär's ein Palmenzweig – der blieb machtlos an das Schmerzenslager gefesselt, und nach kurzer Frist war alles vorbei ...

Ob sein Nachfolger – der begeisterungsglühende, der Großes wollende – sich für das Friedensideal begeistern wird? Nichts ist unmöglich.

Mutter, willst du übermorgen deine Trauerkleider nicht ablegen?«

Mit diesen Worten trat heute Morgen Rudolf in mein Zimmer. Für übermorgen nämlich – 30. Juli 1889 – ist die Taufe seines erstgeborenen Sohnes angesetzt.

»Nein, mein Kind«, antwortete ich.

»Aber bedenke, an einem solchen Freudenfeste wirst du doch nicht traurig sein – warum also das äußere Zeichen der Trauer beibehalten?«

»Und du wirst doch nicht abergläubisch sein und fürchten, das schwarze Kleid der Großmutter könne dem Enkel Unglück bringen?«

»Das wohl nicht – aber es stimmt nicht zu der umgebenden Fröhlichkeit. Hast du denn einen Eid geschworen?«

»Nein – es ist nur ein gefasster Vorsatz. Aber ein Vorsatz, der an ein solches Andenken sich knüpft – du weißt, was ich meine –, der nimmt die Unverbrüchlichkeit eines Eides an.«

Mein Sohn neigte das Haupt und beharrte nicht weiter.

»Ich habe dich in deiner Beschäftigung gestört ... Du schreibst?«

»Ja – meine Lebensgeschichte. Ich bin gottlob zu Ende. Das war das letzte Kapitel.«

»Wie willst du den Schluss deiner Geschichte geben? Du lebst ja noch – und sollst noch viele Jahre, viele glückliche Jahre unter uns verbringen, Mutter! Mit der Geburt meines kleinen Friedrich, den ich dazu erziehen werde, die Großmama anzubeten, beginnt ja wieder ein neues Kapitel für dich.«

»Du bist ein gutes Kind, mein Rudolf. Ich müsste undankbar sein, wenn ich an dir nicht Stolz und Freude hätte ... Und ebenso stolze Freude macht mir meine – *seine* holde Sylvia. Ja, ich gehe einem gesegneten Alter entgegen. Ein milder Abend – aber die Geschichte des Tages ist doch aus, wenn die Sonne untergegangen ist, nicht wahr?«

Er antwortete nur mit einem stummen, mitleidsvollen Blick.

»Ja, das Wort ›Ende‹ unter meiner Biografie ist berechtigt. Als ich den Entschluss fasste, dieselbe zu schreiben, beschloss ich zugleich, beim 1. Februar 1871 abzubrechen. Nur, wenn du mir auch noch durch den Krieg entrissen worden wärest, was ja so leicht hätte geschehen können – zum Glück warst du zur Zeit des bosnischen Feldzuges noch nicht wehrpflichtigen Alters –, nur dann hätte ich mein Buch noch verlängern müssen. Doch so, wie es ist, war es schon schmerzlich genug zu schreiben.«

»Und wohl auch zu lesen ...«, bemerkte Rudolf, in der Handschrift blätternd.

»Das hoffe ich. Wenn dieser Schmerz nur in einigen Herzen tatkräftigen Abscheu gegen die Quelle des hier geschilderten Unglücks weckt, so werde ich nicht vergebens mich gequält haben.«

»Hast du aber auch alle Seiten der Frage beleuchtet, alle Argumente erschöpft, den Wurzelkomplex des Kriegsgeistes analysiert, die wissenschaftlichen Grundlagen genügend aufgebaut? Hast du ...«

»Mein Lieber, wo denkst du hin? Ich habe ja nur sagen können, was sich in meinem Leben, in meinen beschränkten Erfahrungs- und Empfindungskreisen abgespielt. Alle Seiten der Frage beleuchtet? Gewiss nicht! Was weiß ich z. B. – ich, die Reiche, Hochgestellte – von den Leiden, die der Krieg über die Massen des Volkes verhängt? Was kenne ich von den Plagen und bösen Einflüssen des Kasernenlebens? Und die wissenschaftlichen Grundlagen? Wie komme ich dazu, in ökonomisch-sozialen Fragen bewandert zu sein, und diese sind es – so viel weiß ich –, welche schließlich alle Umbildungen bestimmen ... Keine Geschichte des vergangenen und zukünftigen Völkerrechts stellen diese Blätter dar – eine Lebensgeschichte nur.«

»Fürchtest du nicht eins? Man merkt die Absicht und ...«

»Verstimmt wird man doch nur durch eine durchschaute Absicht, die der Urheber schlau zu verbergen meinte. Die meinige aber liegt unverhohlen zu Tage – ist sie doch mit drei Worten schon auf dem Titelblatt verkündet.«

3

Die Taufe hat nun gestern stattgefunden. Diese Feier gestaltete sich zu einer doppelt glückverheißenden, denn meine Tochter Sylvia und ihres kleinen Neffen Taufpate, den wir schon lange heimlich im Herzen trugen – Graf Anton Delnitzky –, haben sich bei dieser Gelegenheit verlobt.

So bin ich durch meine Kinder rings von glücklichen Verhältnissen umgeben. Rudolf, seit sechs Jahren in den Besitz des Dotzkischen Majorats gelangt und seit vier Jahren mit der ihm von Kindheit an bestimmt gewesenen Beatrix, geborenen Griesbach – dem wunderlieblichsten Geschöpf, das man sich vorstellen kann –, verheiratet, sieht nun durch die Geburt eines Erben seinen sehnlichsten Wunsch erfüllt. Kurz: beneidenswerte, glänzende Lose.

Ein im Gartensaal eingenommenes Diner versammelte die Taufgäste. Die Glastüren standen offen und die Luft des herrlichen Sommernachmittags strömte rosenduftend herein.

Neben mir an unserer Tafelrunde saß Gräfin Lori Griesbach, Beatrixens Mutter. Dieselbe ist nunmehr Witwe. Ihr Mann fiel in der bosnischen Expedition. Sie hat sich den Verlust nicht stark zu Herzen genommen. Keinesfalls trägt sie ewige Trauer. Im Gegenteil: Diesmal ist sie mit granatrotem Brokat und brillantenem Geschmeide angetan. Sie ist gerade so oberflächlich geblieben, wie sie es in ihrer Jugend war. Toilettenfragen, ein paar französische und englische Moderomane, Gesellschaftsklatsch – das genügt noch immer, ihren Horizont zu füllen. Selbst das Kokettieren hat sie nicht ganz gelassen. Auf junge Leute hat sie es zwar nicht mehr abgesehen, aber ältere, hohen Rang oder hohes Amt bekleidende Persönlichkeiten sind vor ihren Eroberungsgelüsten nicht sicher. Gegenwärtig scheint mir, hat sie Minister Allerdings aufs Korn genommen. Dieser hat übrigens seinen Namen gewechselt: Wir nennen ihn jetzt, eines neu angenommenen Ausdrucks halber »Minister Andererseits«.

»Ich muss dir ein Geständnis machen«, sagte mir Lori, nachdem ich mit ihr auf des Täuflings Gesundheit angestoßen. »Bei dieser feierlichen Gelegenheit, da wir unseren beiderseitigen Enkel getauft haben, muss ich dir gegenüber mein Gewissen entlasten. Ich war ganz ernstlich in deinen Mann verliebt.«

»Das hast du mir schon öfters gestanden, liebe Lori.«

»Er blieb aber stets ganz gleichgültig.«

»Auch das ist mir bekannt.«

»Du hattest doch einen goldtreuen Mann, Martha! Dasselbe kann ich von dem meinigen nicht behaupten. Aber nichtsdestoweniger: Es hat mir sehr leidgetan um Griesbach. Nun – er starb eines glorreichen Todes, das ist mein Trost ... Freilich ist das eine langweilige Existenz als Witwe. Besonders, wenn man älter wird ... Solange man Freier und Courmacher hat, ist die Witwenschaft nicht ohne; aber jetzt, ich versichere dir, es wird einem in der Einsamkeit ganz melancholisch ... Bei dir ist das etwas anderes: Du lebst bei deinem Sohn – aber ich verlange gar nicht, bei der Beatrix zu bleiben. Sie verlangt es übrigens auch nicht: Schwiegermutter im Haus, das tut nicht gut; denn man will doch im Hause die Herrin sein ... Zwar ärgert man sich mit den Dienstboten, das ist schon wahr; aber wenigstens kann man über sie befehlen. Du darfst es mir glauben: Ich wäre gar nicht abgeneigt, noch einmal zu heiraten. Natürlich eine Vernunftheirat mit irgendeinem gesetzten ...«

»Minister oder so etwas«, unterbrach ich lächelnd.

»O du Schlau… – du durchblickst mich schon wieder! Du – schau dorthin, bemerkst du denn nicht, wie der Toni Delnitzky in deine Sylvia hineinredet. Das ist ja kompromittierend.«

»Lass gut sein. Die beiden sind auf dem Wege von der Kirche hierher einig geworden. Sylvia hat es mir anvertraut – morgen wird der junge Mann bei mir um ihre Hand anhalten.«

»Was du nicht sagst? Nun, dann kann man ja gratulieren! Soll zwar mitunter ein leichter Vogel gewesen sein, der schöne Toni ... Aber das sind sie ja alle – das geht schon nicht anders. Und wenn man bedenkt, welche prächtige Partie er ist …«

»Das hat meine Sylvia nicht bedacht: Sie liebt ihn.«

»Nun, desto besser – das ist eine schöne Zugabe in die Ehe.«

»Zugabe? Es ist das Um und Auf.«

Einer der Gäste, ein k. u. k. Oberst a. D., klopfte an sein Glas und – »o weh – ein Toast!«, dachten wohl die meisten, indem sie ihre Sondergespräche unterbrachen und sich seufzend anschickten, dem Redner zu lauschen. Es war aber auch zum Seufzen; dreimal blieb der Unglückliche stecken, und die Wahl seiner vorgebrachten Wünsche war nicht minder unglücklich. Der Täufling wurde gepriesen, in einer Zeit geboren zu sein, in der das Vaterland bald Söhne brauchen werde ...

»Möge er einst ruhmreich wie sein mütterlicher Urgroßvater, wie sein väterlicher Großvater das Schwert führen ... Möge er selbst viele Söhne zeugen, die ihrerseits den Vater und den Vätern Ehre machen, und wie so viele der auf den Feldern der Ehre gebliebenen Väter ... Väter – für die Ehre des Landes ihrer Väter – ihrer Väter und Vatersväter siegen oder – kurz: Friedrich Dotzky lebe hoch!«

Die Gläser klirrten, aber die Rede hatte nicht gezündet.

Dass dieses kaum ins Dasein getretene Leben jetzt schon auf die Totenliste kommender Schlachten gesetzt wurde, machte keinen freundlichen Eindruck.

Um dieses düstere Bild zu verscheuchen, fühlte sich einer der Anwesenden veranlasst, die tröstliche Bemerkung vorzubringen, dass die gegenwärtigen Konjunkturen einen längeren Frieden verbürgten, dass der Dreibund …

Damit war das allgemeine Gespräch wieder glücklich auf das politische Gebiet gebracht und Minister Andererseits ergriff das Wort.

»In der Tat, es liegt zu Tage: Die Wehrtüchtigkeit, welche wir erreicht haben, ist etwas Großartiges und dürfte alle Friedensbrecher abschrecken. Das Landsturmgesetz, welches alle tauglichen Staatsbürger vom 19. bis 42., die einstigen Offiziere sogar bis zum 60. Lebensjahre zum Kriegsdienst verpflichtet, erlaubt uns, beim ersten Aufgebot allein 4.800.000 Soldaten aufzustellen. Andererseits lässt sich nicht leugnen, dass die wachsende Mehrerfordernis, welche von der Heeresverwaltung in Anspruch genommen wird, schwer auf der Bevölkerung lastet, und dass die zur ausgiebigen Schlagfertigkeit des Reiches erforderlichen Maßnahmen im umgekehrten Verhältnis zur Frage der Regelung der Finanzlage stehen. Es ist aber andererseits erhebend, mit welchem opferfreudigen Patriotismus die Volksvertreter stets und allerorts die von dem Kriegsministerium geforderte Mehrbelastung bewilligen; sie erkennen die von allen einsichtigen Politikern zugegebene, durch die Wehrhaftigkeitsentfaltung der Nachbarstaaten und durch die politische Situation bedingte Notwendigkeit, alle anderen Rücksichten dem eisernen Zwang der militärischen Kräftigung unterzuordnen.«

»Der leibhaftige Leitartikel!«, bemerkte jemand halblaut.

»Andererseits« fuhr aber fort:

»Umso mehr, als dadurch ja eine Bürgschaft geschaffen wird für die Erhaltung des Friedens. Denn indem wir in traditionellem Patriotismus zur Sicherung der Grenzen es der unausgesetzten Steigerung der Wehrkraft unserer Nachbarstaaten gleichtun, erfüllen wir eine erhabene Pflicht und hoffen, etwa drohende Gefahren auch fernerhin zu bannen. So erhebe ich denn dieses Glas auf dasjenige Prinzip, welches, wie ich weiß, unserer Baronin Martha so sehr am Herzen liegt – ein Prinzip, das auch die Signaturmächte der mitteleuropäischen Friedensliga hochhalten, und ich fordere Sie auf, mit mir anzustoßen: Es lebe der Frieden! Möge seine Wohltat uns noch recht lange erhalten bleiben!«

»Darauf trinke ich nicht«, sagte ich. »Der bewaffnete Friede ist *keine* Wohltat... und nicht *lange* soll uns der Krieg verhütet bleiben, sondern immer. Wenn man sich auf die Meerfahrt macht, soll die Zusicherung nicht genügen, dass recht lange Schiff an keiner Klippe zerschelle. Dass die *ganze* Fahrt glücklich überstanden werde, danach wird der ehrliche Kapitän trachten.«

Doktor Bresser, noch immer unser bester Hausfreund, kam mir zu Hilfe:

»In der Tat, Exzellenz, können Sie an den ehrlichen, aufrichtigen Friedenswillen jener glauben, die mit Leidenschaft, mit Begeisterung Soldaten sind? Die alles, was *den Krieg gefährdet* – nämlich Abrüstung, Staatenbund, Schiedsgericht – nicht nennen hören wollen? Könnte denn die Freude an Arsenalen und Festungen und Manövern und dergleichen bestehen, wenn diese Dinge wirklich nur als das betrachtet würden, wofür man sie ausgibt: als

Vogelscheuchen? Also der ganze Kostenaufwand ihrer Herstellung, damit man sie niemals brauche? Die Völker müssen ihr ganzes Geld hergeben, um an den Grenzen Befestigungen zu machen, in der Absicht, sich über die Grenzen dann Kusshändchen zuzuwerfen? Zu einer bloßen Friedens-Aufrechterhaltungs-Gendarmerie lässt sich das Militär nicht herabdrücken – der oberste Kriegsherr wird doch nicht einem Heer von ewigen Kriegsvermeidern vorstehen sollen? Hinter dieser Maske – der *si vis pacem para bellum*-Maske – blinzeln die einverständlichen Blicke, und die jedes Kriegsbudget bewilligenden Abgeordneten blinzeln mit.«

»Die Volksvertreter?«, unterbrach der Minister. »Man kann den Opfermut doch nur loben, dessen diese in ernsten Zeiten niemals ermangeln und welcher in der einhelligen Votierung der entsprechenden Gesetze erhebenden Ausdruck findet.«

»Verzeihen Sie, Exzellenz, diesen einhelligen Stimmabgebern wollte ich einem nach dem anderen zurufen: Dein Ja wird jener Mutter ihr einziges Kind rauben – deines bohrt jenem armen Wicht die Augen aus – deines schießt eine unersetzliche Bücherei in Brand – deines zerstampft das Hirn eines Dichters, der deines Landes Ruhm gewesen wäre ... Aber ihr habt dieses »Ja« votiert, um nur ja nicht feige zu scheinen – als ob man gerade nur für sich die Assentierung fürchten müsste. – Seid ihr denn nicht da, um des Volkes Willen zur Geltung zu bringen? Und das Volk will die produktive Arbeit, will die Entlastung, will den Frieden ...«

»Ich hoffe, lieber Doktor«, bemerkte der Oberst bitter, »dass Sie niemals Abgeordneter werden. Das ganze Haus würde Sie auspfeifen.«

»Mich dem auszusetzen, würde schon beweisen, dass ich nicht feige bin. *Gegen* den Strom zu schwimmen, erfordert die stählerne Kraft.«

»Wenn aber der Ernstfall eintrete und man stände unvorbereitet da?«

»Man bereite einen Rechtszustand vor, der den Eintritt des ›Ernstfalles‹ unmöglich mache. Denn was dieser Fall sein wird, Herr Oberst, von dem kann heutzutage kein Mensch einen klaren Begriff fassen. Bei der Furchtbarkeit der gegenwärtig erreichten und noch immer steigenden Waffentechnik, bei der Massenhaftigkeit der Streitkräfte wird der nächste Krieg wahrlich kein ›ernster‹, sondern ein – es gibt gar kein Wort dafür – Riesenjammer-Fall sein ... Hilfe und Verpflegung unmöglich ... Die Sanitätsvorkehrungen und Proviantvorkehrungen werden den Anforderungen gegenüber als die reine Ironie sich erweisen. Der nächste Krieg, von welchem die Leute so geläufig und gleichmütig reden, der wird nicht Gewinn für die einen und Verlust für die anderen bedeuten, sondern *Untergang für alle*. Wer hier unter uns stimmt für diesen Ernstfall?«

»Ich allerdings nicht«, sagte der Minister. »Sie auch nicht, lieber Doktor – aber die Menschen im Allgemeinen ... Auch unsere Regierung nicht, dafür kann ich gutstehen – aber die anderen Staaten ...«

»Mit welchem Rechte halten Sie andere Leute für schlechter und unvernünftiger als sich und mich? Da will ich Ihnen ein kleines Märchen erzählen:

Vor der geschlossenen Pforte eines schönen Gartens, gar sehnsüchtig hineinschauend, stand ein Haufen Menschen, tausendundeiner an der Zahl. Der Pförtner hatte den Auftrag, die Leute hereinzulassen, falls die Mehrzahl unter ihnen den Einlass wünschte.

Er rief den einen herbei:

›Sag – aber aufrichtig – möchtest du herein?‹

›O ja, ich schon, aber die anderen Tausend sicher nicht.‹

Diese Antwort schrieb der kluge Pförtner in sein Notizbuch. Dann rief er einen zweiten. Der sagte dasselbe. Wieder trug der Kluge unter die Rubrik ‚ja‹ die Ziffer 1, unter die Rubrik ‚nein‹ die Ziffer 1.000 ein.

Das ging so bis zum letzten Mann. Dann addierte er die Zahlen. Das Ergebnis war: 1001 ‹Ja, über eine Million ‹Nein«. So blieb das Tor verschlossen, denn das ‚nein‹ hatte eine erdrückende Majorität. Und das kam daher, weil jeder, statt nur für sich, auch für die anderen antworten zu müssen glaubte.«

»Allerdings«, sprach der Minister nachdenklich, und wieder schlug Lore Griesbach bewundernde Augen zu ihm auf, »es wäre allerdings eine schöne Sache, wenn die einstimmige Votierung einer Entwaffnungsvorlage stattfinden würde; aber andererseits, welche Regierung wird es wagen, den Anfang zu machen? Allerdings gibt es nichts Wünschenswerteres als Eintracht, aber andererseits: Wie kann man, solange menschliche Leidenschaften, Sonderinteressen usw. bestehen, *dauernde* Eintracht für möglich halten?«

»Erlauben Sie«, nahm jetzt mein Sohn Rudolf das Wort. »40 Millionen Einwohner eines Staates bilden ein Ganzes. Warum also nicht mehrerer 100 Millionen? Solang menschliche Leidenschaften, Sonderinteressen usw. bestehen, können wohl 40 Millionen Leute darauf verzichten, sich untereinander zu bekriegen – drei Staaten sogar, wie gegenwärtig der Dreibund, können sich verbünden und eine »Friedensliga« bilden – aber fünf Staaten können dies nicht, dürfen dies nicht? Wahrlich, wahrlich: Unsere heutige Welt gibt sich für ungeheuer klug aus und belächelt die Wilden – und doch: In manchen Dingen können auch wir nicht bis fünf zählen.«

Einige Stimmen erhoben sich:

»Was? Wild? Das *uns* – mit *unserer* Kultur? Am Ende des 19. Jahrhunderts?«

Rudolf stand auf:

»Ja, wild – ich nehme das Wort nicht zurück. Und solange wir uns an die Vergangenheit klammern, werden wir Wilde bleiben. Aber schon stehen wir an der Pforte einer neuen Zeit – die Blicke sind nach vorwärts gerichtet, alles drängt mächtig zu anderer, zu höherer Gestaltung ... Die Wildheit mit ihren Götzen und ihren Waffen – schon schleuderten sie viele von sich. Wenn wir der Barbarei auch noch näher sind, als die meisten glauben, so sind wir vielleicht auch der Veredelung näher als viele hoffen. Schon lebt vielleicht der Fürst oder der Staatsmann, der die in aller künftigen Geschichte als die ruhmreichste, leuchtendste der Taten geltende Tat vollbringen wird, der die allgemeine Abrüstung durchsetzt. Schon stürzt jener Wahn zusammen, kraft dessen der Staatsegoismus einen so täuschenden Anschein von Berechtigung hat – der Wahn, dass der Schaden des einen den Nutzen des anderen befördere ... Schon dämmert die Erkenntnis, dass die *Gerechtigkeit* als Grundlage alles sozialen Lebens dienen soll ... Und aus solcher Erkenntnis wird die Menschlichkeit hervorblühen, die Edelmenschlichkeit, wie Friedrich Tilling zu sagen pflegte ... Mutter, hier, dieses Glas trinke ich dem Andenken deines ewig unvergessenen Geliebten und Betrauerten, dem auch ich alles verdanke, was ich denke und was ich bin. Und aus diesem Glase« – er warf es an die Wand, wo es zerschellte – »wird kein anderer Trunk mehr gemacht und heute – zu des Neugeborenen Tauffest wird kein anderer Toast mehr gesprochen als dieser: Es lebe die Zukunft! *Ihre* Aufgaben zu vollbringen, dazu wollen wir uns stählen – nicht unserer Vatersväter, wie die alte Phrase lautet, wollen wir trachten, uns würdig zu zeigen – nein: unserer Enkelsöhne! – Mutter – was ist dir?«, unterbrach er sich. »Du weinst? Was siehst du dort?«

Mein Blick war nach der offenen Glastür gerichtet. Die Strahlen der untergehenden Sonne umwoben einen Rosenstock mit zittergoldigem Dunst und davon sich abhebend – in lebenswahrer Deutlichkeit – mein Traumbild: Ich sehe die Gartenschere flimmern – das weiße Haupthaar glänzen ...

»Nicht wahr«, lächelt er zu mir herüber, »wir sind ein glückliches altes Paar?«

Weh mir!

Ende

NACHWORT

»Wen die Götter lieben, dem geben sie einen frühen Tod.«

Ich möchte den alten Spruch dahin abändern, dass den Lieblingen der Götter ein *rechtzeitiger* Tod beschert wird. Ein gütiges Geschick waltete über Bertha von Suttner, als sie, 71 Jahre alt, im Juni 1914 entschlief, inmitten der Vorbereitungen, die sie in Wien für den im September 1914 geplanten Internationalen Friedenskongress traf. Sie durfte sterben im Glauben an die Verwirklichung des Ideals, dem sie ein Leben lang treu gedient, das ihre Religion geworden war: Friede auf Erden! Ein versöhnlicher Tod nach einer Laufbahn, reich an Kämpfen, reicher noch an Erfolg und Anerkennung, ein Tod, der sie bewahrte vor dem bittersten Erwachen aus ihrem herrlichen Friedenstraum.

Die Lehre von der handelnden Tugend findet in Bertha von Suttner eine Bestätigung, ihre Stärke war allezeit eine durch selbstständiges Denken geweckte Opposition gegen jedwedes Vorurteil. Als geborene Gräfin Kinsky den Kreisen des österreichischen Hochadels entstammend, schloss sie, 33 Jahre alt, mit dem um sieben Jahre jüngeren Baron Arthur Gundaccar von Suttner, die beste aller Ehen, eine Ehe gegen den Willen der beiden Familien, die das junge Paar dem harten Lebenskampf preisgaben. Der wirtschaftliche Druck ward zum Segen, er veranlasste Bertha von Suttner, als Schriftstellerin hervorzutreten. Nach mehreren, von der Kritik gut aufgenommenen Büchern kam der große Wurf ihres Lebens, das Werk *Die Waffen nieder!*. Der Roman entfesselte einen Sturm, er wurde angegriffen und gepriesen, zerfetzt und in den Himmel gehoben, war ein Ereignis nicht nur in Österreich und Deutschland, sondern im gesamten Ausland. In Hunderttausenden von Exemplaren fand er, in zahlreiche Sprachen übersetzt, den Weg über die kultivierte Erde; er ward das volkstümliche Werbebuch für die Friedensidee, bestimmend für die ganze Laufbahn seiner Verfasserin. Bertha von Suttner lebte fortan der Friedenspropaganda, sie ward die Begründerin der österreichischen Friedensgesellschaft, ihrem Einfluss ist die Stiftung des Nobelpreises für den Frieden zu danken; auf der Haager Konferenz im Jahre 1902 war die österreichische Baronin, die im Verkehr mit Politikern der ganzen Welt stand, ein geistiger Mittelpunkt der Tagung. In allen Ländern gekannt und selbst mit dem Nobelpreise ausgezeichnet, machte sie noch als 70-Jährige eine Vortragsreise durch die Vereinigten Staaten, allenthalben freudig willkommen geheißen.

»Die Waffen nieder!« – der Ruf einer Frau, die mit erschütternder Gewalt den Völkerfrieden predigte, ward im Laufe der Jahre ein geflügeltes Wort, die Erfüllung schien nahe. Der Gedanke der Schiedsgerichte und internationalen friedlichen Vereinbarungen breitete sich allenthalben aus, führende Politiker aller Länder erkannten ihn an, Konferenzen für Völkerverständigung fanden noch bis in die jüngste Zeit hinein statt; internationale Kongresse für die gemeinsamen Interessen der Arbeiter, der Frauen, der Wissenschaft, der Kunst blühten, der Friedenspalast im Haag erhob sich als sichtbares Zeichen dieser Fortschritte.

Auch in Deutschland wuchs die Gemeinde, wir *durften* an den dauernden Völkerfrieden glauben. In 44 Jahren hat das aufblühende Großdeutschland, das wir miterlebten, trotz seiner Militärmacht, nie eine andere Eroberung versucht als die durch ehrliche, unermüdliche Arbeit errungenen Fortschritte von Handel und Technik, von sozialer Gesetzgebung und Wissenschaft, von Volksbildung und Kunst. Sein Kaiser, der jung und voll Bewunderung soldatischer Tugenden

den Thron bestiegen hatte, konnte zur 25-jährigen Wiederkehr dieses Tages als schönsten Ehrentitel den des Friedenskaisers beanspruchen. So hat z. B. der überzeugte amerikanische Friedensapostel Andrew Carnegie anlässlich des Regierungsjubiläums 1913 geschrieben:

»Der Mann, auf den sich im Augenblick die Aufmerksamkeit der Welt konzentriert, ist der Kaiser von Deutschland, dessen segensreiche 25-jährige Regierungszeit ununterbrochenen Friedens ihresgleichen sucht. Als Haupt der größten Militärmacht verkündet er: ›Der Friede meines Landes ist eine mir heilige Sache.‹ Nie hat der deutsche Kaiser das Schwert gegen einen Feind gezogen, und *darum verbeugen wir Pazifisten uns vor dem Kaiser.*«

Noch fassen wir das Entsetzliche kaum! Trotz aller hoffnungsfrohen Anzeichen ballten sich immer drohender die politischen Gewitterwolken, immer enger zogen sie von allen Seiten ihren Kreis; plötzlich zuckten die ersten Blitze, lohten die ersten Flammen, der Feuerruf erscholl:

»Zu den Waffen!«

Der Weltbrand war da.

Nun frisst er schon seit Monden – eine furchtbare unerbittliche Sense mäht blühende zukunftsreiche Jugend, mäht die Väter von Kindern, mäht Liebe und Hoffnung der Völker, den Glauben aneinander, geistige Kräfte, Kulturgüter, Gemütswerte. Der Brand frisst weiter, über See und Land, von einem Kontinent zum anderen, verwüstet, zerstört, zerstampft – das ist der Weltkrieg! Und wir, mitten darin, wissen doch, dass kein einziger Deutscher, weder Herrscher noch Volk, weder Hohe noch Geringe, diesen Krieg gewollt.

Wie eine Groteske der edelsten Bestrebungen, wie eine Verzerrung unseres höchsten Ideals, wurde dieser Krieg gegen

Deutschland gepredigt, seit langem vorbereitet, um den »Militarismus« zu vernichten. Und nun, nach den unsäglichen Blutopfern, die er allen kriegführenden Völkern auferlegt, wird er Europa waffenstarrend zurücklassen, die Länder, die bisher vorgaben, Heeresrüstungen zu verabscheuen, zu Militärstaaten gewandelt haben, das ist seine Rache an seinen Urhebern – der blutigste Treppenwitz der Weltgeschichte. In dem Nachwort zu diesem Buch, dem Vermächtnis einer der vornehmsten geistigen Führerinnen, sei es gesagt, dass es Frevel an der Friedensidee selbst bedeutet, den »Militarismus« durch Anrufung der Kriegsfurien töten zu wollen.

Nur ungestörte Entwicklung, neidloses Zusammenarbeiten, wirtschaftlicher und geistiger Austausch zwischen den Ländern, wachsende Volksbildung und, damit im Zusammenhang, Volksfreiheit, konnten langsam den Boden bereiten, in dem sich bewaffnetes Misstrauen allmählich zu unbewaffnetem Vertrauen wandelt. Nach der gewaltsamen Störung dieses organischen Lebensvorgangs werden Jahrzehnte kaum heilen, was dies eine bluttriefende Jahr zerriss.

Die Waffen nieder! – so erschütternd der Inhalt des Suttner'schen Romans an Einzelschicksalen ist, als Spiegelung von Weltenschicksalen erscheint er ein kleiner Ausschnitt gemessen an den gigantischen Kämpfen, deren Zeugen wir sind. Fast verschwindend sind in diesem Krieg aller gegen alle die Oasen in der Höllenglut.

Und doch wissen wir heute schon, inmitten des brodelnden Hexenkessels, dass Frieden kommen *muss*, dass die Völker, die sich heute vernichten, sich wieder die versöhnende Hand reichen werden, weil sie nicht leben können ohne einander – und eben darum erscheint dies Ringen umso tragischer. Wir wissen auch, dass der Tag kommen wird, wo der grundlose Hass gegen alle Erfolge des Deutschtums, der eigentliche, wenn auch natürlich nicht der politisch-offizielle Anlass dieses Krieges, einmal schweigen wird – vor der unerschütterlichen Pflichterfüllung, dem Fleiß, der Redlichkeit und Tüchtigkeit deutscher Arbeit, die man nicht hindern wird, sich auf der Welt auszubreiten, trotz alledem. Dann wird der Tag gekommen sein, die Fäden des Gespinstes der Völkerverbrüderung, das sich noch als zu fein und schwach erwies, um diesmal standzuhalten, wieder anzuknüpfen und zu festigen. Die unsäglichen Opfer dieses Krieges werden der Kulturwelt aufs Neue die Worte auf die Lippen legen: »Die Waffen nieder!« – und vielleicht werden sie das Ohr einer durch Leiden und Entbehrungen reifer gewordenen Menschheit finden!

Berlin-Westend, November 1914.

Adele Schreiber

Adele Schreiber (1872 – 1957) war eine österreichisch-deutsche Frauenrechtlerin, Politikerin und Journalistin. In den Jahren 1920 bis 1924 sowie von 1928 bis 1933 war Adele Schreiber sozialdemokratisches Mitglied des Reichstags. Das Nachwort entstammt einer »Volksausgabe« im Verlag Berlin-Wien aus dem Jahr 1914.

SI VIS PACEM …

Graf Moltke hatte seine famose Parlamentsrede gehalten über den herrschenden »ungesunden Frieden«, über den voraussichtlich bevorstehenden »vielleicht sieben- oder dreißigjährigen Krieg«, über die Notwendigkeit weiterer Wehrverstärkungen, denn nur »das Schwert hält das Schwert in der Scheide«.

»Paragraf 8 verbietet mir«, sagte Doktor Hellmut, »an so eminent politische Fragen einen Vortrag zu knüpfen, aber wenn Sie gestatten, will ich Ihnen ein kleines Märchen erzählen.

Ich habe einmal eine Stadt kennengelernt, welche sicherlich die lustigste der Welt ist. In welcher Himmelsgegend und unter welchem Breitengrade diese merkwürdige Stadt sich befindet, soll nicht verraten werden. Nicht einmal darüber will ich Aufschluss geben, wie ich dahin gelangt – ob übers Meer, ob mittels Luftballon, ob im Traume – nur den Eindruck maßlosen Staunens, den ich dort empfangen, möchte ich wiedergeben und es erreichen, dass Sie gleichfalls kopfschütteln …

Wir kamen an einem schönen Vormittage dort an und unternahmen sofort eine Rundfahrt. Mein Begleiter war ein Bürger von – sagen wir – Hilariopolis und daher geeignet, mir über die Merkwürdigkeiten, Sehenswürdigkeiten und Gepflogenheiten des Ortes sachkundige Auskunft zu geben, was er denn auch bereitwilligst und mit sichtbar befriedigtem Stolze tat. Nur über meine Begriffsstutzigkeit musste er sich einigermaßen ärgern: Das wiederholte Kopfschütteln ging ihm, wie es schien, stark an die Nerven.

In der Bauart unterscheidet sich Hilariopolis nicht beträchtlich von anderen großen Städten; die Eigentümlichkeit beruht mehr auf den Sitten der Bewohner, auf den öffentlichen Einrichtungen.

Davon fielen mir gleich zu Anfang die Anzeichen in die Augen: Kaum war unser Wagen eine kleine Strecke vorwärtsgekommen, als er an einer Straßenkreuzung halten musste, da eine lange Kolonne von Menschen vorbeikam. Ein Regiment wahrscheinlich, dachte ich und beugte mich hinaus. Es waren aber keine marschierenden Soldaten. Es waren junge Männer in schwarzem Frack, mit weißer Halsbinde, und junge Mädchen in ausgeschnittenen Tüllkleidern, welche paarweise und eingehängt – je fünf oder sechs Paare in einer Reihe – in einer Art langsamen Mazurkaschrittes durch die Straßen glitten. Mit fragendem Blick wandte ich mich an meinen Begleiter.

›Eine Abteilung unserer Tänzer und Tänzerinnen‹, sagte er, als ob das etwas Selbstverständliches wäre.

›Von der großen Oper?‹

›Nein, für Privatbälle.‹

Ich nickte vergnüglich: Das versprach ein fröhlicher Aufenthalt zu werden.

›Warten Sie ... wir wollen gleich ein wenig zusehen, wie unsere Tänzerscharen sich ergehen‹, und er gab dem Kutscher einen Befehl.

›Es wird doch jetzt um zehn Uhr vormittags kein Ball stattfinden‹, frug ich erstaunt.

›Nein, nur Übungen.‹

Richtig hielten wir jetzt am Rande eines großen freien Platzes, wo zahlreiche Paare unter den Befehlsrufen eines Quadrille-Chefs – *Chaine à droite! En avant deux! Ronde* – allerlei Evolutionen aufführten.

›Sonderbar‹, bemerkte ich. ›Bei uns sind die Tanzschulen nicht so öffentlich ...‹

›Ja, bei euch … Da ist freilich alles sehr verschieden … Da steht das Ballwesen noch auf einer gar niederen Stufe. In Hilariopolis herrscht überhaupt ein ganz anderer Geist.‹

›Oh, wir sind dem geselligen Vergnügen auch nicht abhold‹, verteidigte ich unsere Heimstätten.

›Das weiß ich nur zu gut: Ihr seid schrecklich unterhaltungssüchtig … Ihr wisst das hohe Glück stiller Häuslichkeit nicht zu schätzen und zu schützen, so wie wir.‹

Der Sinn dieser Rede war mir dunkel und so schüttelte ich nur sachte den Kopf und schwieg.

Jetzt aber fiel mir auf, dass in der Tanzschule nicht nur verschiedene Schritte und Figuren aufgeführt wurden, sondern auch andere Übungen stattfanden: Livréebekleidete Diener trugen Tassen mit falschen Erfrischungen umher; an stellenweise angebrachte Bretterwände nagelten Tapezierer Draperien und Blumengewinde auf; große Büfetts wurden mit Schüsseln und Flaschen und Teekesseln besetzt; um grüne Tischchen herum saßen ältere Leute und spielten Karten; kurz, was da eingeübt zu werden schien, war nicht allein die Kunst des Tanzens als vielmehr die Kunst des Ballgebens. Diese Bemerkung machte ich laut und, auf meines Begleiters Bejahung, fügte ich, nicht ohne leisen Spott, die Frage hinzu:

›Wird da auch das Courmachen geübt?‹

Mit weihevollem Ernst ward auch diese Frage bejaht:

›Gewiss! Das Courmachen ist ja die Seele eines jeden Balles. Der verliebte Geist ist der eigentliche Ballgeist. Darum muss er in die Gemüter eingepflanzt und gepflegt und gestärkt werden. Je durchglühter von der Liebesleidenschaft unsere Tänzer und je geschickter sie in allen Verführungskünsten sind, und je sentimentaler und koketter die Tänzerinnen, desto interessanter gestalten sich die Bälle. Diese Neigungen – dem Menschen ohnehin angeboren – werden bei uns auf das Eifrigste großgezogen.‹

›Da muss es ja in Hilariopolis allenthalben ungeheuer – wie soll ich sagen? – flott zugehen?‹

›Gott bewahre! Wir sind die züchtigsten Leute – in dieser Hinsicht von unnachsichtiger Strenge! Außerhalb des Ballsaales ist alles, was Courmachen heißt, verpönt und geächtet ... kommt überhaupt nicht vor. Da schützen uns die Gesetze: Ein Verführer wird gehängt – eine Kokette von der Gesellschaft ausgestoßen – unbarmherzig.‹

›Ja – aber auf den Bällen ...‹

›Das ist ja doch ganz etwas anderes: Da ist es Würze, da ist es sine qua non – da ist es Pflicht. Verstehen Sie denn das nicht?‹

Ich verstand nicht. Aber um nicht noch dümmer zu scheinen, als ich ohnehin schon aussehen musste, sagte ich einlenkend:

›Nun ja ... eigentlich ... wie man's nimmt, alles hat zwei Seiten …‹

›Das ist's ja eben: Darum sind ja die Bälle etwas gar so Furchtbares – Entsittlichendes‹, versetzte der andere mit einem tiefen Seufzer und frommen Aufblick.

›Ah, sie sind also kein Freund von …‹

›Ich? Niemand hierzulande. Ausgenommen ein paar Terpsichoristen.‹

›Was ist denn das?‹

›So nennen wir die fanatischen Menschen, welche Bälle entweder an und für sich lieben oder wegen der dabei zu erlangenden persönlichen Vorteile; aber das ist gottlob nur eine kleine Partei.‹

Ich konnte mich nicht enthalten, den Kopf wieder ein wenig von rechts nach links und links nach rechts zu wiegen.

Wir fuhren weiter. Wenn wir an Monumentalbauten vorbeikamen, so gab mein Begleiter, wie das so Ciceronegebrauch, auch ungefragt Bescheid:

›Das ist die städtische Ballakademie ... Dort der Bau mit den zehn Rauchfängen ist die bedeutendste Kotillonordenfabrik ... Die riesigen einförmigen Häuserkarrees – das sind die Tänzerquartiere ... Jener Marmorpalast das Schnellpolka-Institut; hier ein Fächerdepot, dort ein Tanzordnungsmagazin; das Erzstandbild drüben dem berühmten Quadrillevortänzer N. N. geweiht; diese Säule schließlich der Erinnerung an das große Ballfest bei X. errichtet.‹

Auf alle diese Mitteilungen erwiderte ich nur das bei herumgeführten Fremden obligate, erbaut klingende ›Ah!‹.

Immer deutlicher erhielt ich den Eindruck, dass ich in die lebenslustigste Stadt der Welt geraten war. Auch in den Schaufenstern der Läden fand ich diese Annahme bestärkt: Balltoiletten in den Modemagazinen; tanzende Puppen und eingerichtete Puppenballsäle bei den Spielereiwarenhändlern; gemalte Ballszenen in den Kunsthandlungen und bei den Buchhändlern Bücher mit Titeln wie *Tanzreglement*, *Geschichtliche Übersicht der Bälle von Hilariopolis* u. dgl. m.

Den überraschendsten Einblick in die herrschende Vergnügungswut gewann ich erst, als mich mein Begleiter auf eine Besuchsrunde zu verschiedenen Familien – den bedeutendsten des Ortes – mitnahm. Überall die großartigsten und, wie es schien, fieberhaft eiligsten Festvorbereitungen: Die Stiegen wurden mit Blumen dekoriert, die Kron- und Armleuchter mit Kerzen besteckt, die Möbel ausgeräumt, um Platz zum Tanzen zu schaffen ... kurz, kein wohnliches und stilles Plätzchen im ganzen Hause.

Als ich mit meinem Cicerone wieder allein war, drückte ich mein Staunen darüber aus, dass überall gleichzeitig so enorme Anstalten getroffen wurden – es konnte doch nicht jeder am selben Tage einen Ball geben.

›Haben denn die Leute für gar nichts Anderes Sinn? Bei uns finden auch mitunter gesellige Feste statt; wir tanzen recht gern, aber solche Dimensionen nimmt unsere Unterhaltungssucht niemals an, wir …‹

›Wir sind nicht unterhaltungssüchtig‹, unterbrach mich der andere in strengem Tone. ›Das ist der große Unterschied zwischen euch und uns. Ihr seid noch Anbeter der weltlichen Freuden – ihr ergötzt euch an der unsinnigen, unwürdigen Sitte des Tanzes – wir sind zu höherer Gesittung gelangt, wir lieben nur die Häuslichkeit, nur die ruhevolle, beschauliche Existenz im Familienkreise. Das gesundheit- und moraluntergrabende Treiben, dem ihr euch in euren Faschingsnarrheiten – ein Überrest der barbarischen Bacchanalien und Saturnalien – hingebt, das haben wir verachten gelernt, darüber sind wir hinaus.‹

›Und Sie, der Bewohner einer Stadt, in welcher allem Anscheine nach noch heute an hundert Bälle stattfinden werden, wo gestern sicherlich …‹

›Weder heute noch gestern. Zwanzig Jahre sind seit dem letzten Ball vergangen, und so die Vorsehung will, so wir in unseren Bestrebungen ausharren, wird uns auch der nächste noch lange, hoffentlich recht lange, erspart bleiben.‹

Ich riss immer erstaunter die Augen auf.

›Das verstehen Sie nicht? Sie fragen vielleicht: Wozu dann diese riesigen Vorbereitungen, an welchen wir unser Vermögen zusetzen – denn wir scheuen keine Ausgabe … In allem schränken wir uns ein, nur für neue Kotillonrequisiten geben wir auch den letzten Groschen her – nicht wahr, Sie fragen: Wozu? Warum? Sehen Sie – das ist ganz einfach: Jeder will seinen Ball erst ansagen, bis er die Sicherheit hat, dass derselbe der glänzendste der Saison sein wird. Hört man nun, dass in einem anderen Hause reichere Dekorationen angelegt, üppigere Soupervorräte angeschafft, überraschendere Kotillonfiguren geplant werden, so trachtet man seinerseits, es den anderen mindestens gleich zu tun, wobei man sie jedoch überbietet, was sie veranlasst, ihre Kräfte neuerdings anzuspannen, und so wird – begreifen sie jetzt? – dem Losgehen des Balles auf die einzig praktische Art vorgebeugt. Freilich arbeiten wir alle dem Ruin entgegen, die Grenzen unserer Leistungsfähigkeit werden bald überschritten sein – aber was tut man nicht, um sich die Segnungen stiller Häuslichkeit zu erhalten, ohne die es kein echtes Familienglück gibt?‹

›Verzeihen Sie‹, wandte ich schüchtern ein, ›ist diese Häuslichkeit nicht eine etwas … ungesunde?‹

›Mag sein – aber immerhin noch besser als der rasende Festtaumel, der uns droht, und der heute oder morgen …‹

›Also doch? So wird Ihr wunderkluges System den kommenden Ball doch nicht verhindern? Es scheint dies auch niemand recht zu hoffen, denn in jedem Hause hörte ich von dem bevorstehenden Feste ganz geläufig sprechen ...‹

›Oh, keiner wird sich trauen, es zu geben, solange die Gefahr besteht, dass das Fest des Nachbarn schöner ausfallen könnte. Daher ist es – im Namen unserer begeisterten Häuslichkeitsliebe – unabweisbare Pflicht, auf dem eingeschlagenen Wege auszuharren. So habe ich erst gestern mit – ach! wie schwer und mühselig erworbenem – Gelde meiner Frau ein Diamanthalsband gekauft, welches so kostbar ist, dass den anderen Frauen wohl die Lust vergehen wird, ihre Halsbänder zur Schau zu tragen: Nur der Schmuck hält den Schmuck im Etui.‹

Mein Gesicht nahm schon einen etwas verständnisvolleren Ausdruck an. Solche mit Sicherheit vorgebrachte und so gewiss geflügelt klingelnde Worte imponieren mir. Dennoch versuchte ich noch eine kleine Einwendung:

›Wäre es nicht vielleicht einfacher – dem bekannten Gesetze des kürzesten Weges, des geringsten Kraftverbrauchs entsprechender –, ein Übereinkommen zu treffen, das Ballwesen überhaupt abzuschaffen? Ich würde …‹

Der andere blickte mich von der Seite an:

›… etwa ein Buch schreiben: *Die Walzer nieder!*‹, sagte er misstrauisch. ›Das sind Fantastereien. Bälle hat es immer gegeben und wird es immer geben.‹

›Warum strengt ihr euch dann so an, dieselben zu verhindern?‹

›Weil wir die Häuslichkeit über alles lieben.‹

›Warum werden dann die Kinder zur Liebe der geselligen Vergnügungen aufgezogen, warum die ganze Stadtbevölkerung dazu ermuntert – gezwungen? So richte man doch lieber Erziehung und Leben gleich zur Häuslichkeit ein.‹

›Das wäre ja eine jämmerliche Versumpfung! Was gibt es für die Jugend Heilsameres als den Geist schöner Geselligkeit? Was für die Gesundheit, für die Anmut Zuträglicheres als den Tanz? Unsere Ballinstitute, in welchen alle Einwohner einige Zeit freiwillig zubringen müssen, sind ja die reinen Ferienkolonien.‹

›So seid ihr – das ist doch schließlich die Hauptsache – mit euren Zuständen und Einrichtungen zufrieden?‹

›Das könnte ich gerade nicht behaupten ... Überall wird gejammert, gezittert – überall heißt es: So kann es nicht fortgehen – die Opfer sind nicht mehr zu erschwingen!‹

›Nun also?‹

›Nun also?‹, er warf stolz den Kopf zurück, ›wir erschwingen sie doch. Wir wollen, wir müssen häusliche Ruhe haben, und ein altes weises Wort zeigt uns den einzig möglichen Weg dahin: *Si vis quietem ...*‹

›... dann bereite den Ball‹, ergänzte ich und sah vollständig überzeugt aus.